조선시대
한글편지 판독자료집 ❶

황문환 · 임치균 · 전경목 · 조정아 · 황은영 엮음

한국학중앙연구원 어문생활사연구소

역락

이 책은 2008년도 정부재원(교육인적자원부 학술연구조성사업비)으로
한국학술진흥재단의 지원을 받아 연구되었음(KRF-2008-322-A00058)

간행사

한국학중앙연구원 어문생활사연구소에서는 지난 2008년 7월부터 2011년 6월까지 한국학술진흥재단(현 한국연구재단)의 지원을 받아 「조선시대 한글편지의 수집·정리와 어휘·서체 사전의 편찬 연구」를 수행하였습니다. 이 연구는 조선시대 한글편지에 대하여 종합적이고 체계적인 수집·정리를 도모하고, 이를 바탕으로 한글편지의 어휘사전과 서체자전을 편찬하는 데 목표를 두었습니다. 국어학, 국문학, 고문서학, 서예학 등 여러 분야의 전문가로 구성된 연구진은 이제 3년간의 연구를 차질 없이 수행하고 그 연구 결과물을 차례로 출판하여 학제간 공동 연구의 소중한 결실을 거두게 되었습니다. 이러한 결실에 이르기까지 열정과 인내로 일관하며 온갖 노력을 기울여 오신 연구진 여러분께 먼저 축하와 함께 감사를 드립니다.

주지하는 바와 같이 조선시대의 한글편지는 위로는 왕으로부터 아래로는 서민에 이르기까지 폭넓게 실용된 까닭에 우리의 말과 글을 지키고 가꾸는 귀중한 토양이 되었습니다. 그뿐만 아니라 한글편지는 개인의 생활 감정을 진솔한 육필(肉筆)로 기록한 자료이기에 그 사연 속에는 당시 개인이나 사회의 생생한 실상을 가감 없이 그대로 담고 있습니다. 이러한 자료 특성 때문에 한글편지는 근래, 국어학을 비롯하여 국문학, 역사학, 고문서학, 여성학, 민속학, 서예학 등 한국학 여러 분야에서 귀중한 일차 자료로 주목받고 있습니다. 그럼에도 불구하고 한글편지는 심하게 흘려 쓴 글씨체로 인해 판독 자체가 쉽지 않은데다가 편지 소개도 개별 연구자에 따라 산발적으로 이루어져 그동안 연구자나 일반인들이 자료를 접하고 활용하는 데 어려움이 많았습니다. 이러한 시점에 이번 출판은 한글편지의 활용도를 획기적으로 높이는 계기가 될 것으로 믿어 의심치 않습니다. 방대한 자료 결집과 함께 유용한 도구(사전)가 마련된 만큼 앞으로 한글편지를 활용한 다방면의 연구가 더욱 활성화되리라 믿습니다.

이번 출판에 이르기까지 많은 분들이 도움을 주셨습니다. 우선 한국학술진흥재단(현 한국연구재단)에서는 연구진이 수행하는 연구 과제의 중요성을 이해하고 전폭적으로 지원해 주셨고, 연구 과제를 수탁한 한국학중앙연구원 연구처에서는 연구와 출판이 원활히 수행될 수 있도록 행정적 뒷받침을 아끼지 않았습니다. 교열과 감수에는 원내외 여러 전문 학자들이 참여하여 보완되어야 할 부분을 지적하고 귀중한 조언을 해 주셨습니다. 출판사에서는 짧은 출판 기간에도 불구하고 방대한 집필 원고를 꼼꼼히 검토하여 좋은 책을 만드는 데 최선을 다해 주셨습니다.

이렇듯 도움을 주신 모든 분들께 감사를 드려야겠지만 특히 한국학중앙연구원에서 한글 편지 역주 사업을 수행한 선행 연구진께 감사를 드리지 않을 수 없습니다. 선행 연구진은 2002년 12월부터 2006년 11월까지 한국학술진흥재단(현 한국연구재단)의 지원 아래 「조선 후기 한글 간찰(언간)의 역주 연구」(연구책임자 : 이광호 교수)를 수행한 바 있습니다. 이 연구의 결과물은 2009년까지 총 10책의 역주서로 출간되어 학계와 일반의 뜨거운 관심을 받았습니다. 이러한 선행 연구가 뒷받침되지 않았다면 현 연구진의 연구가 3년이라는 짧은 기간 동안에 현재와 같은 성과로 이어지기는 어려웠을 것입니다. 역주 결과를 참조하고 활용하는 데 헌신적으로 협조해 주신 선행 연구진께 이 자리를 빌려 심심한 감사를 드립니다. 아울러 출판까지 포함하여 근 5년간, 결코 쉽다고 할 수 없는 연구 및 출판 과정을 성공적으로 마무리하신 현 연구진 여러분께 그동안의 노고를 되새기며 다시 한번 축하와 감사의 말씀을 드리는 바입니다.

2013년 6월
한국학중앙연구원 어문생활사연구소
소장 황 문 환

머리말

　조선시대 한글편지는 붓으로 쓰인 필사 자료 중에도 특히 난해한 자료로 꼽힌다. 개인마다 서체가 다양한데다 글씨를 흘려 쓴 정도가 특히 심하여 판독 자체부터 쉽지 않기 때문이다. 이러한 어려움 탓에 한글편지는 극소수 전문 연구자들에 의존하여 개별적, 산발적으로 소개되거나 연구되는 것이 보통이었다. 그러나 1990년대 들어 한글편지에 대한 역주 작업이 본격화되면서 학계는 물론 일반에까지 한글편지를 둘러싼 관심이 널리 확산되는 계기가 마련되었다. 더욱이 2000년대 중반 이후에는 한국학술진흥재단(현 한국연구재단)의 지원 아래 대규모 역주 사업의 결과물이 속속 출판되기 시작하였다. 이에 따라 1980년대만 하더라도 판독문을 활용할 수 있는 한글편지가 기껏해야 400건을 넘지 못했던 것이 대규모 역주 사업이 완료된 최근에는 무려 2,700여 건을 상회하는 수준까지 이르게 되었다. 앞으로 각 유명 가문에 소장된 언간들이 속속 수집, 정리될 경우 현재의 몇 배를 넘는 언간 자료가 새로 소개되는 것은 시간 문제라 해도 과언이 아니다.

　이같이 한글편지 자료가 급증할수록 자료를 '종합화'하여 연구자나 이용자의 편의에 알맞게 제공하는 것도 그만큼 중요하고 시급한 문제가 아닐 수 없다. 다른 자료에 비해 한글편지는 검색에 활용할 수 있는 말뭉치(corpus) 텍스트조차 체계적으로 이루어지지 못한 현실이기에 더욱 그러하다. 이에 이 판독자료집은 그동안 소개된 한글편지에 대하여 일종의 '판독 말뭉치' 자료를 구축함으로써 자료 소개의 산발성을 극복하고 종합적인 자료 활용에 부응하고자 편찬된 것이다.

　이 판독자료집은 한국학술진흥재단(현 한국연구재단)의 지원을 받아 2008년 7월부터 2011년 6월까지(3년간) 「조선시대 한글편지의 수집·정리와 어휘·서체사전의 편찬 연구」를 수행하면서 기획되었다. 1차년도(2008.7~2009.6) 기간에는 우선 한글편지를 종합적으로 수집하고 정리하는 데 주력하였다. 그동안 판독문이 소개된 한글편지를 대상으로 편지 원본의 소재를 일일이 확인하는 한편 판독의 객관성을 담보할 수 있는 영인 자료나 이미지 자료를 확보하고자 노력하였다. 2차년도부터는 수집된 자료 중 국어사적으로 연구 의의가 있는 편지를 선정하여 본격적으로 판독 작업을 진행하였다. 연구진 전체가 참여하는 공동 판독회를 정기적으로 개최하면서 판독 결과를 정리하고 기존 판독과 차이가 나는 부분은 일일이 대비하여 표로 작성하는 일을 반복하였다. 연구 기간은 2009년 6월에 종료되었지만 최종 연구결과물 제출 기한인 2011년 6월까지는 이승희(2010), 이종덕·황문환(2011) 등 주요 편지에 대한 역주서나 도록이 출판되면 이들도 판독 대비에 추가적으로 반영하는 작업을 계속하였다.

현재의 판독자료집은 위와 같은 과정을 거쳐 한글편지 총 1,465건에 대한 판독문을 수록한 것이다. 아울러 수록 편지마다 간략한 해설을 덧붙임으로써 해당 편지의 소장, 판독, 영인, 연구 등에 대한 제반 현황을 한눈에 종합적으로 파악할 수 있도록 편의를 도모하였다. 이러한 자료집의 출판을 통해 기대되는 효과는 다음과 같다.

첫째, 수록된 판독문은 말뭉치 구축을 염두에 두고 입력된 자료이기 때문에 향후 용례 추출이나 사전 편찬에 직접적으로 활용될 수 있다(실제 이 판독자료집의 판독문을 기반으로 2012년 12월에 『조선시대 한글편지 서체자전』이 이미 출판되었고 조만간 『조선시대 한글편지 어휘사전』 역시 연구 사업의 최종 결과물 중 하나로 출판될 예정이다).

둘째, 수록된 판독문은 영인 자료나 이미지 자료를 통해 편지 원본과 대조가 가능할 뿐 아니라 판독상의 차이가 일일이 표로 대비되었기 때문에 판독의 객관성 내지 신뢰성을 이용자가 직접 점검하고 확인하는 데 특히 유용할 수 있다. 그러나 판독자료집의 판독문 역시 여러 가지 판독 가능성 가운데 한 가지를 추가한 데 지나지 않으므로 판독대비를 정오(正誤)의 차원에서 오해하지 않도록 유의해야 할 것이다.

셋째, 간략한 해제와 함께 해당 편지의 소장, 판독, 영인, 연구 등과 관련한 제반 현황이 안내되었기 때문에 기존의 한글편지에 대하여 종합적이면서도 간편한 안내서 역할을 수행할 수 있다.

판독자료집이 막상 현재의 모습을 갖추고 나니 아쉽게 드러나는 점도 한두 가지가 아니다. 우선 기존에 소개된 한글편지를 모두 수록하지 못하였다. 이는 수록 범위를 연구 기간 중 수집, 정리된 편지 가운데 원본 대조가 가능하여 판독의 객관성을 확보하기 쉬운 편지로 국한한 데 주된 이유가 있지만 한글편지의 '종합화'라는 측면에서 보면 아무래도 미흡하다고 하지 않을 수 없다. 판독문을 편지 원본과 대조해 볼 수 있도록 해당 편지의 영인 자료나 이미지 자료를 함께 수록하지 못한 점은 더더욱 아쉽다. 원본 소장자의 이미지 사용 허가를 일일이 받지 못한 데 원인이 있지만 허가를 받을 수만 있다면 판독의 객관성을 확보하기 위하여 앞으로 꼭 보완될 필요가 있을 것이다. 다행히 한국학중앙연구원 어문생활사연구소에서는 한국학진흥사업단의 지원으로 「조선시대 한글편지의 Data Base 구축」(2011.12~2014.11)이라는 후속 사업을 진행중이므로 여기서 판독문과 함께 원본 이미지를 웹 서비스로 제공하게 되면 향후 충분한 보완이 이루어질 수 있지 않을까 기대해 본다.

　현재의 판독자료집이 이만한 모습을 갖추기까지 실로 많은 분들의 도움이 있었다. 우선 기존에 한글편지 자료를 소개한 여러 선생님들의 협조를 잊을 수 없다. 판독자료집 자체가 기존 판독문에 바탕을 둔 것이지만 특히 한글편지 역주서를 내신 선생님들께서는 자료집의 편찬 취지를 이해하고 판독 차이를 정리하여 대비하는 데 직간접적인 협조를 아끼지 않으셨다. 이종덕 선생님(한국학중앙연구원 전임연구원)과 박부자 선생님(한국학중앙연구원 연구교수)은 판독문 전반에 대한 교열을 맡아 판독상 잘못을 가능한 한 줄이는 데 크게 도움을 주셨다. 특히 이종덕 선생님은 판독과 해설 등 판독자료집의 내용 전반에 대하여 연구진이 점검하고 반영할 사항을 아낌없이 조언해 주셨다. 김춘월 선생(한국학대학원 박사과정)과 사수란 선생(한국학대학원 박사과정)은 교정 과정에서 판독 차이를 일일이 재확인하는 어려움을 기꺼이 감수해 주었다. 역락 출판사의 이대현 사장님은 독자의 범위가 제한될 수밖에 없는 기초학문 서적의 출판을 흔쾌히 맡아 주셨고, 권분옥 팀장님은 편집상 여러 가지 까다로운 요구에도 불구하고 어설픈 원고 뭉치를 어엿한 책자로 만들어 주셨다. 한국학중앙연구원 연구처의 박묘경, 박정규, 정유순, 두현경 선생님께서는 연구과제 수행과 출판 작업이 원활하게 진행될 수 있도록 힘써 도와 주셨다. 이 판독자료집이 나오기까지 도와 주신 모든 분들께 이 자리를 빌려 심심한 감사의 말씀을 드린다.

2013년 6월
엮은이 일동

연구진

소　　　속 : 한국학중앙연구원 어문생활사연구소 조선시대 한글편지사업단
후　　　원 : 한국학술진흥재단
과제 명칭 : 조선시대 한글편지의 수집·정리와 어휘·서체사전의 편찬 연구

연구진

연 구 책 임 자 : 황문환(한국학중앙연구원 교수)

공 동 연 구 원 : 김주필(국민대학교 교수)
　　　　　　　박병천(경인교육대학교 명예교수)
　　　　　　　임치균(한국학중앙연구원 교수)
　　　　　　　전경목(한국학중앙연구원 교수)
　　　　　　　조항범(충북대학교 교수)

연구전임인력 : 배영환(한국학중앙연구원 전임연구원, 현 서원대학교 조교수)
　　　　　　　신성철(한국학중앙연구원 전임연구원, 현 국민대학교 연구교수)
　　　　　　　이래호(한국학중앙연구원 전임연구원, 현 남부대학교 조교수)
　　　　　　　정복동(한국학중앙연구원 전임연구원)
　　　　　　　조정아(한국학중앙연구원 전임연구원)
　　　　　　　황은영(한국학중앙연구원 전임연구원)

연 구 보 조 원 : 권년이(국민대대학원)　김명권(한국학대학원)　김수현(국민대대학원)
　　　　　　　김인회(한국학대학원)　김지영(한국학대학원)　명경일(한국학대학원)
　　　　　　　문보미(한국학대학원)　박순란(국민대대학원)　박정숙(성균관대대학원)
　　　　　　　양　담(원광대학교)　　양　언(한국학대학원)　유효홍(한국학대학원)
　　　　　　　윤희선(국민대대학원)　이민호(한국학대학원)　이이숙(성균관대대학원)
　　　　　　　이혜정(한국학대학원)

교열 : 박부자(한국학중앙연구원 연구교수)
　　　　이종덕(한국학중앙연구원 전임연구원)

일러두기

1

이 판독자료집은 한국학술진흥재단(현 한국연구재단)의 지원을 받아 2008년 7월부터 2011년 6월까지 (3년간) 「조선시대 한글편지의 수집·정리와 어휘·서체사전의 편찬 연구」를 수행하고 그 연구 사업의 최종 결과물 중 하나를 출판한 것이다.

2

이 판독자료집은 사업 기간 동안 수집·정리된 자료 중 국어사적으로 연구 의의가 분명한 언간을* 위주로 총 1,465건을 선정하여 그 판독문만 한데 모아 3권으로 나누어 수록하였다. 이는 언간 자료에 대하여 일종의 '판독 말뭉치' 자료를 구축함으로써 그동안 언간 자료의 약점으로 지적된 자료 소개의 산발성을 극복하고 종합적인 자료 활용에 부응하고자 한 것이다. 아울러 수록 언간마다 간략한 해설을 덧붙임으로써 해당 언간의 소장, 판독, 영인, 연구 등에 대한 제반 현황을 한눈에 종합적으로 파악할 수 있도록 편의를 도모하였다.

3

이 판독자료집은 총 1,465건에 해당하는 언간을 수록하면서 기존에 종별(種別)로 한데 묶여 소개된 언간은 종별로 수록하고 나머지 개별 언간은 종별 언간에 이어 별도로 한데 모아 수록하였다. 종별 언간의 배열 순서나 개별 언간 내 상호간의 배열 순서는 작성 시기를 고려하여 이른 시기부터 순차적으로 배열하는 것을 원칙으로 하였다.

4

판독자료집에 수록된 내용은 종별 언간마다 크게 **해설편**과 **판독편**의 두 부분으로 나누어 소개하였다. 개별 언간의 경우에도 언간마다 원칙적으로 같은 체재를 취하였다.

(1) 해설편

수록되는 언간에 대하여 '간략 해제'와 함께 '원본 사항, 판독 사항, 영인 사항, 참고 논저' 등 해당 언간의 자료 현황 및 연구 현황을 안내하였다. 여기서 안내되는 각 사항을 보다 구체적으로 소개하면 다음과 같다.

···················

* 이 판독자료집에서는 특별히 '조선시대의 한글편지'를 가리킬 필요가 있을 경우 학계에 일반화된 '언간(諺簡)'이라는 용어를 택하여 임의로 혼용하였다.

■ 간략 해제 : 언간 명칭, 언간 수량, 원문 판독, 발신자와 수신자, 작성 시기, 자료 가치, 자료 해
제 등을 간략히 정리하여 소개

■ 원본 사항 : 실사(實査)를 통해 확인된 언간 원본의 소장처, 이용 가능한 원본 이미지나 마이크
로 필름의 존재, 언간 원본의 대략적인 크기(세로×가로) 등을 소개

■ 판독 사항 : 원문 판독과 관련하여 판독자, 판독문 소재, 판독 수량, 기타 판독과 관련한 특기
사항 등을 소개(소개 순서는 연도순)

■ 영인 사항 : 언간 원본의 모습이 실린 논저나 도록 등을 소개(소개 순서는 연도순)

■ 참고 논저 : 해당 언간에 대하여 이루어진 기존 연구 성과를 수집, 망라하여 가나다 순으로 제시

(2) 판독편

수록되는 언간에 대하여 간략한 '출전(出典)'을 먼저 제시하고 그 아래 연구진에서 판독한 최종 결과
를 '판독문'으로 수록하였다. 연구진의 판독 결과가 기존에 이루어진 판독과 차이가 날 경우 **판독문**
아래에 **판독대비**를 별도의 표로 제시하여 연구자나 이용자가 판독 차이를 한눈에 확인할 수 있도록
하였다. '출전, 판독문, 판독대비'와 관련된 내용을 보다 구체적으로 소개하면 아래와 같다(다음 쪽에
실린 **판독편 예시** 참조).

■ 출　　전 : 기본적인 서지 사항을 <언간 약칭-번호, 시기, 발신자(관계) → 수신자(관계)>의 형식으
로 제시하였다.

■ 판 독 문 : 언간 원본의 세로쓰기를 가로쓰기로 바꾸고 현행 맞춤법에 준하여 띄어쓰기를 하여
제시하였다. 원본의 행 구분이나 부호 사용은 일체 반영하지 않는 대신 반복 부호
(예 : 〃)만큼은 부호 대신 글자로 바꾸어 제시하였다(이는 판독문이 어휘사전의 용례
로 활용될 경우를 대비한 것이다). 언간의 봉투는 사각형 선으로 표시하되 봉투가 별
도로 마련된 '별봉(別封)'의 경우는 실선으로, 내지(內紙)가 봉투를 겸한 '자봉(自封)'
의 경우는 점선으로 표시하여 구별하였다. 판독문에는 원본에 없는 기호가 일부 사
용되기도 하였는데 사용된 기호와 용법을 소개하면 다음과 같다.

　　□　　　　: 원본이 훼손되어 판독이 불가능할 때(글자 수만큼 표시)

　　□…□　　: 훼손이 심하여 훼손 부분의 글자 수를 생략하여 표시할 때

　　＋　　　　: 다른 언간에서 사연이 이어지는 것을 표시할 때

　　〔봉인〕　　: 봉투의 봉함처에 도장이 찍혀 있음을 표시할 때

■ 판독대비 : 판독 차이를 표로 제시하되 판독자료집의 판독 결과를 먼저 제시하고 기존의 판독 사
항과 대비하는 방식을 취하였다. 기존의 판독이 판독자료집의 판독과 같을 경우에는
'-'로 표시하여 불필요한 중복을 피하였다. 원칙적으로 띄어쓰기 상의 차이는 대비에
포함시키지 않았지만 띄어쓰기의 차이가 의미차를 수반할 경우에는 예외로 하였다.
또 기존의 판독문에 판독이 누락된 부분이 있으면 [판독 안 됨]과 같이 제시하였다.

판독편 예시

('순천김씨묘 출토 언간 001'의 경우를 설명의 편의상 임의로 가공하여 예시한 것임)

• 편지 명칭   • 편지 번호

순천김씨묘 출토 언간 001 충북대박물관 유물번호 1348 ·········· • 소장처 유물 번호 등

〈순천김씨묘-001, 1550~1592년, 채무이(남편) ➡ 순천김씨(아내)〉

• 편지 약칭   • 작성 시기   • 발신자(관계)   • 수신자(관계)

판독문   • 봉투
(점선은 내지가 피봉을 겸한 봉투임을 표시)   • 판독대비의 번호

┌─────────────────────────────┐
│ 지븨   ┊   │
└┄┄┄┄┄┄┄┄┄┄┄┄┄┄┄┄┄┘

⊕ 모른 예 인눈 모룰 모리 줄 거시니 모리 가라 ᄒ늬 나죄 가 필죵이ᄃ려[1] 모리 갈 양으로 일오라[2] ᄒ소 어디 가 바둘고 눅소늬 집[3] 근쳬 가 바둘가 은지니룰 브리디 아닐디라도 자□□가 교슈ᄒ고[4] 공이나 메워 보낼 □…□

• 원본에서 훼손된 부분을 표시

• 훼손 부분이 길어 글자 수 표시를 생략함

• 다른 편지에서 이어짐

선행연구의 출전 표시 •
저자
(출판연도 : 해당쪽수)

판독대비

번호	판독자료집	조건상 (1981a : 181)	전철웅 (1995 : 232)	조항범 (1998a : 35)	황문환 (2002 : 269)	전철웅 (2002 : 302)
1	필죵이ᄃ려	필죵이 ᄃ려	-	-	-	-
2	일오라	-	-	-	일 오라	일 오라
3	눅소늬 집	숙소늬집	숙소늬 집	숙소늬 집	숙소늬 집	
4	교슈ᄒ고	교수ᄒ고	-	-	[판독 안 됨]	-

• 판독자료집의 판독과 동일함

• 판독이 안 된 경우

목차

『조선시대 한글편지 판독자료집』 수록 한글편지

1권

순천김씨묘 출토 언간

진주하씨묘 출토 언간 / 현풍 곽씨 언간

나주임씨가 『총암공수묵내간』 언간

은진송씨 동춘당 송준길가 언간

은진송씨가 송준길가 『선세언독』 언간

해주오씨 오태주가 『어필』 소재 명안공주 관련 언간

2권

『숙휘신한첩』 언간

진성이씨 이동표가 언간

나주임씨가 『임창계선생묵보국자내간』 언간

『숙명신한첩』 언간

은진송씨 제월당 송규렴가 『선찰』 소재 언간

고령박씨가 『선세언적』 언간

신창맹씨가 『자손보전』 소재 언간

추사가 언간

의성김씨 학봉 김성일가 언간

3권

추사 언간

『순원왕후어필』 언간

조용선 편저 『봉서』 소재 언간

순원왕후어필봉서 언간

은진송씨 송병필가 언간

여흥민씨 민영소가 명성황후 언간

여흥민씨 민영소가 명성황후 궁녀 언간

순명효황후 언간

[개별 언간]

죽산안씨 언간 | 정철 언간 | 이응태묘 출토 언간 | 김성일 언간 | 허목 언간 | 선조대왕 언간
효종대왕 언간 | 송시열 언간 | 월성이씨 언간 | 성대중 언간 | 정조대왕 언간 | 정순왕후 언간
김윤겸 언간 | 순원왕후 언간 | 현상궁 언간 | 안동권씨 언간 | 정약용 언간 | 효정왕후 언간
신정왕후 언간 | 하상궁 언간 | 흥선대원군 언간 | 『명성성후어필』 언간

가나다순 한글편지 명칭 찾아보기

• 순천김씨묘 출토 언간 •

188건

▥ 대상 언간

1977년 충청북도 청원군 북일면 일대 비행장 건립 당시 인천채씨(仁川蔡氏) '無易'의 계배(繼配) '순천김씨(順天金氏)'의 묘를 이장(移葬)하면서 발견된 간찰 자료 192건 중 한글편지 188건을 이른다. 이 편지들은 1979년 문화재관리국 지정 중요민속자료 109호로 지정되어 현재 충북대학교 박물관에 기증, 보관되어 있다.

▥ 언간 명칭 : 순천김씨묘 출토 언간

趙健相(1981a)에서 처음 '淸州北一面順天金氏墓出土簡札'로 명명된 이래 '順天金氏墓出土簡札'이라는 명칭이 일반화되었다. 이 판독자료집에서는 간찰 자료 중 한글편지만을 따로 지칭하기 위하여 '순천김씨묘 출토 언간'으로 명칭을 조정하고 출전 제시의 편의상 약칭이 필요할 경우에는 '순천김씨묘'를 사용하였다.

▥ 언간 수량 : 188건

'順天金氏墓出土簡札'로 소개된 자료는 전체 192장의 낱종이로 되어 있다. 192장 가운데 3장(43번, 185번, 188번)은 한문편지이고 나머지 189장은 한글로 된 자료이다. 한글 자료는 대부분이 한글편지이지만 189장 중에는 한문 내지 이두문이 포함된 것도 있고 한글편지라기보다는 단순히 양곡(糧穀) 분급기(分給記)로 분류되어야 할 것도 들어 있다. 이 판독자료집에서는 한문편지(43번, 185번, 188번)와 양곡 분급기(184번)를 제외하고 한글편지에 해당하는 188건만을 수록 대상으로 하였다.

▥ 원문 판독

趙健相(1981a)에서는 흑백으로 된 전체 간찰(192건)의 원본 사진과 함께 전문(全文) 판독(判讀)이 가능한 한글편지만을 대상으로 총 93건의 판독문을 처음 소개하였다. 이후 나머지 편지에 대한 판독(全哲雄 판독)이 마무리되어 189건에 대한 판독문 전체가 全哲雄(1995)에 소개되었다. 趙恒範(1998a)에서는 간찰 자료 192건 전체에 대한 현대역과 주석 작업을 수행하면서 기존의 판독을 전면 재검토하고 새로운 판독문을 제시하였다. 黃文煥(2002)에서는 한글 자료 189건에 한하여 趙恒範(1998a)의 판독 결과를 忠北大學校 博物館(1981)의 원본 사진과 대조하여 재검토하고 趙恒範(1998a)과 판독을 달리할 경우 판독 사항을 일일이 대비하여 제시하였다. 全哲雄(2002)은 간찰 자료 192건 전체에 대하여 全哲雄(1995)을 토대로 기존의 판독 결과를 다시금 재검토한 결과이다. 판독문과 함께 편지 원본의 사진을 컬러로 다시 싣고, 판독을 달리하게 된 곳은 기존의 판독 사항을 일일이 대비하여 각주로 소개하였다. 그러나 판독문이 달라졌을 뿐 아니라 전체 자료를 발수신자별로 나누고 그 안에서 박물관 유물 번호에 따라 순서대로 수록하는 방식을 취하였기 때문에 기존과는 배열 순서가 판이하게 달라진 것이 특징이다. 이 판독자료집에서는 趙健相(1981a)으로부터 全哲雄(2002)에 이르기까지 기존의 모든 판독 사항을 대비하여 표로 제시하되, 특히 全哲雄(2002)에서 배열 순서의 기준으로 삼은 박물관 유물 번호는 기존의 편지 번호 옆에 작은 글씨로 소개하여 판독 결과를 대조해 보는 데 도움이 될 수 있도록 하였다.

▨ 발신자와 수신자

발신자는 순천김씨의 어머니인 신천강씨(信川康氏), 그리고 친정아버지인 김훈(金壎), 순천김씨의 남편 채무이(蔡無易), 순천김씨의 남동생 김여흘(金汝屹), 김여물(金汝岉) 등이고, 수신자는 순천김씨, 순천김씨의 남동생, 여동생, 올케, 남편 등이다. 신천강씨(어머니)가 순천김씨(딸)에게 보낸 것이 대부분을 차지하는 가운데 대체로 120여 건에 이른다. 또, 김훈(아버지)이 순천김씨(딸)에게 쓴 편지가 10여 건, 그리고 순천김씨의 남편인 채무이가 아내 순천김씨에게 쓴 편지가 30여 건이 된다. 그러므로 전체적으로 발신자는 신천강씨, 김훈, 채무이 등이고, 수신자는 순천김씨가 대부분이라고 할 수 있다. 이 판독자료집에서는 발신자와 수신자에 대하여 기본적으로 趙恒範(1998a)을 따르되 발수신자를 달리 추정하게 되는 경우에는 그 수정 내지 보완 사항을 해당 편지에 각주로 제시하였다.

▨ 작성 시기

연대를 알 수 있는 편지는 3번(1555년)과 80번(1569년, 또는 그 후) 정도에 불과하다. 편지 대부분이 순천김씨가 시집온 뒤에 받아본 편지로 추정되고 순천김씨가 남편 채무이(1537~1594)보다 먼저 세상을 떴을 것으로 추정되는 점을 고려하면 편지의 작성 시기는 크게 보아

'1550년대~임진왜란(1592년) 전'으로 정리해 볼 수 있다(趙恒範, 1998a : 23). 이 판독자료집에서는 작성 시기를 '1550~1592년'으로 일괄 제시해 두었다.

■ 자료 가치

현존하는 한글편지로는 극히 이른 시기인 16세기의 자료이면서 다양한 가족 구성원들 사이에 수수되어 밀집도가 높은 자료라 할 수 있다. 훈민정음 창제(1443년) 이후 한글이 보급된 양상을 실증하는 동시에 16세기 간본(刊本) 자료에 보이지 않는 풍부한 어휘 형태와 문법 형태가 등장하여 국어사(國語史)를 연구하는 자료로서 크게 가치가 있다. 편지에 쓰인 글씨체는 궁체(宮體)로 넘어 가기 이전의 서체로 되어 있어 한글 서체의 발달을 연구하는 서예사(書藝史) 자료가 될 수 있으며, 편지의 사연 속에 담긴 내용은 문학사(文學史, 특히 수필사), 생활사(生活史), 여성사(女性史), 복식사(服飾史) 등 다양한 분야의 연구 자료가 될 수 있다.

■ 자료 해제

자료의 서지 사항에 대한 상세한 해제는 趙恒範(1998a : 6~31) 및 조항범(2002 : 167~184)을 참고할 수 있다.

■ 원본 사항

- 원본 소장 : 충북대학교 박물관(유물 등록번호 : 1348~1539)
- 필름 : 충북대학교 박물관 소장, 원판번호 8-7-94(슬라이드 필름)
- 크기 : 33.0×3.7cm(76번), 26.5×49.0cm(65번) 등

■ 판독 사항

趙健相(1981a), 「解題 및 槪說, 判讀文」, 『淸州北一面順天金氏墓出土簡札』, 忠北大學校 博物館, 17~33쪽, 179~260쪽. ※ 全文 判讀이 가능한 93건만 판독

全哲雄(1995), 「＜淸州北一面順天金氏墓出土簡札＞의 判讀文」, 『湖西文化硏究』 13, 충북대학교 중원문화연구소, 225~281쪽. ※ 한문편지를 제외한 189건 판독

趙恒範(1998a), 『註解 순천김씨묘출토간찰』, 태학사. ※ 한문편지를 포함하여 간찰 자료 192건 모두 판독

黃文煥(2002), 「부록 1 충북 청주 순천김씨묘 출토 언간(<청주>)」, 『16, 17世紀 諺簡의 相對 敬語法』, 國語學會, 太學社, 267~333쪽. ※ 한문편지를 제외한 189건 판독

全哲雄(2002), 「順天金氏墓 出土 簡札의 判讀과 註解」, 『順天金氏墓 出土 簡札』, 忠北大學校 博物館, 187~338쪽. ※ 한문편지를 포함한 192건 판독

■ 영인 사항

忠北大學校 博物館(1981), 『淸州北一面順天金氏墓出土簡札』. ※ 한문편지를 포함하여 간찰 자료 192건 전체가 흑백 사진으로 실려 있음(단 원본의 앞면만 사진으로 실려 있어 뒷면의 판독문은 사진을 통해 대조, 확인해 볼 수 없음).

忠北大學校 博物館(2002), 『順天金氏墓 出土 簡札』. ※ 한문편지를 포함하여 간찰 자료 192건 전체가 컬러 사진으로 실려 있음(원본의 앞면과 뒷면 모두가 사진으로 실림).

■ 참고 논저

姜秉倫(1989), 「順天金氏簡札의 語彙 硏究-語彙計量論의 側面에서」, 『語文論叢』 6 · 7집, 淸州大學校, 77~97쪽.

김무식(1997), 「順天金氏墓 출토 언간자료의 국어학적 연구-주로 음운현상과 표기를 중심으로」, 『문학과 언어』 19집, 문학과언어학회, 1~28쪽.

김무식(2007), 「16,7세기 국어 한자어의 비중과 그 특징-순천김씨 및 현풍곽씨 한글편지를 대상으로」, 『어문논총』 47, 한국문학언어학회, 251~276쪽.

김무식(2010), 「한글편지 자료를 통한 한국어의 한자어 비중과 그 특징」, 『동북아시아문화학회 국제학술대회 발표자료집』, 45~50쪽.

박병천(2004), 「청주 순천김씨묘 출토 언간의 서체적 조형성 고찰」, 『제2회 세종대왕과 초정약수 축제기념 학술대회』(발표 논문집), 46~69쪽.

박병천 · 정복동 · 황문환(2012), 『조선시대 한글편지 서체자전』, 다운샘.

박승원(2007), 「<順天 金氏 諺簡>의 텍스트성 연구」, 가톨릭대학교 박사학위 논문.

박준석(1996), 「16세기 <청주 북일면 김씨묘 간찰>의 선어말 어미」, 동국대학교 석사학위 논문.

徐泰龍(1996), 「16세기 淸州 簡札의 종결어미 형태」, 『정신문화연구』 64, 한국정신문화연구원, 57~93쪽.

安貴男(1996), 「諺簡의 敬語法 硏究 – 16~20세기 諺簡 資料를 중심으로」, 경북대학교 박사학위 논문.

이양순(2000), 「<순천김씨언간>에 나타나는 인칭대명사 연구」, 『언어학』 4, 한국중원언어학회, 315~345쪽.

李良順(2001), 「<順天金氏墓簡札>의 語彙 分布 硏究」, 충북대학교 박사학위 논문.

이양순(2002), 「<順天金氏墓簡札>에 나타나는 服飾 關聯語 硏究」, 『泮矯語文』 14, 반교어문학회, 125~151쪽.

이은주(1995), 「<淸州 北一面 順天 金氏墓 出土 簡札>의 연구」, 숙명여자대학교 석사학위 논문.

전철웅(1994), 「<淸州北一面順天金氏墓出土簡札>의 자료적 성격에 관하여」, 『전영우 박사 화갑기념 국어국문학 논총』, 749~757쪽.

全哲雄(1995), 「<淸州北一面順天金氏墓出土簡札>의 判讀文」, 『湖西文化硏究』 13, 충북대학교 중원문화연구소, 225~281쪽.

全哲雄(2002), 「順天金氏墓 出土 簡札의 判讀과 註解」, 『順天金氏墓 出土 簡札』, 忠北大學校 博物館, 187~338쪽.

趙健相(1978), 「淸州出土遺物 諺簡에 대하여」, 『국어국문학』 78, 국어국문학회, 163~165쪽.

趙健相(1979), 「淸州出土遺物 諺簡에 對한 연구 1」, 『논문집』 17, 충북대학교, 5~14쪽.

趙健相(1980), 「淸州出土遺物 諺簡에 對한 연구 2」, 『논문집』 20, 충북대학교, 5~20쪽.

趙健相(1981a), 「解題 및 槪說, 判讀文」, 『淸州北一面順天金氏墓出土簡札』, 忠北大學校 博物館, 17~33쪽, 179~260쪽.

趙健相(1981b), 「청주출토유물언간중의 남간여찰」, 『先淸語文』 11, 서울대학교 국어교육과, 481~488쪽.

趙健相(1982), 『順天金氏墓出土簡札考』, 修書院.

趙恒範(1998a), 『註解 순천김씨묘출토간찰』, 태학사.

조항범(1998b), 「<順天金氏墓 出土 簡札>에 대한 몇 가지 문제」, 『開新語文硏究』 15, 개신어문학회, 105~133쪽.

조항범(2002), 「해제」, 『順天金氏墓 出土 簡札』, 忠北大學校 博物館, 167~184쪽.

조항범(2011), 「<순천김씨묘출토간찰>에 대한 재검토」, 『조선시대 한글편지의 학제간 연구와 사전 편찬』(발표 논문집), 조선시대 한글편지 사업단, 61~82쪽.

崔明玉(1997), 「16世紀 韓國語의 尊卑法 硏究－<淸州北一面順天金氏墓出土簡札> 자료를 중심으로」, 『朝鮮學報』 164, 朝鮮學會, 1~32쪽.

최윤희(2002), 「16세기 한글편지에 나타난 여성의 자의식－신천강씨의 한글편지를 중심으로」, 『여성문학연구』 8, 한국여성문학회, 86~106쪽.

忠北大學校 博物館(1981), 『淸州北一面順天金氏墓出土簡札』.

忠北大學校 博物館(2002), 『順天金氏墓 出土 簡札』.

허원기(2004), 「한글간찰 연구사」, 『국제어문』 32, 국제어문학회, 297~324쪽.

黃文煥(2002), 『16, 17世紀 諺簡의 相對敬語法』, 國語學叢書 35, 國語學會, 太學社.

황문환(2010), 「조선시대 언간 자료의 현황과 특성」, 『국어사 연구』 10, 국어사학회, 73~131쪽.

순천김씨묘 출토 언간 001 충북대박물관 유물번호 1348

〈순천김씨묘-001, 1550~1592년, 채무이(남편) → 순천김씨(아내)〉

판독문

ᄆ론 예 인는 ᄆ롤 모리 줄 거시니 모리 가라 ᄒ니 나죄 가 필죵이드려[1] 모리 갈 양으로 일 오라[2] ᄒ소 어디 가 바돌고 눅소니 집[3] 근체 가 바돌가 은지니롤 브리디 아닐디라도 자바다가 교슈ᄒ고[4] 공이나 메워 보낼 거시로쇠 나도 닐일 나죄나 모리나[5] 가리 커니와[6] 그리 아라셔 ᄎ리소 댱명이 밥 머여[7] 보내소 뎡싱워니 옷도 아니 받고 편지도 아니ᄒ더라 ᄒ니[8] 블샹희[9]

판독대비

번호	판독자료집	조건상 (1981a : 181)	전철웅 (1995 : 232)	조항범 (1998a : 35)	황문환 (2002 : 269)	전철웅 (2002 : 302)
1	필죵이드려	필죵이 드려	-	-	-	-
2	일오라	-	-	-	일 오라	일 오라
3	눅소니 집	숙소니집	숙소니 집	숙소니 집	숙소니 집	-
4	교슈ᄒ고	교수ᄒ고	-	-	-	-
5	모리나	모리	-	-	-	-
6	가리 커니와	가리커니와	가리커니와	-	-	가리커니와
7	머여	-	-	-	-	□여
8	아니ᄒ더라 ᄒ니	아니 ᄒ러나ᄒ니	아니ᄒ러나 ᄒ니	-	-	아니ᄒ리라 ᄒ니
9	블샹희	블샹희	-	-	-	-

순천김씨묘 출토 언간 002 충북대박물관 유물번호 1349

〈순천김씨묘-002, 1550~1592년, 채무이(남편) → 순천김씨(아내)〉

판독문

편티 아니혼 디[1] 엇던고 바볼 예셔[2] 지으려 ᄒ니 양식과 자바니나 보내소 힝긔 수져 보내소
머글 것 어더 둣다가 나죄 보내소 강 셔방손디 가는 존 디히롤[3] 엇디 그리 차망되게 ᄒ여
보내시논고 샹빅지 밧 망의[4] 잇더니 그롤 보내소 이 근희ᄂ[5] 쓰려 ᄒ엿더니 보내시도쇠 강
복셩이도 ᄒ연니

판독대비

번호	판독자료집	조건상 (1981a : 181)	전철웅 (1995 : 232)	조항범 (1998a : 39)	황문환 (2002 : 269)	전철웅 (2002 : 302)
1	아니혼 디	아니혼더	아니혼디	–	–	아니혼더
2	예셔	–	–	–	예서	–
3	존 디히롤	존디히롤	–	–	–	–
4	밧 망의	밧망의	밧망의	–	–	밧망의
5	근희ᄂ	글희ᄂ	글희ᄂ	글희ᄂ	글희ᄂ	–

판독문

아이고 셜운댜 즐겨 가는가 므스 일로 가는고 삼십 져니 부모 동싱 니벼론 므스 일고 아이고 그립거둔 엇디려뇨 보고져 커둔 엇디려뇨 오고져 커둔 엇디려뇨 동셔남브글 스방을 도라 보리 뉘 내의 졍 알리 이실고 혜아리거둔 술술[1] 셜워ᄒᆡ 부님 두고 오시먀 가노라 ᄒᆞ신둔 내 안 얻다 두려뇨 그러타 가랴 팔월도 머럿다 구월도 머럿다 너기다니 드리 다드라 나리라 드르니[2] 수머 아니 갈 거시매 숨고져이고 아이고 天下의[3] 어엿쓰니 내로다 소릭도 얼굴도 아니라 홀[4] 짜히 가 어니[5] 시롤 니저 알려뇨 다텨로 혜다니[6] 싱각ᄒᆞ니 가슴 둘 디 업다 이 듕에 어엿브고 익미ᄒᆞ니[7] 뜨디로니[8] 부모는 보내시고 그 안히 엇디ᄒᆞ시뇌 나눈[9] 엇디ᄒᆞ려뇨 아이고 여흴 나론 쉬 온다[10] 볼 나리조차[11] 쉬 온가[12] 대되 됴히 잇거샤 아기도 다시 보□다[13] 이리 가셔 어늬 나리 반기려뇨 하눌하 이 뜯드롤 아라 수이 보게 ᄒᆞ고라 아이고 슬 마리 만타마는 죠히 저저 몯 스로다 눈므리 눈ᄉᆞ의 바니 눈 어두어 다 몯 스로다 눈므리 눈ᄉᆞ의 바라 사르미 튿글 적시놋다 쳘리 우예[14] 니벼리 뉘 삼긴고 아이고 녜는 셜운 주리 업다ᄉᆞ나 어버이 동싱을 아니 그리리 어딕 이시리마는 엇디 이런 셜운 이롤 보게 ᄒᆞ둣던고 다시곰 가눙다[15] 됴히 잇거샤 볼 나리 언제어뇨 내의 ᄆᆞ슴[16]대로 몯 샹면될가 술술 셜워ᄒᆞ노라 다시곰 됴히 겨오 다시 보쟈 을묘 구월 순뉵이레 니별ᄒᆞ뇡다

---

* 조항범(1998a : 51)에 따름. 편지 말미에 '을묘 구월 순뉵이레'라는 발신 일자가 적혀 있다.

판독대비

번호	판독자료집	전철웅 (1995 : 232~233)	조항범 (1998a : 43~44)	황문환 (2002 : 269~270)	전철웅 (2002 : 331~332)
1	술술	술□	-	-	-
2	다드라 나리라 드르니	다 드라나리라 드르니	다 드라나리라 드르니	-	다드라 나리 다드르니
3	天下의	-	-	天下애	-
4	아니라 홀	-	-	아이라흔	-
5	어니	어늬	-	-	-
6	다녀로 혜다니	다녀됴혜다니	-	다녀로 예다니	-
7	이미흐니	□ 미리니	-	-	□미흐니
8	쓰디로니	□내	-	쓴리로니	□리로니
9	엇디흐시뇌 나는	-	-	엇디흐시라마는	엇더흐시리 나는
10	쉬 온댜	-	-	쉬온댜	-
11	나리조차	나리 조차	-	나리 조차	나리 조차
12	쉬 온가	-	-	쉬온가	-
13	보□다	보□□다	-	보생다	보□□다
14	우예	-	-	외예	-
15	가농다	-	-	가녕다	-
16	므슴	-	-	므음	-

〈순천김씨묘-004, 1550~1592년, 신천강씨(어머니) → 순천김씨(딸)〉

판독문

내 간고ᄒ던 일도 혜댜니먀[1] 유공훈 줄도 혜댜니혼다[2] ᄌ시기 다 모ᄅ거든[3] 무스미[4] 다ᄅ거니[5] 알랴 샹시 날 ᄃ려[6] ᄒ던 이리 제 귀신[7] 업서 나ᄅᆯ 의지코 사노라 그리토더라 그리 사라도 모ᄅ도더라 궁훈 이리사 본디 싱각디 아니고 졍승 셰가 니로덧라[8] 찰방이 그뎌도록[9] 귀코 빋손 일가[10] 므스 일이 벼슬 쳥희여곰[11] 내 혜ᄤ던고[12] ᄌ시갸 셰셰 갈아뎌[13] 몯 살게 되거다[14]

판독대비

번호	판독자료집	조건상 (1981a : 182)	전철웅 (1995 : 233)	조항범 (1998a : 54)	황문환 (2002 : 269)	전철웅 (2002 : 189)
1	혜댜니먀	혜댜니댜	-	-	-	-
2	혜댜니혼다	혜댜니 혼다	혜댜니 혼다	-	-	-
3	ᄌ시기 다 모ᄅ거든	ᄌ시기라도 두거든	-	-	-	-
4	무스미	무ᄋ미	-	-	-	-
5	다ᄅ거니	ᄃᄅ거니	ᄃᄅ거니	-	-	-
6	날 ᄃ려	물 ᄃ려	날ᄃ려	-	날ᄃ려	-
7	제 귀신	제거신	-	-	-	-
8	졍승 셰가 니로덧라	졍승쎄 가 니로덧타	졍승 셰가니로덧라	-	-	졍승 셰가니로덧라
9	그뎌도록	그뎌도록	-	-	-	-
10	빋손 일가	빋손일가	-	-	-	-
11	벼슬 쳥희여곰	-	벼슬쳥 희여곰	-	-	벼슬쳥 희여곰
12	내 혜ᄤ던고	-	내혜ᄤ던고	-	-	내혜ᄤ던고
13	셰셰 갈아뎌	셰도갈아뎌	-	-	-	-
14	몯 살게 되거다	몯살게 ᄒ더라	-	-	-	-

순천김씨묘 출토 언간 005 충북대박물관 유물번호 1351

〈순천김씨묘-005, 1550~1592년, 채무이(남편) → 순천김씨(아내)〉

판독문

쌜온 딕녕 보내소 가느니 부둘 사다가 쓰고져 ᄒ니 츳뿌리나 뫼뿌리나 다엿 되만 얻고져 ᄒ
뇌 근사니란 이제 손첨디 지븨 가 약 ᄎ리라 ᄒ고 막죵이[1] ᄒ여 벼로에 인는 황모 붇 보내
소 안죡 쁠 것 업세 필죵이 고티 바ᄃ란 말 아니신가[2] ᄆ론 비런니[3]

판독대비

번호	판독자료집	조건상 (1981a : 182)	전철웅 (1995 : 233)	조항범 (1998a : 58)	황문환 (2002 : 270)	전철웅 (2002 : 303)
1	막죵이	막중이	-	-	-	-
2	아니신가	아니신건	-	-	-	-
3	비런니	비런뇌	비런뇌	-	-	비런뇌

순천김씨묘 출토 언간 006 충북대박물관 유물번호 1352

〈순천김씨묘-006, 1550~1592년, 채무이(남편) → 순천김씨(아내)〉

판독문

안셩워니 ᄆ론 주마 ᄒᆞ니 커니와[1] ᄆ리 ᄡᆞᆯ 거신디 몯 ᄡᆞᆯ 거신디 아디 몯ᄒᆞ니 너일 ᄉᆞ이 가셔 보와 의논ᄒᆞ려 ᄒᆞ뇌 셰다븐 과심ᄒᆞ건마ᄂᆞᆫ 엇딜고 이제란 워간 겨집죵으란[2] 내ᄇ려 두어든 자내 브리소 ᄉᆞ나히 그조차 검거ᄒᆞᄂᆞᆫ[3] 양이 얼운답디 아니히 수미 오면 됴컨마ᄂᆞᆫ 누롤 드려올고 막죵이만 맛뎌란[4] 보내디 마소 ᄒᆡᆼ혀 ᄆᆞ게 나 다티니[5] 손쳠디 모롤샤 ᄒᆞ뇌 긔우ᄂᆞᆫ 져그나 ᄒᆞ린가

판독대비

번호	판독자료집	조건상 (1981a : 182~183)	전철웅 (1995 : 233)	조항범 (1998a : 61)	황문환 (2002 : 270)	전철웅 (2002 : 303)
1	ᄒᆞ니 커니와	ᄒᆞ니커니와	ᄒᆞ니커니와	-	-	ᄒᆞ니커니와
2	겨집죵으란	대집 죵으란	-	-	-	-
3	검거ᄒᆞᄂᆞᆫ	검거ᄒᆞ고	-	-	-	-
4	막죵이만 맛뎌란	말죵이란 맛뎌난	-	-	-	-
5	나 다티니	나다티니	-	-	-	-

순천김씨묘 출토 언간 007 충북대박물관 유물번호 1354

〈순천김씨묘-007, 1550~1592년, 신천강씨(어머니) → 순천김씨(딸)〉

판독문

면화롤 구터니마는 계오 어든 거술[1] 하 모다 뜯드니 몯 보내니 엇디 알다 내 거슨 들매 아
□[2] 것도 업세라

판독대비

번호	판독자료집	조건상 (1981a : 183)	전철웅 (1995 : 233)	조항범 (1998a : 65)	황문환 (2002 : 270)	전철웅 (2002 : 189)
1	계오 어든 거술	오어든거술	-	-	-	-
2	들매 아□	들 매아 □□	들매□□	-	-	들매 □

순천김씨묘 출토 언간 008 충북대박물관 유물번호 1355

〈순천김씨묘-008, 1550~1592년, 신천강씨(어머니) → 순천김씨(딸)〉

판독문

이 뿔 혼 말[1] 가느니라 사이젓 반다이[2] 알젓 가지가지 사셔 혼디 녀허[3] 보내여라 네 단디
논[4] 일티 아녀시니 아기 갈 제 보내마 싱원 이번 유무 아니타 ᄒ시고 유무 말라[5] ᄒ니 몯ᄒ
노라 엇디엇디 유무도 아니코 칙녁도 아닌다 젓 몯 뿔 것 ᄒ면 노ᄒ여 ᄒ시리라 새이젓 샹
ᄋ로 ᄒ고 반다이[6] 굴 알젓[7] 가지가지 혼디 녀ᄒ라

판독대비

번호	판독자료집	조건상 (1981a : 184)	전철웅 (1995 : 233)	조항범 (1998a : 67)	황문환 (2002 : 270)	전철웅 (2002 : 189~190)
1	혼 말	혼말	-	-	-	-
2	반다이	-	반 다이	-	-	-
3	녀허	여허	-	-	-	-
4	단디논	단리논	-	-	-	-
5	유무 말라	유무□라	-	-	-	유무 □라
6	반다이	한다이	반 다이	-	-	-
7	굴 알젓	굴알젓	굴알젓	굴알젓	-	굴알젓

순천김씨묘 출토 언간 009 충북대박물관 유물번호 1356

〈순천김씨묘-009, 1550~1592년, 신천강씨(어머니) → 순천김씨(딸)〉

판독문

> 아기내게 답

네 오라비롤 몯 기드려 근심ᄒᆞ다니 나훈날사[1] 드러오나롤 됴히 이시니 깃거ᄒᆞ노라 아바님 도 ᄂᆞ려오는 예 치ᄉᆞ원 ᄒᆡ여[2] 어제 오시니라 요ᄉᆞ이사 긔온도 셩ᄒᆡ여 겨시다 네 뵈는 내 일[3] 잡디 몯ᄒᆞ고 하 심심ᄒᆞ니 보내려 맛뎌더니 이노미 마촤 므너 가니[4] 하 보내기 서온ᄒᆡ여 두거니와 아ᄆᆞ려나 딕녕 ᄀᆞ숨미나[5] ᄠᅳ고[6] 댱옷 ᄀᆞᄋᆞ문란 믿 바다[7] 보ᄆᆞ로 나하[8] 보내고져 코[9] 샹해[10] 니블가 무명을 보내려 터니[11] ᄀᆞᄅ 니블[12] 오ᄉᆞᆯ ᄒᆞ랴 ᄒᆞ더라 ᄒᆞ니 그도 몯ᄒᆞ고 설워 몯 보내니 실업시[13] 잇쏘 ᄒᆞ니[14] 이런 민망ᄒᆡ예라 ᄌᆞ식돌 니필 것도 나훈 거시 잇사 보내랴 면화는 아ᄆᆞ리 잇다[15] 엇디 보내리 보낼 길히 업거든 어ᄂᆞ 어ᄒᆞ로[16] 보내리 엇디ᄒᆡ여 이 뵈 롤 그틀 ᄂᆞ려뇨 ᄒᆞ노라 은지니 신 갇다 면화 훈 근 간다 민집과 여ᄡᅩᆯ 냥식[17] ᄂᆞ화라

판독대비

번호	판독자료집	조건상 (1981a : 185)	전철웅 (1995 : 233)	조항범 (1998a : 71)	황문환 (2002 : 271)	전철웅 (2002 : 190~191)
1	나흔날사	-	-	나흔 날사	-	-
2	예 치ᄉ원 히여	예 치ᄉ원히여	예치ᄉ원히여	-	-	예치ᄉ원 히여
3	내 일	내일	-	-	-	-
4	므녀 가니	므너가니	므너가니	-	-	-
5	딕녕 ᄀ숨미나	딕녕 ᄀᄉ미나	딕녕 ᄀ숨미나	딕녕 ᄀ숨미나	-	딕녕ᄀ숨미나
6	ᄲ고	쁠고	-	-	-	-
7	믿 바다	믿바다	믿바다	-	-	-
8	보ᄆ로 나하	보ᄆ로나 하	보ᄆ로나 하	보ᄆ로나 하	보ᄆ로나 하	-
9	보내고져 코	보내고져 고샹	보내고져코	보내고져코	-	보내고져코
10	샹해	샹 하	-	-	-	-
11	보내려 터니	보내려터니	보내려터니	보내려터니	보내려터니	보내려터니
12	ᄀᄅ 니블	ᄀᄅ니블	-	-	-	-
13	실업시	실업서	실 업시	-	실 업시	-
14	잇ᄶ 흐니	잇ᄶ흐니	-	-	-	-
15	아ᄆ리 잇다	아ᄆ리잇다	-	-	-	-
16	어니 어흐로	어니어흐로	-	-	-	-
17	여뚤 냥식	여둘냥식	여뚤냥식	-	-	-

순천김씨묘 출토 언간 010 충북대박물관 유물번호 1357

〈순천김씨묘-010, 1550~1592년, 신천강씨(어머니) → 김여물(아들)*〉

판독문

> 슈오긔 아비손디

긔온 아니쬬와 ᄒ는 거슬 보내고[1] ᄆᆞ슴미 니즌 저기 업서[2] 이버는 더옥 ᄆᆞ슴미 흐운히여 ᄒ노라 우리야 됴히 인노라 여게셔도 어제 사ᄅᆞ미 와 됴히 겨시더라 경산 가 술 자시고 다여쇄 알코 됴화더라 ᄯᅩ 네 가져가던 여뽈본 비록 두 필식 혜면 열엿 비리어니와[3] 앗갓오니 아므려나 내바다[4] 빋 갑고 하 비디 디거든 앗가온 것 더러 두어라 명디란 모더 세 피리 되게 빗과 보내여라[5] 그거스란 네 죵돌 하 소기더라 동성돌과 의논히여 내바다라[6] 사회돌란 알외디 마라 ᄌ 가시니 홀 일[7] 업다 오챵[8] 짐 오나든 즈시 긔별ᄒ여라 네[9] 아이 아바님끠 가며 올 제 칙녁 보내노라 ᄒ더[10] 아니 왓다

판독대비

번호	판독자료집	조건상 (1981a : 186)	전철웅 (1995 : 234)	조항범 (1998a : 80)	황문환 (2002 : 271)	전철웅 (2002 : 322)
1	보내고	보와든	-	-	-	-
2	업서	업시	-	-	-	-
3	열엿 비리어니와	열엿비리어니와	열엿비리어니와	-	-	-
4	내바다	내 바다	-	내 바다	-	-
5	빗과 보내여라	박과보내여라	-	-	-	-
6	의논히여 내바다라	의논히여셔 바다라	-	-	-	-
7	ᄌ 가시니 홀 일	ᄌ가시니 홀일	-	-	-	-
8	오챵	□□	-	-	-	□챵
9	네	□	-	-	-	-
10	ᄒ더	호터니	호터니	호다니	-	-

* 조항범(1998a : 7~15)에 따름. 황문환(2002)에서는 신천강씨(어머니)가 김여흘(아들)에게 보낸 편지로 보았다.

순천김씨묘 출토 언간 011 충북대박물관 유물번호 1358

〈순천김씨묘-011, 1550~1592년, 채무이(남편) → 순천김씨(아내)〉

판독문

늉싱원 지븨셔 ᄆ롤 도로 가져가라 ᄒ니 근사니 보내뇌 안쥭 필죵이 두소 아ᄎ미 자내롤 노
ᄒ여 아니 외[1] 대강은 나왓다가 드러니거든 내 시시미[2] 녀길 마롤 니ᄅ디 마소 근시미 병도
거즌 병은 아니레 미양 죵을 ᄒᆞᆫ갓 간사ᄒᆞᆫ가 녀기디[3] 마소 소기ᄂᆞᆫ 죵이 외례 항거ᄉᆞᆫ[4] 소고미
올ᄒ니 뎍 나딜 거시니 엇딜고 ᄒᆞᄂᆡ

판독대비

번호	판독자료집	조건상 (1981a : 187)	전철웅 (1995 : 234)	조항범 (1998a : 85)	황문환 (2002 : 271)	전철웅 (2002 : 303~304)
1	아니 외	아니외	-	-	-	-
2	내 시시미	내시 시미	-	-	-	-
3	녀기디	녀기뇌	-	-	-	-
4	외례 항거ᄉᆞᆫ	외 뎨항거손	-	-	외예 항거손	-

순천김씨묘 출토 언간 012 충북대박물관 유물번호 1359

〈순천김씨묘-012, 1550~1592년, 신천강씨(어머니) → 순천김씨(딸)〉

판독문

> 채 셔방집 답

안부ᄒ고 죵마 오나ᄂᆞᆯ[1] 모든 ᄌᆞ식ᄃᆞ리 다 무ᄉᆞ히 이시니 내 유보기로다 깃게라 깃게라 ᄯᅩ 너는 지그미 모몰 아니 브련ᄂᆞ냐 무ᄉᆞ미 하 넘니롤 ᄒ니 ᄭᅮ미 ᄆᆡ양 뵈이니 더옥더옥 근심코 인노라 우리는 두 고디 다 무ᄉᆞ히 이시니 내 인ᄉᆡᆼ은 툐히 인는 이리 귀티 아녀 의셔[2] 죽고 져 ᄒᄃᆡ 수미 긴디 지그미 사라 이시니 올홀 견듸여[3] 너히나 가 보고쟈 보고쟈 ᄇᆞ라ᄂᆞ니 그 ᄲᅮᆫ니로다 ᄌᆞ식ᄃᆞ리 니블 거슨 늘그니 죵도 이긔여 브리디 몯ᄒᆞ여 면화 얻ᄂᆞ니 코 팔월[4] 스므날 후우터[5] 말미 돌나시니[6] 지그미 일 바툼[7] 자바 보ᄃᆞ니먀[8] 져년 ᄌᆞ순 것[9] 보미 세 필 나하셔 다 그ᄌᆞ저 ᄲᅥ[10] ᄇᆞ리고 옷돌도 늘그니 다 업시코[11] 새것돌[12] 당시 ᄯᅳᆯ 것 업고 ᄒ니 나도 홀 거시 업서시매[13] 졍시니 아모 ᄃᆞ러 간 동[14] 업시 안자셔[15] 아모 일도 겨오 ᄎᆞ리고 이시니 눈 밧ᄭᅴ[16] 이리야 ᄉᆡᆼ각도 몯ᄒ노라 영이도 보롬날[17] 제 아비 와 ᄃᆞ려가려 ᄒᄃᆡ[18] ᄒᆞᆫ 것도 몯ᄒᆞ여 주어 보내노라 나ᄅᆞᆯ 너히 녜만[19] 너기ᄂᆞᆫ다 녜는[20] 궁ᄒᆡ여도 어업손[21] 이리라도 ᄌᆞ시긔 이리면 다 버뇌 몯 ᄡᅳ다니 이제는 졍시니 업ᄉᆞ니 ᄌᆞ식도 아모것도 ᄉᆞ랑홉디 아녀 ᄆᆡ양 술 ᄎᆔᄒᆞᆫ 사ᄅᆞᆷᄀᆞ티 어렴픗ᄒᆞ고[22] 이시니 아모 일도 ᄎᆞ리디 몯ᄒ□ □□ 나가며 바다 가니 ᄌᆞ시 몯ᄒ노라[23]

판독대비

번호	판독자료집	조건상 (1981a : 188)	전철웅 (1995 : 234)	조항범 (1998a : 88)	황문환 (2002 : 272)	전철웅 (2002 : 191~192)
1	죵마 오나눌	죵 다 오나눌	-	-	-	-
2	귀티 아녀 의셔	귀티아녀의셔	-	-	-	-
3	견디여	민디여	-	-	-	-
4	얻느니 코 팔월	얻느니코라도 월	-	-	-	얻느니코 팔월
5	스므날 후우터	-	스므 날 후우터	-	-	스므 날 후우터
6	말미 둘나시니	-	-	-	말미둘 나시니	-
7	바툼	바로나	-	-	-	-
8	보다니먀	보다니댜	-	-	-	-
9	즈슨 것	즈근것	-	-	-	-
10	그즈저 뼈	그 즈저뼈	-	-	-	그즈 저 뼈
11	업시코	업시고	-	-	-	-
12	새것둘	새거둘	새 것둘	새 것둘	새 것둘	새 것둘
13	업서시매					업서시며
14	아모 드러 간 동	아모 드러간 죵	아모드러 간 동	아모드러 간 동	-	아모드러 간 동
15	안자셔	-	-	-	-	□□셔
16	눈 밧긔	눈박긔	-	-	-	-
17	보름날	보름날	-	-	-	-
18	드려가려 호디	드려 가려호디	드려 가려 호디	-	드려 가려 호디	-
19	너희 네만	너희네만	-	-	-	-
20	녜논	예논	-	-	-	-
21	어업손	-	-	-	-	어 업손
22	어렴풋호고	어혀나룻호고	-	-	-	-
23	몯호노라	모	-	-	-	-

〈순천김씨묘-013, 1550~1592년, 신천강씨(어머니) → 순천김씨(딸)〉

판독문

> 채 셔방집

요ᄉ이ᄂ 하 긔벼롤 모르니 병이니 아ᄒ둘ᄒ고[1] 엇디 인ᄂ다 그 증은 이제ᄂ 엇더ᄒ거뇨[2] 니존 저기 업고 역지론 엇디ᄒ고[3] 미양 닛디 몯히여 니존 나리 업서 셜웨라 우리사 다 됴히 인노라 다ᄆᆫ 니워리 아ᄆ려나 하ᄂᆯ히 우리놀 서르 마조 보게[4] 삼길가 ᄇ라노라 셔방니ᄆ 올라 간ᄂ가 네 병이 듕ᄒ니 셔방님곳[5] 나가면 더옥 이리 안자셔 민망히여라 아ᄆ려나 ᄆ스ᄆᆯ 누거 잡녀ᄆᆯ 말고 궁ᄒ나 근시ᄆᆯ 니저셔 됴리히여[6] 서르 사라다가 맛보쟈 쇼쥬 ᄒᆫ 두로미 내 먹던 거시라[7] 긔온 셜온 제 머거라 이 가ᄂ 홍졍둘 희경의게 속디 마오 장의골도 하 여러 저기니 혼자 아니 인ᄂ ᄃ니 니ᄅ기 어려오니 싱원과 의론히여서[8] 히여 보내고 그 거믄 텰링을 밧고디도 몯ᄒ고 그저 드리라 가ᄂ니라 챵쉬 지비 드려 달라 코져[9] ᄒᆞ더 기자히 아니 드려도 장의골 닐어 ᄒ거나 ᄀᆞ장 고이 드려라 이사[10] 이버늬[11] 미츠랴 밀 바다[12] 지쵹히여 보내여라 ᄇ람 업스니라 ᄇ람 히여[13] 보내여라 실둘도 일티 마라 초록실란 즉시 이버늬[14] 보내여라 바ᄂ지리 ᄡ쟈 반ᄆᆯ 든[15] 굴근 거ᄉ 덩 ᄲᆞᆯ 거시니 여셔 드리니 하 사오나오니[16] 반 피리나 더 주고 드려 이버늬 보내여라 ᄯᅩ 쟝 ᄃᆞᄆᆯ 일 얼혀니 마라 ᄃᆞᄆᆯ 제 슈오긔 어마님 ᄃᆞ려다가 일동히여[17] ᄃᆞ마라[18]

판독대비

번호	판독자료집	조건상 (1981a : 189)	전철웅 (1995 : 235)	조항범 (1998a : 95)	황문환 (2002 : 272~273)	전철웅 (2002 : 192~193)
1	아히돌 호고	아히돌 호고	-	-	-	-
2	엇더 호거뇨	엇디 호거뇨	-	-	-	-
3	엇디호고	-	-	-	엇디 호고	엇더호고
4	마조 보게	마조보게	-	-	-	-
5	셔방님곳	셔방님 곳	-	-	-	-
6	근시믈 니저셔 됴리히여	자시 믈니저셔 됴리 히여	-	-	-	-
7	두로미 내 먹던 거시라	두 호미나 먹던 거시라	-	-	-	-
8	의론히여서	의론히여셔	-	-	-	-
9	달라 코져	달라고져	달라코져	달라코져	달라코져	달라코져
10	드려라 이사	드려라이사	-	-	-	-
11	이버늬	이버늬	-	-	-	-
12	믿 바다	믿바다	-	-	-	-
13	브람 히여	브람히여	브람히여	-	-	-
14	이버늬	이버늬	-	-	-	-
15	반믈 든	반믈든	-	-	-	-
16	사오나오니	사오오라	사 오라오니	-	-	-
17	일동히여	〔판독 안 됨〕	-	일동 히여	일동 히여	-
18	드마라	〔판독 안 됨〕	-	-	-	-

순천김씨묘 출토 언간 014 충북대박물관 유물번호 1361

〈순천김씨묘-014, 1550~1592년, 신천강씨(어머니) → 순천김씨(딸)〉

판독문

개더긔 공 오나둔 이버느란 아뫼 아무리 닐어도 흗디 마라 그는 뵈롤 ᄒ라 ᄒ여 잇더니라[1]
친념 간느니라[2] 쉬이 오리라 ᄶᅩ 건넌지비 며조 열닐굽 마리 인느니라 가져다가 지비 인는
그 쟝독조차[3] 가져다가 네게[4] ᄃ마 두어라 소곰 바둘 무명을 아모더나 ᄒᆞᆫ 필만 ᄶᅱ 바다라
하옷[5] 몯 얻거든 그 셩마니 공 탭모시롤 나디셔[6] 밧골만뎡[7] 고디 ᄃ마라 애ᄃ라 너롤 시기
노라 개더긔 공도 바다 네게 두다가 보내고랴 이리 만히 심심ᄒ니 쟝 무ᄉᆞᆷ[8] 바다 ᄃ마라 ᄃ
마라 네 ᄲ론 아무려도 보내디 몯ᄒ니 무명이나 사 보내고져 ᄒ노라 ᄒ노라 갓ᄭᅡᄉ로 버러
무명 두 필 보내노라 ᄒᆞᆫ 필란 소곰 받고 ᄒᆞᆫ 필란 내 겹ᄀᆞᄅᆞ매 ᄀᆞ장 비단 밉고 둗겁고 븕고
ᄒ니 사[9] 보내여라 아뫼나 오리 ᄒ여 네 ᄌᆞ디ᄒ고 수이 보내여라

판독대비

번호	판독자료집	전철웅 (1995 : 235)	조항범 (1998a : 102)	황문환 (2002 : 273)	전철웅 (2002 : 193~194)
1	잇더니라	-	-	-	잇더니 하
2	간느니라	-	-	-	간느니 하
3	쟝독조차	쟝독 조차	-	쟝독 조차	-
4	네게	네 게	-	-	-
5	하옷	하 옷	하 옷	-	-
6	나디셔	-	-	-	뎌셔
7	밧골만뎡	밧골 만뎡	-	-	밧골 만뎡
8	무ᄉᆞᆷ	무음	-	-	무음
9	ᄒ니 사	-	-	ᄒ니	-

〈순천김씨묘-015, 1550~1592년, 신천강씨(어머니) → 순천김씨(딸)〉

판독문

채 셔방집

요스이 아히돌ᄒ고[1] 엇디 인ᄂ가[2] 아기내ᄂ 무스히 왓다 급뎨 몯ᄒᆫ 이론 다믄 즈시글 길어 그타나 볼가 ᄒ다가 하 이리 마ᄒ라 몯ᄒ니 내 거복히여 영화놀 몯 보고 주그리로다 긋부니 디 엇디ᄒ리 ᄯ 채셔방이나 홀가 ᄇ라고 이시니 엇디ᄒ고 ᄯ강[3] 긔별도 모ᄅ리로다 우리사 됴히 인노라 아바니미야 이제 네ᄀ티 편ᄒ니라 나ᄂ 하 쉬이 우그러뎌 늘거뎌 긔시니[4] 간 더 업고 정시ᄂᆯ 일코 이시니 이제ᄂ 다리ᄅᆯ 쁘디 몯ᄒ고 어히업시 되여 인노라 보낸 자바ᄂ 여그로 보내요라 내사 ᄀ술히나 가고져 ᄒ여도 살 셰[5] 업고 올믤 므ᄉ미[6] 업세라 내 니블 것도 몯히여 니브니 죵 ᄒ리 업고 민망히예라[7] 네 즈디ᄂ 져년히[8] 몯 다 드려 니건히[9] ᄀ술 지쵀롤[10] 몯 쁠 것 히여 주어ᄂᆯ[11] 뭇다가 몯ᄒ니 하 지쵹히여ᄂᆯ 댱옷 ᄀᄉ미 더 서더니라 후에사 갑 주어셔 됴ᄒᆫ 지쵀롤 히여 오니[12] 내 것 뭇고 나마시더 그리 가시니 몯ᄒ니 아니 지엇거든 아뫼나 오리 히여 보내면 더 드려[13] 주고져 나도 츠기[14] 너기고 인노라[15] 이제ᄂᆫ[16] 내 긔시니[17] 업스니 즈시긔 이 이론 커니와[18] 내 일도[19] 어히업시 코[20] 이시니 즈시긔 뒤배 볼 겨규 업서 싱귓거시 되여 인노라 슈녕이ᄂ 누로갸 빼야 즈디실도 ᄒᆫ 겨돌[21] 유무에[22] 싸 가더니 고란 노미 이실샤 두 괴나[23] □라[24] 나더야 애ᄃ노라 애ᄃ노라

판독대비

번호	판독자료집	조건상 (1981a : 190)	전철웅 (1995 : 235)	조항범 (1998a : 108)	황문환 (2002 : 273)	전철웅 (2002 : 194~195)
1	아히둘ㅎ고	아히둘 ㅎ고	아히둘 ㅎ고	-	-	-
2	인는가	인□	-	-	-	인는□
3	쓰강	쓰가니	-	-	-	-
4	긔시니	가시니	-	-	-	-
5	살 셰	살셰	-	-	-	-
6	ᄆᆞᆷ미	ᄆᆞᆷ미	-	-	-	-
7	민망히예라	민망히여라	-	-	-	-
8	네 ᄌᆞ디는 져년히	네 ᄌᆞ긔는 재년히	-	-	-	-
9	몯 다 드려 니건히	몯 다드려니건 히	몯 다드려 니건히	-	-	-
10	ᄀᆞ술 지최롤	ᄀᆞ술지최롤	-	-	-	-
11	주어눌	-	-	-	-	주어□
12	히여 오니	히여오니	-	-	-	-
13	더 드려	더드려	-	-	-	-
14	나도 츠기	날 츠기	-	-	-	-
15	인노라	인느라	-	-	-	-
16	이제논는	이제논	-	-	이제논	-
17	내 긔시니	놋내거시니	-	-	-	-
18	커니와	□□	□커니와	□□와	□□와	□□□
19	내 일도	내일도	-	-	-	-
20	어히업시 코	어히 업시코	어히 업시코	어히업시코	어히업시코	어히 업시코
21	혼 겨둘	혼□롤	-	-	-	혼 겨롤
22	유무에	유무예	유무예	-	-	유무예
23	두 괴나	두긔 나	두괴나	-	-	두긔 나
24	□라	롤	-	-	-	-

순천김씨묘 출토 언간 016 _{충북대박물관 유물번호 1363}

〈순천김씨묘-016, 1550~1592년, 신천강씨(어머니) → 순천김씨(딸)〉

판독문

채 셔방집 답

민사니 범종이 니어 오나눌 됴히 잇고[1] 지극 깃거ᄒ고 네 아올 근심ᄒ고 아들 나ᄒ니 깃거 ᄒ노라 너는 몸 브리랴[2] 쟝의골셔는 엇디 지금 그려 너히 근시믈 ᄒ니 바미 쑴□ 씨면[3] 울 오 인노라 나는 됴히 잇□ 어려워 ᄆᆞᄉ미[4] 넘니만 만ᄒ여라 ᄒ여 ᄒ고 ᄃᆞ려시라 ᄒ여도 ᄆᆞ 슴미 댱 심샹이로다[5] 이 아기 나가니 ᄆ□워[6] 즉시 몯ᄒ노라 무명은 마ᄂ □ 희워 보내려 타 몯 밋고 굴그니 여 그저 간다 무명 그톤 아ᄆᆞ려도 몯ᄒ여 두고도 안[7] 업서 ᄃᆞ려 잇다 □ 는 ᄒᆞᆫ디 아니 이시니 유무ᄒ□도 아닐 거시니 몯ᄒ노라 원간 슈니게 어더 보내려코 가시니 라마는 업섯도다 영이는 영그미 아ᄂᆞ니라 닙고 바손 거시 업ᄉ니라 녀ᄂᆞᆷ 이론 심심ᄒ니 대강대강만 ᄒ노라 다믄 몸 브린 안부 몯 드러 민망민망 영그미 너옷 몸 브려 닐웨나 무스 히 디내여든 이 종마의 보내여라 ᄯᅩ 오기 어려올가 ᄒ노라 이 유무 뎐□□□□□□□□□려[8] □□□□□□나거나 ᄒ면 몯 보리로다 다 날회여 보내여라 보내여라

판독대비

번호	판독자료집	전철웅 (1995 : 236)	조항범 (1998a : 114)	황문환 (2002 : 274)	전철웅 (2002 : 195~196)
1	잇고	-	-	-	□고
2	너는 몸 브리랴	너는 □ 브리랴	너는 브리랴	너는 □ 브리랴	너는 □ 브리랴
3	쑴□ 씨면	-	쑴씨면	-	쑴 □ 씨면
4	ᄆᆞᄉ미	ᄆᆞᄋᆞ미	-	-	ᄆᆞᄋᆞ미
5	ᄆᆞᄉ미 댱 심샹이로다	ᄆᆞᄉ미 댱심샹이로다	-	ᄆᆞᄉ미□ 댱 심샹이로다	ᄆᆞᄋᆞ미 □ 댱심샹이로다
6	ᄆ□워	-	-	-	□워
7	몯ᄒ여 두고도 안	-	-	-	□ ᄒ여 두고 도안
8	유무 뎐□□□□□□□□□려	유무뎐□□□□□□□ □	유무뎐□□□□□□□ □□려	□□□□□□□	□□□□□□□□□ □려

순천김씨묘 출토 언간 017 충북대박물관 유물번호 1364

〈순천김씨묘-017, 1550~1592년, 신천강씨(어머니) → 순천김씨(딸)〉

판독문

아바님끠 바디와 숩것 겻 가고[1] 가치 하 허니 주어 뒤흔[2] 브티고 무로픠 치 이러타[3] 뵈여라
자리 감토 엷더니[4] 길히 치올가 기워 간다 눌그니도 가져오소 히여라 힝뎐과 보션도 ᄒ나
둗거이 기워 가ᄂ니 길히 시ᄂ시게 ᄯ오 모시 힝뎐 보내여라 녀ᄅ미 신게 슈긔 명디[5]ᄂ는 하 민
망터니 보내니 깃브미 ᄀ이업서 ᄒ거니와 이리[6] 네 거슬 주어 쓰고 죽거든 눌ᄃ려 니롤다
면화는 여게셔 계오 두어 오시ᄂ 오니 옷도 두더기 니펴 두고 새옴혼다 ᄒ건마ᄂ 고도 텰릭
바디 딕녕 히여 두니 내 지금 두터온 져구리롤 업서 그 열온 거슬 니버 치오뎌 몯 미처 도
라 ᄒ노라 아모것도 내 히미 업스니 아바님끠 술와라 하 ᄆ슴 심심ᄒ니 대되 봐스라 민셔방
은 ᄒ 것도 몯ᄒ여 주노라 무명도 셔방 갈 제 보내마 댱옷 ᄀ슴도 ᄲ노라 아ᄆ려나 쉬 ᄒᄌᆞ
ᄒ니 시 몯ᄒ여 그라타 은흥은 잇다 기리 조가갸 터니[7] 젹다마ᄂ ᄆ자 ᄆᆞᆮ고 홋 슈니[8] 보
내마 기리 문밧긔 드려가디 마라 ᄭ미 흉타 슈기도 자근 져구리 ᄀᆞᆺ슴이나 보내쟈

판독대비

번호	판독지료집	전철웅 (1995 : 236)	조항범 (1998a : 120)	황문환 (2002 : 274)	전철웅 (2002 : 196~197)
1	겻 가고	-	겻가고	-	-
2	뒤흔	-	-	뒤흔	-
3	무로픠 치 이러타	무로픠치 이러타	무로픠 치이러 타	-	-
4	엷더니	엷더니	-	-	더니
5	명디	뎡디	뎡디	-	-
6	이리	ᄉᆡ리	-	-	-
7	기리 조가갸 터니	기끠조가갸터니	-	-	-
8	홋 슈니	츳 슈니	츳 슈니	홋슈니	츳슈니

순천김씨묘 출토 언간 018 ^{충북대박물관 유물번호 1365}

〈순천김씨묘-018, 1550~1592년, 신천강씨(어머니) → 순천김씨(딸)〉

판독문

슈니 치마는 니시 업서 털링도 계오[1] 쏠고 내게 드릴 것 업고 그저 온농애[2] 드러시니 새 니
슬 바다 주어사 드리려 ᄒ니 올ᄒᆞᄂᆞᆫ 지그미 아니 보내시니 몯 드리니 어디 가리 짓돈 몯ᄒ
니 그제나 보내마 양쳔 놈 갈 제 보육 ᄒᆞᆫ 뎝 가더니 바ᄃᆞᆫ다 셔방님도 쳥쥐 가 유무ᄒᆞᄃᆞ도더라
됴히 갓더라 이리 오마 터니[3] 올디 모ᄅᆞ리로다 여러 고디 스니[4] 이만[5]

판독대비

번호	판독자료집	조건상 (1981a : 191)	전철웅 (1995 : 236)	조항범 (1998a : 126)	황문환 (2002 : 275)	전철웅 (2002 : 197)
1	계오	겨오	-	-	-	-
2	온농애	온 농애	-	-	-	-
3	오마 터니	오마터니	오마터니	오마터니	오마터니	오마터니
4	스니	슈이	-	-	-	-
5	이만	숄	-	-	-	-

순천김씨묘 출토 언간 019 충북대박물관 유물번호 1366

〈순천김씨묘-019, 1550~1592년, 신천강씨(어머니) → 순천김씨(딸)*〉

판독문

눈어[1] 서 뭇 문어 세 광어 다숫 가누니라 단 쟐의 녀허 오시 하 열워 면화 혼 그니 가누니라
뉴더기나 뻬여[2] 더 두어 갈라 니버라[3] 더 두어 보내려[4] 잇더니 블의예 사르미 가니 몯 두어
가누니라 열오니 쇽졀업다

판독대비

번호	판독자료집	전철웅 (1995 : 237)	조항범 (1998a : 130)	황문환 (2002 : 275)	전철웅 (2002 : 332)
1	눈어	-	-	-	룬어
2	뻬여	-	-	-	뎁여
3	니버라	-	-	-	니벼라
4	보내려	보내려□	-	-	-

---

* 조항범(1998a : 7~15)에 따름. 전철웅(2002)에서는 "발신자나 수신자 또는 양자가 불분명한 것"으로 처리하였다.

순천김씨묘 출토 언간 020 충북대박물관 유물번호 1367

〈순천김씨묘-020, 1550~1592년, 채무이(남편) → 순천김씨(아내)〉

판독문

□□□□는가 □□□□□□□□□□□□□□□[1]산셔 편지ᄒ다니 □□□□□□□□□□□□
□□□□□ᄒ다니[2] □□□□□□□□□□□뇌 함챵[3] 가셔는[4] 하 ᄀ흐히업서 니저 □□니[5] 이
리 오니는 므서슬 먹고 엇디 디내돗던고 그지업서[6] ᄒ뇌 비 지믄 스믈서나홀 ᄉᆞ이 내려니와
자내 부모는 일뎡 스므이튼날 나시ᄂ가 머흐리 나완는가 보기는 여테 아니 와시면 ᄀᆞ장 슈
샹ᄒ도쇠 나는 집 근심 계워 수이 늘게 되연뇌 유더기는 제 아자비ᄅᆞᆯ 달화 보려니와 제 아
비 아니 혀 낸가 ᄒ뇌 아므리 ᄒ다[7] 어디 갈고 인는 죵이나 어엿비 녀기소 나도 자내 부모
가실 제 홈ᄭᅴ 가고져 ᄒ건마는 완ᄂ니 한시글 디내고 엿쇈날 나가고져 ᄒ뇌 문밧 아기네 오
게 되여시니 곡셔기 긴ᄂ다 ᄒᆞ니[8] 하 ᄡᆞᆯ 것곳[9] 업거든 가져다가 ᄡᅳ고 편지ᄒ소 내 이리셔
가픔새 근시미도 됴히 브릴 동[10] 알가 어엿비 녀기소 옷 몯 어더 니블 주런 나도 아뢰[11] 현
마 엇딜고 지믄 션산 힝ᄎᆞ애 보내려 ᄒ뇌 갈제 므리 업스니 민망히 스앙의게 편지ᄒ뇌 보기
옷[12] 왓거든 올 제 므롤 비러 보내소 커니와 어려이 녀기거든[13] 마소 비로 감새 다시 ᄃᆞ닐
사ᄅᆞ미 이실 거시오 어제 와셔 죠히내 와 자고 쇠내로 가노라 ᄌᆞᆺ브고 밧바 잠짠 二月 卄日
죠히내셔

판독대비

번호	판독자료집	조건상 (1981a : 192)	전철웅 (1995 : 237)	조항범 (1998a : 133)	황문환 (2002 : 275)	전철웅 (2002 : 304)
1	□□□□논가 □□□□□□□□□ □□□□□□	논가	논가□	-	-	논가□
2	□□□□□□□□ □□□□□□□ ᄒ다니	□□□□ᄒ다니	-	-	-	-
3	□□□□□□□ □□□뇌 함챵	뇌 함챵	-	-	-	-
4	가셔논	-	-	-	-	가셔□
5	구히업서 니저 □□니	구히 업시니 저□□니	구히 업서 니저 □□니	-	-	□□□□□□□니
6	디내돗던고 그지업서	디내돗던고 그지 업서	디내돗던고 그지 업서	-	-	디내돗□□□□ 업서
7	아ᄆ리 ᄒ다	□ᄆ리ᄒ다	-	-	-	-
8	긴ᄂ다 ᄒ니	긴ᄂ다 ᄒ뇌	긴ᄂ다 ᄒ뇌	긴ᄂ다 ᄒ뇌	-	긴ᄂ다 ᄒ뇌
9	쁠 것곳	쁠것 곳	쁠것 곳	쁠것곳	-	쁠것 곳
10	브릴 동	브릴등	-	-	-	-
11	아뢰	이리	-	-	-	-
12	보기옷	보기 옷	보기 옷	-	-	-
13	녀기거돈	녀기거는	-	-	-	-

순천김씨묘 출토 언간 021 충북대박물관 유물번호 1368

〈순천김씨묘-021, 1550~1592년, 신천강씨(어머니) → 순천김씨(딸)〉

판독문

쉬이 히여 보내여라 너희 형뎨롤 믿고 인노라 오니 명디 근도 어들 셰 업고 옷 히여 니블
셰논 올로도 업스니 나도 와셔 뒤혀 노홀 이리 업서 민망ㅎ고 니응노 짓 명디 이롤[1] 더곰
근심ㅎ노라 올하나 사라셔 ᄂᆞ미 비디나[2] 츠고[3] 주글가 ㅎ노라 학개도 댱가 이 겨을로 그 지
비 ᄒᆞ려 ᄒᆞ니 그 텰링으란 지어 빌여라 믿고 이시리라 그리ᄒᆞ여 글란 쟝만 아니호마 당시
나ᄋᆞ리 아니 도라와시니 민망타

판독대비

번호	판독자료집	전철웅 (1995 : 237)	조항범 (1998a : 140)	황문환 (2002 : 275~276)	전철웅 (2002 : 198)
1	니응노 짓 명디 이롤	니응노짓 명디이롤	니응노 짓명디 이롤	니응노짓 명디 이롤	-
2	비디나	-	-	비디나	-
3	츠고	-	-	스고	-

순천김씨묘 출토 언간 022 충북대박물관 유물번호 1369

〈순천김씨묘-022, 1550~1592년, 채무이(남편) → 순천김씨(아내)〉

판독문

오손 빌라[1] 보내여니와[2] 이리 더운디 와 둔녀가면 일뎡 더 샹홀 법 이시니 요스이 보와 짐
쟉ᄒ여 ᄒ소 나도 갓다가 복기리 우ᄂ 거슬 두□ □니[3] 서운ᄒ여 닉일 가리 □□죵이[4] 보내
뇌 커니와 디공[5] 주소

판독대비

번호	판독자료집	조건상 (1981a : 193)	전철웅 (1995 : 237)	조항범 (1998a : 144)	황문환 (2002 : 276)	전철웅 (2002 : 305)
1	빌라	-	-	-	-	□라
2	보내여니와	보내어니와	-	-	-	-
3	두□ □니	두고오니	두고 오니	-	-	두□□니
4	가리 □□죵이	가리□ □죵이	가리라 필죵이	-	-	-
5	보내뇌 커니와 디공	보내뇌커니와 디콩	-	-	-	보내뇌커니와 디공

〈순천김씨묘−023, 1550~1592년, 신천강씨(어머니) → 순천김씨(딸)〉

판독문

+도□□□□□□□□[1] 싁지비 가 어더다 ᄇ라다[2] 너곳[3] 머리 ᄒ려[4] ᄒ면 머리ᄂ 내사 주려니와 다만 빈혜 업다 그롤 과부히여든 사 주마 내사 ᄌ식글 어니 달이 혜리 내 지비 몯ᄒ고 가문 업고 ᄒ니 이번 ᄆᄌ마긴 ᄃ 처어민 ᄃ시[5] 모도와 가려 ᄒ니 아바니ᄆ 노히여 ᄒ더 혜다녀 가련노라 업ᄉ 거ᄉᄅ 닐어라[6]

판독대비

번호	판독자료집	조건상 (1981a : 193)	전철웅 (1995 : 237)	조항범 (1998a : 146)	황문환 (2002 : 276)	전철웅 (2002 : 198~199)
1	도□□□□□□□ □	〔판독 안 됨〕	〔판독 안 됨〕	〔판독 안 됨〕	〔판독 안 됨〕	도□□□□□□□ □□
2	ᄇ라다	-	-	-	-	ᄇ라□
3	너곳	너 곳	-	-	-	-
4	ᄒ려	-	호랴	-	-	-
5	처어민 ᄃ시	처 내민ᄃ시	-	-	-	-
6	업ᄉ 거ᄉᄅ 닐어라	〔판독 안 됨〕	-	-	-	-

〈순천김씨묘-024, 1550~1592년, 신천강씨(어머니) → 순천김씨(딸)〉

판독문

+ 히여 내 가고져 호디 흐령 겨시다 홀시 몯 가 잇스오리[1] 의워니 호디 므슴곳[2] 편히 아니 머그면 이 병이 듕히 되고 므슴미 용심곳 업스면 훈 히 니로 야글 댱복흐면 됴흐시리라 흐니 용시미 업게 아바니미 간스흐고라 지그기 흐면 브릴 법도 잇거니와 그리타[3] 풍뉴 흐고 술 혀는 녀니니[4] 드리고셔 술과 풍뉴와 흐고 듀일 화리므로[5] 이시니 나리사 흐마 박졀히 되니 죽다 혜랴 다만 즈식 드릴[6] 쟈기면 그리히여 볼 거시라 녜도 싀앗드롤 디내더 이제는 하 내 몸ᄞᆡ 되니 이리 셜오니 다 몯 스로다

판독대비

번호	판독자료집	조건상 (1981a : 194)	전철웅 (1995 : 238)	조항범 (1998a : 149)	황문환 (2002 : 276)	전철웅 (2002 : 199~200)
1	잇스오리	–	–	–	잇스오□	–
2	므슴곳	므슴 곳	–	–	–	–
3	그리타	그리라	–	–	–	–
4	술 혀는 녀니니	술혀는 녀닐	–	–	–	–
5	듀일 화리므로	듀일화리므로	듀일화리므로	–	듀일화리므로	듀일화리므로
6	즈식 드릴	즈식드릴	–	–	즈식드릴	

순천김씨묘 출토 언간 025 충북대박물관 유물번호 1372

〈순천김씨묘-025, 1550~1592년, 채무이(남편) → 순천김씨(아내)〉

판독문

그 도글 브디 이제[1] 가 추려 □□ 흐소[2] 싱원 지븨 죽 보내거든 이제 □□□[3]싱원 비져븨셔 홍챵슈의 지븨 머디 아닌 법[4] 인느니 오직[5] 그리 가 둔니면 져므러 튝파놀가 몯 가셔 올가 ᄒ뇌

판독대비

번호	판독자료집	전철웅 (1995 : 238)	조항범 (1998a : 154)	황문환 (2002 : 276)	전철웅 (2002 : 305)
1	이제	이세	–	–	이세
2	□□ 흐소	□□ 흐소 □	–	–	□□ 흐소 □
3	□□□	–	□□□□	□□□□	–
4	지븨 머디 아닌 법	–	–	–	지비 머디마는 법
5	오직	–	–	–	오□

순천김씨묘 출토 언간 026 충북대박물관 유물번호 1373

〈순천김씨묘-026, 1550~1592년, 신천강씨(어머니) → 순천김씨(딸)〉

판독문

젹스면 녀아도[1] 얻다가 몯ᄒ과라 이 아기도 몯 어더 긔엿다[2] ᄶᅩ ᄲᅩᆫ 보내여 둣다가[3] 다 주게 도로 보내다니라 형님 치니[4] 광의 안해 제 하 둘히라마ᄂ 엇디 업다 ᄒᄂᆫ고 ᄒ노라 수ᄅᆫ 졀 비저 쓰니 ᄌᆺ 내 □□□□□□쓰[5] 아래셔도 간다

판독대비

번호	판독자료집	조건상 (1981a : 195)	전철웅 (1995 : 238)	조항범 (1998a : 156)	황문환 (2002 : 277)	전철웅 (2002 : 200)
1	녀아도	내아도	-	-	-	-
2	어더 긔엿다	어더거엿다	-	-	-	-
3	둣다가	ᄶᅮ다가	ᄶᅮ다가	-	-	ᄶᅮ다가
4	형님 치니	-	형님치니	-	-	형님치니
5	□□□□□□쓰	□□□□쓰	□□□□□□□ 쓰	-	-	-

〈순천김씨묘-027, 1550~1592년, 채무이(남편) → 순천김씨(아내)〉

판독문

후바글 붓가셔 훈 보긔 아홉 눈 세 즈곰[1] 녀허 달혀 자소 니 이[2] 겻기롤 홍싱워니 연고 이셰라 ᄒ니[3] 후에 ᄒᄅ 홀만뎡[4] 닐일ᄭ장 ᄒ소 오늘 뎜심으란 마고 나죄 세히 밥만 ᄒ여 두소 오늘 굿 보라 가니 와셔 사롬 보냄새[5]

판독대비

번호	판독자료집	조건상 (1981a : 195)	전철웅 (1995 : 238)	조항범 (1998a : 159)	황문환 (2002 : 277)	전철웅 (2002 : 305~306)
1	세 즈곰	세즈곰	-	-	-	-
2	니 이	-	-	-	-	니이
3	연고 이셰라 ᄒ니	〔판독 안 됨〕	-	-	-	-
4	ᄒᄅ 홀만뎡	-	ᄒᄅ홀 만뎡	-	-	ᄒᄅ홀 만뎡
5	보냄새	갈거 마셰	보냄세	-	-	-

〈순천김씨묘-028, 1550~1592년, 신천강씨(어머니) → 순천김씨(딸)〉

판독문

+ 받고 셔돌오 내 하 고단히여 두고 마리나 녀느 죵과 다르니 흐쟈 너기니 하 몯 가셔 사니 과심코 노호와 드려 보내고 인노라 내 흥을 방디기 흐느니 코 므슴 뼈뎌 겨시니 혼자 사르실러냐 코[1] 셔도느냐 니죵의[2] 과심 봐쓰나 계향이놀 자바 브리고져 겨규흐노라 쏘 내 이 병이 이러히여도 아둘드론 그리 셔도디 마오 누기라 흐건마는 심증을 네 히여 봐거니 므슴 몰 잡디 몯히여 흐노라 몯소니엣 딘디[3] 이버는 와셔 내 인싱 셜웨라 내 겨지비 사름가 늠 굴와 둔니랴 제 지비 더뎌 두리라 흐고 누의드롤 슈샹히 맛당이 아니 너기고 날 새옴흐는가 너겨 몹뼈 너기고 흐니 내 므으미 즈시기 업고 내의[4] 고롭고 용시미 무호 나니 벼리 알폰 디는 각별티 아니디 미양 속머리 알프고 가슴 답답고 알프고 음시글 술수리 머거도 느리디 마오 내 긔시는 날로 파려코 됴호 드시 니러 안자셔 마리나 흐고 이시니 죵이나 즈시기나 뉘 알리 바미면 새도록 울오 안자셔 새알 나리 수업스니 내 팔즈롤 흐흐노라 흐흐노라[5] 내 인싱이 이 나토 다 사라 잇고 즈식도 흐마 다 여희고 지아비도 발와다[6] 내여 흐 그티 나시니 주거도 오니마도[7] 셜온 디 업거니와 다만 이싱의 이셔 어버이 즈시기나[8] 아는 닷히니 이 병을 여희고 흔 히나 살고쟈 너겨 구챠히 즈시기게도 흐는 이리라 네 아바님끠 싱워니 유무 롤 흐디 어마니미 편티 아니신 증을 더거 보내셔놀 의워니게 무르니 야글 흐셔도 므으매[9] 용심곳 겨시면 쇽졀업스니 듕에 므슴롤 펀케 흔 일도 측흔 이롤 업시 흔 히나 야글 댱복흐 면 여희리라 흐니 늘근 어미 외오 두고 듕병이 날로 디터 간다 흐니 외오 인는 즈시기 텬디 가니 민망이 업세라 히여 용심곳 년신흐면 아니 흔[10] 싀이 발흐리라 흐느매라 히여 보와라 흐고져 호디 예 인는 아둘도 내 뜨둘 받댜녀 니도히 니르고 됴흔 고드로 가시니 쏘 긋스니 더옥 내 말 드르랴 이려셔 말 거시어니와 져느는 내 므으미 셩흐니 셔도다가도[11] 누길 저기 잇더니 이제는 므으미 슈샹이 되니 일기기 므으미 브리디 마느매라 영그미 녀니 발긔 첩도 흔 므으모로 흐고 곱더라 져랑코 그 녀니 봉싱[12] 서르 +

판독대비

번호	판독자료집	전철웅 (1995 : 238~239)	조항범 (1998a : 163)	황문환 (2002 : 277~278)	전철웅 (2002 : 200~202)
1	사른실러냐 코	사른실러냐코	사른실러냐코	사른실러냐코	사른실러냐코
2	셔도ᄂ냐 니죵의	셔도ᄂ냐니 죵의	-	-	-
3	몯소니엣 딘디	-	-	-	몯소니 엣딘디
4	내의	내 의	-	-	내 의
5	흐흐노라 흐흐노라	흐흐노라	-	-	-
6	발와다	발와 다	-	-	-
7	오니마도	오□니마도	-	-	-
8	즈시기나	-	즈시기 나	-	-
9	ᄆᆞ매	ᄆᆞᄉ매	-	-	ᄆᆞᄉ매
10	아니 한	-	아니한	아니한	-
11	셔도다가도	셔도다 ᄌ로	-	-	셔도다 ᄌ로
12	봉싱	-	-	봉숭	-

〈순천김씨묘-029, 1550~1592년, 신천강씨(어머니) → 순천김씨 및 그 여동생(딸들)*〉

판독문

지브로 이시니 어니 죵이 내 ᄆᆞᄉᆞᆷ[1] 바다 이롤 ᄒᆡ여 주리 심열[2] 이셔 이런 셰원된 거슬 보면 ᄆᆞᄉᆞ미 어즐ᄒᆡ여 몯ᄒᆞ니 너희ᄂᆞᆫ 나ᄂᆞᆯ 사란ᄂᆞᆫ가 너겨도 이싱애[3] 얼굴만 인노라 자내도 겨지 볼 업시 인노라 ᄒᆞ여 역졍ᄒᆞ고 격히 되니 ᄂᆞᆷᄀᆞ티 사니 의논도 몯ᄒᆞ노라 내 말이ᄂᆞᆫ 주리 업 건마ᄂᆞᆫ 병 드니코[4] 겨지블 업시 인노라 날 향ᄒᆡ여 스스로 노ᄂᆞᆯ 내니 츌히 쳐비 이셔야 자내 ᄆᆞᄉᆞ미나 편ᄒᆞ리언마ᄂᆞᆫ 노ᄒᆡ여 ᄒᆞᄂᆞᆫ가 내 ᄆᆞᄉᆞ미 더 편티 몯ᄒᆞ니 겨지비란 거시 오래 사롬 만 사오나온 이리 업세라 올 ᄀᆞ슬ᄒᆞᆫ 더옥 ᄆᆞᄉᆞ미 일히예라 하 밧비 디ᄂᆞ가니[5] 아모것도 몯 보내니 광어 ᄒᆞ나 민 셔방집

판독대비

번호	판독자료집	전철웅 (1995 : 239)	조항범 (1998a : 172)	황문환 (2002 : 278)	전철웅 (2002 : 202~203)
1	내 ᄆᆞᄉᆞᆷ	–	–	–	□□ᄉᆞᆷ
2	심열	심□	–	–	심□
3	이싱애	이 싱애	–	–	–
4	드니코	–	–	–	득코
5	디ᄂᆞ가니	–	–	–	디나가니

---

* 조항범의 최근 분석에 따름. 조항범(1998a : 7~15)에서는 '신쳥강씨(어머니) → 순천김씨(딸)'의 편지로 보았다.

순천김씨묘 출토 언간 030 충북대박물관 유물번호 1377

〈순천김씨묘-030, 1550~1592년, 신천강씨(어머니) → 순천김씨(딸)〉

판독문

옥천 며느리는[1] 눈 스이 잠간 어릴[2]만뎡 양즈 모양은 쇠 편편ᄒ고 제 슬겁고 사도놀 일워
살 사ᄅ미니 깃브다 댱가 집[3] 거□도 ᄀ장 □즈기[4] 츠리고 옷둘ᄒ먀[5] 스골 톄ᄀ티[6] 아녀 이
대 히여 주고 제기ᄒ마[7] 휘 신발 ᄇ리 거슨 진쉬 츠려 주엇다 저도 므더니 너긴다 내 주거
도 ᄆ자 여히니 누놀 곱고 바놀[8] 버더 가로다 이리 와셔 죽게 되여시니 내 셜오미 긔 ᄒ니
로다마ᄂ[9] 운쉬 그러니 즈시기라 ᄒᄒ랴 ᄒᄒ랴 긔온 곤ᄒ니 각각 몯ᄒ니 일고져 커든[10] 이
ᄅ 모다 보와ᄉ라

판독대비

번호	판독자료집	전철웅 (1995 : 239)	조항범 (1998a : 176)	황문환 (2002 : 278)	전철웅 (2002 : 203)
1	며느리는	–	–	–	□□□는
2	어릴	얼□	–	–	얼□
3	댱가 집	댱가집	–	–	댱가집
4	□즈기	□빗즈기	–	–	빗즈기
5	옷둘ᄒ먀	–	옷둘 ᄒ먀	–	–
6	톄ᄀ티	톄 ᄀ티	–	–	–
7	제기ᄒ마	–	–	제 기ᄅ마	
8	바놀	바롤	–	–	바롤
9	긔 ᄒ니로다마ᄂ	긔ᄒ니로다마ᄂ	–	–	–
10	일고져 커든	일고져커든	일고져커든	일고져커든	일고져커든

순천김씨묘 출토 언간 031 충북대박물관 유물번호 1378

〈순천김씨묘-031, 1550~1592년, 신천강씨(어머니) ➡ 순천김씨(딸)〉

판독문

너희 하 궁히여 호니 호 솝것 나치나 호쟈 호니 아무려도 몯히여 보내로다 이번도 네 오라
비 겹것도 인는 것도 아니 보내니 겹듕치막 바디 고도 혼니블 히여 주어 보내니 학개 것도
혼 ㅂ롤 벗겨셔 안집돌호고 뵈딕녕도 다 허더니 커니와 주고 겨으리도 오니 치워 등 슬혀
계오 왓거눌 아바님 겹젹삼 븟려셔 져구리롤 히여 주어 사라 나고 어머다[1] 털링 어더지라
호더 업거니와 제 안해 과심히여 아니 주노라 옷 히여 준 말 드론 양 마고 잇 아모 일도 므
슴미 즈시기 업다 건넌내[2] 형도 빋 하 쓰고 가니 그롤 가푸니[3] 몯 사래라 호고 싱워니 아바
님드려 미듀긔 일도 쯔기 이[4] 손도 그이고 아바니미 이제 드럿던 녀는 소랑코 그 쳐비라 어
든 거손 소랑을 아니호고 그 거시 망녕되고 어린 녀이니오 이는 간사코 괴란코[5] 즈시긔 마
리나 죵의 마리나 죄 할오 오로 그 녀니게 드리와다 자내 거슬 맛디고 소랑호니 이롤 어늬
롤 두어사 흐릴고 식베라 아마도 내 오래 몯 살 거시니 슉겨론 업다 내 셜운[6] 쯔돈 소나히
즈식 모르고 하 미양 용시미 나니 사돈 몯호로다

판독대비

번호	판독자료집	전철웅 (1995 : 239~240)	조항범 (1998a : 182~183)	황문환 (2002 : 278)	전철웅 (2002 : 204~205)
1	나고 어머다	나고어머 다	나고 어머 다	–	나고 어머 다
2	건넌내	건넌	–	–	건넌 네
3	가푸니	가파니	–	–	–
4	쯔기 이	쯔기이	–	–	쯔기이
5	괴란코	괴 만코	괴 만코	–	괴 만코
6	셜운	셜온	셜온	–	셜온

순천김씨묘 출토 언간 032 충북대박물관 유물번호 1379

〈순천김씨묘-032, 1550~1592년, 신천강씨(어머니) → 순천김씨(딸)〉

판독문

> 채 셔방집

싱워눌 보니 하 반가오니 눈믈부니라 나는 사라 잇거니와 내 긔오니 하 어히업스니 살 셰는[1]
업스니 다시 볼 길히 업세라 바느지론 비가망이어니와 아모 일도 몯ᄒ니 드린 즈시기 이실
거시나 이런 인ᄉ 업다 내 거시라도 헌 것도 몯 고텨 닙노라 네 아바님도 당시 수미 이시니
쳐블 아녀 이셔도 보션 잡ᄀ도[2] 몯 기워 시ᄂ니 셜워 어딘[3] 져비나 히여사 살 거시니[4] 내
이제는 내 팔즈눌 흔ᄒ고 인노라 이리 병든 거시 즈식 ᄒ나히 아니 삼기도더라 내 가기사
ᄀ라사만뎡 몯 가로다 네 오라비 와사[5] 너히 알리라 이제는 니 다 바뎌 가고 비외 닝것 하
머거 샹ᄒ니 음식도 몯 먹고 유무도 므ᄉᄆ로 몯 서 긔오니 ᄀ장 흐린 저긔사[6] 계오 ᄒ노라
네 병은 엇더니 네 오라비도 스월 보름ᄭ[7] 난다[8] 싱원도 여쇄 무거 여게 가니라 옥쳔 아기
도 제 지비 갓다

판독대비

번호	판독자료집	조건상 (1981a : 196)	전철웅 (1995 : 240)	조항범 (1998a : 188)	황문환 (2002 : 279)	전철웅 (2002 : 205)
1	살 셰는	살셰는	-	-	-	-
2	보션 잡ᄀ도	보션잡ᄀ도	보션ᄲᅡ도	-	-	보션도
3	셜워 어딘	셜워어딘	-	-	-	-
4	살 거시니	살거시니	-	-	-	-
5	오라비 와사	오라비와사	-	-	-	-
6	흐린 저긔사	흐린저긔사	-	-	-	-
7	보름ᄭ	-	-	-	-	보롬ᄭ
8	난다	간다	-	-	-	-

순천김씨묘 출토 언간 033 충북대박물관 유물번호 1380

〈순천김씨묘-033, 1550~1592년, 신천강씨(어머니) → 순천김씨(딸)〉

판독문

뽈도 내 미자 업서[1] 계오 구러[2] 쓰거니와 아뭐리 ᄒ다[3] 엇디 보낼 겨규롤 ᄒ리 유뮈 즈시 ᄒ고전 적도[4] 내 졍신 업고 긔온 아니쑈오면 스디 몯ᄒ니 즈시 몯ᄒ노라

판독대비

번호	판독자료집	조건상 (1981a : 197)	전철웅 (1995 : 240)	조항범 (1998a : 192)	황문환 (2002 : 279)	전철웅 (2002 : 205~206)
1	업서	업시	-	-	-	-
2	계오 구러	계오 구허	-	계오구러	-	계오구러
3	아뭐리 ᄒ다	아뭐리ᄒ다	아뭐리ᄒ다	-	-	-
4	ᄒ고젼 적도	ᄒ고 젼적도	ᄒ고 젼적도	ᄒ고 젼 적도	-	-

〈순천김씨묘-034, 1550~1592년, 신천강씨(어머니) → 순천김씨(딸)〉

판독문

+□□□□□□재[1] □□□ 너겨 혼인 □□□ 거시러니[2] 이제[3]□□라셔 그러 구는[4] 주리 노홉고 슈욕젓고[5] □□□니 내 즈시기 주그면 이 슈요글[6] 아니 볼 거시니 즈시기 죽디 마오 제 죽고라쟈 식브고 겯□과댜 고 노미 산지롤 마조 안자셔[7] 구지제나 보고 내 산 더디나 내 즈시글 아사 드렷고져 이 말 드론[8] 후론 하 무으미 노홉고 토심되니 그이업세라 그 어린 거시 싀지비셔 죵을 두엇더냐 므스 이롤 발완느니 닷 곱 밥붓니니[9] 니블 거시나 내 몯홀시 쳐블 어덧거니 흐고 본디 히여 주디 말 것 아니가마는 제조차[10] 아려셔 그러히예라 네 오라비 옷 하 몯 어더 니버 쳐블 얻고져 흐거든 내 저 어엿버 어더 주어 오시나 두드기 니피고져 흐다가도 내 무슴미나 다르랴 너겨 머초워 몯흐게 흐다니 며느리사 내 졍 모르고 구지럼그티 흐거니산나마는 나는 다 혜아리고[11] 아니타니마는 즈식 스시 버뇌 몯 쓰러 타작흐고 이 농시예 영그미롤 보내니 내 보낼 싱각도 아녓다니 네 유무 보고 오냐 뎌 즈식도 뎌러코 너도 하 민망흐니 가셔 □□□□□□히 흔 양으로 □□□□□□ 보리 □□[12]+

판독대비

번호	판독자료집	전철웅 (1995 : 240)	조항범 (1998a : 194~195)	황문환 (2002 : 279~280)	전철웅 (2002 : 206~207)
1	재	□	-	-	□
2	거시러니	□시러니	-	-	□시러니
3	이제	-	-	-	이□
4	그러 구는	그러구는	-	-	그러□는
5	슈욕젓고	슈욕 젓고	-	-	-
6	슈요글	-	-	-	슈요□
7	마조 안자셔	-	-	-	□조 □자셔
8	드론	드른	-	-	드른
9	밥붓니니	밥□니니	-	-	밥붓니니
10	제조차	제 조차	-	제 조차	제 조차
11	혜아리고	혀아리고	-	-	혀아리고
12	보리 □□	□□	-	-	보□□

순천김씨묘 출토 언간 035 충북대박물관 유물번호 1382

〈순천김씨묘-035, 1550∼1592년, 신천강씨(어머니) → 순천김씨(딸)〉

판독문

짐도 너히 받느니 □□□[1]웃댜니코 우리는 몯 니워 보내니 엇디 이 스시롤 알다 츈개도 빌라 보내고 슈뎡이도 오고 민 셔방집도 뎌리 되니 하 애둘와 그리 벌기니 수는 하더 너희 시리 업다 민 셔방지빈는 네 아바니미 긔별 듣고 하 블샹타 코[2] 훈 바리나 히여 주어 팔월ㄱ지나 지빈 두라 코[3] ᄒ더니 그도 열단 말 보내고 네게과 네 오라비와는 몯 주로다 코[4] 시워리거늘 계오 비러 츈개게 열단 말 네게 슈뎡이 가지니 조차[5] 열훈 말 가느니라 이제 지미 지그기 어려이 구러[6] 보내노라 그 보리 단 말과 두 말과라 그저 뼈라 네 뵈는 시 연 냥도록 더 드려 뿌더 이리 쾌이[7] 아니 뿌고 열오니 질재 배니 가리 마자다마는 속져리랴 딕녕 ㄱ슴도 이제야 미니 묻그미 뜬다 싱원 갈 저 미처 보내마 즈디는 져기 낟브니 아마도 남디 허사훌[8] 거시니 구월[9] 스이 다시 기와 보내마 몬져 간 면화 ᄆ자[10] 뼈라 이버는 네게 몯 보내노라

판독대비

번호	판독자료집	전철웅 (1995 : 241)	조항범 (1998a : 200)	황문환 (2002 : 280)	전철웅 (2002 : 207)
1	□□□	□□□□	-	-	ᄂ□□
2	블샹타 코	블샹타코	블샹타코	블샹타코	블샹타코
3	두라 코	두라코	두라코	두라코	두라코
4	주로다 코	주로다코	주로다코	주로다코	주로다코
5	가지니 조차	-	가지니조차	-	가지니조차
6	어려이 구러	-	어려이구러	-	어려이구러
7	쾌이	-	-	괴이	-
8	남디 허사훌	남디허사 훌	-	남 디허 사훌	남 디허사 훌
9	구월	-	-	-	구□
10	ᄆ자	마자	-	-	-

순천김씨묘 출토 언간 036 <small>충북대박물관 유물번호 1383</small>

〈순천김씨묘-036, 1550~1592년, 신천강씨(어머니) → 순천김씨(딸)〉

판독문

> 아기내손디 답셔

힝츠 간 후의 안부 몰라 민망ᄒ더니 유무 보고 다 됴히 이시니 그지업시 깃게라 나는 당시 사라 인노라마는 만호 ᄌ식 더디고 누를 브라 오나뇨 다엿 둘 기ᄃ려 들러 나가고 훈 ᄌ식 도 업시 원ᄀ티[1] 와 안자시니 ᄆᄉ미 엇디 아니 셜오니 춤노라 ᄒ여도 몯 ᄎᄆ니 마치 ᄌ여 니 내 주글 저기로다 고 버니도 ᄆᄉ믈 몯 자바 하 용시미 나니 다여쇄 지여리 나 ᄒᄅ바미[2] 주거다가 깃요라 이제는 주거도 혼자셔 주그로다 셟다마는[3] 뉘 다시리 길희 가 유무를 ᄒ디 영그미게 ᄒ고 이번도 하 유무다이 아니ᄒ니 사ᄅ미 졍이 인ᄂ냐 쏘 너희만 보고 숩디[4] 마 라 보낸 거슨 명디는 무명이 굿거니 그러 아니랴 하 민망히여 바디롤 헌 거스로 히여 길희 나괴여 오나둔 눌그니롤[5] ᄒ고 이는 쏘 다룬 옷 안 ᄒ려 쇠 깃게라[6] 나믄 몯 기ᄃ려 딕녕을 이번도 몯히여 ᄒ다니 아니 더ᄒ랴 몬져 오던 둘 미처 홀 거술 ᄒ노라[7] 아히둘 유무 보더 하 심심ᄒ니 몯ᄒ노라 슈니[8] 쳥ᄒ던 거순 민셔방 힝츠에 보내마 이는 밧비 가니 몯ᄒ노라 내 유무ᄒ던 이룰 쑤지ᄌ니 유□도[9] 내 아□□노라[10]

판독대비

번호	판독자료집	조건상 (1981a : 198)	전철웅 (1995 : 241)	조항범 (1998a : 205~206)	황문환 (2002 : 280~281)	전철웅 (2002 : 207~208)
1	원ㄱ티	원 ㄱ더	원 ㄱ티	-	-	원 ㄱ티
2	ᄒᆞᄅ바미	-	ᄒᆞᄅ 바미	ᄒᆞᄅ 바미	ᄒᆞᄅ 바미	ᄒᆞᄅ 바미
3	셟다마ᄂᆞᆫ	-	셟다마ᄂᆞᆫ	-	-	-
4	ᄉᆞᆳ디	-	ᄉᆞᆳ디	-	-	-
5	늘그니룰	슬그니룰	-	-	-	-
6	옷 안 호려 쇠 깃게라	옷 안호려 쇠깃더라	옷안 호려쇠 깃게라	-	-	옷안 호려 쇠 깃게라
7	미처 홀 거슬 ᄒ노라	미워홀 거슬 히……	-	-	-	-
8	슈니	슈리	-	-	-	-
9	유□도	유무도	유무도	-	-	유무도
10	아□□노라	아니노라	아(니) 노라	-	-	아□노라

순천김씨묘 출토 언간 037 충북대박물관 유물번호 1384

〈순천김씨묘-037, 1550~1592년, 신천강씨(어머니) → 순천김씨(딸)〉

판독문

> 채 셔방집

요스이 아히둘ᄒᄀ[1] 엇디 인다 우리는 두 고디 다 무스커니와 아바니믄 ᄯᅩ 치사원 나가 ᄃᆞ 닌다 늘그니 나리[2] 서룰ᄒᆞ니 긔오니 아니 알폰 ᄃᆡ 업스니 방 닫고 드러 이제우터 이시니[3] 겨을 엇디 디내려뇨 네 오라비도 지그미 아니 왓다 죵마는 다 가시디 ᄯᅩ 이 뵈롤 보내거든 녀르미나 보내디 아녀 이 치외예[4] 보내니 죵돌도 올 부니니 면화 어더 ᄒᆞᆫ 거시나 히여 니펴 가쟈 팔구월 말미ᄒᆞ고 이제야 드러시디 묻그미 죤 ᄌᆞ식ᄒᆞ고[5] 아바님 딕녕 ᄀᆞᆺ물[6] 겨오 ᄯᅡ 고[7] ᄆᆞᆫ져 온 민 셔방 짓 뵈롤[8] 하 ᄀᆞᆺ[9] 구저 열홀 나마 미여[10] ᄯᅡ기 스므 나리로디[11] 몯 다 ᄯᅡ시니 ᄂᆞ미나 시기쟈 ᄒᆞ니 면화 흔ᄒᆞ니 뉘[12] ᄂᆞ미 일 ᄒᆞ리 코 얻다 몯ᄒᆞ고 눌도 내 이제 심 열 이셔[13] 숑숑훈 이리면 도라도 몯 보고[14] 죵 ᄒᆞ리 업고 몽이디도 몯ᄒᆞ니[15] 너는 ᄒᆞᄂᆞ라 코 나는 어히업스니 게셔 ᄂᆞ미나 시기게 뵈 슈공 조차 보내쟈 ᄒᆞ니 뉘 가져가리 무명 긋 업 고 짐 므거오니 겨규도 몯 보내니 날회여[16] 어더 보내마 쒜나 주고 ᄲᅥ여라 내 이리 어히업 다 그롤사 됴과니 발와더니[17] 궁훈 제 일 업서셔[18] 너히 이룰[19] ᄒᆞ리러니[20] +

판독대비

번호	판독자료집	조건상 (1981a : 199)	전철웅 (1995 : 241)	조항범 (1998a : 211)	황문환 (2002 : 281)	전철웅 (2002 : 209)
1	아히둘 ᄒ고	아히둘 ᄒ고	아히둘 ᄒ고	–	–	–
2	나리	나티	–	–	–	–
3	이제우터 이시니	이제 우터이시니	–	–	–	–
4	이 치외예	이치 외예	–	–	–	–
5	존 ᄌ식ᄒ고	존ᄌ시ᄒ고	존 ᄌ식 ᄒ고	존 ᄌ식 ᄒ고	–	–
6	ᄀᅀ믈	ᄀᅌ믈	ᄀᅌ믈	–	–	ᄀᅌ믈
7	ᄹ고	벌고	–	–	–	–
8	민 셔방 짓 뵈롤	민셔방 짓뵈롤	민셔방짓 뵈롤	민셔방 짓 뵈롤	민셔방 짓 뵈롤	민셔방짓 뵈롤
9	ᄀᅀᆷ	–	–	–	–	ᄀᅌᆷ
10	열홀 나마 미여	열ᄒ나 내미여	열홀나마 미여	열홀나마 미여	열홀나마 미여	열홀나마 미여
11	ᄉᄆ 나리로디	ᄉᄆ나리로디	ᄉᄆ나리로디	ᄉᄆ나리로디	–	–
12	뉘	쉬	–	–	–	–
13	심열 이셔	심열이셔	–	–	–	–
14	도라도 몯 보고	도와도 몯보고	–	–	–	–
15	몯ᄒ니	–	몯 ᄒ니	–	–	–
16	날회여	날 히여	–	–	–	–
17	발와더니	발와디니	발와거니	–	발와디니	–
18	업서셔	업시셔	–	–	업시셔	–
19	너히 이롤	너 히이 도로	–	–	–	너히 □□
20	ᄒ리러니	–	–	–	–	ᄒ리□니

순천김씨묘 출토 언간 038 충북대박물관 유물번호 1385

〈순천김씨묘-038, 1550~1592년, 신천강씨(어머니) → 순천김씨(딸)〉

판독문

이제는 내 일도 몯ᄒ리로다 위연ᄒ면 도로 보내랴 나도 이제 갈 ᄢ도 다ᄃ라 잇고 ᄒ 오시나 ᄒ여 니버 가고져 ᄒ니 더옥 잡일 아니ᄒ오리라 너희도 셟거니와 나도 이제 늘고[1] 병드니 알ᄑ 노ᄒ 일도 닐믈 셩이[2] 업세라 나도 이리 보내노라 안심티 아녜라 시는 ᄂ려 보내노라 아ᄒ드리 ᄂ리니 오죽 ᄒ 동[3] 만 동 이 동ᄒ 둘[4] 슈오긔 지븨 갈 분토ᄅᆯ[5] 내바다[6] 두고 니 저 세 번 사ᄅ미 가디 닛고 잇다가 갓짜스로 셩각ᄒ여 보내노라 니ᄅ고 보내여라 몬져 사ᄅᆷ 갈 제도 보내려 타 ᄒᆡᆼ혀 ᄒ가 너기니 날도[7] 칩고 아므려도 몯ᄒ니 보내노라

판독대비

번호	판독자료집	조건상 (1981a : 200)	전철웅 (1995 : 242)	조항범 (1998a : 216)	황문환 (2002 : 281)	전철웅 (2002 : 210)
1	늘고	슬고	늙고	-	-	-
2	닐믈 셩이	-	-	닐믈셩이	닐믈셩이	-
3	오죽 ᄒ 동	오ᄌ니ᄒ동	오죽ᄒ 동	오죽ᄒ 동	-	오죽ᄒ 동
4	이 동ᄒ 둘	이동ᄒ둘	-	-	-	-
5	분토ᄅᆯ	-	-	-	-	분□ᄅᆯ
6	내바다	내 바다	내 바다	-	-	-
7	보내려 타 ᄒᆡᆼ혀 ᄒ가 너기니 날도	보내려 타 ᄒ니 혈ᄒ가 너기니라 ᄒ도	보내려타 ᄒᆡᆼ혀 ᄒ가 너기니 날도	보내려타 ᄒᆡᆼ혀 ᄒ가 너기니 날도	보내려타 ᄒᆡᆼ혀 ᄒ가 너기니 날도	보내려타 ᄒᆡᆼ혀 ᄒ가 너기니 날도

순천김씨묘 출토 언간 039 충북대박물관 유물번호 1387

〈순천김씨묘-039, 1550~1592년, 신천강씨(어머니) → 순천김씨(딸)*〉

판독문

뿔 쟈른 헌 디 깁고 다 쳐 티고[1] 빼 쟈른[2] 다 쳐 텨[3] 가느니 봉 즈시 보라 다 나으리 쳬라
이 쳐롤 보와 바다라

판독대비

번호	판독자료집	전철웅 (1995 : 242)	조항범 (1998a : 220)	황문환 (2002 : 281~282)	전철웅 (2002 : 332~333)
1	다 쳐 티고	다쳐티고	-	-	-
2	빼 쟈른	빼쟈른	-	-	뻬쟈른
3	다 쳐 텨	다쳐텨	-	-	-

· · · · · · · · · · · · · · · · · · · ·

* 조항범의 최근 분석에 따름. 조항범(1998a : 7~15)에서는 발신자와 수신자가 분명하지 않은 편지로 보았다.

순천김씨묘 출토 언간 040 _{충북대박물관 유물번호 1386}

〈순천김씨묘-040, 1550~1592년, 신천강씨(어머니) → 순천김씨(딸)〉

판독문

ᄒ마 스므 날마나[1] 알호디 죵이 다 내 병 모르고 션그미게 내 모믈 의지코 아드리게 유무히 여도 몰라 보더라 ᄯᆞᆯ즈식 몯 봐 내 ᄆᆞᅀᆞ미 말 몯고[2] 주그련댜 져그나 ᄒ린 저기어든 스노라 보고 내 졍만 아라ᄉ라 셜워타 나롤 볼 거시나 내 너히 볼 거시나 이제도 내 유여[3] 주그리 라마ᄂᆞᆫ 싱워니 병들가 ᄎᄆᆞ 인노라 아ᄆᆞ리 ᄆᆞᅀᆞᆯ 잡쟈 히여도 ᄒ디 사던 이리 니존[4] 적 업 시 그리오니 날 위히여 벼스롤 말랴 날 위히여 쳐블 말랴 셜워 내 주그리로다 이제 주거도 셟든[5] 아니디 즈식 업시 와 주그련댜 다시곰 몯 보련댜 긔로다[6] 학개롤 댱가 몯 드리고 그 도 셟다[7] 그 어린 거시 억츄니 올 제 옥그미롤 오라 ᄒ도더라 셩심도 보내라 히여도 말라 아라셔 마가라 그 어린 것 봐ᄯᆞ나[8] 싱원ᄃ려 즈시 니른디 마라 셜이 너기고 저 홀 일[9] 업스 니 내 견디여 저롤 보고 ᄒ 그톨 ᄂ리라 별재나 ᄒ던돌 내 과그리 이리 되랴[10]

판독대비

번호	판독자료집	조건상 (1981a : 201)	전철웅 (1995 : 242)	조항범 (1998a : 222)	황문환 (2002 : 282)	전철웅 (2002 : 210~211)
1	스므 날마나	스므날마나	스므날마나	스므날마나	-	-
2	ᄯᆞᆯ즈식 몯 봐 내 ᄆᆞᅀᆞ미 말 몯고	ᄯ로 즈식 몯본 내 ᄆᆞᅀᆞ미 말몯고	ᄯᆞᆯ즈식 몯 봐 내 ᄆᆞᅀᆞ미 말 몯고	-	-	ᄯᆞᆯ즈식 몯 봐 내 ᄆᆞᅀᆞ미 말 몯고
3	유여	유매	-	-	-	-
4	이리 니존	이리니존	-	-	-	-
5	셟든	-	셟든	-	-	-
6	몯 보련댜 긔로다	몯보련댜긔로다	-	-	-	-
7	셟다	-	셟다	-	-	-
8	봐ᄯᆞ나	봌ᄯ나	-	-	-	-
9	저 홀 일	저홀일	-	-	-	-
10	이리 되랴	이리ᄅ댜	-	-	-	-

〈순천김씨묘-041, 1550~1592년, 신천강씨(어머니) → 순천김씨(딸)〉

판독문

뉴더기 묻그미는 양즈도 몯 어더 보고 션그미셔 동재나[1] 히여 주고 잇다 죵이나 느미나 새 옴ᄒ다 홀가 눔ᄃ려도 알ᄑᆫ 스시글 아니코 인노라 너희[2] 보고 셜이 너길 붓니언마는 하 므 슴 둘 ᄃᆡ 업서 스노라 일븩 귀니 스다 다 스랴 싱원ᄃ려란 니ᄅ디 말먀 사회들[3] 눔돌 다 니 ᄅ디 마오 너희만 보와라 죠희댱을 몯 어더 쓰리로다 이리 알타가 하 셜오면 내 소ᄂᆞ로 주 그디 말업시 쇼쥬를 딥게 히여 먹고 죽고쟈 요ᄉᆞ이는 겨규를 ᄒᆞ디 다믄 너희는 어히업스니[4] 니져 더디고 싱워늘 보고 주구려 원망 아니ᄒ여[5] 견듸노라마는 하 가슴 답답ᄒᆞᆫ 제사[6] 그저 모ᄅᆞ면 이리 셜오랴 식베라[7] 보고 브리 녀허라 녀허라[8] 발긔 쳐블 말와댜 ᄒᆞᆫ 주를[9] 미미 노 히여셔[10] 마노라ᄒ고[11] 웅젼 녀늘[12] ᄃ려다 주고 잇든 핍댜닌[13] ᄉᆡ앗 말일다 내 이 녀니 핍 댜니니 이는 쳐블 사모리라 잡말 말라 발긔 치[14] 믜웨라 믜웨라 ᄒ고[15] 쳐비라 얻디 말라 홀 디[16] 간나히라 어던노라 뇌여 잡말[17] 말라 코[18] 이시니 므슴 말 ᄒ리 아즘 혀고 듀일 ᄃ리고 닫고 드럿고 내게 유무도 세 주리셔[19] 더 아니ᄒ느니라 나도 아못 말도 아닌노라 아돌ᄃ리 라도 나를 새욤ᄒ다 홀시 내 열아ᄒ랜날브터 알ᄑᆫ 거슬 지그미 몯최여셔[20] 알로라 누어뎌 셔 알티 아닌는 병이니 견듸노라마는 므ᄉᆞ미 미양 셜오니 텯디 막막히예라[21] 음식 아니 머 그면 죵ᄃ리나 긔별홀가 됴셔글[22] 바다는 보노라[23] 영그미 넌도 날로 몯 가는가 하 과시미 굴고 자내도 보내라 홀시 엇그제 보내고 션그미롤 내 모물 의지ᄒ고 인노라

판독대비

번호	판독자료집	조건상 (1981a : 202~203)	전철웅 (1995 : 243)	조항범 (1998a : 227~229)	황문환 (2002 : 282)	전철웅 (2002 : 211~213)
1	동재나	동재나	-	-	-	-
2	너히	너히	-	-	-	-
3	말먀 사회돌	말댜 사뢰날	-	-	-	-
4	어히업스니	어히 업스니	어히 업스니	-	-	어히 업스니
5	원망 아니히여	□강일ㅎ여	원망 아니 히여	-	-	-
6	가슴 답답훈 제사	가슴 답답홀 제사	-	-	-	가슴 답답훈 제사
7	식베라	식벼라	-	-	-	-
8	브러 녀허라 녀허라	브터녀래라 녀래라	-	-	-	-
9	말와댜 훈 주룰	말와댜훌 주룰	-	-	-	-
10	미미 노히여셔	필노 히여셔	믜미 노히여셔	-	믜미 노히여셔	-
11	마노라ㅎ고	마□노라ㅎ고	마노라 ㅎ고	-	-	마노라 ㅎ고
12	웅젼 녀놀	옹젼어눌	-	-	-	-
13	띱댜닌	띱댜ᄂ	띱댜ᄂ	띱댜ᄂ	띱댜ᄂ	-
14	발긔 치	발긔치	발긔치	-	-	-
15	믜웨라 믜웨라 ㅎ고	믜웨랄ㅎ고	-	-	-	믜웨라믜웨라 ㅎ고
16	홀디	-	-	-	-	홀시
17	뇌여 잡말	뇌여잡말	-	-	-	-
18	말라 코	말라코	말라코	말라코	말라코	말라코
19	세 주러셔	셔주러셔	-	-	-	-
20	못최여셔	몰뢰여셔	-	-	-	-
21	텬디 막막히예라	텬디막막 히예라	텬디 막막 히예라	-	-	-
22	됴셔글	호셔 글	-	-	-	-
23	바다는 보노라	바다는노라	바다 보노라	-	-	-

순천김씨묘 출토 언간 042 충북대박물관 유물번호 1389

〈순천김씨묘-042, 1550∼1592년, 신천강씨(어머니) → 순천김씨(딸)〉

판독문

져녁도 유무ᄒ니 네 형이 뎐티 아녀 ᄇ리더라 홀신 네게 졍을 서 보내노라 보와라 슈긔 어
미 와 나눌 ᄃ려셤죽호ᄃ[1] 제 ᄌ식도 하 귀ᄒ니[2] ᄃ리고 ᄃ니기 어렵고 싀지비셔도 아니 니
도히 홀가 여려오먀[3] 자내도 그저 혼자 아히 죵이나 ᄃ리고 업더여시라[4] 호모로 ᄃ려올 겨
규룰 아닌ᄂ니라 내 아므리 ᄆᄉ미ᄂ 주글만졍 자븐 이룰 제게 드리완디 마오져 호ᄃ 졍시
니 아조 업서 므슬 드리기나 바ᄂ지리나 ᄆ른기도 ᄲ기 니져 의비룰 비러셔 ᄒ노라 이룰 의
논ᄒ여 져옷 오고져 ᄒ면 아바님ᄃ려 하 궁코 의지 업서 니디게라 아바님ᄃ려 니ᄅ면 ᄃ려
올 법 잇거니와 내 닐어 혼자 셜워 ᄃ려오나지라 ᄒ면 아니ᄒ리라 그 집도 디킈리 업스니
내 ᄲ든 민 셔방 안해 하 의지 업서 ᄒ니 게 가 드러시면 제 머글 거시나 내 돌보고 잇과댜
도 ᄒ건마ᄂ 그 지비[5] 언제 그리ᄒ리 네 일도 하 셜이 되여시니 뉴더기룰 주고져 호ᄃ 다리
져니 볼[6] 져니 코 무명 바롬도 아니 ᄌᄋ니 마치 일 오니ᄀ티[7] ᄒ고 더리 갈 ᄯ둘 하 ᄒ니
몯ᄒ여라 내사 당시 하 ᄆᄉ미 셜오니 죵도 탐티 아닌노라 미듀기도 쳐비 죵 삼ᄂ니 네나
주고져 호ᄃ 그도 의논티 몯ᄒ니 아마 아모 제나 오나ᄃᆫ 의논ᄒ여 보쟈 내 ᄆᄉ미만 머거셔
이리ᄒ노라 네나 함챵의 와 사ᄂ 거시과댜 ᄒ돌 쇽져리랴 스골 가디 마고 견디여 잇거라 나
도 아마 올 겨울 니년 보믈 살면 견디여 져희 구ᄂ 양이나 보고 ᄀ올희나 가고져[8] ᄒ노라
민 셔방 안해 셔방님 나간 제 ᄃ려다 내 유무 보여라

판독대비

번호	판독자료집	전철웅 (1995 : 243)	조항범 (1998a : 236~238)	황문환 (2002 : 283)	전철웅 (2002 : 213~215)
1	드려셤죡호디	드려셤죡 호디	-	-	드려셤죡 호디
2	귀호니	-	-	구하니	-
3	여려오먀	여려 오먀	-	-	어려 오먀
4	업더여시라	-	업더여 시라	-	-
5	그 지비	-	-	-	□ 지비
6	다리 저니 불	다리저 니불	-	-	-
7	일 오니ㄱ티	일오니 ㄱ티	-	-	-
8	ㄱ올희나 가고져	ㄱ올희 나 가고져	-	-	-

순천김씨묘 출토 언간 044 충북대박물관 유물번호 1391

〈순천김씨묘–044, 1550~1592년, 채무이(남편) → 순천김씨(아내)〉

판독문

그제 둘히 뎜심 아니 머그니와 어제 뉴셩원 아춤덤 아니 머그니롤 엇디 그런고 아모의 뽀론 현 되로셔 현 빼[1] 먹고 아모는 현 되로셔 현 빼[2] 즈셰 뎌거 보내소 병은 흐린 둣호디[3] 긔우 니 사오나오니 글로 노호와[4] 흐뇌 내 ᄆᆞ미[5] 굿기이 도도엿고[6] ᄒᆞ니 슈샹히 숩것 엇ᄉ니 민망히

판독대비

번호	판독자료집	조건상 (1981a : 203)	전철웅 (1995 : 244)	조항범 (1998a : 245)	황문환 (2002 : 283)	전철웅 (2002 : 306)
1	현 되로셔 현 빼	현되로써 현빼	–	–	–	–
2	현 되로셔 현 빼	현되로써 현빼	–	–	–	–
3	흐린 둣호디	흐린둣 호디	흐린 둣 호디	–	–	–
4	노호와	스호와	–	–	–	–
5	ᄆᆞ미	ᄆᆞᄉ미	ᄆᆞᄉ미	–	–	–
6	굿기이 도도엿고	–	–	–	굿기이도 도엿고	굿기이도 도엿고

순천김씨묘 출토 언간 045 충북대박물관 유물번호 1392

〈순천김씨묘-045, 1550~1592년, 채무이(남편) → 순천김씨(아내)〉

판독문

오늘[1] 근사니 나디 몯홀손가 두드림곳[2] 무차든 즉시 보내소 물 힘뻐 머기라 흐소 나죄 미처
아모거시나[3] 흐여 보내소

판독대비

번호	판독자료집	조건상 (1981a : 204)	전철웅 (1995 : 244)	조항범 (1998a : 247)	황문환 (2002 : 283)	전철웅 (2002 : 306)
1	오늘	-	-	-	-	□놀
2	두드림곳	두드림 곳	-	-	-	-
3	아모거시나	아므거시나	-	-	아모 거시나	-

순천김씨묘 출토 언간 046 충북대박물관 유물번호 1393

〈순천김씨묘-046, 1550~1592년, 신천강씨(어머니) → 순천김씨(딸)〉

판독문

슈니 집비[1]

몬져 유무[2] 가니와 예 긔별 주시[3] ᄒ고 머유근 슈오긔 지비 가ᄂ 머육 봉호 재 보내여라[4] ᄯㅗ 은지도 주시[5] 바다라 이 유무 싱원 보와 주어라 주어라 아바님도 이제 본여그로 가니라

판독대비

번호	판독자료집	조건상 (1981a : 204)	전철웅 (1995 : 244)	조항범 (1998a : 249)	황문환 (2002 : 283~284)	전철웅 (2002 : 215)
1	집비	지비	-	-	-	-
2	유무	유무	-	-	-	-
3	주시	드시	-	-	-	-
4	봉호 재 보내여라	봉홀재 보내시라	-	-	-	-
5	주시	드시	-	-	-	-

〈순천김씨묘-047, 1550~1592년, 채무이(남편) → 순천김씨(아내)〉

판독문

四*

+ 듕흔[1] 스이예 가되 패흐여[2] 각각 나려 그니게 되면[3] 그제 셜운 쁘든 죵 과심흐니두곤 더 곤흐라[4] 이제 이티만 춫마 보소 비록 과심흐나마나 고오니 디졉둦[5] 흐고 원간 죵을 원가 녀겨 ᄆᄋ몰 먹디 마소 아ᄆ려나 사라 +

판독대비

번호	판독자료집	조건상 (1981a : 205)	전철웅 (1995 : 244)	조항범 (1998a : 251)	황문환 (2002 : 284)	전철웅 (2002 : 316)
1	듕흔	듕흔	-	-	-	-
2	패흐여	패하여	-	-	-	-
3	나려 그니게 되면	-	나겨그니게 되면	-	-	나셔 그니게 되면
4	곤흐라	골흐라	-	-	-	-
5	디졉둦	디졉둦	디졉 둦	-	-	-

· · · · · · · · · · · · · · · ·
* '一~六'으로 연속된 편지의 네 번째 편지이다. 앞의 '三'은 161번 편지, 뒤의 '五'는 140번 편지가 해당된다.

순천김씨묘 출토 언간 048

〈순천김씨묘-048, 1550~1592년, 신천강씨(장모) → 채무이(사위)〉

판독문

> 채 셔방씌 답장

요스이 괴별 하 모르니 아희돌ᄒ고[1] 엇디 인는고 분별ᄒ뇌 우리도 수믄 니어 인뇌 슈뎡이는 와셔 나ᄋ리 치스원 년히여 ᄃ녀 몯 가 잇더니 역도 하 보차이니 계오 히여 가고 녀ᄂ 것ᄃ론 자내나 도도니[2] ᄀᆞ올로사 아모거시나 ᄒ로쇠 쏘 나도 하 션사니 ᄀᆞ이업시 가난ᄒ니 아모것도 몯 보내니 졍이 업세 오려 홀시[3] 반겨 기ᄃ리뇌 셔증으로 괴온 아니쪼와 대강만 ᄒ뇌 뉴월 보롬날[4] 기리 조모

판독대비

번호	판독자료집	조건상 (1981a : 205)	전철웅 (1995 : 244)	조항범 (1998a : 253)	황문환 (2002 : 284)	전철웅 (2002 : 298)
1	아희돌ᄒ고	아희돌 ᄒ고	아희돌 ᄒ고	-	-	-
2	녀ᄂ 것ᄃ론 자내나 도도니	녀ᄂ것ᄃ론 자내 나도로니	-	-	-	-
3	오려 홀시	오려ᄒ도 니	-	-	-	-
4	보롬날	보롬날	보롬날	-	보롬날	-

순천김씨묘 출토 언간 049 충북대박물관 유물번호 1396

〈순천김씨묘-049, 1550~1592년, 채무이(남편) → 순천김씨(아내)〉

판독문

흥덕골 지븨

요ᄉᆞ이 엇디 겨신고 안부 몰라 분별ᄒᆞ뇌 비록 아ᄆᆞ리 심심ᄒᆞᆫ 이리 이셔도 ᄆᆞᄋᆞ몰 자바 아ᄆᆞ려나 편히 겨소 나도 완ᄂᆞ니 타자기나[1] 무ᄉᆞ히 ᄒᆞ여 가새 나ᄂᆞᆫ 됴히 완뇌마ᄂᆞᆫ 자내ᄅᆞᆯ[2] 그리 셩티 몯ᄒᆞᆫ 거슬 두고 와 이시니 ᄒᆞᄅᆞ도 ᄆᆞᄋᆞᆷ 편ᄒᆞᆫ 저기 업세 아ᄒᆡᄃᆞᆯ 점 아ᄆᆞ려나 병 업시 ᄃᆞ려 잇소 수미 그ᄅᆞᆯ 더 몯 ᄀᆞᄅᆞ쳐도 그레 ᄠᅳ들 닏디 아니ᄒᆞ게 믿그리나[3] ᄆᆡ양 닐키소 ᄆᆞᄅᆞᆫ ᄑᆞᆫ가 ᄒᆞ뇌 지븐 오며 즉시 ᄒᆞ여 보내쟈 ᄒᆞ니 ᄀᆞᆫ사니 병을 그저 ᄒᆞ여 누엇다 ᄒᆞ니 누ᄅᆞᆯ ᄒᆞ여 보낼고 허니[4] 와 이시니 그ᄆᆞᆯ게 ᄇᆡ로 ᄒᆞ여 보내고져 ᄒᆞ니 그리 초다엿쇄ᄢᅴ야 갈 거시니 복기ᄅᆡ 싱이ᄅᆞᆯ 몯 미출가[5] 욕ᄃᆡ 서운ᄒᆞ여[6] ᄒᆞ뇌 보기ᄂᆞᆫ ᄇᆡ쳔 녀러온가[7] 나모 뷔고 측시 보내소 ᄇᆡ예[8] 엿쇄예 와셔 열아ᄒᆞ랜날 음셩 와 자니 ᄂᆡ일 지븨 들리로쇠 ᄇᆡ로ᄂᆞᆫ 필죵이ᄅᆞᆯ 제 가져가거나 그리 몯ᄒᆞ여도 ᄇᆞ경이 수이 허소티 아니케 보내라 ᄒᆞ연ᄂᆞ니 녀나믄 이ᄅᆞᆫ 아ᄆᆞ려나 편히 겨소 내야 아니 됴히 ᄃᆞᆫ녀갈가 ᄌᆞ셕ᄃᆞ리손ᄃᆡ 다 됴히 오노라 니ᄅᆞ소 마초와 무밧짓[9] 과쳔 인ᄂᆞᆫ 죵이 음셩 와[10] 갈식 편지ᄒᆞ뇌 열아ᄒᆞ랜날

판독대비

번호	판독자료집	조건상 (1981a : 206)	전철웅 (1995 : 244)	조항범 (1998a : 256~257)	황문환 (2002 : 284)	전철웅 (2002 : 306~307)
1	완느니 타자기나	완느니타 자기나	-	-	-	-
2	완뇌마는 자내롤	완뇌마는 자내들	-	-	-	-
3	믿그리나	믿 그리나	믿 그리나	-	-	-
4	보낼고 허니	보낼고터니	-	-	-	-
5	복기리 싱이롤 몯 미츌가	복기 뒤 싱이롤 몯미츌가	-	-	-	-
6	욕디 서운ᄒ여	-	욕디서운ᄒ여	-	-	욕디서운ᄒ여
7	비쳔 녀러온가	비 쳔녀리 온가	비쳔 녀러 온가	-	빗쳔 녀러 온가	비쳔 녀러 온가
8	비예	-	의예	-	-	-
9	무밧 짓	무밧짓	무밧짓	-	-	무밧짓
10	과천 인는 종이 음셩 와	과천인는 종이 음셩와	-	-	-	-

순천김씨묘 출토 언간 050 충북대박물관 유물번호 1397

〈순천김씨묘-050, 1550~1592년, 채무이(남편) → 순천김씨(아내)〉

판독문

사르물[1] 줄션뎡 녀느 긔계는 아므려나 □ 추림새[2] 그 신쥬 독곳[3] 아니 와시면 쓸가[4] 브디브
디혼 거슬[5] 엇딜고 간나히 나가 수이 추려 오고져 흐뇌 겹옷 보내소

판독대비

번호	판독자료집	조건상 (1981a : 207)	전철웅 (1995 : 244)	조항범 (1998a : 261)	황문환 (2002 : 285)	전철웅 (2002 : 307)
1	사르물	사도 물	-	-	-	-
2	□ 추림새	먹추림새	-	-	-	-
3	그 신쥬 독곳	그신 쥬드니 곳	그 신쥬독곳	-	-	그 신쥬독곳
4	쓸가	-	-	-	-	□가
5	브디브디혼 거슬	브디 브더 혼거슬	브더 브디 혼 거슬	브디브디 혼 거슬	브디 브디 혼 거슬	브디 브디 혼 거슬

순천김씨묘 출토 언간 051

〈순천김씨묘-051, 1550~1592년, 채무이(남편) → 순천김씨(아내)〉

판독문

┌─────────────────────────┐
│ 지븨   │
│   │
└─────────────────────────┘

―*

근사니 온 후에 안부도 몰라 분별ᄒ뇌 지븨 블 란¹ 긔벼룬 듣고 ᄀ장 놀라이 녀기뇌 그려도 엇디 구러² 미처 ᄠᅳ고 ᄒ뇌 신쥬는 아조 샹티 아니ᄒ신가 엇디 그 긔벼룰 ᄌ셰 아니ᄒ신고 나는 ᄯᅩ 디니올 이룬³ 어히업시 글도 눔만 몯ᄒ거니와 팔지 그런가 시브니 이번 별시만 보고 뇌여 말려 ᄒ뇌 수미ᄃ려 니ᄅ소 네나 ᄇ라노라 글 힘뻐 닐그라 ᄒ소 몬져 지어 보낸 그룰 하 지어시니 올라가면 샹호마 ᄒ소 ᄯᅩ 셩보기는 엇던고 그 죵이 우연ᄒ 죵인가 그옷 주그면 우리 이리 배는⁴ 쟈기니 요ᄉ이는 글로 더 분별ᄒ뇌 머글 거시나 ᄌ조 ᄒ여 보내고 더려 두디 마소 니러나 다 우여니 은혜로이 녀길가 나는 즉시 갈 거시로ᄃ 당니룰 반도 몯 바다시니 니월 열흘 ᄢᅥ나⁵ 될가 시브니 민망ᄒ예 그 ᄉ이 아이 안해도 아니 보와 잇고 부모 분토애⁶ 하 오래 몯 보와시니 초나ᄒᆫ날⁷ 졔 미처 녀러오고져 시브되 그리면 션사늘 아니 가디 몯홀 거시니 더딜가⁸ ᄒ여 민망ᄒ여 ᄒ뇌 ᄯᅩ 비 지믄 함챵 회환ᄒ는 양⁹ 보와 아므려+

....
* '一~二'로 연속된 편지의 첫 번째 편지이다. 바로 다음에 이어지는 '二'는 52번 편지가 해당된다.

판독대비

번호	판독자료집	조건상 (1981a : 208)	전철웅 (1995 : 245)	조항범 (1998a : 263∼264)	황문환 (2002 : 285)	전철웅 (2002 : 307∼308)
1	지븨 블 란	지븨 블란	지븨 블란	-	-	-
2	엇디 구러	엇디구러	엇디구러	엇디구러	-	엇디구러
3	디니올 이론	디니올이론	-	-	-	-
4	배논	벼논	-	-	-	-
5	열홀 쩌나	열ㅎ른쩌나	열홀쩌나	-	열홀쩌나	열홀쩌나
6	부모 분토애	부모분토애	부모분토애	-	-	부모분토애
7	초나흔날	-	-	-	-	초나흔 날
8	더딀가	너 딀가	□너딀가	너딀가	너딀가	-
9	함챵 회환ㅎ는 양	함챵 회환 ㅎ는양	-	-	-	-

순천김씨묘 출토 언간 052

순천김씨묘 출토 언간 052 충북대박물관 유물번호 1399

〈순천김씨묘-052, 1550~1592년, 채무이(남편) → 순천김씨(아내)〉

판독문

二*

+나[1] ᄌ라게 ᄒ려니와 텬ᄉ로 비 아조 아니 ᄃ닌다 ᄒ니 그롤 민망ᄒ여 ᄒ뇌 귀소니 지븨
무러 보와 가부ᄒ소 비옷 몯 ᄃ니는 양이어든 귀소니 ᄒᆞᆯ 이리 업슬 거시니 수이 ᄂ려 보내
소 보기는 함챵의 회환ᄒ라 가니 오면 짐 ᄒ여[2] 즉시 보내려니와 비 이리 미심ᄒ니 민망ᄒᆡ
쟉비 공은[3] 완는가 스나ᄒᆡ 둘히로디 보기는 쉬 적 업시[4] 뎌리 나ᄃ니고 근사니는 나도 하
요광되니 ᄒ나 브릴 제는 엇디ᄒ던고 ᄒ뇌 뉴셔긔 공[5] 미슈롤 년년 치[6] ᄌ셰 뎌거 보내소
사롬 브려 지쵹ᄒ새 명쉬 일란 그리ᄒ오리 ᄯ오 면화롤 함챵셔 아모만을 주던[7] 모르거니와 논지
쉬 나히롤 달라 ᄒ니[8] 주살가 하 졀히 달라 ᄒ니 ᄒᆞᆫ 필 나ᄒ리[9] 주고져 ᄒ니 엇던고 ᄯ오 오
손 가지가지 와 잇거니와 보셔ᄂ로 하 굿기니 오는 사롬마다 기워 보내소 올흔 오시 ᄀᄌ니
과거롤 다던가 ᄒ뇌 옥쳔 소는 엇디 ᄒ고 스굴로 언제 가려 ᄒᄂᆫ고 나는 함챵을 가면 그뭄
ᄢᆡ[10] 가셔 열홀ᄢᆡ 와셔 보롬ᄢᆡ 올라가고져 ᄒ뇌 커니와[11] 뎡티 아니ᄒ연뇌 머흐리곰 완는가

* '一~二'로 연속되는 편지의 두 번째 편지이다. 바로 앞의 '一'은 51번 편지가 해당된다.

판독대비

번호	판독자료집	조건상 (1981a : 209)	전철웅 (1995 : 245)	조항범 (1998a : 269)	황문환 (2002 : 285)	전철웅 (2002 : 308~309)
1	나	다	-	-	-	-
2	짐 ㅎ여	짐ㅎ여	짐ㅎ여	-	짐하여	-
3	쟉비 공은	쟉비공은	쟉비공은	-	-	-
4	쉬 적 업시	쉬적업시	-	-	-	-
5	뉴셔긔 공	뉴셔긔공	-	-	-	-
6	년년 치	년년치	년년치	-	-	년년치
7	아모만을 주둔	아모만을주둔	-	-	아모만 올 주룬	-
8	논지 쉬 나히룔 달라 ㅎ니	논지쉬 나히룔 달라ㅎ니	논지 쉬나히룔 달라 ㅎ니	-	-	-
9	ㅎ 필 나ㅎ리	ㅎ 될나ㅎ리	-	-	-	-
10	그뭄쯰	-	-	-	그믐쯰	-
11	ㅎ뇌 커니와	ㅎ뇌커니와	ㅎ뇌커니와	-	-	ㅎ뇌커니와

순천김씨묘 출토 언간 053-1[*] 충북대박물관 유물번호 1400

〈순천김씨묘-053-1, 1550~1592년, 신천강씨(어머니) → 순천김씨(딸)[**]〉

판독문

```
홍덕골 아기내손디
```

요스이 긔별 모르니 몸드론 엇디 브리며 몸 브리니는 긔오니 영영혼가 지비[1] 드러간가 긔별
도 몰라 민망히예라 우리는 다 무스히 인노라[2] 네 아바님도 경푀관 디내라 대귀 왓다 혼다
싱워는 길히 엇디 간고 주식돌 왓다 갈 저기면 무숨 둘 디 업세라 또 만아기[3] 별시 뎡시 잇
다 히니 올혼가 그러커든 죵매 비록 뷔여 올디라도 오디 마오 디내고 오나라 영그미는 이버
니 오게 되는가 몯 오는가 나리 서늘히여 가니 뎡디 몯 기드려 민망민망히니 싱원 죵마롤[4]
기드리고 인노라 모디모디 보내여라 나도 남촌 형님 싱일 디내라 왓다니 사르미[5] 가니 싱원
도 ᄀ 가고 나도 나와시니 대되 겸히노라 모다 다 보와라[6] 채 셔방지븐 엇디나 호먀[7] 싱원
지븐 엇더호고[8] 민망민망히여 호노라 팔월 스므다쉔날 모[9]

* 053번 편지에는 수신자가 서로 다른 사연이 함께 들어 있다. 여기서는 출전 제시의 편의상 발수신자의 관계에 따
  라 053번 편지를 053-1, 053-2로 나누어 제시하였다.
** 조항범(1998a : 7~15), 황문환(2002)에 따름. 조항범(2011)에서는 신천강씨(어머니)가 순천김씨 여동생(민기서의
  처)에게 보낸 것으로 보았다.

판독대비

번호	판독자료집	조건상 (1981a : 210)	전철웅 (1995 : 245)	조항범 (1998a : 275)	황문환 (2002 : 286)	전철웅 (2002 : 326)
1	지비	지븨	-	-	-	-
2	인노라	잇노라	-	-	-	-
3	맏아기	묻아기	-	-	-	-
4	죵마롤	죵다롤	-	-	-	-
5	사르미	자르 내	-	-	-	-
6	모다 다 보와라	모다 모다 보은타	-	-	-	-
7	엇디나 호먀	엇디나 호나다	-	-	-	-
8	엇더호고	엇더홀고	-	-	-	-
9	팔월 스므다쐔날 모	-	모 팔월 스므다쐔날	모 팔월 스므다쐔날		모 팔월 스므다쐔날

순천김씨묘 출토 언간 053-2[*] 충북대박물관 유물번호 1400

〈순천김씨묘-053-2, 1550~1592년, 김여흘(오빠) → 순천김씨 여동생 등(동기들)[**]〉

판독문

동싱님네끠

대되 요스이 엇디 겨신고 긔별 □라[1] 분별ᄒᆞᆸᄂᆡ 우리는 대되 무스히 뫼니와[2] 인ᄂᆡ 마촤 남 초ᄂᆡ[3] 곧 나와시니 긔운도 아니곱고 요란ᄒᆞ여 즈시 몯ᄒᆞᄂᆡ 기리 어마니믄 모믈 브리신가 긔별 몯 드러 ᄒᆞᄂᆡ 싱원도 길희 엇디 가신고 ᄒᆞᄂᆡ 년 냥의 ᄯᅩᆯ[4] 홍졍홀[5] 거시라 믈 든 거시라 다 츠려 보내소 밧바 이만[6]

판독대비

번호	판독자료집	조건상 (1981a : 210)	전철웅 (1995 : 245)	조항범 (1998a : 275)	황문환 (2002 : 286)	전철웅 (2002 : 326~327)
1	긔별 □라	긔별 몰라	긔별 몰	-	-	-
2	뫼니와	-	뮝와	-	뫼ᄋᆞ와	뮝와
3	마촤 남초ᄂᆡ	마촤도 내	-	-	-	-
4	ᄒᆞᄂᆡ 년 냥의 ᄯᅩᆯ	명디 년냥의ᄯᅩᆯ	ᄒᆞᄂᆡ 년냥의 ᄯᅩᆯ	-	ᄒᆞᄂᆡ 년냥의 ᄯᅩᆯ	ᄒᆞᄂᆡ 년냥의 ᄯᅩᆯ
5	홍졍홀	-	-	-	-	□□홀
6	보내소 밧바 이만	보내노라	-	-	-	-

[*] 053번 편지에는 수신자가 서로 다른 사연이 함께 들어 있다. 여기서는 출전 제시의 편의상 발수신자의 관계에 따라 053번 편지를 053-1, 053-2로 나누어 제시하였다.

[**] 조항범(1998a : 7~15)에 따름. 황문환(2002)에서는 시누이가 올케에게 보낸 편지로 본 반면, 조항범(2011)에서는 김여흘(혹은 김여율)이 그의 동기들 순천김씨, 김여물, 순천김씨 여동생(민기서 처)에게 보낸 것으로 보았다.

순천김씨묘 출토 언간 054 충북대박물관 유물번호 1401

〈순천김씨묘-054, 1550~1592년, 김훈(아버지) → 순천김씨(딸)〉

판독문

> 슈니 어미손디 답장 〔수결〕

유무 보고 됴히 이시니 깃게라 나도 사라는 인노라 커니와[1] 콜 라리 머니 견딜가[2] 시브디 아니ᄒᆞ예라 명겨니는 저도 어엿브거니와 ᄉᆞ시놀 혜니 제 어미 블샹히[3] 된가 시베라 그리 다 하ᄂᆞᆯ히 그리 삼기니 과그리[4] 사ᄅᆞ미 샹ᄒᆞ여 엇찌ᄒᆞ리[5] 우리도 디내오 잇거니ᄯᅡ나 나도 올 ᄒᆞᆫ 긔오니 사오나오니 셔올 가 다시 너히 볼가 시브디 아니ᄒᆞ예라 ᄯᅩ 수미는 엇찌 기눌고 ᄆᆞᄋᆞ미 더옥[6] 놀라왜라 심심코 오ᄂᆞᆯ 여그로 가노라 바차 이만 七月 初九日 父 이 유무 ᄂᆞ쇠 가노라 히여ᄂᆞᆯ 가시며 서[7] 주고 간 유뮈오 우리는 갈 제 스려[8] 아니 셧더니 이 노미 하 블의예 디나가니 나는 □□□[9] 몯ᄒᆞ노라 영그미 갈 거시니 스므날 나ᄂᆞ니라 슈뎡이도 아니 왓다 오더라 ᄒᆞ더 +

판독대비

번호	판독자료집	조건상 (1981a : 211)	전철웅 (1995 : 245~246)	조항범 (1998a : 279)	황문환 (2002 : 286)	전철웅 (2002 : 289)
1	인노라 커니와	인노라커니와	인노라커니와	–	–	인노라커니와
2	견딜가	–	견딜가	견딜가	견딜가	견딜가
3	블샹히	블샹히	블샹히	불샹히	불샹히	
4	삼기니 과그리	삼기니과 그리	–	–	–	–
5	엇찌ᄒᆞ리	–	엇찌 ᄒᆞ뇌	엇찌ᄒᆞ뇌	엇찌 ᄒᆞ리	엇찌ᄒᆞ뇌
6	더옥	디옥				
7	가노라 히여ᄂᆞᆯ 가시며 서	가노라히여ᄂᆞᆯ 가시며서	가노라 히여ᄂᆞᆯ 가시며서	가노라 히여ᄂᆞᆯ 가시며서	–	가노라 히여ᄂᆞᆯ 가시며서
8	갈 제 스려	갈제 스텨	–	–	–	–
9	□□□	(ᄉᆞ시롤)	(ᄉᆞ시롤)	–	–	ᄌᆞ시 글

〈순천김씨묘-055, 1550~1592년, 신천강씨(어머니) → 김여물(아들)〉

판독문

싱위닉손디

가며 올 제 온 유무 보고 됴히 이시니 어미 깃브미로다 우리도 무스히 잇거니와 가문 이론 ᄀ이업스니 늘그니 오래 사라 ᄈᆯ 디 업스니 이제 죽고져 식베라 다만 됴히 됴히 잇거라 가 며기셔 가슴[1] 알패라 ᄒ더라 ᄒ니 이제ᄂᆞᆫ 엇더니 가슴 샹홀셰라 너ᄅᆞᆯ 미더 ᄇᆞ라노라 올ᄒ로 너ᄅᆞᆯ 몬 볼 거시니 미양 그리ᄂᆞᆫ 줄 모ᄅᆞᆫ다 학개ᄂᆞᆫ ᄒ다 몯히여 몬 이긔여 호ᄇᆞ니 내여 노 하도 어버이 ᄠᅳ디 아니니 애ᄃᆞ노라 너희[2] 형뎨ᄂᆞᆫ 일죵[3] 어버의 ᄠᅳ들 바돌가 히여 미더 인노 라 글지나 ᄒᄂᆞᆫ ᄌᆞ시글 믿다니 네 엇디 그리 므슴[4] 먹ᄂᆞᆫ다 가며 사괴기ᄅᆞᆯ 눔 녜로 녜소로 소초니어니 홀 거시디 그 녀ᄂᆞ게 혹히여 온 사ᄅᆞᆷ마다 무ᄅᆞ니 늘의ᄭᅩᆯ 가 보라 보라 ᄒ고[5] 네 실로 네 댱형으란 므슴매 먹댜녀 ᄃᆞ니ᄆᆞ로 올 제[6] 네 댱형도 젼송올[7] 문밧긔 나와 아니ᄒ고 일란 나와 니ᄅᆞ니 젼송ᄒ고 그거시 ᄒᆞᆫ 댱애 드러 ᄃᆞ니고 어버이 동성이 마ᄅᆞᆯ 아니 드ᄅᆞ니 유무도 이제ᄂᆞᆫ 아니호리라 네 아바님도 유무 아니타고 유무 아니시니 나도 아니ᄒ면 내 ᄠᅳ 던 ᄌᆞ시기 지극 셜이 너길가 이버ᄂᆞᆫ ᄒ노라 혀여 보와라 부뫼 다 늘그니 어니 시저리 주글 주를 알 것고[8] 네 나ᄂᆞᆯ 니별ᄒ먀[9] ᄒᆞᆫ 이리 잇거든 이리코 내 너ᄅᆞᆯ 다시 몬 보고 주글 주를 엇디 아ᄂᆞᆫ다 스며 슬하[10] 울고 스노라 미던 ᄌᆞ시기 내 마ᄅᆞᆯ 아니 드ᄅᆞ니 무디ᄒᆞᆫ 학개야 ᄀᆞ ᄅᆞ칠 ᄠᅳ디 업세라 닐올 마리 무진ᄒ니 엇디 다 스리 이만 보고 내 ᄠᅳ들 알 거시라 알 거시 라 그ᄆᆞᆷ날 그리오모 ᄀ이업다 너ᄅᆞᆯ 하 ᄒᆞ닛디 몯ᄒ고 그리워 보셔ᄂᆞᆯ[11] 손소 기워 보내려 두고 네 형 보내노라 므스미 심심ᄒ니 몯ᄒ고 네 아ᄃᆞ러게도 오술 지그미 몯히여 보내니 내 졍시 ᄅᆞᆯ 알 이리라 얼구론 잇고 졍시는 간 ᄃᆡ 업세라 업세라

판독대비

번호	판독자료집	조건상 (1981a : 212)	전철웅 (1995 : 246)	조항범 (1998a : 283~284)	황문환 (2002 : 286~287)	전철웅 (2002 : 322~324)
1	가슴	가문	-	-	-	-
2	애ᄃ노라 너히	애 ᄃ노라 너히	-	-	-	-
3	일종	일층	-	-	-	-
4	ᄆ슴	ᄆ슴	ᄆ슴	-	-	ᄆ슴
5	늘의ᄭᅩᆯ 가 보라 보라 ᄒ고	늘의 ᄭᅩᆯ 가보랄ᄒ고	-	-	-	-
6	먹댜녀 ᄃ니모로 올 제	먹댜 녀ᄃ니모로 올제	-	-	-	-
7	전송올	-	전슝올	-	-	전슝올
8	주글 주룰 알 것고	주글줄롤 알릿고	-	-	-	-
9	니별ᄒ먀	니별ᄒ댜	-	-	-	-
10	스며 술하	스며술하	-	-	-	-
11	보셔눌	오셔눌	-	-	-	-

충북대박물관 유물번호 1403

〈순천김씨묘-056, 1550~1592년, 신천강씨(어머니) → 순천김씨(딸)〉

판독문

> 슈니 지비

요ᄉᆞ이 심히 긔별 모ᄅᆞ니 민망 쳥아ᄆᆞ로 온[1] 유무 보라 되야기[2] 흔타 ᄒᆞ니 지극 근심 아히 둘 됴히 ᄒᆞ라 나는 당시는 사라셔도 병이 심ᄒᆞ니[3] 이삼 년 견뎌여[4] 볼 ᄯᅳ디 업다 짐 므겁고 뎌리 보내고 와시니 아긔도[5] 업숨도 업거니와 몯 보내노라 이 소개 유무란 죵용히 두고셔 보와라 업시 히여라 네 무명을 여뚤 새 ᄒᆞᆫ 피리나 나하 보내려 타가 이 모시 밧고노라 몯ᄒᆡ 여 자자히 보내노라 ᄂᆞ믄 그리 아니 너기고 니블 일 몯ᄒᆞ여 민망 나 이리 누운 뉘로 이시니 아모 일도 몯ᄒᆞ고 누에도 다 ᄇᆞ리고 ᄢᅵ 져거 다엿 그ᄅᆞᆺ술사 줘[6] 다 가져가니 몯ᄒᆞ과라[7] 곤 ᄒᆞ니 이만 ᄉᆞ월 스므날 모 뵈 셜흔두 자 무명 스믈닐굽 자 어드면 ᄯᅩ ᄒᆞᆫ 찬 되리나 □ 내 □ 아직 업서[8] +

판독대비

번호	판독자료집	조건상 (1981a : 213)	전철웅 (1995 : 246)	조항범 (1998a : 289~290)	황문환 (2002 : 287)	전철웅 (2002 : 215~216)
1	쳥아ᄆᆞ로 온	쳥아ᄆᆞ로온	-	-	-	-
2	보라 되야기	보라되 야기	-	-	-	-
3	심ᄒᆞ니	-	-	심하니	심하니	-
4	견뎌여	-	견듸여	-	-	-
5	아긔도	아기도	아거도	-	-	-
6	다엿 그ᄅᆞᆺ술사 줘	다엿그ᄅᆞᆺ 술사 줘	다엿 그ᄅᆞᆺ술 사줘	-	-	다엿 그ᄅᆞ술 사줘
7	몯ᄒᆞ과라	몯ᄒᆞ로라	몯 ᄒᆞ과라	-	-	-
8	ᄒᆞᆫ 찬 되리나 □ 내 □ 아직 업서	ᄒᆞᆫ찬되리나□내□ □업쇠	-	-	-	ᄒᆞᆫ □ 되리나 □ 내 □ 아직 업서

순천김씨묘 출토 언간 057 _{충북대박물관 유물번호 1404}

〈순천김씨묘-057, 1550~1592년, 신천강씨(어머니) → 순천김씨(딸)〉

판독문

> 채 셔방지비[1]

요소이는 엇디 인는다 네 오라비는 무소히 왓다 우리도 무소커니와 네 아바니믄 보원소 드
려[2] 주글 반 살 반 돈니더니 쏘 예 바티는 쓸 치소원 히여[3] 닌월 초성의 셔올로 가게 히여
시니 이제는 동니 쓸 트라 간노니라 싱원는 당시 예 잇다 하 네 아바니미 병드니 벼술도 관
겨티 아녜라 내사 모미 셩히 인노라 자바는 이 녀르미는[4] 반차니 하 업소니 자실 것 업더니
셩히여 와실시 먹고 깃거히거니와 너히 봉셩이[5] 안심티 아니타 아바니미 병드러셔 이베 마
즌 거시 업서 셔올셔[6] 사르미 오더 조긔 낫도 아녀 보내니[7] 노히시도더라 면화는 비쳘훈[8]
저기니 몯히염직건마는 두 저올[9] 보내노라 쏘 세 저올란[10] 간소히여 두어라 브디 쁠 디 이
시니 아바님 갈 제 유무호리라 너히 누에들 다 치더라 터니[11] 엇더니 내 하는[12] 이 즈미 거
록더니 한 즈미 죄[13] 죽고 계오 스므나믄 마른 호디 고론 샹씨 어더 치니 도숉비 여나믄 마
른커는[14] 닌년 치려 삐 두서 마놀 혜여 안방의 두니 무러 삐도 몯 내고[15] 깁도 몯 프니 실씨
돌 만히 히여 다고 닌년 무즈막 쳐 가쟈 호노라 밧브고 힝치[16] 가실 거시라 이만호노라

판독대비

번호	판독자료집	조건상 (1981a : 214)	전철웅 (1995 : 247)	조항범 (1998a : 294)	황문환 (2002 : 288)	전철웅 (2002 : 216~217)
1	채 셔방지비	채셔방지비	채셔방 지비	채셔방 지븨	채셔방 지비	채셔방 지븨
2	보원ᄉ 드려	보원ᄉ드려	-	-	-	-
3	치ᄉ원 히여	치ᄉ원히여	-	-	-	-
4	이 녀ᄅ미ᄂ	이내 두리ᄂ	-	-	-	-
5	봉싱이	본셩이	-	-	-	-
6	업서 셔올셔	업서셔 올새	-	-	-	-
7	아녀 보내니	아내보내니	-	-	-	-
8	비쳘훈	비쳔훈	-	-	-	-
9	두 져올	두져올	-	-	-	-
10	세 져올란	세저울란	-	-	-	-
11	치더라 터니	치더라터니	치더라터니	치더라터니	치더라터니	치더라터니
12	내 하ᄂ	내하ᄂ	-	-	-	-
13	한 ᄌ미 죄	한ᄌ미죄	한ᄌ미 죄	-	한 ᄌ미 쇠	-
14	여나ᄆ 마른커ᄂ	여나ᄆ마른커ᄂ	-	-	여나ᄆ 마른 커ᄂ	-
15	몯 내고	-	몯 보내고	-	-	몯 보내고
16	힝치	히니 치	-	-	-	-

순천김씨묘 출토 언간 058 충북대박물관 유물번호 1405

〈순천김씨묘-058, 1550~1592년, 신천강씨(어머니) → 순천김씨(딸)〉

판독문

> 채 셔방집

요스이는 긔오니 엇더ᄒ니 동싱돌도 다 ᄂᆞ려오고 셔방님도 나가다 ᄒ니 더 근심ᄒ노라 우리는 무스ᄒ다 다 됴히 인노라 다믄 셔ᄃ리나[1] 나면 아니 보랴 네 소는 엇더ᄒ고 너는 그리 병드니 내 져믄 적구티 므ᅀᅳ미[2] 졍시니 이시면 져그나 아니 도라보랴 내 므ᅀᅳ미 미양 취ᄒᆞᆫ 둣 싱슝샹슝ᄒ니[3] 내 니블 일도 다 닛고 ᄒᆞ영이롤사[4] 지그미 져구리도 몯ᄒᆡ여 주노라 졍시는 간 ᄃᆡ 업고 바ᄂᆞ지론 어히업거니와 올ᄒᆡ는 ᄡᆞ리 낫도 소니 거러 보디 몯ᄒ니 주글 나롤 기ᄃ리노라 밧 이만ᄒ노라 시월 보롬날 모

판독대비

번호	판독자료집	조건상 (1981a : 215)	전철웅 (1995 : 247)	조항범 (1998a : 301)	황문환 (2002 : 288)	전철웅 (2002 : 217~218)
1	셔ᄃ리나	져 ᄃ리나	져 ᄃ리나	-	-	-
2	져믄 적구티 므ᅀᅳ미	져믄적구티 므ᅀᅳ미	져믄 적구티 므ᅀᅳ미	-	-	-
3	취ᄒᆞᆫ 둣 싱슝샹슝ᄒ니	취ᄒᆞᆫ둣 싱슝 샹슝 ᄒ니	취ᄒᆞᆫ 둣 싱슝 샹슝 ᄒ니	-	-	취ᄒᆞᆫ 둣 싱슝 샹슝 ᄒ니
4	ᄒᆞ영이롤사	ᄒᆞ여니 이롤사	-	-	-	-

순천김씨묘 출토 언간 059 충북대박물관 유물번호 1406

〈순천김씨묘-059, 1550~1592년, 신천강씨(어머니) → 순천김씨(딸)〉

판독문

> 아긔게
> 채 셔방 찍

아기내 온 후에 엇디 인는고 분별ᄒ노라 우리야 다 무ᄉ히 인노라 네 병은 엇더ᄒ뇨 나는 알는 ᄃ는 업서거니와 졍시니 업서 아모 이ᄅᆯ 아ᄆ리 긔걸ᄒ여 ᄒᆯ 주ᄅᆯ 모ᄅ고 내 니블 일도 계오 셩각히 ᄂ미 히여 주어사 닙고 이시니 네 이ᄅᆯ 도라 몯 보와 ᄒ노라 내 사라 가도 너희ᄅᆯ 맛보고 므ᄉ 거슬 반갑거든 주리 히여 ᄒᆫ 댱오시나[1] 지어다 형뎨 주쟈 ᄒ니 그도 몯 히여 이도 녀ᄅ미[2] 내 니브려 내게 뎔즈기[3] 짓고 소옴 엷게[4] 두어더니 너희[5] 줄 오ᄉᆯ 몯 지어 아니 닙고 이ᄅᆯ 너ᄅᆯ다가[6] 주쟈 코 곱좌더니 하 바삿다 홀시 서너 돌[7] ᄉ이어니 너겨 너ᄅᆯ 몬져 주쟈[8] 보내노라 이리코 가 므ᄉ 거슬 주려뇨 등비게 내[9] 미던 거시러니 보내노라 새로 히여 잠간 미엿ᄂ니라

판독대비

번호	판독자료집	조건상 (1981a : 216)	전철웅 (1995 : 247)	조항범 (1998a : 304~305)	황문환 (2002 : 288~289)	전철웅 (2002 : 218~219)
1	ᄒᆫ 댱오시나	ᄒᆫ댱 오시나	ᄒᆫ 댱 오시나	-	-	ᄒᆫ 댱 오시나
2	몯히여 이도 녀ᄅ미	몯 히여 일녀ᄒ디	몯 히여 이도 녀ᄅ미	-	-	-
3	뎔즈기	널즈기	-	-	-	□즈기
4	엷게	-	엷게	-	-	□게
5	너희	너려	-	-	-	-
6	이ᄅᆯ 너ᄅᆯ다가	일로 너ᄅᆯ 다가	-	-	-	-
7	서너 돌	내 너돌	-	-	-	-
8	주쟈	주자	-	-	-	-
9	등비게 내	등 비게내	-	-	-	-

〈순천김씨묘−060, 1550~1592년, 신천강씨(어머니) → 순천김씨(딸)〉

판독문

> 슈니 지비

요스이 꿈 하 어즈러오니 엇디 인는다 나도 됴히 인노라 거월 열홀 후브터 심증 나셔 스므날끠브터[1] 누어 알호디 여게 아니 알외다니 하 내 긔오니 황당커눌 아기내 오라 ᄒ니 조아 ᄒ랜날사 오니[2] 와나ᄒ 마매[3] 열 나 발광히여 인ᄉ 모른다가 야그로 여롤 뻐 이제는 다 됴화시디 브른믈 두려 드런노라 근심둘 마라 이버는 사라셔도 므ᄉ믈 잡디 몯히여 네 아바님 제곰 두고 겨집 드린 후는 통히 혜랴 ᄒ더 자내는 겨집 드리고 됴히 살건댜 내 일 셜온댜 혜노라 ᄒ니 용시미 일독도 니치댜리니[4] 날 위히여 업시 아닐 거시니 므슴 잡디 몯ᄒ고 병은 디터 가니 쫄즈시기사 보미 쉽디 몯ᄒ다 이버는 이제사 살게 되연노라 ᄒ고 스이 심증 나 셟거든[5] 스고 히여[6] 유뮈 무근ᄒ[7] 마리 다 가ᄂ니 보고 브리[8] 녀코 다만 싱워니 유무ᄒ더 어마님 편티 아닌 증을 듣고 민망 ᄲᆞ롤 짐[9] 므거오니 봉셩ᄃ론 다 마다ᄒ고 아니코[10] 몯 가니 진봉의 가져가니 몯 보내노라 나 보내마 최소니눌 ᄯᆞᄂ니라

판독대비

번호	판독자료집	조건상 (1981a : 217)	전철웅 (1995 : 248)	조항범 (1998a : 308~309)	황문환 (2002 : 289)	전철웅 (2002 : 219~220)
1	스므날끠브터	스므날끠부터	-	-	-	-
2	조아ᄒ랜날사 오니	-	조 아ᄒ랜날사 오니	-	-	조 아ᄒ랜날사 오니
3	와나혼 마매	완나혼 마매	와나혼마매	-	-	-
4	니치댜리니	-	니치댜러니	-	-	니치댜니니
5	셟거든	-	셟거든	-	-	-
6	스고 히여	스고히여	-	-	-	-
7	무근혼	-	-	무근한	무근한	-
8	브리	브티	-	-	-	-
9	ᄲ롤 짐	ᄲᆞᆯ짐	-	-	-	-
10	마다ᄒ고 아니코	마다ᄒ고 아니고	마다 ᄒ고 아니코	마다 ᄒ고 아니코	마다 ᄒ고 아니코	마다 ᄒ고 아니코

〈순천김씨묘-061, 1550~1592년, 김훈(아버지) → 순천김씨(딸)〉

판독문

채 셔방집

유무 보고 됴히 이시니 깃게라 나도 됴히 둥 도여 인노라 이 벼술 다ᄒ면 뎔로 가리라 혼자 겻거 나시니 민 셔방 안해는 ᄇ리더니 ᄯ 엇찌 ᄃ려가ᄂ니 나는 이리셔 그 벼ᄂᆯ 건 동 만 동[1] ᄃᄅ니 아ᄆ란 줄 모ᄅ리로다 민 셔방 제 할마님 싱이레 ᄡᆯ 것 보내라 ᄒ니 보낼 거시 사 아니 어ᄃ랴 커니와[2] 아기네 돈디노라 죵믹[3] 하 돈디니 내 ᄆᅀᆷ 먹는 ᄠᆮ과 이리 다ᄅ니[4] 지극 심심ᄒ예라 ᄒ다가 몯ᄒ여 사ᄅᆷ 보내노라 어버이 되여 어렵다[5] 믜오니도 믜디 몯ᄒ니 우숩다 우숩다 믈갑 브죡ᄒ예라[6] 홀시 ᄯ 너 머글 건티 둘ᄒ고[7] 반 필 보내다니 ᄎ존다 너 사ᄅᆷ[8] ᄒ예나 보내여라 ᄯ ᄢᅵ 아손 면화 너희과 민 셔방 집과 슈오긔 지븨 얼 ᄀ술희[9] 동겨 고리 두어 닙게 ᄢᅵ 아스니 각각 여ᄃᆲ 냥식[10] 보내요ᄃᆡ 네게는 ᄒᆫ 여ᄃᆲ 냥이 더 가ᄂ니라 수 미나 슈나나 치온 아ᄒᆡ 몬져 두어 니피라 죠죠ᄒᆫ 이린둘[11] 니ᄌ랴마는 길 멀고 현마 ᄉ나ᄒᆡ 효근 이놀사 ᄒ랴[12] 병 외예[13] 됴히 이시면 ᄂ년 칠워론 보리로다 아들 다 나ᄒ니 지극 깃게 라 깃게라 어늬 아니 귀ᄒ리만는 민 셔방지븨 더 긔특ᄒ여 ᄒ노라 이만 민 셔방 지븨 ᄡᆞᆯ 두 말 ᄡᅮ이고 고양의 소츌로 광희손ᄃᆡ[14] 디히 달라[15] ᄒ여 네 ᄣᅥ라 그리ᄒ라 민가의 유무ᄒ노 라 九 卄七日 父

판독대비

번호	판독자료집	조건상 (1981a : 218)	전철웅 (1995 : 248)	조항범 (1998a : 313~314)	황문환 (2002 : 289~290)	전철웅 (2002 : 289~290)
1	벼눌 건 동 만 동	벼술 건동 만동	-	-	-	벼눌 건동 만동
2	어드랴 커니와	어드랴커니와	어드랴커니와	-	-	어드랴커니와
3	든디노라 죵미	든니노라 죵매	-	-	-	-
4	이리 다ᄅ니	어리다 ᄒ니	-	-	-	-
5	어렵다	니렵다	-	-	-	-
6	믈갑 브죡ᄒ예라	믈 겁브죡ᄒ예라	믈겁 브죡ᄒ예라	-	-	믈겁 브죡ᄒ예라
7	너 머글 건티 둘ᄒ고	너머 글건 더둘ᄒ고	너 머글 건티 둘 ᄒ고	-	-	-
8	너 사롬	-	-	-	-	□□롬
9	ᄀ술히	-	-	-	-	ᄀ올히
10	여돏 냥식	여돏ᄇ냥식	여돏 냥식	-	-	-
11	이린둘	-	이린 둘	-	-	-
12	효근 이눌사 ᄒ랴	효근어눌다ᄒ랴	효근이날사 ᄒ랴	-	효근이눌사 ᄒ랴	-
13	병 외예	셩외예	-	-	-	-
14	광희손디	광희손디	광희손디	-	광희손디	광희손디
15	디히 달라	디허 날라	-	-	-	-

판독문

연그미도 ᄆ롤 타 가니 짐 므겁다 ᄒ고 면화 근도 보낼 셰 업서[1] 잇다 ᄯ오 명디ᄂ 안히야 이
만ᄒ나 것명디[2] 하 굵고 너비 좁고 빗 사오나오니 노홉다 그 놈ᄃ리 그리ᄒ거든 져그나 검
거롤 ᄒ면 아니랴 슈오긔 어미 난편 나오면 집 ᄇ리고 가고 민가의 지비셔 며느리 내티려
ᄒ다 ᄒ고 게 이시려 ᄒ니 그리 이셔 제 엇디 호려 ᄒᄂ고 어버이 갈 더디나 견듸여 이실
것 아니가 네 명디 자토리놀 믈 몯 드려 잇다 ᄌ디 안팟근 시월로사 설워 ᄒ여 가리라 자븐[3]
마리 만만ᄒ니라마ᄂ[4] 즉시 와 가니 몯ᄒ고 아□것도[5] 어든 거시 업고 짐 몯 시러 가니[6] 몯
보내고 나도 남촌 갓다가[7] 어제 드러오니 심심히여 이만ᄒ노라 스므아ᄒ래날

판독대비

번호	판독자료집	조건상 (1981a : 219)	전철웅 (1995 : 248)	조항범 (1998a : 319)	황문환 (2002 : 290)	전철웅 (2002 : 220)
1	면화 근도 보낼 셰 업서	면화근도 보낼쎄 업시	-	-	-	-
2	이만ᄒ나 것명디	이만홈 것명디	이만ᄒ나 것 명디	-	이만ᄒ나 것 명디	이만ᄒ나 것 명디
3	자븐	잡븐	-	-	-	-
4	만만ᄒ니라마ᄂ	만ᄂ ᄒ니라마ᄂ	-	-	-	-
5	아□것도	아모것도	-	-	-	아것도
6	짐 몯 시러 가니	-	-	짐 시러 가니	짐 시러 가니	-
7	갓다가	갓ᄃ가	-	-	-	-

순천김씨묘 출토 언간 063 충북대박물관 유물번호 1410

〈순천김씨묘-063, 1550~1592년, 김훈(아버지) → 순천김씨와 그 여동생(딸들)〉

판독문

아기네손디[1] 도장
민 채 씩[2]   〔수결〕

유무둘 보고 됴히 이시니 깃게라 나는 싱혀눌[3] 주거사 여힐가 너기노라 아모것쏘 보낼 것 업서 몯 보내노라 내의 싱애는 졀셔미 구향 간는 노미나 다르라 셩식도 쓰도 아닐샤 아닐샤 홀 일 업서 이만[4] 나 사라셔 너희 죽디나 마라 심심ᄒ여 수미 아모것쏘 몯 주노라 六月 二 十日 父

판독대비

번호	판독자료집	조건상 (1981a : 220)	전철웅 (1995 : 248)	조항범 (1998a : 323)	황문환 (2002 : 290)	전철웅 (2002 : 293)
1	아기네손디	아기네 손디	–	아기내손디	아기내손디	–
2	민 채 씩	채민씩	채민씩	채 민 씩	채민씩	채민 씩
3	싱혀눌	싱해눌	–	–	–	–
4	셩식도 쓰도 아닐샤 아닐샤 홀 일 업서 이만	셩식쏘 쓰프아만	–	–	–	–

〈순천김씨묘-064, 1550~1592년, 김여물 등(남자 동기) → 순천김씨와 그 여동생(여자 동기)〉

판독문

```
두 누님 젼 샹장
채 민 쩍²                    근봉¹
```

아바님 하 요란ᄒ고 밧바³ 유무 몯ᄒ노라 ᄒ시고 두 더긔 은구어⁴ 각 스믈콤ᄒ고⁵ 동회⁶ ᄒ나식 보내시닝이다 회희⁷ 다서 가닝이다⁸ ᄌ셰 ᄎ려 바ᄃ쇼셔 민 쩍 ᄆ롤 둘 주고 ᄒ나 밧쟈 ᄒ니 앗가온 ᄃᆺᄒ고 맛당ᄒᆫ ᄆ리 나디 아니ᄒ니 하 옷 몯ᄒ면 우줄 무명이나 ᄒ고 져를 그저 보내고져 ᄒ노라 ᄒ시뇌 ᄯᅩ 두 지븨 죠히 열 권식 가니 치 마소⁹ 이믜 보내여든¹⁰ 인ᄂ 톄ᄒ고 ᄂᆞᆯ 주디 말면 아니랴 ᄒ시니 두 지븨 열 권식 ᄒ니 도쉬 스므 귀니 ᄆ렬형님끠도 열 권 가니 대되 셜흔 권 가니 외라비

ᄆ롤 아므려도 엇디 몯ᄒ니 친히 보와 ᄒ게 ᄒ여 우줄 무명 닷 필 봉ᄒ고 ᄯᅩ 겨톨 노ᄒ로¹¹ 쎄여 봉ᄒ여¹² 가니 ᄌ셰 ᄎ려 바ᄃ쇼셔 ᄒ시니 물총 ᄒ며며 다¹³ 간ᄉᄒ여 됴하 가니¹⁴

판독대비

번호	판독자료집	조건상 (1981a : 221)	전철웅 (1995 : 249)	조항범 (1998a : 326)	황문환 (2002 : 290)	전철웅 (2002 : 297)
1	근봉	〔판독 안 됨〕	〔판독 안 됨〕	〔판독 안 됨〕	〔판독 안 됨〕	〔판독 안 됨〕
2	채 민 쎡	채민쎡	채민쎡	-	채민쎡	채민 쎡
3	밧바	바바	-	-	-	-
4	은구어	은즈어	은즈어	-	-	-
5	스믈콤ᄒ고	스믈콤 ᄒ고	스믈콤 ᄒ고	스믈콤 ᄒ고	-	스믈콤 ᄒ고
6	동휘	동튀	-	-	-	-
7	휘히	튀히	-	-	-	-
8	다셔 가녕이다	다 셔가 녕이다	다 셔 가녕이다	-	-	다 셔 가녕이다
9	마소	미소				
10	이믜 보내여둔	이리보내여둔	이릐 보내여둔	이릐 보내여둔	이릐 보내여둔	-
11	겨톨 노ᄒ로	겨톨노 ᄒᄂ	-	-	-	-
12	봉ᄒ여	봇ᄒ여	-	-	-	-
13	물총 ᄒ며며 다	물총 ᄒ며며다	-	-	물총 ᄒ며 다	-
14	간ᄉᄒ여 됴하 가뇌	간술에로 하가뇌	-	-	-	-

순천김씨묘 출토 언간 065 충북대박물관 유물번호 1412

〈순천김씨묘-065, 1550~1592년, 신천강씨(어머니) → 순천김씨(딸)〉

판독문

> 아기내손디 쳠장[1]
> 홍덕골 김 찰방 씌   근봉

나는 비예 무스히 와셔 초다쇈날 둥쥐 와 여쇈날 무거 닐원날 가노라 나는 병 업시 됴히 가
니 날란 싱각 말오[2] 너희[3] 만혼 즈식드리 됴히 잇거스라 이리 오먀[4] 하 ᄀ이업시 그리오니
나도 아므려나 쉬 가고져 가노라 쏘 뿔 열혼 말 가느니라 타 연 말란[5] 슈오긔 어미 두 말
가온 주고 너 서 말 가온 쩌라 졔도홀 거시라 보내노라 단 말란 기러 집 명겨니 집 두 지비
눈화 주어라 쟈ᄅ란 크니란 명겨니 어미 그 뵈 몯 주고 오니 그 갑시 주고 섯바기 그틔 슨
글란 너 쩌라[6] 갸ᄉᄃ론 게 죠이나[7] 예 오느니라 다 물이고 말리라 느믜 것들 그릴 것갓[8]
길 가기 밧브고 하 긔오니 곤ᄒ니 슬 마리 무진ᄒᄃ디 몯 스노라 내 ᄇᆞ라기는 됴히 잇과댜 네
아바님도 유무 오니 됴히 겨시다 희경이 가져오니[9] 즈시[10] 보라 면태 질므니 자린농의 드더
니 아니 와시니 게나 인ᄂᆞᆫ가 일혼가 ᄒ노라 그지업서 다 몯 스니 네 오라비네ᄃ려도 됴히
잇거스라 다시곰 다 닛디 몯ᄒ니 내 울오 므스마라 오거뇨 식베라 닐어라 검곰 오리[11] ᄒ여
만히 마오 두 되예 치만[12] ᄒ여 보내라 초닐원날 가며 ᄒ노라[13]

판독대비

번호	판독자료집	조건상 (1981a : 222)	전철웅 (1995 : 249)	조항범 (1998a : 331~332)	황문환 (2002 : 291)	전철웅 (2002 : 221~222)
1	아기내손디 쳠장	아기내손디 쳠장 초닐 원날가며ᄒ노라	-	-	-	-
2	말오	마르오	-	-	-	-
3	너히	너히	-	-	-	-
4	이리 오먀	이리오먀	이리 오먀	이리 오먀	-	-
5	열흔 말 가ᄂ니라 타 연 말란	열흔말 가ᄂ니라타 연말란	열흔 말 가ᄂ니라 타 연말란	열흔 말 가ᄂ니라타 연 말란	열흔 말 가ᄂ니라 타연 말란	-
6	글란 너 쎠라	글만☐☐☐너쎠라	-	-	-	글란
7	죵이나	죵이 나	-	죵이 나	-	-
8	그릴 것갓	-	그릴 것 갓	그릴 것 갓	그릴 것 갓	-
9	가져오니	가재오니	가져 오니	가져 오니	가져 오니	가져 오니
10	ᄌ시	-	-	자시	자시	-
11	검곰 오리	검곰오리	검곰오리	-	-	검곰오리
12	두 되예 치만	두되예치만	두 되예치만	두 되예치만	-	-
13	초닐원날 가며 ᄒ노라	〔판독문이 수신처 옆에 위치함〕	-	-	-	-

순천김씨묘 출토 언간 066 _{충북대박물관 유물번호 1413}

〈순천김씨묘-066, 1550~1592년, 신천강씨(어머니) → 순천김씨(딸)〉

판독문

> 채 셔방집 답

옥쉬 오나눌 편히 이시니 깃거ᄒ거니와 하 미양 닛디 몯ᄒ니 쭘자리 어즈러워 몸브린 긔벼
롤 ᄇ라니 지그미 아니 브려시니 요ᄉ이나 브리도던가 ᄒ노라 셩원집도 몸 됴히 브리고 아
ᄃ리라 ᄒ니 더옥 깃게라 깃게라 우리도 모믄 두고 다 편히 인노라 다믄 ᄌ식돌 외오 두고
그립고 셜워ᄒ먀 민가의 짓 일로[1] 미양 셜워ᄒ니 오니면 어딘 긔벼리 업스니 츨히 제 주거
야 미츨홀가[2] 식베라 그 거시 알픠 보차이는 이리 가스미 텁ᄃᆞ는 둣히예라 내 고 녀너게 ᄌ
식도 주것고 겨집 죵도 갈싀 됴쟝 사마 흔 거시러니 유무 가지고 늡 뵈며 나롤 하 구짓ᄂ다[3]
ᄒ니 평싱애 내나 자내나 유무ᄒ먀 봉셩홀 주리 이시랴 주근 ᄌ식만 너겨 제 주그려니 그만
ᄇ라노라 하 노ᄒᆞ오니 아ᄆ리 셜워히여도 아모 일도 도라 아니 보리라 제 어든 죵 ᄒᆞ나홀
주언ᄂ냐 므슴 비디 그리 손고[4] 내 ᄌ식[5] 나무라거니와 제 ᄌ시근 므슴 지조ᄒ곰 죰[6] 귀ᄒ
이리 잇관디 이더도록 토심되거뇨[7] 쑬 나흔 내 팔즈롤[8] ᄒᆞ고 인노라[9] 쓸 거슨 뎐디 믈[10]
다둡고 느즌 것 져그나 이셔도 몯 밋고 오려 두어 셤 히여 아래우히 머그니 흔 되 것도 보
내디 몯ᄒ고 머육 낫도 오디 아니니 아모것도 봉셩홀 거시 업셰라

판독대비

번호	판독자료집	조건상 (1981a : 223)	전철웅 (1995 : 249)	조항범 (1998a : 338~339)	황문환 (2002 : 291~292)	전철웅 (2002 : 222~223)
1	짓 일로	-	-	짓일로	-	-
2	미츨홀가	기츨홀가	-	-	-	-
3	하 구짓ᄂ다	-	하구짓ᄂ다	-	-	-
4	그리 손고	그리손고	-	-	-	-
5	내 ᄌ식	-	내 자식	내 자식	내 자식	-
6	지조흥곰 좀	지조홀 크나 ᄌ나	-	-	-	지조 흥곰 좀
7	토심되거뇨	로심 되거뇨	-	-	-	-
8	내 팔ᄌ롤	내라도	-	-	-	-
9	흥흥고 인노라	-	-	-	-	흥□고 인노□
10	쓸 거손 뎐디 믈	쓸거손 뎐디믈	-	-	-	-

〈순천김씨묘-067, 1550~1592년, 신천강씨(어머니) → 순천김씨(딸)〉

판독문

> 채 셔방집

요스이는 긔오니 엇더ᄒ고 긔별 모ᄅ니 늘그니 ᄌ믄 아니 오고 안자셔 싱각고[1] 그지업세라 아므려나 견듸여 사라거라 하ᄂ니 우리 이룰 아ᄅ시면 아므려나 이버니 아니ᄒ랴마ᄂ 내 이리 죄 만히여 스스 이리 하 어히업슨 이리 만ᄒ니 이리 일라 너기노라 뉴더기ᄂ 네 볼셔도 아니 주ᄂ가 너겨마ᄂ 스시리 만하 잇더니 너도 병이 듕타 코[2] 나도 죽고젼 ᄡ디 만히여 아ᄆ리 되나ᄊ나 너겨 보내니 디녀 ᄇ리기ᄂ 네게 잇거니와 ᄌ식ᄒ고 ᄒᄃ 모다셔 일ᄒ려다 코[3] 아니 보내여더니라 네 무명은 받고 미양 니젓다니 이제야 ᄌᄋ리도[4] 업고 나도 갈티장 둘뵈ᄒ고[5] ᄒ니 몯 나하 가리로다 ᄌ디도 드럿다마ᄂ 더워 몯 다둠고 간사ᄂ[6] 드려 보내마 마ᄌ 므ᄉ미 심심ᄒ 일 잇고 노ᄒ온 일 이셔 하 므ᄉ미 심심ᄒ니 ᄌ시 몯ᄒ노라 네 며조도 함챵이나 다 두라 ᄒ쟈 ᄒ니 좋이 업서 몯 보내노라 조믄 먹고 엇디ᄒ려뇨 ᄒ노라 보기ᄂ 간가 다 일ᄒ가 ᄒ노라 초여ᄃ랜날

판독대비

번호	판독자료집	조건상 (1981a : 224)	전철웅 (1995 : 250)	조항범 (1998a : 343~344)	황문환 (2002 : 292)	전철웅 (2002 : 223~224)
1	싱각고	시니 각고	-	-	-	-
2	듕타 코	듕타코	듕타코	듕타코	듕타코	듕타코
3	일ᄒ려다 코	일ᄒ려다코	일ᄒ려다코	일ᄒ려다코	일ᄒ려다코	일ᄒ려다코
4	ᄌᄋ리도	-	ᄌ아리도	-	ᄌᄋ리도	ᄌ아리도
5	갈티장 둘뵈ᄒ고	갈 녀장둘 뵈ᄒ고	갈티장 둘뵈 ᄒ고	갈티 장 둘비 ᄒ고	갈티장 둘뵈 ᄒ고	-
6	몯 다둠고 간사ᄂ	몯 다 둘고 간ᄉᄂ	-	-	-	-

〈순천김씨묘-068, 1550~1592년, 김훈(시아버지) → 순천김씨 올케(며느리)*〉

판독문

아기내손디 쳠장

요스이 긔별 몰라타니 감지 귀보기 오나눌 몸드론 무스호니 지극 지극 깃브거니와 몃겨니[1] 이론 아마타 업세라 그리 돈돈턴 즈시글 그리 밍그니 스스 그 즈시긔 이롤 즈시 긔벼롤 드 루니 내 안히[2] 셜오나마나 제 죽고라쟈 식베라 쏠즈식 난는 사루미 이런 슈요기 어디 이시 리 애둗다 속져리랴 이개 만장도 가지며 느쇠[3] 제 일로 가려 터니 몯 가 이 간느니 논성[4] 현마도 명금 디라 코[5] 가느니라 이개 만장을 아즈바님끠나 의론히여셔 흐게[6] 맛디게 히여 라 무명 두 필 조차다가[7] 주고 브티라 흐신다 귀보기는 와셔도 여긔 보리 적고 짐 홀 거슨 업거니와 아므려나 여나믄 말 거시나 어더 보내고 두 즈시기 큰 이롤 디내게 되고 민 셔방 안해는 주건는가도 너겨 미양 셜오니 나 몯 가고 하 버뇌 몯 쓰러 영그미롤 스므날 예셔 내 여 보내여 두 짓 즈식 나히고 오라[8] 호노라 그 흠끠 귀보기 민사니 제 짓 안부[9] 알라 다 가 느니라 민 셔방 안해란 쇠지비 안족 보내디 마오 이 둘 너워리나 게[10] 두어든 겨지비 흔 드 리 엇마놀 머그리 즈식 나홀 더디나 간스히여라[11] 슈명이는 아니 왓다 또 슈오긔 아비 유무 보고 내 너 향히여 버뇌 몯 쁠기 쏠즈식그티[12] 먹는 졍을 모르니 네 어미 갈 제 스실호마[13] 스이예 마리나 유뮈롤 스이나[14] 어버의 쁘디 그러호랴 이 노미 밧비 가니 싱슝샹시 가느니 라 모다 보고 즈시즈시 이개 만장 영히여스라[15] 저만 맛디면 도도와 도모[16] 아닌느다 혼다 디나가며 가니 즈시 몯호노라 몯호노라 칠월 열사흔날[17]

---

* 조항범(1998a : 7~15)에 따름. 황문환(2002)에서는 아버지가 딸에게 보낸 편지로 보았다.

판독대비

번호	판독자료집	조건상 (1981a : 225)	전철웅 (1995 : 250)	조항범 (1998a : 347~348)	황문환 (2002 : 292~293)	전철웅 (2002 : 329~330)
1	뎡겨니	뎡개니	–	–	–	–
2	내 안히	내안이	–	–	–	–
3	느쇠	늣긔	–	–	–	–
4	몯 가 이 간느니 눈싱	몯 가 이갈니눈 싱	몯 가이 가느니 눈싱	–	–	몯 가이 간느니 눈싱
5	현마도 뎡금 디라 코	현마도 뎡금디나코	현마도뎡금디라코	현마도 뎡금 디라코	현마도 뎡금 디라코	현마 도뎡금 디라코
6	의론히여셔 흥게	의론히여 셔리게	–	–	–	–
7	두 필 조차다가	두필 조차 다가	–	–	–	–
8	나히고 오라	나히 고오라	–	–	–	–
9	짓 안부	–	짓안부	짓안부	–	짓안부
10	이 둘 니워리나 게	이둘니 위타나게	–	–	–	–
11	더디나 간스히여라	더디 나간 스히 여젼	–	–	–	–
12	쏠즈식 ㄱ티	쏠즈식 ㄱ티	쏠즈식 ㄱ티	쏠즈식 ㄱ티	쏠즈식 ㄱ티	–
13	갈 제 스실호마	갈제 스실호마	–	갈 제 스실 호마	–	–
14	유뮈롤 스이나	–	유뮈□□□나	–	–	유뮈□ 스이나
15	뎡히여스라	뎡히여스라	–	–	–	–
16	도도와 도모	도도와도 모	–	–	–	–
17	칠월 열사훈날	칠월열사훈날	–	–	–	–

순천김씨묘 출토 언간 069 충북대박물관 유물번호 1416

〈순천김씨묘-069, 1550~1592년, 신천강씨(어머니) → 순천김씨와 그 여동생(딸들)〉

판독문

채 셔방
민 셔방   도장

유무ㅎ디 하 슬컨마ᄂᆞᆫ 덕노라 나ᄂᆞᆫ 사라 잇거니와 방덕도 몯ㅎ게 ㅎ니 구향두고 심ㅎ예라
하 죽ᄌᆞ므니 보디[1] 놀랍고 과거 보ᄂᆞᆫ 즈셕 두고 과ᄀᆞ론 일 볼가 한 혜옴 혜니ᄂᆞᆫ도 차망되고[2]
건들 둔사니만[3] ᄃᆞ리고 잇거니 아니 고로오냐[4] 이제ᄂᆞᆫ 노호온[5] ᄆᆞᅀᆞ미 만해라 너희 듣다 엇
찔다 커니와[6] ᄉᆞ셔론 그러ᄋᆞ니라 ᄯᅩ 민 셔방 더근 도로혀 깃게라 깃게라 □이나 길어라[7] ᄯᅩ
나ᄂᆞᆫ 에 와 각벼리 ㅎᄂᆞᆫ 이리 업거니와 즈뎨둘 하 오르ᄂᆞ니니[8] 일로 말 드롤가 ㅎ노라 거니
와[9] 내라 내 타시랴 조심ㅎ예[10] 나ᄃᆞ녀 스긔[11] ㅎ노라 대강의 내의게ᄂᆞᆫ 화혈혼 이리 업세라
나 늘고 즈셕 다 ᄇᆞ리고 심곡 심사니[12] 혼자 와셔 ᄂᆞ미 구청만 ㅎ노라 ㅎ니 우여니 부졀업
ᄉᆞ냐[13] 병든 모미 셜워 셜워 ᄯᅩ 수믜게 고은 초샤과 고은 부체 춘개손ᄃᆞ로 가ᄂᆞ니 ᄎᆞ자 주
어라 ᄯᅩ 내 셩애ᄂᆞᆫ 노홉고 통골ㅎ예라 새오민ᄃᆞᆯ 혬곳[14] ㅎ면 녀ᄂᆞ 일과 다ᄅᆞ거니ᄯᆞ나 블샹
히 혜고[15] 미양 죽다나 ᄆᆞ라[16] 듣고 기오ᄂᆞᆯ 차려라[17] 팔월[18]
뵈 스므여ᄃᆞᆲ[19] 자 두 반 피리 스므닐곱 자[20] 아기 올 제[21] 주어 보내라 쟈일 것과 안셕 것과[22]
반믈 드려 쓰려 뵈 두 필과 슈공 무명 반 필 가ᄂᆞ니 몯아기 올 제 드려 보내여라[23] 디데야
ㅎ리라 니기 드려라 드려라[24]*

* '뵈 스므드여ᄃᆞᆲ 즈 ~ 드려라 드려라' 부분은 조건상(1981a), 전철웅(1995), 조항범(1998a), 전철웅(2002)에서 수신처
표시 다음에 소개되었다.

판독대비

번호	판독자료집	조건상 (1981a : 227)	전철웅 (1995 : 251)	조항범 (1998a : 355~356)	황문환 (2002 : 293)	전철웅 (2002 : 293~294)
1	죽즈ᄆ니 보디	죽즈ᄆ니 보긔	–	하 죽즈 ᄆ니	–	–
2	혜니논도 차망되고	–	혜니논 도차망되고	–	–	–
3	둔사니만	–	–	–	–	분사니만
4	고로오냐	고로오랴	–	–	–	–
5	노호온	노호올	노호올	–	–	노호올
6	엇찔다 커니와	엇찔다커니와	엇찔다커니와	–	–	엇찔다커니와
7	□이나 길어라	이나길어라	–	–	–	–
8	하 오르ᄂ리니	히 오르ᄂ리니	–	–	–	–
9	ᄒ노라 거니와	ᄒ노라거니와	ᄒ노라거니와	–	ᄒ노라 커니와	ᄒ노라거니와
10	조심ᄒ예	조심ᄒ셰	–	조심ᄒ셰	–	조심ᄒ셰
11	ᄉ긔	ᄉ다	ᄉ디	–	–	ᄉ다
12	심곡 심사니	심곡심사니	–	심곡심사니	–	–
13	부절업ᄉ냐	부절업ᄉ랴	부절 업ᄉ랴	부절업ᄉ랴	–	부절 업ᄉ랴
14	헴곳	헴 곳	–	–	–	–
15	다ᄅ거니ᄊ나 블샹히 혜고	다ᄅ거니 ᄊ라 블□히 혜고	다ᄅ거니 (ᄊ라) (블□히 혜고)	–	–	다ᄅ거니 □□□□□고
16	미양 죽디나 ᄆ라	–	(미양 죽디나 ᄆ라)	–	–	미양 □□□□□
17	듣고 기오늘 차려라	듣고 기도늘 차려라	듣고 기도늘 (차려라)	–	–	듣보기도 □□□□
18	팔월	–	(팔월)	–	–	□□
19	스ᄆ여둛	스ᄆ여둛	스ᄆ여둛	–	–	스ᄆ여둛
20	두 반 피리 스ᄆ닐곱 자	두 반피리 스ᄆ닐곱자	–	–	–	–
21	올 제	올제	–	–	–	–
22	자일 것과 안셕 것과	자쉴것과 안셕것과	자일것과 안셕것과	–	–	–
23	보내여라	보내새라	보내새라	보내새라	–	보내새라
24	니기 드려라 드려라	니기 드려라 니기 드려라	–	–	–	–

순천김씨묘 출토 언간 070 충북대박물관 유물번호 1417

〈순천김씨묘-070, 1550∼1592년, 신천강씨(어머니) → 순천김씨(딸)〉

판독문

이리사 ᄒᆞ마어니와 져믄 사ᄅᆞ미 그리 가ᄅᆞ 쁘더 어니 어흐로나 죵이 올홀 것고 싱심도 그
혀욤 그리 혜디 마오 아ᄆᆞ려나 재 자바 사라라 내라 몃날 잇다가 가리 죵의 이론 뉴더긔 즈
슬 ᄌᆞ시 ᄒᆞ쟈 ᄒᆞ니 몯ᄒᆞ노라 아모거슬 어더 쁘고져 ᄒᆞ여도 아바님끠 유무ᄒᆞ여라 내사 우이
되여 이시니 이러뎌러[1] 쑤어 먹고 어히업세라 내 간더 다시로다 다믄 ᄑᆞ라먹디 아닐 붓니로
다 마촤 알파[2] 음식 몯 머글 제 그 자반 오나ᄂᆞᆯ 반 나 먹고 반 아바님끠 보내요라 돌목도
즉시 글혀 먹과라 뇌여 봉셩 마라 예셔 아ᄆᆞ려나 아니 머그랴 셔올 일 내 아는 거시니 마라
네 무명도 봄만 너겨 무명 그티나 주려니 너기고 오니 몯ᄒᆞ여 이제사 ᄌᆞ암[3] 이시니 봄 내ᄃᆞ
ᄅᆞ면 ᄧᅡ아 보내마 ᄯᅩ 내 요히 다 ᄒᆞ여ᄂᆞ니[4] 주거도 ᄒᆞᆫ 볼 거시나 ᄒᆞ쟈 ᄒᆞ니 그 반뵈 쉬 몯
나커든[5] 보내여든 ᄧᅡ셔 ᄒᆞᆫ ᄀᆞ슴곰 논화 쁘고 야쳥을 녀ᄅᆞ미 드려 ᄒᆞᆫ ᄀᆞᅀᆞ몰 도로 주거나 반
자글 ᄒᆞ거나 몯홀가 누에 ᄢᅵ 어더 보내여라 실프리 ᄢᅵ 어더 보내면 네게도 니[6] 이시리라

판독대비

번호	판독자료집	조건상 (1981a : 228)	전철웅 (1995 : 251)	조항범 (1998a : 363)	황문환 (2002 : 293∼294)	전철웅 (2002 : 224)
1	되여 이시니 이러뎌러	되어 이시니 일시뎌러	–	–	–	–
2	마촤 알파	마촘 알타	–	–	–	–
3	ᄌᆞ암	ᄌᆞ압	–	–	–	–
4	ᄒᆞ여ᄂᆞ니	ᄒᆞ여니니	ᄒᆞ여니니	ᄒᆞ여 니니	ᄒᆞ여 니니	–
5	나커든	나거든	–	–	–	–
6	니	–	리	리	–	리

〈순천김씨묘-071, 1550~1592년, 신천강씨(어머니) → 순천김씨(딸)〉

판독문

```
채 셔방집 답
```

희쉬와[1] 광희와 가져온 유무 보고 아희돌 ㅎ고[2] 모미나 무스히 이시니 그지업시 깃게라 우리
는 두 고대 당시[3] 무스타 나는 숨만 브터 인노라 너희라[4] 나롤 아니 그리먀[5] 내라 주식드롤
니준 저기 이셔 그리오랴마는 이 벼스리 더근 업스[6] 스방으로 갈아 모두 니 눈믈 븟니로다
나도 하 고로와 즉시도 가고져 코 병나디 마니[7] 가고져 가고져 호디 온 거시라 가기도 슈온
슈온홀시[8] 올 겨술 너년 녀르믈 디내고 가고져 ㅎ노라 아므려나 견디여 잇다가 보쟈[9] 그 녀
니 조차[10] 그리ㅎ니 과시미[11] 그지그지 업세라 네 유무 보고 졈그도록[12] 울오 인노라 뉴더기
는 내게도 하 노호와 즉시도 주고져 호디 가도 네 비릭 곧고[13] 가셔 쏘 드라나면 네 혼긔
덜 거시오 이실 겨규는 꿈도 아니코 가라 ㅎ면 져믄 사룸도 몯 견디는 거시 내 가[14] 어늬
어ᄒ로[15] 이시리 ㅎ니 몯 보내거니와 그 녀니 안죽 와시니 누겨 현마 엇디리 비러 브려라
네 아바니미 봄 스이나 오거나[16] 의논ㅎ여 네 오라비 갈 제 결단호리라 맛쌍혼 죵 업스니
이 결에롤 두고셔 의논호마 엇디 갈아 살리 우리 다 늘거셔 이리 갈아나[17] 자내 몸도 슈히
되고 나 병드니 만스 이리 우이 되건마는 죽게 되여시니 우리 +

판독대비

번호	판독자료집	조건상 (1981a : 229)	전철웅 (1995 : 251)	조항범 (1998a : 368~369)	황문환 (2002 : 294)	전철웅 (2002 : 225)
1	희쉬와	–	희쉬와	–	희쉬와	–
2	아히둘 흐고	아히둘 흐고	아히둘 흐고	–	–	–
3	두 고대 당시	두고 대강시	–	–	–	–
4	브터 인노라 너히라	브터인노라 너희라	–	–	–	–
5	그리먀	그리랴	–	–	–	–
6	더근 업ᄉ	더ᄃ업ᄉ	–	–	–	–
7	가고겨 코 병나디 마니	가고겨 코병 나디마니	가고겨코 병 나디마니	가고겨코 병 나디 마니	가고겨코 병 나디 마니	가고겨코 병 나디마니
8	슈온슈온홀식	슈온 홀식	슈온슈온 홀식	슈온 홀식	–	슈온슈온 홀식
9	아ᄆ려나 견뎌여 잇다가 보쟈	아마려나 견뎌여잇다 가보쟈	–	–	–	–
10	녀니 조차	내 니조차	–	녀니조차	–	–
11	과시미	과시 미	–	–	–	–
12	유무 보고 졉그도록	유무 보고겨 나 그도록	–	–	–	–
13	비ᄅ 걷고	비ᄅ 걷고	–	–	–	–
14	내 가	내가	내가	–	–	내가
15	어흐로	어 호로	–	–	–	–
16	봄 ᄉ이나 오거나	봄 ᄉ이 나오거나	–	–	–	–
17	갈아나	갈이나	–	–	–	–

순천김씨묘 출토 언간 072 충북대박물관 유물번호 1419

〈순천김씨묘-072, 1550~1592년, 채무이(남편) → 순천김씨(아내)〉

판독문

> 지븨

자내 죵긔도 아므라흔 줄 모르고 나도 수이 가고져 ᄒ여 보기를 기드리다가[1] 몯ᄒ니 먼 디 연고는 아므라흔 줄 모르거니와 하 슈샹ᄒ니 기드리다가 몯ᄒ여 ᄀ장[2] 심심ᄒ여 ᄒ뇌 늠ᄀ티 눅디 몯ᄒ여 셩이 급ᄒ니 죠고만 일도 늠두곤 비히 심심ᄒ여 ᄒ는 내니 이러 구러도[3] 병이 들가 ᄒ뇌 보기옷[4] 수이 오면 아므려나 알셩 미처 가고져[5] ᄒ뇌마는 주근 동 산 동[6] 긔벼를 모르니 가미 쉬올가 언마룰 살 인셩이라 이리도록 글탈는고 이만흔 팔지면 므스므러 쳐주는 삼긴고 이 일 뎌 일 일마다 므슴 곧디 몯ᄒ니[7] 혼자셔 이러 구는[8] 주룰 뉘 알고 뿔 셜흔 말 닷 되와 풋 열 말 힝혀 내 가도 긋길가 ᄒ여 보내뇌 커니와[9] 뎐뎐[10] 보내니 믿브디 아니ᄒ여 ᄒ뇌 션가 혜고 지븨 들 거시 스믈닐굽 마리나 닐굽 말 가오디나 풋 아홉 마리나 갈가 ᄒ뇌 주셰 ᄎ려 받고 필죵이 제 친히 아니 간는 양이어든 가져 간[11] 놈 바비나 ᄒ여 머기소 보기옷 미처 오면[12] 나도 갈 거시오 보기도 이리 몯 기드리니 지븨 므슴 큰 연괴 인는고 ᄒ여 무오믈[13] 하 구치니 아므라흔 동[14] 몰라 잠간 덕뇌 숫 아홉 사리 봉ᄒ여 가니 구월 초닐웬날 새배 쇠내셔[15]

문밧 셩원 갈 제 편지ᄒ다니 보신가 그 회마도 몯 기드려 ᄒ뇌 이리 민망흔 이리 어디 이실고 짐 가져간 노미 피련 샤공일 거시니[16] 수리라 바비라 됴히 머기소 ᄭ거든 ᄭ다 니르고 필죵의 비ᄌᄒ고 올히 가셔도 올히 왓다 비ᄌᄒ소

판독대비

번호	판독자료집	조건상 (1981a : 230)	전철웅 (1995 : 251)	조항범 (1998a : 372~373)	황문환 (2002 : 294~295)	전철웅 (2002 : 309~310)
1	기드리다가	-	-	기두리다가	기두리다가	-
2	구장	가장	가장	-	-	가장
3	이러 구러도	이러구러도	이러구러도	-	-	이러구러도
4	보기옷	보기 옷	-	-	-	-
5	아무려나 알셩 미처 가고져	아무려 나알셩 미처가고져	-	-	-	-
6	주근 동 산 동	주근동 산동	주근동 산동	-	-	주근동 산동
7	무슴 곧디 몯후니	무슴곧디 몯후니	무슴 곧디 몯 후니	-	-	무음 곧디 몯후니
8	이러 구논	이러구논	이러구논	-	-	이러구논
9	보내뇌 커니와	보내뇌커니와	보내뇌커니와	-	-	보내뇌커니와
10	뎐뎐	년년	년년	-	-	-
11	아니 간논 양이어돈 가져 간	아니가논 양 이어돈 가져간	-	-	-	-
12	보기옷 미처 오면	보기 옷 미처오면	-	-	-	-
13	무으물	-	-	무스물	-	-
14	아무라훈 동	아무라훈동	아무라훈동	-	-	아무라훈동
15	구월 초닐웬날 새배 쇠내셔	구월초 닐웬날 새배 쇠내셔	-	-	-	-
16	샤공일 거시니	샤공 일거시니	-	-	-	-

순천김씨묘 출토 언간 073 충북대박물관 유물번호 1420

〈순천김씨묘-073, 1550~1592년, 신천강씨(어머니) ➡ 순천김씨(딸)〉

판독문

아이고 내 팔즈 보와ᄯᄂ나 내 아드를 나토더냐 ᄯ롤 나토더냐 내 모미 늘거 몹쎄 되고 이런 듕병을 어더 이도 내 ᄶ하언마ᄂ 적적 철리를 경히 너겨 와셔 알파[1] 누어셔 두 손글 마조 쥐여 가슴 우희 연고 나드룰 디내며 반ᄃ시 졋바뎌셔 싱각ᄒ니 아들도 보고져 ᄯ롤도 보고져 지아비도 보고져 싱각고 눈므리 비오듯 두 구미틔 흐르거든 힝혀 누고 완ᄂ가 누눌 ᄲ혀 ᄒ니 구홰와[2] 영이와 겨틔 안잣더고나 어지거 거즛 거시로다 도로 누눌 ᄀᄆ니 눈므리 솝다 디ᄂ고야 내 팔즈 보와ᄯᄂ나[3] 주글 저긔사 이리 되거고나 알패라 ᄒ면 새오므로 그런가 ᄒ고 아드리라도 와 엇더니 훌 부니니 내 알폰 줄도 니ᄅ디 아닌노라 다믄 내 병이 날로 디터 가고 ᄆᅀ미[4] 날로 허히여 업서 가니[5] 인시나 알 제 내 가슴 픠오ᄂ[6] ᄯ디나 스고 마자 스노라[7] 나 죽거든 내 셔 녀훈[8] 지기 인ᄂ니라 ᄎ자 보와라 내 명이 ᄒ니런디 이 벼스리 주글 저기런디[9] 내 흉을 허소히 ᄲ여[10] 궁히 되예라 새옴히여 날 악졍ᄒᄂ매라[11] 온가지로 나를 믜여ᄒ니 병이니 업스면 싀훤홀 거시니 ᄆᅀ미 하 심심히여 아득ᄒ 저기면 칼홀 쥐여셔 모글 딜어 죽고쟈 노홀 가지고 모글 믜여 ᄃ라 죽고져 ᄆᅀ믈 자바 노커니와 내 모미 하 허ᄒ고 ᄆᅀ미 간 ᄃ 업서 가기나ᄃ로 더어 가니 이 ᄆᅀ 몬 자바 셜워 엇던 저기면 동산눌 ᄇ라고 ᄯᆞᆯ히 나도다가 계오 구러[12] ᄆᅀ믈[13] 자브니 바미나 나지나 혼자 안자셔 하 울고 ᄆᅀ믈 쓰니 모기 며여 음시글 몯 먹고 바블 ᄒ 되 지어셔 영이 반 주고 ᄶ 먹쟈 ᄒ니 ᄲ기 미치여 ᄒ 홉 본 먹고 두 아히 ᄂ화 주고 졈그나 새나 잇다 뉘라셔 날 머그라 ᄒ리 이시리 하 내 모미 고로오니 쉬이 죽고져 호미 커 손소도 주구려 겨규를 호ᄃ[14] 다믄 싱워니 뎐시 보와든 다시 보고져 먼 ᄃ셔 분상이 졔[15] 모미 샹홀가 이 ᄃ들[16] 견디노라 ᄯᆞᆯ 세훈 어히업스니 볼 ᄯ디 업다 너히도[17] 다시 볼 ᄯᆞᆫ 마오 니ᄅ고젼 말[18] 유무 다 ᄒ라 커니와 당시 셜온 ᄯ디사 견딜 동[19] 말 동[20] 히예라 주거 니블 거시 업서 긔 민망타 자내는 졈믄 겨집 풍류히 이고 반상어도[21] 워디게 노코 아둘둘 안치고 노ᄂ니 노리오 궁훈 제 이리사 올로도 싱각 아 니ᄒ고[22] 이시며 죵도 다 ᄃ라드러 게 가 의탁고 내 몸미 병곳[23] 업스면 그리타 아니 견디 랴마ᄂ 듕병으로 ᄆᅀ믈 하 쓰니 견디디 몯ᄒ니 어니 죵 즈시기 알리 내 가슴[24] 픠오ᄂ[25]

이리 ᄀ업서 주거도 너히 이더도록 셜워턴 줄 모롤 거시니 대강이나 ᄒ디 셰셰사 다 스디 몯ᄒ노라 뉘 내 가슴 휜케 ᄒ려뇨 눌ᄃ려 다 니ᄅ고 주그려뇨 다시 싱각ᄒ여도 부쳐 스이 듕커니 믿던 일 거즈 이리라[26] ᄒ여도 나는 고디 아니 듣다니 ᄒ 나히나 져머시면야[27] 뎌도록 셜오랴 제 발와디 다ᄒ고[28] 늘거 주글 대예 듕병이 되여사 이리 ᄒ니 더 셜웨라 셜웨라 어디다가 다 스고 주그리 주그리 내 졍 슨 것 주거도 두고 보와ᄉ라

판독대비

번호	판독자료집	조건상 (1981a : 231~232)	전철웅 (1995 : 252)	조항범 (1998a : 377~378)	황문환 (2002 : 295~296)	전철웅 (2002 : 225~227)
1	알파	알라	–	–	–	–
2	ᄲᅥ ᄒ니 구해와	ᄲᅥᄒ니 구해와	–	–	–	–
3	내 팔즈 보와ᄲᅡ나	내 되로 즈보와ᄲᅡ나	–	–	–	–
4	ᄆᆞᄉᆞ미	ᄆᆞᄉᆞ미	ᄆᆞᄉᆞ미	–	–	ᄆᆞ으미
5	허히여 업서 가니	허히여 업서가니	–	허히예 업서 가니	허히예 업서 가니	–
6	내 가슴 픠오ᄂᆞᆫ	내가 슬픠오ᄂᆞᆫ	–	–	–	–
7	마자 스노라	마자스놋다	–	–	–	–
8	서 녀훈	시녀훈	서녀훈	서녀훈	–	–
9	주글 저기런디	주글저기런지	–	–	–	–
10	ᄲᅥ	보니	–	–	–	–
11	악졍ᄒᆞᄂᆞ매라	–	–	–	악졍ᄒᆞᄂᆞ다 하	–
12	계오 구러	–	계오구러	계오구러	–	계오구러
13	ᄆᆞᄉᆞᆷ믈	–	–	ᄆᆞ숨믈	ᄆᆞ숨믈	–
14	겨규룰 ᄒ더	겨규홀ᄒ더	–	–	–	–
15	먼 디셔 분상이 제	먼디셔 분상 이제	먼 디셔 분상 이제	먼 디셔 분상 이제	–	먼 디셔 분상 이제
16	이 더들	이러틀	–	–	–	–
17	녀히도	녀히도	–	–	–	–
18	니ᄅ고젼 말	니ᄅ고 젼달	니ᄅ고 졉말	–	–	–
19	견딜 동	견딜동	견딜동	–	–	견딜동
20	말 동	말동	말동	–	–	말동
21	반상어도	반싱어로	–	반셩어도	–	–
22	노리오 궁훈 제 이리사 올로도 싱각 아니ᄒ고	노리 오즈니 훈제 이리 사올 표도 싱각아니ᄒ고	–	–	–	–

번호	판독자료집	조건상 (1981a : 231~232)	전철웅 (1995 : 252)	조항범 (1998a : 377~378)	황문환 (2002 : 295~296)	전철웅 (2002 : 225~227)
23	병곳	병 곳	–	–	–	–
24	가슴	가슴	가슴	–	–	–
25	픠오논	틱오논	–	–	–	–
26	이리라	시리라	–	–	–	–
27	져머시면야	져머시면ᄉ	–	–	–	–
28	제 발와디 다ᄒ고	제발 와디다 ᄒ고	제 발와디다 ᄒ고	–	–	–

순천김씨묘 출토 언간 074 충북대박물관 유물번호 1421

〈순천김씨묘-074, 1550~1592년, 신천강씨(어머니) → 순천김씨(딸)*〉

판독문

> 아긔게 답

긔온 아니고와 가니 지극 근심ᄒ노라 됴히 간 안부 엇디 쉬이 드르려뇨 ᄒ노라 ᄯᅩ 아ᄌ바님
ᄆᆞᆫ 그리도록 겨시다가 너도히 가시니 지극 서온코 그지업다 별시ᄂᆞᆫ 굿강이[1] 업다 ᄒ니 그지
업시 너희ᄅᆞᆯ ᄇᆞ라노라 아ᄆᆞ려나 ᄒᆡ여 ᄂᆞ려오나ᄉᆞ라 그지업스니 내사 아니 됴히 이시랴 글
란 근심 마오 ᄌᆞ식ᄃᆞ리 다 됴히 잇거ᄉᆞ라

판독대비

번호	판독자료집	조건상 (1981a : 233)	전철웅 (1995 : 252)	조항범 (1998a : 387)	황문환 (2002 : 296)	전철웅 (2002 : 327)
1	굿강이	굿갓이	규강이	규강이	-	-

* 조항범(1998a)과 전철웅(2002)에서는 신천강씨(시어머니)가 며느리(순천김씨의 올케)에게 보낸 편지로 분류하였으나,
  황문환(2002), 조항범(2011)에서는 신천강씨(어머니)가 순천김씨(딸)에게 보낸 편지로 보았다.

순천김씨묘 출토 언간 075 _{충북대박물관 유물번호 1422}

〈순천김씨묘-075, 1550~1592년, 채무이(남편) → 순천김씨(아내)〉

판독문

근사니 편지 가져가뇌 권가의 지븨 보내여 튝판 비러 보소 막글이 ᄒ여 내 쓰던 칙 게 인ᄂ
니 보내소

판독대비

번호	판독자료집	조건상 (1981a : 233)	전철웅 (1995 : 252)	조항범 (1998a : 390)	황문환 (2002 : 296)	전철웅 (2002 : 310)

〈순천김씨묘-076, 1550~1592년, 채무이(남편) → 순천김씨(아내)〉

판독문

오늘 강소예[1] 가려 타가[2] 비 와 몯 가니 니일 가려 ᄒᆡ뇌 망긴 관즈 가 □□고져[3] ᄒᆞ니 ᄲᆞᆯ ᄒᆞ 되만 보내소

판독대비

번호	판독자료집	전철웅 (1995 : 252)	조항범 (1998a : 392)	황문환 (2002 : 296)	전철웅 (2002 : 310)
1	강소예	(샹소예)	샹소예	–	□□예
2	가려 타가	가려타가	가려타가	가려타가	가려타가
3	가 □□고져	가(샹)□고져	–	–	가□□고져

순천김씨묘 출토 언간 077 충북대박물관 유물번호 1424

〈순천김씨묘-077, 1550~1592년, 신천강씨(어머니) → 순천김씨(딸)〉

판독문

너는 엇더ᄒ니 ᄯᅩ 아니 젼증인가 스골셔 올 제ᄂᆞᆫ 네 병을 와 지버[1] 아올 ᄃᆞ시 므ᅀᆞ믈 머거 오니 와ᄂᆞᆫ 나도 밤좀 몯 자고 하 요란코 밤나ᄌᆞ로 져므니 업고 귀시니[2] 되고 므ᅀᆞ미 안녕티 아녀 듀일 주시기나 보와니 죽거지라 워니로다마ᄂᆞᆫ[3] 오래 살가 근시미 ᄀᆞ업다[4]

판독대비

번호	판독자료집	조건상 (1981a : 234)	전철웅 (1995 : 252)	조항범 (1998a : 393)	황문환 (2002 : 296~297)	전철웅 (2002 : 227)
1	와 지버	와지버	와지버	-	-	-
2	업고 귀시니	업고더시리	-	-	-	-
3	워니로다마ᄂᆞᆫ	-	-	-	-	워니□다마ᄂᆞᆫ
4	근시미 ᄀᆞ업다	-	근시미 ᄀᆞ 업다	-	-	근□□□ 업다

순천김씨묘 출토 언간 078 충북대박물관 유물번호 1425

〈순천김씨묘-078, 1550~1592년, 김훈(아버지) → 순천김씨(딸)〉

판독문

> 수미 어미소딕[1]
> 채 셔방 씍[2]   〔수결〕

우리는 녜ㄱ티 사란노라 녀나믄 말랑 슈긔 어미늘[3] 보아셔 드러 보아라[4] 네 죵 □셔[5] 셜위
ᄒ는 이리사 내 모ᄅᆞ랴마는 다 도망ᄒ던 거시니 주다 쇽졀가[6] 앗기든 아녀도 너도 몯 브리
고 나도 몯 브리니 우여니 쇽졀업ᄉ냐 네 집곳[7] 느미 나들면 건너와시미[8] 지극 됴ᄒ니라 나
는 병들고 네 어마님 새옴 너모 ᄒ여 병드니 너희는 아니 오라 상ᄉ눌 볼가 ᄒ노라 그리 블
통ᄒ 사ᄅᆞ미 어디 이시리 졍 무진ᄒ건마는 ᄌᆞ바 이만ᄒ노라[9] 十二月 初八日 父

판독대비

번호	판독자료집	조건상 (1981a : 235)	전철웅 (1995 : 253)	조항범 (1998a : 396)	황문환 (2002 : 297)	전철웅 (2002 : 290~291)
1	수미 어미소딕	수미어미소딕	수미 어미 소딕	-	-	-
2	채 셔방 씍	채셔방씍	채셔방씍	채셔방 씍	채셔방씍	채셔방 씍
3	슈긔 어미늘	슈긔어미늘	-	-	-	슈긔 어미□
4	보아셔 드러 보아라	오아셔 드러보아라	-	-	-	-
5	네 죵 □셔	네 죵무져	-	-	-	-
6	쇽졀가	쇽 졀다	쇽졀다	쇽졀다	-	쇽졀다
7	네 집곳	네집 곳	-	-	-	-
8	건너와시미	건너 와시미	(건)너 와시미	건너 와시미	건너 와시미	□너 와시미
9	무진ᄒ건마는 ᄌᆞ바 이만ᄒ노라	무진ᄒ건마는 ᄌᆞ바 이만 ᄒ노라	무진ᄒ건마는 ᄌᆞ바 이만 ᄒ노라	-	-	무진□□□□□ □□□□

〈순천김씨묘-079, 1550∼1592년, 신천강씨(어머니) → 순천김씨(딸)〉

판독문

+면 샹 소튜리[1] 스므 셔미어눌[2] 져니[3] 환자 져느로 아홉 셤 갑고 ᄀ술히 듕치막 명디 석 셤지 주고 사니 다만 젓곳[4] 여뿔 셔므로셔 온간 사룸 겻고[5] 술운 빗고 ᄒ니 불셔 머글 거시 그텨뎌셔[6] 예 와 병ᄒ여셔 하 만히 흐젹셔 ᄡ니코 뿔 셜혼 말 가져다 주며 설 알ᄀ지[7] 머그라 차ᄒ고[8] 가니 진봉 제나 다연 말 거시나[9] 보내고쟈 ᄒ둘 어디 가[10] 어드리 텰쉬손디 ᄒ 셤 비러셔 네 형 주근 날 호라 내 ᄉ시론 아므라타 업거니와 이제는 미시 느미론 ᄃ시 되니 내 지비 내 죵이나 ᄃ리고 사다가 죽거든 시러 가거나 예 묻거나 그만 ᄇ라고 이시니 내 팔ᄌ롤 ᄒ코[11] 벼스리 내게 큰 해로더라 해로더라 다만 아돌ᄃ론 무숨 누겨 머거 살라 ᄒ건마 는 내 이리 박키 된[12] 후의사 누겨 사라셔 므슴 ᄒ료 너기니 날로[13] 용시미 난다 너히사 나룰 다시 아니 보고져 ᄒ랴마는 내 ᄡ디 이러니 셔올 뇌여 갈 ᄡ돌 아녀 내 지비셔 주글 ᄡ돌 머거 인노라 다만 내 ᄌ시글 만히 나하셔 ᄯ리나 며느리나 ᄒ나히 나룰 ᄃ려셔[14] 간ᄉ히여 주기고젼 ᄡ디 업서 혼자 안자시니 ᄌ시기조차 그러컨댜 ᄒ노라마는 내 ᄃ려셔도 뎐디 다[15] 프라먹고 내 쉰 것 업ᄉ니 나죵이 어려오니 뉴에 슈긔 어미 올 둣ᄒ건마는 나 주디 몯ᄒ고 날 뿔와 왓다가 슈영 것 일ᄒ면[16] 나죵 제 살 일도 어려오니 몯ᄒ니 내 팔ᄌ롤 ᄒ흔ᄒ고 인 노라 저옷 오고져 ᄒ면 ᄃ려오고져 ᄒ니 제 아바니미 집도 뷔오 시온시온ᄒ니 코[17] 구지ᄌ 니 겨규 아닌노라 만식 내 이 ᄒ 모미 이시매 이리 미ᄉ로 어려오니 주그미[18] 웃드미니 바 미나 나지나 내 몸 ᄒ옼 이룰 싱각ᄒ디 수미 기러 쉬이 죽디 마니 소느로 죽고져 ᄒ 시거기 만만히예라[19]

판독대비

번호	판독자료집	조건상 (1981a : 236~237)	전철웅 (1995 : 253)	조항범 (1998a : 400~401)	황문환 (2002 : 297~298)	전철웅 (2002 : 227~228)
1	면 상 소튜리	면 상소튜리	면상 소튜리	-	-	□상 소튜리
2	스므 셔미어눌	스므셔미어눌	-	-	-	□□□어눌
3	져닉	-	-	-	-	져□
4	젓곳	젓곳	·	-	깃곳	-
5	것고	갓고	-	-	-	-
6	머글 거시 그터뎌셔	머글거시 그터뎌셔	-	-	머글 거시 그처뎌셔	-
7	설 알ㄹ지	설알ㄹ지	-	-	-	-
8	차흐고	하 흐고	-	-	-	-
9	다연 말 거시나	다연말거시나	다연 말거시나	-	-	-
10	어딕 가	어딕가	-	-	-	-
11	흐코	흐고	-	-	-	-
12	박키 된	박키된	박키된	-	-	박키된
13	날로	나 도로	-	-	-	-
14	나롤 드려셔	눌 드려셔	-	-	-	-
15	뎐디 다	뎐디나	-	-	-	-
16	슈영 것 일ㅎ면	슈영 거절 ㅎ면	슈영것 일□ㅎ면	-	-	-
17	시온시온ㅎ니 코	시온시온 ㅎ니코	시온시온 ㅎ니코	시온시온ㅎ니코	시온시온ㅎ니코	시온시온 ㅎ니코
18	주그미	주구미	주구미	-	-	주구미
19	훈 시거기 만만히예라	훈시머기만 만만히예라	훈 시거기 만만 히예라	-	-	-

〈순천김씨묘-080, 1550~1592년, 신천강씨(어머니) ➜ 순천김씨(딸)〉

판독문

내 이리 ᄂᆞ려오몰 그ᄅ 겨규는 ᄒᆞ여 와 잇거니와 내 셔올 이셔도 짐바리 일이리 아녀 주고[1]
스나히 죵 다 ᄃ리고 왓고 내 간괴 그지업슬 거시니 예 와는 내 거시나 동ᄉᆡᆼ결에게 어더 머
그나 머기 됴셔기나 근심 마쟈 너겨도 와시며 갓가온 ᄃᆡ 안뵈나 듣쟈 너겨 오니 홀어미 ᄶᅩᆯ
더디고 오니 유독고 모딘 사ᄅᆞ미라 ᄒᆞ고 샹시 나롤 뎌졉기롤 구디 ᄃᆞ니던 쥬인만 너기고 이
리 와셔도 온 적도 심샹 ᄀᆞ티 ᄒᆞ고[2] 노 ᄀᆞ티 내고 ᄒᆞ니 ᄌᆞ둑 병든ᄃᆡ 그러컨댜 ᄒᆞ노라 ᄒᆞ니
ᄆᆞ수미 하 ᄡᅵ이니 이셩 ᄆᆞ수미 아득ᄒᆞ고 니블 일도 녜는 ᄒᆞᆫ 오슬 ᄒᆞ여도 깃거ᄒᆞ더니 이제는
샹더기라[3] 너겨 옷마다 나므라고 다 하 옷 업세라 ᄒᆞ고 나도 이리 와셔 더 ᄆᆞ숨도 일히이고
눈도 아조 어둡고 귀도 머거 우돈ᄒᆞ고 ᄒᆞ니 내 ᄡᅳ디 엇엇더니 샹덕도 말고 쳐블 ᄃᆞ럿거니
니블 일 다 주어 맛디고 내 몸만 내 어더 닙고[4] 죵도 다 ᄃ리왇고[5] 잇고져 ᄒᆞ노라 이제 여
게도 겨집 네히 갓고 질재 잇고 질삼 ᄀᆞ수미 빅 ᄃᆞ니 ᄌᆞᆺ고[6] ᄒᆞ니 나는 차ᄒᆞ여[7] 주어사 글로
셔 ᄌᆞ식ᄃ리나 ᄂᆞ화 주고 믈 ᄒᆞᆫ 셰가니 다 ᄡᅳ니 올히도 셔올 가신 제 훌텨 바다 면화 빅 근
쟈기 왓더니 눕자내 와셔 열서 근 주고 자내 옷 닐굽 거시 두고 내 다믄 동져구리과 흰 댱
옷 ᄇ라 두고[8] 학개 옷 세헤 두니 므스 거시 이시리마는 반도 아니 바닷더니 긔니 바다 두
고[9] 번동 ᄲᅩᆯ 셜혼 말 셔올로 갈 제 ᄒᆞ여 달라 쳥ᄒᆞ니 내 모기라 맛뎌더니 긔니[10] 다 바다 두
고 게 가니도 만ᄒᆞ니라 ᄒᆞ고 아므라니 아니코 아니 주고 ᄀᆞ는무명 필무명 야샹무명 뵈 ᄀᆞ
ᄐᆞᆫ[11] 거슨 ᄒᆞᆫ 자도 주디 아니 주거늘 하 달라 ᄒᆞ니 열 피롤 주고셔 ᄂᆞ미 비돈 므스 일 그리
도록 ᄡᅳᆫ다 며ᄂᆞ리는 그저 ᄃ려다 보디 호ᄉᆞ는 므스 일고 ᄒᆞ고 아니 주고 ᄢᅢ ᄭᅮᆯ도 두게 보내
니 다 업시ᄒᆞ다 ᄒᆞ고 쥬게 뎌 머그리도 아니 주거늘 아ᄃ리게 유무ᄒᆞ니 요제사[12] 보내도더
라 올히[13] +

판독대비

번호	판독자료집	조건상 (1981a : 238~239)	전철웅 (1995 : 253~254)	조항범 (1998a : 406~407)	황문환 (2002 : 298)	전철웅 (2002 : 229~230)
1	일이리 아녀 주고	일이사 내주고	-	-	-	-
2	이리 와셔도 온 적도 심샹 ㄱ티 ㅎ고	이리와셔도 온적도 심샹ㄱ티ㅎ고	-	-	-	-
3	샹더기라	샹머기라	-	-	-	-
4	내 어더 닙고	내어 더 닙고	-	-	-	-
5	드리왇고	드리와와고	-	-	-	-
6	빅 다니 ㅈ고	빅다니ㅈ고	-	-	-	-
7	차히여	파히여	차 히여	-	-	-
8	ㅂ라 두고	ㅂ라두고	-	-	-	-
9	긔니 바다 두고	거니 바다주고	-	-	-	-
10	긔니	거니	-	-	-	-
11	ㄱ눈무명 필무명 야샹무명 뵈 ㄱ튼	ㄱ는 무명필 무명야 샹무명 뵈ㄱ튼	ㄱ는 무명 필무명 야샹무명 뵈 ㄱ튼	-	ㄱ는 무명 필무명 야샹무명 뵈 ㄱ튼	-
12	유무ㅎ니 요제사	유무 흐리요 제사	유무 ㅎ니 요제사	-	-	-
13	보내도더라 올히	보내도 더슨올히	-	-	-	-

순천김씨묘 출토 언간 081 충북대박물관 유물번호 1428

〈순천김씨묘-081, 1550~1592년, 신천강씨(어머니) → 순천김씨(딸)〉

판독문

과즐 쓰니 가ᄂᆞ니라[1] 아기내게 각각 싸시니 던코 머거라 자바니나 은구에나[2] 잇다 므슴 쇽
져리 이시리 올히 면화ᄂᆞᆫ 겨규 업서 내 바틱[3] 져녀니 이빅쉬나믄 근 ᄯᆞ던 디 올히 열두 근
ᄯᆞ니 올히ᄂᆞᆫ 면화 봉송도 몯ᄒᆞ리로다[4]

판독대비

번호	판독자료집	조건상 (1981a : 240)	전철웅 (1995 : 254)	조항범 (1998a : 414)	황문환 (2002 : 298)	전철웅 (2002 : 230)
1	쓰니 가ᄂᆞ니라	쓰니가ᄂᆞ니라	-	-	-	쓰니 가□니라
2	은구에나	-	은즈에나	-	-	-
3	바틱	바틱	-	-	-	-
4	몯ᄒᆞ리로다	몯 ᄒᆞ리로다	몯 ᄒᆞ리로다	-	-	몯ᄒᆞ리로□

순천김씨묘 출토 언간 082 충북대박물관 유물번호 1429

〈순천김씨묘-082, 1550~1592년, 채무이(남편) → 순천김씨(아내)〉

판독문

+□□□□□□□□□□□□□□□□□□□□□ 가인 □□□□□□□□□□□□□□□□¹다니 음셩
□□□□□□□□□□□ 무스히² 가신 줄 듣고 깃거ᄒᆡ 나는 긔오ᄂᆞ³ 편ᄒᆞ여 겨신 저기나
다ᄅᆞ디 아니커니와 그 소ᄂᆞᆯ 가시던 날브터 알하⁴ 그 소니 오로 븟고 치우며 머리ᄂᆞᆯ⁵ 밤마다
만□니 하 민망ᄒᆞ여 오라바님도 파줘 가시고⁶ 싱워ᄂᆞᆯ 알외여 열여쌘날⁷ 싱워니 제 와 치믈⁸
주니 ᄯᅩ 도로 브어 하 알하거ᄂᆞᆯ 스므날 ᄯᅩ 싱워니 치믈 주니 그저 ᄒᆞᆫ가지어ᄂᆞᆯ ᄒᆞ론날 ᄯᅩ 쉬
블러다가 침믈 마ᄌᆞ니 그려도 헐티 아녀 더 브어 가거ᄂᆞᆯ 이튼날 뫼오라바니미 드러와 보고
사ᄒᆞᆫ날 검더기 블러다가 치믈 마ᄌᆞᄃᆡ 그저 ᄒᆞᆫ가지니 오늘 ᄯᅩ ᄃᆞ리라 니게 손첨디ᄃᆞ려도 무
ᄅᆞ니 듕튼 아니려니와ᄂᆞᆫ 명죵이니 과그리ᄂᆞᆫ 됴티 아니리라 ᄒᆞ니 민망ᄒᆞ여 ᄒᆞᄂᆡ 오ᄂᆞ론 신
뎡 빅후와 폴홀 마ᄌᆞ라 ᄒᆞ니 스믈워ᄂᆞᆫ 안죽 그치라 ᄒᆞ여ᄂᆞᆯ 오늘브터 그치고 인슴 패독산
을 여운내⁹ 아ᄌᆞ바님 ᄒᆞᆫ 복 ᄒᆞ여 보내셔ᄂᆞᆯ 그롤 먹ᄂᆡ 보기도 열여쌘날 가셔 어제야 완ᄂᆡ 돗
셔 말식 주고 두 닙 사 완ᄂᆡ ᄀᆞ장 됴히 오늘 구들 노코 너일사 나모 뷔라 보내리¹⁰ 내 병 근
심ᄒᆞ디 마소 오라바님 이시니 아니 고딜가 다믄 날마다 치믈 마ᄌᆞ라 ᄒᆞ니 긔우니 ᄲᅥ리니 긔
블가셔릴쇠 당단 뽈 너 말 와셔 볼셔 다 ᄡᅳ고 비쳔셔ᄂᆞᆫ 밀 여든¹¹ 말만뎡 ᄒᆞᆫ 줌도 아니 와시
니 ᄀᆞᆺ둑 이런 □□ 시 업스니¹² 민망일쇠 듕치막도 홀□□□□□+

판독대비

번호	판독자료집	전철웅 (1995 : 254)	조항범 (1998a : 417~418)	황문환 (2002 : 299)	전철웅 (2002 : 333~334)
1	가인 □□□□□□□□ □□□□	□□□□□□□□라 □□□□□	-	-	가인 □□□□□□□□ □□□라
2	무스히	모스히	모스히	□□히	□스□
3	긔오는	□□□	□□는	-	긔우는
4	알하	알아	알아	-	알아
5	머리눌	머리룰	-	-	머리룰
6	가시고	-	-	-	가□고
7	열여쇈날	-	-	-	열여쇈□
8	치믈	-	침믈	침믈	-
9	여운내	열 원 내	열 원 내	열 원 내	열원내
10	보내리	-	-	보내뇌	-
11	여둔	-	-	-	여듧
12	이런 □□ 시 업스니	-	이런 □□ 시니	-	이런 □□ 시□

순천김씨묘 출토 언간 083 충북대박물관 유물번호 1430

〈순천김씨묘-083, 1550~1592년, 김훈(아버지) → 순천김씨(딸)〉

판독문

> 수미 집

싱원 드려간 사룸 오나놀 됴히 인눈 안□ 알고[1] 깃게라 모몬 무스히 브린다 므서술 나흔고 내 너교디[2] 수미 누윈가 ᄒ노라 ᄯ 믓갑 무명 반 필 ᄯ 보내노라 그테 내쳐뎌[3] 간다 믈 수이 드려 보내여라 나눈 벼술도 과그리 브리디 몯흐고 인싱은 다 사랏고 네 모시 하 투괴도 요동 업스니 내 ᄆ슴도[4] 역시미 나니[5] 두어라 엇찌리 시브니 내 ᄆ슴몬[6] 아모 디도 브튼 디 업시 인노라 벼리 방딕도 업서도 흐려니와 바뎟[7] 휘휘훈 저긴둘 업스먀 헐ᄲ다딘 딘둘[8] 선 산 미양 가 호랴[9] 눕도 붓그러워ᄒ노라 너ᄃ려 니ᄅ다 쇽져리랴 슈지로다 건티 두 마리 보내노라 머거라 영시 임거ᄒ는[10] 역지라 九月 十五日 父

판독대비

번호	판독자료집	조건상 (1981a : 240)	전철웅 (1995 : 254~255)	조항범 (1998a : 424)	황문환 (2002 : 299)	전철웅 (2002 : 291)
1	안□ 알고	안부 알고	안부 알고	안브 알고	안브 알고	–
2	내 너교디	거너크뇌	내 너코더	–	–	–
3	내쳐뎌	내쳐여	–	–	내 쳐 뎌	–
4	ᄆ슴도	ᄆ음도	ᄆ음도	–	–	–
5	역시미 나니	역시 미아니	–	–	–	–
6	ᄆ슴몬	ᄆᄋ몬	ᄆᄋ몬	–	–	–
7	바뎟	–	ᄲ뎟	바 뎟	–	ᄲ뎟
8	헐ᄲ다딘 딘둘	헐ᄲ다린딘둘	헐ᄲ다딘딘둘	–	–	–
9	가 호랴	가호랴	–	–	–	–
10	영시 임거ᄒ는	영시임거ᄒ는	영시 입거ᄒ는	–	–	–

순천김씨묘 출토 언간 084 충북대박물관 유물번호 1431

〈순천김씨묘–084, 1550~1592년, 김훈(아버지) → 순천김씨와 민서방댁(딸)〉

판독문

```
도장
채 민 냥 셔방 씍¹          〔수결〕 봉
```

요亽이 엇찌 인ᄂ손다 유무 보고 깃게라 나도 됴히ᄂ 잇거니와 하 히 하 가니 민망ᄒ예라
이버닌ᄂ 한 사ᄅ미 가되 여게 아모것쏘 업亽니 뷘 유무ᄒ노라 차 셔방은 엇찌 ᄒ고 그별
몯 드레라 쏘 뫼아기ᄂ ᄒ다 ᄒ니 하 몯ᄒ던 거시니 각벼리 깃거ᄒ노라 학개ᄂ ᄒ라 ᄒ 글
아니ᄒ고 뎌리 가 둔디니² 노홉고 어엿버 버노 몯 쓰레라 아므려나 비 골히디 말라 ᄒ여
싱원ᄃ려³ 닐어라 그ᄂ 그려도 의타기 인ᄂ 둧ᄒ니 아니 너희과 다ᄅ랴 다만 히프러디니
믿디 몯ᄒ예라 각벼리 홀 일 업亽니 이만ᄒ노라 죵의 시ᄂ⁴ 견좀 ᄒ여 보내여라 팔월 스므
다ᄉᆞ날 부⁵

판독대비

번호	판독자료집	조건상 (1981a : 241)	전철웅 (1995 : 255)	조항범 (1998a : 428)	황문환 (2002 : 300)	전철웅 (2002 : 294~295)
1	냥 셔방 씍	냥셔방씍	–	–	–	–
2	둔디니	둔기니	–	–	–	–
3	싱원ᄃ려	싱원 ᄂ려	–	–	–	–
4	시ᄂ	실	–	–	–	–
5	스므다ᄉᆞ날 부	–	–	–	–	스므다산□ □

〈순천김씨묘–085, 1550~1592년, 신천강씨(어머니) → 순천김씨(딸)〉

판독문

즈식둘 도장[1]		
흥덕골 찰방 씩	근봉	

홍챵쉬 블의예 유무 가져오나[2] □□□ 훈 즈식 드리 다 됴히 이시니 다시 깃븐 이리 업세라 우리도 올 겨으론[3] 다 됴히 디내노라 나는 긔오니 쇠 셩히엿노라 네 아바님도 관찰스 드려 아랜 녀크로 가 든니다가 어제사 관찰스 비슝ᄒ고 본여그로 가시니라 셜[4] 미처 사른미나 브리고져 ᄒ시더니 더리 나가 든니 몯 갓ᄂᆞ니라 진봉 갈 제야 감[5] 더비나 어더 보내니라[6] 민셔방 지비 싱일 미처야 터니마ᄂᆞᆫ[7] 현마 엇디 보내리 싱워ᄂᆞᆫ 무스히 든니ᄂᆞᆫ다 쑤미어든 하 어즈러이 뵈니 지극 근심ᄒ노니 잡빋[8] 당괴디[9] 말오 네 몸 지극 조심ᄒ여 든녀라 되야기ᄂᆞᆫ 죵 다[10] ᄒ오디 아기내 아녀시니 근심코 여게 문사니 갓더니 게 가 히여놀[11] 학개 뎔로 가시니 더 아기룰 엇디ᄒ려뇨 민망ᄒ여 근심ᄒ노라 스므날끠 진봉도 가고 그저긔 사른미 갈 거시라 바차 됴히 인는 안뷔나 듣게 ᄒ노라 역도 하 버려히 되어시니 ᄆᆞᄎᆞᆷ 어히업서 진봉의 쎄[12] 마리나[13] ᄒ고 죵이나 가[14] 졔시나 디내게 ᄒ려 ᄒ신다 바차 두로 겸ᄒ니 모다 보와ᄉᆞ라 섯달 초아ᄒ랜날 모

판독대비

번호	판독자료집	전철웅 (1995 : 255)	조항범 (1998a : 431)	황문환 (2002 : 300)	전철웅 (2002 : 230~231)
1	ᄌ식돌 도장 흥덕골 찰방 쩍	〔판독 안 됨〕	〔판독 안 됨〕	ᄌ식돌 도장	흥덕골 찰방 쩍 ᄌ식돌 도장
2	가져오나	-	-	-	가져 오□
3	겨으론	겨오론	-	-	겨오론
4	설	-	서ᄅ	서ᄅ	-
5	제야 감	-	제 야감	제야감	제 야감
6	보내니라	보내□라	-	-	보내리라
7	미처야 터니마ᄂ	미처야터니마ᄂ	미처 야터니마ᄂ	미처야터니마ᄂ	-
8	잡빌	-	-	-	잡빌
9	당긔디	당거디	당긔지	-	-
10	죵 다	-	다	다	-
11	히여눌	-	히여롤	히여롤	-
12	쌔	〔판독 안 됨〕	□	-	쌥
13	마리나	-	-	마리라	-
14	죵이나 가	죵이 나가	죵이 나가	-	-

순천김씨묘 출토 언간 086 충북대박물관 유물번호 1433

〈순천김씨묘-086, 1550~1592년, 신천강씨(어머니) → 순천김씨와 그 여동생(딸들)〉

판독문

아기내 형데손디[1]

요ᄉ이ᄂ 긔별 몰라 분별ᄒ노라 아희ᄒ고 엇디 잇ᄂ다 우리ᄂ 당시 무ᄉᄒ거니와 나히 늘
그니 이리 말리예 이셔 ᄌ식둘 그리오미 날로 심ᄒ니 너년히나 ᄀᆯ가 ᄇ라노라 하ᄂ리 우리
ᄠᄃᆯ 아르시면 사라셔 아니 맛보랴 ᄒ노라 네 아바님도 미양 치ᄉ워ᄂ로 보차여 ᄃ니니 반
싱반결ᄒ여 계오 ᄡ여 ᄃ니니 민망민망ᄒ여 ᄒ노라 □□ 이 □ 궁코 미련ᄒ 노미 가니 아모
것도 맛디디 몯ᄒ여 쇼쇼애 거술 보내니 뎌근 대로 ᄂ화 머거ᄉ라 나ᄋ리 뎌리 나 헤ᄤ니
졔 거술 몯 ᄎ려 보내니 민망ᄒ니 원쥐 죵 공이 왓거든 츙초ᄒ여 주고 아니 와셔도 너히 아
ᄆ려나 ᄒᆝ여라 ᄡ지ᄂ[2] 광히 소츌로 ᄒ라 비지 간□ □□ 라 여몰 ᄀ줄 □ 술 줄 거시라

판독대비

번호	판독자료집	전철웅 (1995 : 255)	조항범 (1998a : 435)	황문환 (2002 : 301)	전철웅 (2002 : 288)
1	아기내 형데손디	〔판독 안 됨〕	〔판독 안 됨〕	〔판독 안 됨〕	기내 형데손디
2	ᄡ지ᄂ	-	-	ᄡ져ᄂ	-

순천김씨묘 출토 언간 087 충북대박물관 유물번호 1434

⟨순천김씨묘-087, 1550~1592년, 신천강씨(어머니) → 순천김씨(딸)⟩

판독문

┌─────────────────────────────┐
│ 채 셔방집   │
└─────────────────────────────┘

너를 미양[1] 엇더ᄒᆞᆫ고[2] ᄒᆞ다니 블의[3] 긔버리 오니 ᄀᆞ이업다 네 오라비는 내내 와 알타가 계
오 ᄒᆞ려 몬져 유무 보고 가려 셔도로디 죵마 몯 기드려 ᄒᆞ더니 하 ᄆᆞᅀᆞ믈 용시믈 ᄒᆞ니 길홀
엇디 갈고 내여 보내고 내 안히 ᄀᆞ이업다 네 병도 그러ᄒᆞ니 이 늘그니 엇디 쉬이 몯 죽거뇨
너도 죵올 업서 ᄒᆞ디 ᄉᆞ시리 만하 다 몯ᄒᆞ거니와 뉴더기는 가도 몯 브리리라 감 짐 이버니
보내려 ᄒᆡ엿더니 최소니 병을 어더 죽ᄂᆞ니 셔도니 그도 보내기 어렵고 이 아기도 하 용시믈
ᄒᆡ여 가니 몯 보내고 힝혀 ᄀᆞᆯ면 두어 둘 ᄉᆞ이니 견디여라 은지니도 드러왓거니 그러나 나
이리 군ᄒᆞ니 셜워 죵의게 온가지□[4] 거시라 하 나도 □별[5] 듣고 솔란ᄒᆞ니[6] 이만

판독대비

번호	판독자료집	전철웅 (1995 : 256)	조항범 (1998a : 439)	황문환 (2002 : 301)	전철웅 (2002 : 231~232)
1	미양	-	-	-	미□
2	엇더ᄒᆞᆫ고	-	-	-	□더ᄒᆞᆫ고
3	블의	-	-	-	□의
4	온가지□	온 가지□	온가지	온가지	온 가지□
5	□별	□□			□□
6	솔란ᄒᆞ니	놀란ᄒᆞ니	놀란ᄒᆞ니	-	놀란ᄒᆞ니

순천김씨묘 출토 언간 088 충북대박물관 유물번호 1435

〈순천김씨묘-088, 1550~1592년, 신천강씨(어머니) → 순천김씨(딸)〉

판독문

+□□□□□□□□□□ 온[1] ᄒ리거든 □□□□□□□□□□□□□[2] ᄀ이업□□□□□□□시
셜웨라 처어미 병든 ᄆᄉ미[3] 내 니ᄅᄃ란 몯ᄒ고 안ᄆᄉ미[4] 자내는 됴히 가 니도ᄒ 녀인 □
쥬조 반 낫 갓비시[5] 음식 드렷거든 나는 이리 와도 ᄂ미 빈 소개 다시[6] 드러셔 빈 말 니ᄅ
면 허소히 뻐 그런가 ᄒ고 노히여 ᄒ니 셰ᄉ 말도 드리와다 닐어 의논도 몯ᄒ고 안ᄆᄉ미[7]
ᄂ미 빈도 몯 가파 주그면 나날 우여니 이베 연즈랴 주식도 모□□□[8] 니ᄅ고젼 말도 몯ᄒ
련댜 ᄆᄉ몰 하 안ᄒ로 쓰니 이제는 어린 아히 ᄀᄐ여 죠고마 이리라도 다 노홉고 셜오면
가ᄉ미 금즉ᄒ면 괴오니 업서 손브터 미기 업고 옴즉ᄒ면 다 놀라이고 ᄒ니 살 셰는 업시
되엿노라 서레 내 병 듕커놀 오게 ᄒ고 츈개 스실 니ᄅ고 드려오려 코[9] 가니 마고 □긔즈디
그려도 올 양으로 히엿다가 아니 오고 그 년 드리고 뎡귀연 니ᄅ니 어더 노□□ 니ᄅ니 ᄒ
고 +

판독대비

번호	판독자료집	전철웅 (1995 : 256)	조항범 (1998a : 443)	황문환 (2002 : 301)	전철웅 (2002 : 232~233)
1	□□□□□□□□□□ 온	□□□□□□□□□□ □온	-	-	□□□□온
2	□□	시니	-	-	-
3	ᄆᄉ미	ᄆᄉ미	-	-	-
4	안ᄆᄉ미	안 ᄆᄉ미	-	-	-
5	쥬조 반 낫 갓비시	쥬조반낫갓비시	-	-	쥬조 반 낫 갓비셔
6	다시	□시	-	-	□시
7	안ᄆᄉ미	안 ᄆᄉ미	-	-	-
8	모□□□	□□□	-	-	모□□
9	드려오려 코	드려 오려코	드려 오려코	드려 오려코	드려 오려코

순천김씨묘 출토 언간 089 충북대박물관 유물번호 1436

〈순천김씨묘-089, 1550~1592년, 신천강씨(어머니) → 순천김씨(딸)〉

판독문

채 셔방집[1]

요스이는 긔오니 엇더ᄒ뇨 아ᄆ려나 됴히 잇거라 내 올ᄀ지나 잇다가 가고져 컨마ᄂ[2] 네 하병드니 몯 볼가 셜워타 ᄀ라시니 내 가면 보로다 그려 더 가고져 ᄒ거니와 나리 수이 덥ᄂ 양으로 가고져 ᄒ노라 새 찰방 죵마 갈시 안부 유무ᄒ노라 우리 무ᄌ식 동싱의 죵올 반 토비나 브려 잇거든 이런 이미로온 이롤 ᄒᄂ냐 다하[3] 하 모디니 ᄌ식돌ᄒ고 모미 ᄒ 주믄 ᄒ다 분지 제 더 가지랴 ᄉ당 노내도 몯 가지니 ᄀ이업스니 니ᄅ디 몯ᄒ리로다 사ᄅ미 가무니 업서 바려히 되니 ᄀ이업다 겨틔 사ᄅ미 갈시 안부 유무만 ᄒ□노라[4] □□□□□□□□□ □□□□□ᄒᆞᆸ[5] +

판독대비

번호	판독자료집	전철웅 (1995 : 256)	조항범 (1998a : 447)	황문환 (2002 : 302)	전철웅 (2002 : 233)
1	채 셔방집	〔판독 안 됨〕	〔판독 안 됨〕	〔판독 안 됨〕	채셔방 집
2	가고져 컨마ᄂ	가고져컨마ᄂ	가고져컨마ᄂ	가고져컨마ᄂ	가고져컨마ᄂ
3	다하	다라	다라	다라	-
4	ᄒ□노라	ᄒ노라	-	-	□ᄒ노라
5	□□□□□□□□□ □□□□□ᄒᆞᆸ	-	-	-	□□□□

순천김씨묘 출토 언간 090 _{충북대박물관 유물번호 1437}

〈순천김씨묘-090, 1550~1592년, 신천강씨(어머니) → 순천김씨(딸)〉

판독문

> 채 셔방집

요수이는 긔오니 엇디 인는다 영그미 오나눌 보니 너히 본 둣히여 눈므를 디다라 다믄 하 모다 즈시글 □□□호 내나 그릐 될가 민망타니 다 됴히 이시먀 아돌 다 나코 모미 편호니 어버의게 큰 효도두를 호가 식버¹ 반갑고 깃브더라 나는 사라 인노라마는 이 벼술 어니 나리 여히려뇨 여히려뇨 즈식둘 그리오미 ㄱ이업세라 쏘 이 사르미 민 셔방 지비 가노라 호 노미 가니 하 보낼 거시 업서² 졔예 과즐 셜훈 닙 보션 뵈 □□□□ 치니 셔방니미 나가시니 너히 세 어싀□□³ 기워 시너라 아므리 보내고져 호다 쇽져리랴 됴히 잇거라 나도 빅 단 가지 이리 이셔도 사랏다 너히롤 보려 브라고 인노라 쏘 무명 세 필 봉히여 가느니라 셩원 지비 보내여 명디 밧골 거시라 □ 드릴 명디라 히여라 쏘 네 뵈는 내 히미 이시면 즈시긔 이롤 아므리 호다 아니히여 주랴마는 내 이졔는 졍시니 간 디 업서 자내 니블 이롤 브더 호여도 아무 이리라도 호고 늘고 혼자 사니 좋이 완히여 이리라도 본더 마나나 심심히여 쑤린 낫도 겨러 주리 업고 내 소내 이롤 노호니 아모 일도 아득호니 문그미도 하 완히 되여 뵈롤 호ㄹ 서너 자콤 쓰고 이셔도 나 병들고 힘쁜 마리나 호면 열 나고 히여 졔 즈가로 더려 두니 이졔야 나ㅇ리 한덕녕 ㄱㅅ믈 쓰니 몽이도 몯호고 느도 아녀시니 올히사 몯ㅎ로다 보내거든 녀르미나 보내먀 너⁴ 이 치외예 두로 □□병 졔예 쁜 과즐 셜훈 니비 간다 아기내 주어라

판독대비

번호	판독자료집	전철웅 (1995 : 256)	조항범 (1998a : 451~452)	황문환 (2002 : 302)	전철웅 (2002 : 233~234)
1	식버	식븨	식븨	–	식븨
2	거시 업서	–	–	–	거□□서
3	어싀□□	어싀사□	–	–	어싀 사
4	보내먀 너	–	–	–	보내댜녀

순천김씨묘 출토 언간 091 충북대박물관 유물번호 1438

〈순천김씨묘-091, 1550~1592년, 신천강씨(어머니) → 순천김씨(딸)〉

판독문

네 아바니미 져년 겨을브터 어냐글 호디 갓가온 닌과 니관 므롤[1] 어더 두고 여긔 □ 저기어
든[2] 드럿고 나가면 제 □□ 보내고 호마 훌시 나도 통□ 혀여 뎡코 잇다니 요ㅅ이논 셜죵이
롤 도로 드려오고져 히여 하 날드려 역졍되이 구니 아므리홀 줄 모르고 나도 져믄 적브터
싀아술 드리고도 □□□□논[3] 고 녀니[4] 하 과심ᄒᆞ니 ᄆᆞᅀᆞ미 고 녀니 말 드르면 춤디 몯ᄒᆞ게
애돌오니 눕드려도 니르댜니코 내 안ᄆᆞᅀᆞᄆᆞ로[5] 애돌오니 ᄆᆞᅀᆞ미 믈혹 샹하니 □□ 몯 자블
이리 업다 예 □□ ᄌᆞ식드론[6] 나눌 왼가 너기니 □드리나 ᄶᆞ리나드려[7] 니르도 아니코 내 안
ᄆᆞᅀᆞ미[8] 머거 애드노라 몰아기네 본디 고 녀 그러나마나 드럿게[9] ᄒᆞ라 ᄒᆞ면 내 주글디라□[10]
더뎌 두+

판독대비

번호	판독자료집	전철웅 (1995 : 257)	조항범 (1998a : 457~458)	황문환 (2002 : 303)	전철웅 (2002 : 234~235)
1	닌과 니관 므롤	-	-	-	닌과니 관므롤
2	여긔 □ 저기어든	여긔 □□ 저기어든	-	여긔 □저기어든	여긔 □□기어든
3	드리고도 □□□□논	드리고도 사□□라논	-	드리고도□□□□논	드리고도 사□□마논
4	고 녀니	고녀니	-	-	-
5	안ᄆᆞᅀᆞᄆᆞ로	안 ᄆᆞᅀᆞᄆᆞ로	-	-	-
6	예 □□ ᄌᆞ식드론	예 잇□ ᄌᆞ식드론	-	예 □□ᄌᆞ식드론	-
7	□드리나 ᄶᆞ리나드려	ᄋᆞ드리나 ᄶᆞ리 나드려	-	-	□드리나 ᄶᆞ리나 드려
8	안ᄆᆞᅀᆞ미	안 ᄆᆞᅀᆞ미	-	-	-
9	드럿게	드□게	-	-	드□게
10	주글디라□	주글 디라□□	-	-	주글 디라 □

순천김씨묘 출토 언간 092 충북대박물관 유물번호 1439

〈순천김씨묘-092, 1550~1592년, 신천강씨(어머니) → 순천김씨(딸)〉

판독문

+고 그 녀니 블슌ᄒ니라 ᄒ면 져기 빋 거스러 보고져¹ ᄒ거니와 다ᄅᆞᆫ 딕 쳡 □□고 뎌년도 ᄉᆞ랑ᄒ도더□ 미양 닛디 몯ᄒ여 이번 동ᄂᆡ 갈 제 제 항것ᄃᆞ려² 말라³ ᄒ니 내사 받ᄌᆞ완마ᄂᆞᆫ ᄇᆞ리시니 내 ᄎᆞ리 덩 잇기⁴ □□□□셔 ᄒ더라 코⁵ ᄃᆞ려셔 여긔⁶ 잇다가 아조 쳐블 사모려 ᄒᄂᆞᆫ 뎌⁷ ᄠᅳ디오 나ᄂᆞᆫ 마와댜 ᄒ니 아ᄆᆞ려타야 이긔랴 내 모미 쉬 죽고 맛디면 아조 □□호 더 이제ᄂᆞᆫ 다리ᄅᆞᆯ 왼 다리ᄅᆞᆯ 드ᄃᆡ들 몯ᄒ여 안자시니 좀 머근 나모 ᄀᆞ티여시니 이싱도 편ᄒᆞᆫ 나리 업스니 쉬 죽고져 죽고져 ᄒ노라 이 아기사 제 싀앗 뉘 □ᄅᆞ니⁸ 니도히 혜고 바미라도 제 □□□ 나지라도⁹ 제곰 마치 며ᄂᆞ리 □□ ᄃᆞᆫ니니 하 셔올 몯 가 ᄒ니 너년ᄂᆞ로¹⁰ 가고져 ᄒᆞ니 보고 시븐코¹¹ 이 뎌그니 네 오라비과 둘히 보라 ᄆᆞᄉᆞ미 너히 오누의 외오 두고 의논도 몯ᄒ니 ᄀᆞ이업다 내 ᄆᆞᄉᆞ미 말 너히 오누의 아라라 □ 히여ᄉᆞ라¹²

판독대비

번호	판독자료집	전철웅 (1995 : 257)	조항범 (1998a : 461~462)	황문환 (2002 : 303)	전철웅 (2002 : 235~236)
1	보고져	보□져	-	-	보□져
2	항것ᄃᆞ려	항것 ᄃᆞ려	-	-	-
3	말라	□라	달라	-	돌라
4	ᄎᆞ리 덩 잇기	ᄎᆞ리 링 잇기	ᄎᆞ리 링 잇기	-	ᄎᆞ리링잇가
5	ᄒ더라 코	ᄒ더라코	ᄒ더라코	ᄒ더라코	ᄒ더라코
6	여긔	□□	-	-	□□
7	ᄒᄂᆞᆫ 뎌	ᄒᄂᆞᆫ뎌	-	-	ᄒᄂᆞᆫ뎌
8	뉘 □ᄅᆞ니	뉘ᄅᆞ니	-	-	뉘□ᄅᆞ니
9	□□□ 나지라도	-	-	□□□나지라도	□□□ □지라도
10	너년ᄂᆞ로	너년 ᄂᆞ로	-	-	너년 ᄂᆞ로
11	시븐코	-	-	-	업□코
12	□ 히여ᄉᆞ라	□히여ᄉᆞ라	-	□히여ᄉᆞ라	□걸히여ᄉᆞ라

순천김씨묘 출토 언간 093 충북대박물관 유물번호 1440

〈순천김씨묘-093, 1550~1592년, 신천강씨(어머니) → 순천김씨(딸)〉

판독문

내 ᄆᆞ수미 요ᄉᆞ이놀 □□혼 이리 이셰라 자내 ᄯᆞᆯ와 ᄌᆞ식 다 더디고 가려 겨규ᄒᆞ니 져믄 쳡 히여 윤듸 더위ᄀᆞ티 □돌면 ᄃᆞ라 오디 몯ᄒᆞ고 ᄒᆞ두서 ᄃᆞ리 혼져 □□ 와 ᄃᆞ리 머러 가고 ᄒᆡ 여든 혼자 가셔 글탈하¹ 엇디려뇨 시브고 이제 아니 가려 ᄒᆞ면 날 ᄯᆞᆯ오더냐 녀앗 말이고져 타가² 마디 아니니 아니 오니 날 몯 닛ᄂᆞᆫ 일가 ᄒᆞ고 노히여 ᄒᆞ마 마리려도 갈 거시니 가 주 거도 가려는 ᄒᆞ거니와 내 이리 하 셜이 되니 늘거사 이리 되건댜 바매나 집 혜아리고 우ᄂᆞ 니 눈믈붓ᄂᆞ니 ᄀᆞᆺ둑ᄒᆞᆫ 긔오니³ 엇디 오라리 그 맛벼ᄉᆞ롤 ᄒᆡ여 ᄒᆡ여 가지고 그더도록 간고히 사던 겨지블 이리 ᄒᆞ건댜 셜오미 무훈 안ᄆᆞ수믈⁴ 일ᄀᆞ도⁵ 니치이디 아녀 셜오니 졍시니 아 모 ᄃᆞ러 간 줄 업고 아득ᄒᆞ니 내 주글 저기라 이 벼ᄉᆞ롤 ᄒᆞ도다 ᄌᆞ식돌 뉘나 볼가 ᄒᆞ다가 몯ᄒᆞ여 마련댜 ᄒᆞ노라 혼자 이시미 □□□야 □□시나 □훈디⁶ 쇠거든 더 슬ᄒᆞ예라

판독대비

번호	판독자료집	전철웅 (1995:257)	조항범 (1998a:465~466)	황문환 (2002:303~304)	전철웅 (2002:236~237)
1	글탈하	글탈 하	글탈 하	글탈 하	글탈 하
2	말이고져 타가	말이고져타가	말이고져타가	말이고져타가	말이고져타가
3	긔오니	-	긔오니	-	-
4	안ᄆᆞ수믈	안 ᄆᆞ수믈	-	-	안ᄆᆞ수ᄆᆞ로
5	일ᄀᆞ도	-	-	-	일ᄀᆞ도
6	이시미 □□□야 □□시나 □훈디	이시미□□□야 □□ 시나 □ 훈디	-	-	이시미 □야 ᄆᆞ숨 심심훈디

순천김씨묘 출토 언간 094

〈순천김씨묘-094, 1550~1592년, 신천강씨(어머니) → 순천김씨(딸)〉

판독문

+ 노ᄒᆞ디 아니케 달□여 볼 □□ᄒᄂ노라[1] 사ᄅᆞ믭 업손 이리 □□[2] 므던히예라 길흔 졀리졀리
오나[3] ᄃᆞ론 멀오 니왕ᄒᆞ리 업고 뎌 일 몯 베오게[4] 되니 더 애듧고[5] 셜오니 내 므슴 자바 아
ᄆᆞ려나 가셔 보려 고즈기 머거시디 음시글 약 먹듯이 머거 아ᄆᆞ려나 긔오ᄂᆞᆯ 사ᄅᆞ려 ᄒᆞ니 쏘
가ᄉᆞᆷ 말뢰여 민망타 지샹 티[6] 되니도 쳐비 업스니 만호디 여ᔆ노니 말쟈 찰방 되니 호화히여
쳐블 ᄒᆞ니 아므리 내 간고ᄒᆞ여 셜워 이리 듕병 드러 이셔도 혜디 아니ᄒᆞ니 그 애ᄠᅩᆯ고 노호
오미사 어듸다 견주리 업개 저도 의지 업시 되어 □□뎌도 더럽디 아닐다 ᄒᆞ리로다 □ 내
□□ 드르랴[7] 싀툿흔 녀닐러니마ᄂᆞᆫ 윤다나 춫과댜 흔돌 쉬오랴[8] ᄉᆞ시ᄂᆞᆫ[9] 팔지니 내 팔지 이
리 사오나이 되여 잇거니 쇽져리랴 출히 궁히 삼긴 거시 벼스리나 말고라쟈 내 주려 주글ᄯᅢᆫ
뎡 시버 슬드리 졀오니[10] 내 이제 죽ᄂᆞ다 ᄒᆞ다 어엿블사 ᄒᆞ랴 채 셔방 되노라[11] 니블도 □가
져[12] 가도더라 □□주ᄆᆞ[13] 니블 옷 걸이니 시름 나더라 호디 이롤 두고 가ᄂᆞᆫ고 ᄒᆞ니 그 쏘
로[14] 더라바도[15] 긔 유무ᄒᆞ고져 ᄒᆞ니 엇딜고 ᄒᆞ노라

판독대비

번호	판독자료집	전철웅 (1995 : 258)	조항범 (1998a : 471~472)	황문환 (2002 : 304)	전철웅 (2002 : 238~239)
1	노ᄒ디 아니케 달□여 볼 □□ᄒ노라	노ᄒ디 아니케 달□여 볼	–	–	노ᄒ디 아니케 달□여 볼 □ ᄒ노라 〔판독 위치 다름(사연 맨 끝으로 옮김)〕
2	사롬 업손 이리 □□	사롬 업손 이리 시내□	–	–	사롬 업손 이리사 내
3	졀리졀리 오나	–	–	졀리□오나	졀리 졀리 오나
4	베오게	–	–	–	버오게
5	애둛고	애둛고	–	–	–
6	지샹 티	지샹티	–	–	지샹티
7	ᄒ리로다 □ 내 □□ 드르랴	ᄒ리로다 □내 □□드르랴	–	–	ᄒ더라 □□□□□ 드르랴
8	쉬오랴	쉬 오랴	–	–	쉬 오랴
9	ᄉ시ᄂ	–	–	ᄉ시 다	
10	주글쑌뎡 시버 슬 드리 졀오니	주글 쑌뎡 시버슬 드리고 졀오니	–	–	주글 쑌뎡 시버 슬드리 졀오니
11	되노라	–	–	–	피노라
12	니블도 □가져	니블도 가져	–	–	니블도 가져
13	□□주ᄆ	□□□□	–	–	□□□□
14	ᄼ로	–	–	쏠	–
15	더라바도	–	–	–	더라 바다

〈순천김씨묘-095, 1550~1592년, 신천강씨(어머니) → 순천김씨(딸)〉

판독문

셰쇽에 올 제[1] 각별□□□□ 보와니와 즈시기 나롤 □□□□ 우리 팔지 사오나와 즈식 만ᄒ니 □기 살기도 어렵고 나도 혀여 □□□ 나토 여슈니 되오 쏘 몯 쁠 □□니[2] 되니 졍시니 아득ᄒ고 홀 □□□ 니쳐디니 지아비 니블 일도 쁘기 □ 잇다가[3] 밀리 업서 계오 구러[4] ᄒ니 □ 머도 심증 이셔 자븐 이룰 셜워□거든[5] ᄒ마 여슈 년[6] 병이니 □□라 싱각홀 이리 므스 이리 □□□ 죵이 여러히라도 아히 병 □□□□ 와 브리니 일올 이리 □□□□□ 적브터 보션뵈라도 □□□□□□던[7] 거슬 이제는 일도 소니 □□□게 바손도 몯 쓰고 아모 이리나 □□면[8] 심열 나 질삼도 느□□□□□든 어니 죵이 실 모려 므슴 □□ᄒ여 주리 이시리 치오면 더옥 □ 다엿곰[9] 닙고 이룰 ᄒ랴 내[10] 어니 즈시글 더 너기리 덜 □□□ 아모 일도 ᄒ디[11] □…□

판독대비

번호	판독자료집	전철웅 (1995 : 258)	조항범 (1998a : 478~479)	황문환 (2002 : 304)	전철웅 (2002 : 239~240)
1	셰쇽에 올 제	세□□ 제 올 제	-	-	셰소니 제 올 제
2	쁠 □□니	쁠 □□□□니	-	-	쁠 □□□□니
3	일도 쁘기 □ 잇다가	일□ 쁘□□ 잇다가	일도 쁘기 □잇다가	일도 쁘기 □잇다가	일도 쁘□ □ 잇다가
4	계오 구러	계오구러	계오구러	-	계오구러
5	셜워□거든	셜□거든	-	-	셜□□거든
6	여슈 년	여슈년	-	여슈년	여슈년
7	□□□□□□던	□ㅅ□□□□던	-	-	-
8	이리나 □□면	-	-	-	이리□□□면
9	더옥 □ 다엿곰	더옥 □□ 다엿곰	-	-	더옥 □□ □엿곰
10	내	-	-	-	□
11	ᄒ디	□□	-	-	□□

순천김씨묘 출토 언간 096 충북대박물관 유물번호 1443

〈순천김씨묘-096, 1550~1592년, 신천강씨(어머니) → 순천김씨(딸)〉

판독문

전 샹슐이[1]*
홍덕꼴   근봉

네 음시글 몯 머건 디[2] 오라니 그롤 민망히여 외□ 두고 □□□ 몯히여[3] 드려다가 두고셔
외오 인는 근시미 □□쟈 너겨[4] 어제 셔방님과 의논□□□ 느미게 둘 빌고 내 짓 치 둘 잇
더니 □□려웨라 ᄒ니 미가훈[5] 즈식 ᄀᆞᆮ디 아녀 내 쳐□룰[6] 몯홀 거시라 사ᄅᆞ몰 다 혜텨 ᄇᆞ
리과라 너옷 져그나 ᄒᆞ린 거시면 내 이리 근심ᄒᆞ랴 하 ᄀᆞ업손 일돌 디내니 안자셔 싱각거든
눈므리 마고 흐르니 디내노라 무론 디ᄂᆞᆫ 죵 □□□다 ᄒᆞ는 동[7] 손 미치리라[8] ᄒᆞ는 동 ᄒᆞ니[9]
□□다 두고 이바대나 보고져 ᄒᆞ더니라 셔방니ᄆᆞ 학개 방이나 설고 잇게 너기다니 그러면
엇디리 요ᄉᆞᆫ이 한식 져는 즈식돌 간ᄉᆞ키[10] ᄒᆞ고 졔 가시고 ᄒᆞ니 여ᄃᆞ랜날사 드러오시면 스
므날 디나야 죵은 이시려니와 글란 너희 ᄒᆞᄂᆞᆫ 대로 호마 내 아조 드려셔 거ᄂᆞ리랴 ᄒᆞᄂᆞᆫ 거
시 아냐 안죽 듕히 되여실 ᄃᆡ디나 간ᄉᆞ히여 보고져 ᄒᆞ고 져그나 위연커든 가게 너 □□□
아바니미라 어듸셔 노히여 ᄒᆞ료 ᄉᆞ시리 그러타 ᄒᆞ여 주셰 셔방님과 의논ᄒᆞ나 □□ 오손 것
두디 소옴 □니 와시니 오면 호리라 □□업서 나도 몯 ᄡᅳ이니 □라 몯ᄒᆞ로다 녀ᄂᆞ 민 샹슐
이[11] □…□

....

* 모녀간에 오간 편지라면 '샹슐이'가 부적당하다. 따라서 미리 '봉투(自封)'를 써 둔 편지에 다시 사연을 쓰게 된 것
  으로 추정된다.

판독대비

번호	판독자료집	전철웅 (1995 : 258~259)	조항범 (1998a : 481~482)	황문환 (2002 : 305)	전철웅 (2002 : 240~241)
1	젼 샹술이	–	–	젼샹술이	–
2	머건 디	머건디	머건디	머건디	머□□
3	외□ 두고 □□□ 몯히여	외□□ 두고 □□ 몯 히여	–	–	□□□□□ 몯히여
4	근시미 □□쟈 너겨	근시미 □□□□ 겨	–	–	근시미 □□쟈 □겨
5	미가훈	□가 훈	니가 훈	–	–
6	쳐□롤	–	–	–	쳐티롤
7	죵 □□□다 ᄒᆞᄂᆞᆫ 동	–	–	–	죵□□ □다 ᄒᆞᄂᆞᆫ동
8	손 미치리라	손 미□리라	–	–	–
9	ᄒᆞᄂᆞᆫ 동 ᄒᆞ니	–	–	–	ᄒᆞᄂᆞᆫ동 ᄒᆞ니
10	간스키	–	–	간스 키	–
11	민 샹술이	–	–	–	□□□

〈순천김씨묘-097, 1550~1592년, 채무이(남편) → 순천김씨(아내)〉

판독문

엇디 겨신고 분별ᄒᆞ뇌 나는 됴히 인뇌 어제 겨롤 업서 근사니 몯 보내외 김응나미 병ᄒᆞ여
드러와 잇다 ᄒᆞ니 니이리나 모리나 드러가 보고 오려 ᄒᆞ뇌 ᄇᆞ롬 뽀이니 감토 보내소 아기네
셩컨가 다 안부 니ᄅᆞ소 문밧끠셔 열아ᄒᆞ랜날[1] 제ᄒᆞ려 ᄒᆞ시다니[2] 미리 아라 겨소 아모거시나
ᄒᆞ여 보내거든 미리 고거 마오 ᄂᆞ물 ᄒᆞ로 ᄒᆞ여 보내소

판독대비

번호	판독자료집	조건상 (1981a : 241)	전철웅 (1995 : 259)	조항범 (1998a : 487)	황문환 (2002 : 305)	전철웅 (2002 : 310~311)
1	열아ᄒᆞ랜날	-	-	-	-	열아□랜날
2	ᄒᆞ시다니	-	-	-	-	ᄒᆞ시□니

순천김씨묘 출토 언간 098 충북대박물관 유물번호 1445

〈순천김씨묘-098, 1550~1592년, 신천강씨(어머니) → 순천김씨(딸)〉

판독문

요소이 아히ᄒ고[1] 엇디 인는다 우리는 다 무소히 인노라 엇그제 옥쉬 가거늘 유무 당시 ᄒ
다니[2] 초자 보와 즈시 긔별히여라 슈오긔 지비 널어라 녕□기는 엇던고 그 아기도 온슈ᄒ고
와 긔오늘 셜워터니 저는 이제는 됴히 잇고[3] 그 물 주고 우 여닐굽[4] 필지 연저 됴ᄒ 무롤
사 두더니 즉시 ᄒᄅ 병히여 그 ᄆ리 주거 디니 무슴몰 심심ᄒ니 잇다 니월로 가고져 ᄒᄂ
니라 널어라 ᄯ오 이 경쥬이니 공믈 맞다 가모로 지플 맛뎌 보내노라 쌔 닐굽 말 빅미 단 마
리라 바다 네게 구디 간ᄉ히여 두어라 네 오라비 가사 간ᄉ커나 ᄂ미 비돌 주거나 호리라
녀ᄂ 이론[5] 사ᄅ미 ᄀ 가시니 아니□ 수롤 히여 ᄇ리고 업서 민망ᄒ니 히여 딘 ᄲ롤[6] 보내
려 코[7] 니저 옥쉬 갈 제 몯 보내 □□□□□□□□미라 몯 □□니 슈□□□□□□□□□□□
□□□ 열리니[8] □□□□□□□□롤 아조 업스니 옥쉬 갈 제 유무히여 보와다[9] 슈□□□
□ 주고 두 나나 □□□□□오 ᄶᅦ 바□□□□□□여라 빗ᄎ □□□□주미나 어더 □□□사
보내여라 자리 □[10] 즈시 간ᄉ히여 □□□ 보내여라[11] 이□□□+

판독대비

번호	판독자료집	전철웅 (1995 : 259)	조항범 (1998a : 490~491)	황문환 (2002 : 305~306)	전철웅 (2002 : 241~242)
1	아히ᄒ고	-	-	-	□□ᄒ고
2	당시 ᄒ다니	-	-	-	□시 ᄒ니
3	잇고	-	-	-	잇□
4	우 여닐굽	-	-	우여 닐굽	-
5	녀ᄂ 이론	-	-	-	녀ᄂ □□
6	딘 ᄲ롤	□ᄲ롤	-	-	□□롤
7	보내려 코	보내려코	보내려코	보내려코	보내려코
8	열리니	열□□	-	-	여리□
9	보와다	보□다	-	-	□□ 보□다
10	보내여라 자리 □	보내여□□□□	-	-	보내여□□□□
11	□□□ 보내여라	-	-	-	□□ 보내여라

순천김씨묘 출토 언간 099 충북대박물관 유물번호 1446

〈순천김씨묘-099, 1550~1592년, 신천강씨(어머니) → 김여물(아들)*〉

판독문

이 노미 유무 □□ 므러 갈시 다시 □□라¹ 네 아바님 말믜도 서울 사름 올□야² 호려 흐시
고 쏘 네 아바니미 긔벼□시더³ 이번 정시예 나니 업스니 닌년 □□날가 식브다 흐니 니녀
놀 계오 기□리다니 이리 흐니 업스니 쏠두론 다시 보고 주글 주리 업스니 텬디 즈옥희예라
엇디혼 이린고 구이업도다 식브니 엇디 파직도 아니흐거니 애두래라 쏘 몯아기네 물갑 두
□온 하 구즈니 바두랴 흐여⁴ 두 겨시□ 당시 아니 왓다 네 누의도 드려가려 흐시거니와 믄
득 몯 가게 되면 이제 보내고 엇디 흐리⁵ 귀보기나 녕단골⁶ 가 옥쉬내 빼 닷 되 맛다 가셔
구는무명⁷ 즈올쇠 가라 니돌⁸ 사 보□라⁹ 힉엿더니 사 달라 힉여 소니¹⁰ 제 보내여라 모디
모디 최소니¹¹ 갈 제 가 추려 오라¹² 호려 코¹³ 니즈니 모름미¹⁴ 그 가락 추려 보내 아돌 아
기내 □□디 □갑 알고 가 □□갑 □□□ 너히 것시 □가라 □렷더니 아□□□□라 이 노미
미¹⁵ 죵마의 몯 미처 보내엿거든 이 노물 주어¹⁶ 보내여도 오리라 쉬이 보내여라 식워는 어
디 가고 희경이도 지그미 아니 오거뇨 흐노라 네 아바님 날 이롤 너히나 즈시 아라 긔별흐
고라 일향의 나는 셜웨라 칠월 열이튼날

즈식둘 비허 두고 그리고 다시 그리고 밤나즐 니즌 시 업시 셜오니 드리¹⁷ 빅 녀닌가 식
베라

* 조항범(1998a : 7~15)에 따름. 황문환(2002)에서는 신천강씨(어머니)가 순천김씨(딸)에게 보낸 편지로 보았다.

판독대비

번호	판독자료집	전철웅 (1995 : 259)	조항범 (1998a : 494~495)	황문환 (2002 : 306)	전철웅 (2002 : 324~325)
1	□□라	□□□라	□□□라	–	–
2	올□야	–	–	–	□□야
3	긔벼□시디	긔벼□□시디		–	긔□□시디
4	바ᄃ랴 ᄒ여	바ᄃ라 ᄒ여		–	–
5	엇디 흐리	엇디흐리	–	–	엇디흐리
6	녕단골	녕□골			녕□골
7	가셔 ᄀ는무명	가셔 □□ 무명	–	가셔 ᄀ는 무명	가셔 □□□ 무명
8	ᄌ올쇠 가라 니들	ᄌ올 쇠 가라니들	ᄌ올 쇠 가라 니들	–	ᄌ올 쇠가락들
9	사 보□라	사□□라	–	–	–
10	ᄒ여 소니	ᄒ이□□	–	–	ᄒ이□□□□
11	모디모디 최소니	모디 모디고 최소니	–	모디 모디 최소니	모디 모디고 최소니
12	츠려 오라	□ 오라	–	–	□□ 오라
13	ᄒ려 코	ᄒ려코	ᄒ려코	ᄒ려코	ᄒ려코
14	니ᄌ니 모ᄅ미	니ᄌ니 모ᄃ미			□ᄌ니 모ᄃ미
15	보내 아ᄃᆯ 아기내 □□디 □갑 알고 가 □□갑 □□□ 너히 것시 □가라 □□더니 아 □□□□라 이 노미 미	보□□□ 아기나 □□디□ 갑 알고 가□□ 갑□□□ 너히□□□ 기라□(이후 판독불가)	보내 아ᄃᆯ 아기내 □□디 □ 갑 알고 가 □□ 갑□□□ 너히 것시 □ 가라 □□□□□렷더니 아 □□□□ 라 이 노미 미	보내 아ᄃᆯ 아기내□□디 갑 알고 개□□ 갑□□□ 너희 것시□ 가라□□□□렷더니 아□□□ □라 이 노미 미	보□ □□롤 아기 내□□디 갑 알고 가□□ 갑□□□□ 너히 □□□ 가라 □□□□□□망□□ 려 오ᄂ다 □□□□□□□□
16	주어	□□어	수어	수이	–
17	드리	□리	–		□리

순천김씨묘 출토 언간 100 충북대박물관 유물번호 1447

〈순천김씨묘-100, 1550~1592년, 신천강씨(어머니) → 순천김씨(딸)*〉

판독문

슈오긔 아비 하 우이 되니 그 ᄌ시기 그리 되여시니 내 ᄌ식도 의지ᄒ리 업스니 그저 죽고
져 식브고 사라도 내□러니 지비 가 살고젼 아녀 고디 죽고져 식베라 좀놋시 발완다 가니[1]
므슴 톄오 며느리 주려 면화 셜흔 그는 잇더니 긔나 ᄑ쟈 ᄒ니 네 언머식 받던가 그믈 져그
나 아라셔 보내쟈 ᄒ노라 어제는 텬디 ᄌ옥ᄒ여 디내오 새도록 울고 새아노라 하ᄂ리조차[2]
이러니 가긴들 일 오ᄂ냐[3] ᄀ이니[4] 민망ᄒᆯ 분 잇거든 다고

판독대비

번호	판독자료집	전철웅 (1995 : 260)	조항범 (1998a : 499~500)	황문환 (2002 : 306)	전철웅 (2002 : 334~335)
1	가니	가□	-	-	□□
2	하ᄂ리조차	-	-	ᄒᄂ리 조차	하 조차
3	일 오ᄂ냐	일오ᄂ냐	일오ᄂ냐	-	-
4	ᄀ이니	-	-	ᄀ이□□니	-

....

* 조항범(1998a : 7~15)에 따름. 황문환(2002)에서는 신천강씨(어머니)가 순천김씨(딸)에게 보낸 편지로 보고 전철웅
(2002)에서는 발신자와 수신자가 분명하지 않은 편지로 처리하였다.

순천김씨묘 출토 언간 101

〈순천김씨묘-101, 1550~1592년, 신천강씨(어머니) → 순천김씨(딸)〉

판독문

+ 추려 시러 가기사 아모 디셔 ᄒ다 아니랴 이리 보내면 긔사 므슴 폐리 뫼뽈란 그리호마
쏘 포유근 운노라 쇠 포유기 언제[1] 업스니 아모 포육도 업다 마져는 볼셔 가져가라 호디 아
니 가져오면 갑 업서 그 싄 겨디 여뽈 되 달라 ᄒ더니 노희여 시워리니 언머 비둘[2] 다[3] 다
시 가 주고 므륵게 나쾨나 아모 제나 저제는 갈 일 업다 민밥[4] 덕도[5] 므서스로 사리 내 모
미 ᄌ식둘 미ᄃ니 다 나눌 니도히 혜니 무ᄌ식훈 늘그니 ᄀ티여 셜워 무슴 심심히예라

판독대비

번호	판독자료집	전철웅 (1995 : 260)	조항범 (1998a : 503)	황문환 (2002 : 307)	전철웅 (2002 : 242)
1	언제	–	–	–	인제
2	비둘	–	–	–	바뭁
3	다	–	–	–	□
4	민밥	민밥	민밥	민밥	–
5	덕도	딕도	–	–	덕 다

순천김씨묘 출토 언간 102 충북대박물관 유물번호 1449

〈순천김씨묘-102, 1550~1592년, 신천강씨(어머니) → 순천김씨(딸)〉

판독문

이 바디 놀근 거시라 골술녀[1] 다녀 가ᄂᆞ니라[2] 녜라 커든[3] 녜여라 이 듕치마근 고공이 니버 온 오시오 슈슈기ᄂᆞᆫ 위연코 형니미 다 기니 알파 호디 내 긔시니 업고 연모[4] 업서 몯 가 보 노라 이 치마 뵈 다 ᄎᆞ려 보내여라 내 긔시ᄂᆞᆯ[5] 보니 졈졈 ᄆᆞᅀᆞ미 서 가니 ᄆᆞᅀᆞᆷ 셩훈 제나 내 머근 옷ᄃᆞ리나 ᄒᆞ여 받줍고 마쟈 격심호디[6] 몯 일워 ᄒᆞ노라 셜웨라 벼스리 내 주글 길히 로더라

판독대비

번호	판독자료집	전철웅 (1995 : 260)	조항범 (1998a : 507)	황문환 (2002 : 307)	전철웅 (2002 : 242~243)
1	골술녀	골□녀	골 □녀	골 □녀	-
2	다녀 가ᄂᆞ니라	-	-	-	다 녀 가ᄂᆞ니라
3	녜라 커든	녜라커든	녜라커든	녜라커든	녜라커든
4	연모	-	-	연도	-
5	내 긔시ᄂᆞᆯ	여긔 시ᄂᆞᆯ	-	-	-
6	격심호디	-	-	-	격삼 호디

순천김씨묘 출토 언간 103-1[*] 충북대박물관 유물번호 1450

〈순천김씨묘-103-1, 1550~1592년, 신천강씨(어머니) → 순천김씨(딸)[**]〉

판독문

분춤개 두 되예 치만[1] 사 보내여라 ᄂᆞ민[2] 거시러니라 빼놀 ᄂᆞ미다가[3] 주디 그륫 업서 몯 보
내니 빼 두 되예 치만 사 보내여라

판독대비

번호	판독자료집	전철웅 (1995 : 260~261)	조항범 (1998a : 510)	황문환 (2002 : 307)	전철웅 (2002 : 335)
1	되예 치만		–	되예치만	–
2	ᄂᆞ민	–	–	–	□민
3	ᄂᆞ미다가	□ 미다가	–	–	–

[*] 103번 편지에는 수신자가 서로 다른 사연이 함께 들어 있다. 여기서는 출전 제시의 편의상 발수신자의 관계에 따
라 103-1, 103-2로 나누어 제시하였다.

[**] 황문환(2002 : 21~23)에 따름. 조항범(1998a)과 전철웅(2002)에서는 발신자와 수신자 미상의 편지로 다루었다.

순천김씨묘 출토 언간 103-2[*] 충북대박물관 유물번호 1450

〈순천김씨묘-103-2, 1550~1592년, 채무이(남편) → 순천김씨(아내)[**]〉

판독문

나도 ᄒᆡ 국격지[1] 업스니 최야ᄂᆞᆫ[2] ᄒᆞ여시디 굽과 운몯과 업서 몯ᄒᆞ니 슈니 격짓 구븨 견좌 그 만ᄒᆞᆫ 소나모 구블 살 양이어든 사 보내시면 홋ᄰᅥ니[3] 베 내[4] 어디 보내요리 아랜몯조차ᄂᆞᆫ[5] 셰시예 해재 만흘가 □예[6] 운몯 □굽 괘나[7] 사 보내시과댜 업서 민망이로쇠[***]

판독대비

번호	판독자료집	전철웅 (1995 : 260~261)	조항범 (1998a : 510)	황문환 (2002 : 307)	전철웅 (2002 : 335~336)
1	국격지	국 격지	–	–	–
2	최야ᄂᆞᆫ	–	초야ᄂᆞᆫ	초야ᄂᆞᆫ	–
3	홋ᄰᅥ니	–	–	–	홋ᄰᅥ니
4	베 내	베 □	–	–	□□
5	아랜몯조차ᄂᆞᆫ	아련 몯 조추ᄂᆞᆫ	아련몯 조차ᄂᆞᆫ	아련몯 조차ᄂᆞᆫ	아랜 몯 □찰□
6	만흘가 □예	만흘가 □□□예	–	–	□□□□예
7	□굽 괘나	□ 굽괘나	–	□굽괘나	–

* 103번 편지에는 수신자가 서로 다른 사연이 함께 들어 있다. 여기서는 출전 제시의 편의상 발수신자의 관계에 따라 103번 편지를 103-1, 103-2로 나누어 제시하였다.
** 황문환(2002 : 21~23)에 따름. 조항범(1998a)과 전철웅(2002)에서는 발신자와 수신자 미상의 편지로 다루었다.
*** '□굽 ~ 민망이로쇠' 이 부분은 여백을 이용하여 거꾸로 적힌 부분(2행)인데 내용상으로는 사연의 맨 끝에 이어 질 내용이다. 전철웅(1995), 조항범(1998a), 전철웅(2002)에서는 원래 적힌 위치에서, 황문환(2002 : 307)에서는 내 용상의 위치에서 판독하였다. 여기서는 황문환(2002)의 판독 위치를 따랐다.

순천김씨묘 출토 언간 104 _{충북대박물관 유물번호 1451}

〈순천김씨묘-104, 1550∼1592년, 채무이(남편) → 순천김씨(아내)〉

판독문

ᄆᆞᆫ 오늘 오리라 ᄒᆞ니 오늘 기ᄃᆞ려셔 니일 가 가져오라 ᄒᆞ니 자내 니저 둣다가 이제야셔
그러 구시ᄂᆞᆫ가[1] 댱명의 밥 ᄒᆞ여 두소

판독대비

번호	판독자료집	조건상 (1981a : 242)	전철웅 (1995 : 261)	조항범 (1998a : 513)	황문환 (2002 : 307)	전철웅 (2002 : 311)
1	그러 구시ᄂᆞᆫ가	그러구시ᄂᆞᆫ가	그러구시ᄂᆞᆫ가	-	-	그러구시ᄂᆞᆫ가

순천김씨묘 출토 언간 105 _{충북대박물관 유물번호 1452}

〈순천김씨묘-105, 1550~1592년, 채무이(남편) → 순천김씨(아내)〉

판독문

+□□호고 설워 몯 사라 굿기예 내 쁘든 은지니룰 드려다가 네ㄱ티[1] 브리고 근시미란 제 ᄆᆞᆷ대로 져기 ᄌᆞ□□리코[2] 막그미란 질재뎨로[3] 두고 뉴더기 얼우니 □□□기룰 잡거나 아 히룰 자바 오거나 ᄒᆞ면 ᄀᆞ장 □□□□ 호더 자내 쁘디 내 뜯과 다ᄅᆞ니 아ᄆᆞ란 줄 모룰 □□ □ 옷 공변되이 아니 녀기면 자내 미야ᄒᆞ니 나옷 □□□ 이리 이시면 세 ᄌᆞ셕 다 자바 머그 리 왓다가 드라나 □덜고[4] 이번도 오나둔 ᄆᆞ이옷 티디 아니ᄒᆞ면 나락 □□□□ ᄒᆞ다 저 어 디 갈고 이리 와셔도 미양 집 이룰 □□□모로 긔별ᄒᆞ뇌 치운 겨울히 경댱된 □□□□□□ □ 아니 견딜가 ᄒᆞ뇌 동자란 이젼ᄀᆞ티 다 □□□□□도 ᄆᆞᄉᆞ몰 편히 브리면 그 녀인도 이리 헐□□□□될 주린돌 알가 아ᄆᆞ려도 녀ᄅᆞ미 하 어□□□□□ 토 와도 머길 이리 어려외 커 니와[5] □□□□□□□□+

판독대비

번호	판독자료집	전철웅 (1995 : 261)	조항범 (1998a : 515)	황문환 (2002 : 307~308)	전철웅 (2002 : 311~312)
1	드려다가 네ㄱ티	–	–	–	드□□□ㄱ티
2	ᄌᆞ□□리코	–	–	–	ᄌᆞ□□리□
3	질재뎨로	–	질재 톄로	질재 톄로	질재 톄로
4	드라나 □덜고	–	–	–	드라나□□던고
5	어려외 커니와	어려외커니와	–	–	어려외커니와

〈순천김씨묘-106, 1550~1592년, 신천강씨(어머니) → 순천김씨(딸)〉

판독문

셩마니 공 바드니란 두□□□므론[1] 므스므라 보낸다 개더긔 공도 돌목 년어만뎡[2] 므스러 보
내리 공으란 뵈 혼 필란 너 쓰고 그 뵈 혼 필과 무명 두 필과 주고 명디룰 위여니 사오나오
나 사 보내여든 내 댱옷 치마 안 ᄒ고져 ᄒ니 희염직ᄒ니로 밧과 보내여라 산비네 공이 힝
혀 오나든[3] 그도 명디 밧과[4] 보내여라 동니 지비 밧비 가니 아모것도 몯 보내니 기리 훠도
나도니[5] 몯 미처 지어 보내니 기리 구지런□□□[6]

판독대비

번호	판독자료집	전철웅 (1995 : 261)	조항범 (1998a : 518)	황문환 (2002 : 308)	전철웅 (2002 : 243~244)
1	두□□□므론	두□□□ 므론	두□□□ 므론	두□□□ 므론	두□□ □ 므론
2	돌목 년어만뎡	돌목년어만뎡	-	-	돌목년어만뎡
3	오나든	오ᄂ든	-	-	오ᄂ든
4	명디 밧과	-	-	-	명디 □과
5	나도니	나□□	-	-	-
6	구지런□□□	-	-	-	구지□□□

순천김씨묘 출토 언간 107 충북대박물관 유물번호 1454

〈순천김씨묘-107, 1550~1592년, 채무이(남편) → 순천김씨(아내)〉

판독문

댱문슈 씩[1] 사르미 브디훈[2] 일로 당단 가니 게셔옷 편지호과뎌 호시거든 편지호소 스시론
내 □□□ 다 호여시니 자내 유무란 □□□□ 편지 시휭호시고 가는 죵 바비나 머기쇼셔 이
워제 동싱 □□ 뵈숩는 얼우신 씩 사르미니 그지업시 졀호여 호노이다 호소

판독대비

번호	판독자료집	전철웅 (1995 : 261)	조항범 (1998a : 522)	황문환 (2002 : 308)	전철웅 (2002 : 312)
1	댱문슈 씩	댱문슈씩	–	댱문슈씩	댱문슈 씩
2	브디훈	–	브디 훈	–	브디 훈

순천김씨묘 출토 언간 108 충북대박물관 유물번호 1455

〈순천김씨묘-108, 1550~1592년, 채무이(남편) → 순천김씨(아내)〉

판독문

옷츨 주시면 아니 칠후일가 커니와[1] 그 두□□□코 언마롤[2] 바드려 후눈고 무러 보소 오직
옷츨 쟈기 주실가 후뇌 엇디 편지롤 아기 후여 쓰여 보내신고 아니 자내 □겨니 편티 아녀
후시눈가 즈세 가부후소 아마 옷칠후ㄴ니[3] 칠후눈 디셔 칠후면 됴토쇠마눈[4] 엇딜고 공셩
다 즈세 혜여 받소 근사니눈 니게

판독대비

번호	판독자료집	전철웅 (1995 : 261)	조항범 (1998a : 524)	황문환 (2002 : 308)	전철웅 (2002 : 312)
1	칠후일가 커니와	칠후일가커니와	-	-	칠후일가커니와
2	두□□□코 언마롤	두 □□코 언마롤	-	-	두 □□□코 □마롤
3	옷칠후ㄴ니	옷칠 후ㄴ니	-	옷칠 후ㄴ니	□ 칠후ㄴ니
4	됴토쇠마눈	-	-	-	됴토쇠마□

순천김씨묘 출토 언간 109 충북대박물관 유물번호 1456

〈순천김씨묘-109, 1550~1592년, 신천강씨(어머니) → 순천김씨(딸)〉

판독문

□□□□□□□□□ 둔니고 긔오니 곤코 하 셟고[1] 그리 디후희연는 줄 모르고 머글 거술 아조 업시 이시니 비론 구너 네게 업순디 둔니기 핀잔코 히여 하 텨덧고 져 오니 나도 서온타 쓸 거시 나도 쁘기 그처시니 민망히예라 나두론 무훈 디나가더 이리 사르미 아니 오니 나룬 유뮈나 그리후니 과시미 너겨 버릴딘둘 제 주시기야 버리랴마는 이리 아니 오니 내 기두리도 아닌노라 아조 나룰 영졀히 먹는 거시니 오라 후나 아니 □□□□□□□□너 비 내 거시 □□□□□□□□□ㄱ □□□□[2] 그티나 보쟈 내 지비 가 살려 가노라 네 아바니먀 후마 아조 버리니 버라랴 다믄 주시긔 뉴에 츈개룰 믿다니 요스이 하 나룰 일이리 망녕읫[3] 것만 너기고 날드려 하 노룰 내니 뎌 다슴어미[4] 제게 므슴 은혜 잇는고 일 스디 몯후니 아돌 쏘리다 나룰 혜댜녀 아비 혜니 노호와 이제는 아모 주식도 의지 업서 +

판독대비

번호	판독자료집	전철웅 (1995 : 262)	조항범 (1998a : 526)	황문환 (2002 : 308~309)	전철웅 (2002 : 244~245)
1	셟고	셟고	-	-	-
2	□□□□□□□너 비 내 거시 □□□□□□□□ㄱ □□□□	□□□□□□□ 너 비□ 내거시□□□□□□ □ㄱ□□□□	-	-	□□□□□□너 비 내거시□□□□□□ ㄱ□□□□
3	망녕읫	망녕의	-	-	-
4	다슴어미	다슴 서디	다슴 서디	다슴 서디	다슴 어더

순천김씨묘 출토 언간 110 충북대박물관 유물번호 1457

〈순천김씨묘-110, 1550~1592년, 신천강씨(어머니) → 순천김씨(딸)〉

판독문

□□기리[1] 와시니 달라 보차여 바다라 털링 핀잔히여 ᄀ업서[2] ᄒ노라 아바님도 하 미양 편
티 아니니 모다 도모히여라 판셰 니조애 드니 더 쉬 올가[3] 깃거ᄒ노라

판독대비

번호	판독자료집	조건상 (1981a : 242)	전철웅 (1995 : 262)	조항범 (1998a : 531)	황문환 (2002 : 309)	전철웅 (2002 : 245)
1	□□기리	〔판독 안 됨〕	□□□기리	-	-	□□ 기리
2	ᄀ업서	-	ᄀ 업서	-	-	ᄀ 업서
3	판셰 니조애 드니 더 쉬 올가	란셰니조애드니 더 쉬 올가	-	판셰 니조애 드니 더 쉬올가	판셰 니조애 드니 더 쉬올가	-

〈순천김씨묘-111, 1550~1592년, 신천강씨(어머니) → 순천김씨(딸)〉

판독문

아기
□□□더 쳡장[1]

안부 무진무진ᄒᆞ고[2] 싱원 온 후에 긔별 몰라 민망민망 나는 이제 □□ 여시더 긔오니 환혼
시 업세라 네 오라비도[3] 이둘 보름씌 나ᄂᆞ니라 □두미 디나가다가 안부 유뮈 □□쟈[4] 덕노
라 만소니 갈 제 □□ᄂᆞ리 홀 것 가더니 아ᄆᆞ려나[5] 내 ᄆᆞᄉᆞᆷ 바다 히여 다고[6] 네 □□ 미처[7]
호려 ᄒᆞ노라 누에ᄂᆞᆫ 뻬[8] 업서 다엿 그릇손 ᄒᆞᆫ 거술사[9] 내 병도 그런디 죄 주그며 쥐도 다
날아 가니 몯 치게 되엿다 채 셔방 지비 반뵈 뿌쟈 ᄒᆞ니 시쑤리 다ᄉᆞ시 되니 몯ᄒᆞ니[10] 누
고 나니 거믄 쑤리 주□니 긔나 어더 보내고 두 냥 □ᄒᆞ면 ᄒᆞ로다 아기 갈 제 □□ 보내여
든 □텨[11] 와사 뿌라[12] 밧바 이만[13] 싱원 겹것 몯 기드려 □□□ᄒᆞ다[14] 쉬 보내라 스월 열□
□□

판독대비

번호	판독자료집	전철웅 (1995 : 262)	조항범 (1998a : 533)	황문환 (2002 : 309)	전철웅 (2002 : 245~246)
1	□□□더 쳠장	〔판독 안 됨〕	〔판독 안 됨〕	〔판독 안 됨〕	□더 텸장
2	안부 무진무진ᄒ고	-	-	-	□□□진〃ᄒ고
3	오라비도	-	-	-	□라비도
4	유뮈 □□쟈	유□□쟈	-	-	유□□쟈
5	아ᄆ려나	아ᄆ려□나	-	-	-
6	희여 다고	희여다고	-	-	-
7	네 □□ 미처	네 □ 미처	-	-	-
8	누에ᄂ 쎠	누에쎠	누에쎠	-	누□□ □
9	거술사	거술 사□	-	-	거술 사 □
10	몯ᄒ니	몯 ᄒ니	-	-	몯□니
11	□텨	드려텨	-	-	□려
12	뼈라	-	-	-	뼈□□
13	이만	-	-	-	□□
14	□□□ᄒ다	-	-	-	ᄒ다

순천김씨묘 출토 언간 112 충북대박물관 유물번호 1459

〈순천김씨묘-112, 1550~1592년, 신천강씨(어머니) → 순천김씨(딸)〉

판독문

+□가지[1] 마롤 내니 엇디 될고 이 파직 미□ ㄱ눈[2] 양 보니 야근 죄도 주로다 식버 모미 훈 주믄 ᄒ니 셔올도 가디 말고져 홀지[3] ᄌ식 근친ᄒ고 너희 보려 가도 하 힝악ᄃ리[4] 이시니 두리웨라 엇디 동싱 잡가 홍나미나[5] 다롤 것고 혀여돈 늘그니 궁ᄒ여 셜워 사던가 뎌리 가시니 깃브도다 혈 것 아니가마는 죽게 밍그노라 훈 이리니 주기기라 ᄆ서시 어려올 것고 제야 온가지로 게 타몰 ᄒ먀 밧곤 주리 더 애돌와 가ᄉ미 답답ᄒ여라 아기내도 설 쇠면 보내리라[6] 채 셔방 갈리로□□롤 말라 □[7]+

판독대비

번호	판독자료집	전철웅 (1995 : 262)	조항범 (1998a : 537)	황문환 (2002 : 309~310)	전철웅 (2002 : 246~247)
1	□가지	□□지	-	-	□□지
2	미□ ㄱ눈	-	-	-	밍ㄱ눈
3	홀지	-	-	-	호더
4	힝악ᄃ리	흉악ᄃ리	흉악ᄃ리	흉악ᄃ리	
5	동싱 잡가 홍나미나	동싱잡가홍나미나	-	-	동싱 잡기 홍나미나
6	보내리라	-	-	-	보□□라
7	말라 □	말□□	-	-	말□□

순천김씨묘 출토 언간 113 충북대박물관 유물번호 1460

〈순천김씨묘-113, 1550~1592년, 신천강씨(어머니) → 순천김씨(딸)〉

판독문

□…□ 쟝 두몰 것 간다 며죄 말로[1] 마으 마리니 게 말로는 □□ 너[2] 마리나 되리라 소곰 바다 □ 네게 도기[3] 잇거든 둠고 업거든 아모 디나 빌거나 슈오긔 지비 스므 말 드리[4] 도기나 이신 제 갓더니 그룰 어더 달라 둡거나 즉시 두마라 하옷[5] 도글 몯 얻거든 슈오긔 어마님두려 다라기 쓰리나 □□ 사다가 두마라 슈오긔 지비 독과 네게 ㅎ나히나 이시면 둡고 몯 다 둡거든 효근 독두러나 둡고 두로옷[6] 하 몯 얻거든 다 □□쇠 큰 도기 마은 말 둠기니 게 둡거나 즉시 둠겨라 소고만란 희경이 바드라 히여라

판독대비

번호	판독자료집	전철웅 (1995 : 262~263)	조항범 (1998a : 540)	황문환 (2002 : 310)	전철웅 (2002 : 247)
1	며죄 말로	며죄 □□□ 말로	-	-	며죄 □□ 말로
2	말로는 □□ 너	말로는 □ 너	말로는 너	말로는 너	-
3	네게 도기	네□ 도기	네□ 도기	-	-
4	스므 말 드리	-	스므 말드리	스므 말드리	□□ □ 드리
5	하옷	하 옷	-	-	하 옷
6	두로옷	두로 옷	-	두로 옷	-

순천김씨묘 출토 언간 114 _{충북대박물관 유물번호 1461}

〈순천김씨묘-114, 1550~1592년, 신천강씨(어머니) → 순천김씨(딸)〉

판독문

+ᄒ니 그려 아니 내ᄂᆞᆫ가 식브다 수룰 하 먹고 밥 본ᄃᆡ 아니 먹고 간ᄃᆡ로 겨지비니 이번 명 셔기 갈 제도 인동 슈거비 보고 와 죽다가 사니라 하 식탐ᄒ고 술 먹고 ᄒ니 자내도 늘그니 올티 아니코 그러컨댜 ᄒ노라 나 죽게 되니 벼스리 귀티 아닌 거시로다 보고 믜여라 아ᄃᆞᆯᄃᆞ리 다 녀겨 믈ᄒ고¹ 우이 ᄒ니 네 오라비ᄃᆞ려도 니ᄅᆞ디 마라 몰 봐도 스시리나 아라ᄉᆞ라 미 듀기도 아ᄆᆞ란 줄 몰라 셔올 져년히 갈 제 예 와셔 쇽절업시 노히여 ᄒ다가 가니라 갈 졔셔 미듀기 어이삿기 예 둣다가 일흐리라 ᄒ고 난겨티² 아니커든 여게다³ 두쟈 홀시 역정히여 그리ᄒ라 ᄒ니 새 공ᄉᆞ 아니 난 시브밀시 제 어미로 히여 그린가 너기더니 두곤두곤 보니 내 믿던 이리 우이 되니 ᄀᆞ이업다 두고셔 보쟈 너기니 어히업다 뉴더기도 그리히여 일흐리 라 편게코 이 년 쏘녀 믈 주면⁴ 미듀기롤 ᄃᆞ려오려 코⁵ 벌 적+

판독대비

번호	판독자료집	전철웅 (1995 : 263)	조항범 (1998a : 543~544)	황문환 (2002 : 310)	전철웅 (2002 : 247~248)
1	녀겨 믈ᄒ고	–	–	니져눌 ᄒ고	–
2	난겨티	난 겨티	–	–	난 겨티
3	여게다	여게 다	–	–	여게 다
4	쏘녀 믈 주면	쏘녀 믈 주면	쏘녀 믈 주면	–	쏘녀□ 주면
5	ᄃᆞ려오려 코	ᄃᆞ려 오려코	ᄃᆞ려 오려코	ᄃᆞ려 오려코	ᄃᆞ려 오려코

순천김씨묘 출토 언간 115 충북대박물관 유물번호 1462

〈순천김씨묘-115, 1550~1592년, 신천강씨(어머니) → 순천김씨(딸)〉

판독문

+ 드리고 디내니 게 드러 자내 업신히여 나니 박졀컨댜 용시믈 ᄒᆞ니 믈혹 죽게 되니 덧다
가 깃니 학개 겨틔 내□ 모글[1] 들오 안자셔 옷가스미 졋게 우는 양을 계오 아라 보고 눈므
를 흘리며셔 도로 인스롤 모르리러라 네 아바니미 흔드러 깃오며 싱워니 보고져 커든 드려
오쟈[2] ᄒᆞ여놀 고개를 좃거놀 드리라 희경이롤 보내도더라 이튿날사 인스롤 계오 ᄎᆞ리니 보
내다 ᄒᆞ여놀 그제사 울며셔 저는 나놀 와 보려니와 병든 주시기 제 오라비 보내고 더 용심
ᄒᆞᆯ[3] 거시니 죽거든 알외고라 ᄒᆞ도더라 그리고셔 네 아바님 드려셔 자내[4] 나놀 살아 내고라
ᄒᆞ여놀 그 녀놀 내여 보내도더라 혼자는 몯 이실 거시오 나는 이리 듕히 되니 벼술 더게 나
는 몯 살게 되과라

판독대비

번호	판독자료집	전철웅 (1995 : 263)	조항범 (1998a : 548)	황문환 (2002 : 310~311)	전철웅 (2002 : 248~249)
1	내□ 모글	-	-	-	내 손모글
2	보고져 커든 드려오쟈	보고져커든 드려 오쟈	보고져커든 드려 오쟈	보고져커든 드려 오쟈	보고져커든 드려 오쟈
3	용심홀	용심ᄒᆞᆫᄂᆞᆫ	-	-	-
4	자내	-	-	-	□□

순천김씨묘 출토 언간 116 충북대박물관 유물번호 1463

〈순천김씨묘-116, 1550~1592년, 채무이(남편) → 순천김씨(아내)〉

판독문

+ 아니랴 ᄒᆞ뇌 일일 ᄌᆞ면[1] 범디 지븨[2] 와 죵이 바볼 ᄒᆞ여 주면 ᄒᆞ련마는 현마 엇딜고 너일란 호과 됴히[3] ᄒᆞ여 보내소 ᄂᆞ믄 숑비 니ᄅᆞ니 두 번 세 번[4] 든니되 우리 죵은 아니 와시니 안심티 아니ᄒᆡ[5] 쥬글 오ᄂᆞ리나 ᄡᅮ어 보내고 아모 타리나 ᄒᆞ면 됴희마는 죵이 맛당티 아니ᄒᆞ니 긔거롤 몯ᄒᆞ리로쇠 짐쟉ᄒᆞ여 됴홀 대로 ᄒᆞ소 오ᄂᆞᆯ 오고 ᄯᅩ 너일 오기 어려오면 현마 엇딜고 셩보기롤 너일란 잠말[6] 마오 자바 보내소

판독대비

번호	판독자료집	조건상 (1981a : 243)	전철웅 (1995 : 263)	조항범 (1998a : 552)	황문환 (2002 : 311)	전철웅 (2002 : 312~313)
1	일일 ᄌᆞ면	일고 ᄌᆞ면	일고 ᄌᆞ면	일고 ᄌᆞ면	일 고ᄌᆞ면	일 고ᄌᆞ면
2	범디 지븨	범디지븨	–	–	–	–
3	호과 됴히	호과로 ᄒᆞ여	–	–	–	–
4	숑비 니ᄅᆞ니 두 번 세 번	숑비니ᄒᆞ니 두번 세번	셩비 니ᄅᆞ니 두 번 세 번	–	숑비 니ᄅᆞ니 두 번 세번	–
5	아니ᄒᆡ	–	아니 ᄒᆡ	–	–	–
6	잠말	쟝만	–	–	–	–

순천김씨묘 출토 언간 117 충북대박물관 유물번호 1464

〈순천김씨묘-117, 1550~1592년, 신천강씨 → 미상*〉

판독문

> 아기내손디 대되 겸

젼웅슈 가져온 유무 보고 다 됴히 이시니 깃거ㅎ노라 우리도 무스히 인노라 나도 남초니 나와시니 즈시 몯ㅎ노라 슈니 어미 병은 민망이 너기노라 내 헐복히여 몯 가니 하느리 우리롤 믜셔 즈시글 서르 몯 보게 ㅎ시거니 ㅎㅎㅎ노라 댱단 이론 ㅎ 골하나[1] 무스ㅎ면 아니랴 ㅎ노라 또 오긔 아비 이무ㅎ[2] 거슨 보내디 몯ㅎ니 가져가리 이시면 아니 보내랴 나도 나왓고 올 제도[3] 요 노미 유무 아니 바다 오니 잠간 ㅎ노라 팔월 열여쇄

판독대비

번호	판독자료집	조건상 (1981a : 244)	전철웅 (1995 : 264)	조항범 (1998a : 555)	황문환 (2002 : 311)	전철웅 (2002 : 327~328)
1	댱단 이론 ㅎ 골하나	댱단이 ㅎㅎ골하나	-	-	-	-
2	이무ㅎ	이무 ㅎ	이무 ㅎ	-	이무 ㅎ	-
3	아니 보내랴 나도 나왓고 올 제도	아니 보내랴마는 나 왓고 올 제도	-	-	-	-

---

* 조항범(1998a : 7~15)에 따름. 황문환(2002)에서는 신천강씨(어머니)가 순천김씨(딸)에게 보낸 편지로 보았다. 조항범의 최근 분석에서는 수신자를 '순천김씨'의 여동생(민기서의 처) 또는 '김여물'의 아내(며느리)로 보았다.

〈순천김씨묘-118, 1550~1592년, 채무이(남편) → 순천김씨(아내)〉

판독문

나는 너일사 갈가 시븨 긔우는 음시글 뻬예[1] 먹고 돈니니 편호더니 바민 형니미 드러오니 바민 새도록 주믈 몯 자고 오느론 일이 할[2] 거시니 민망히 뵈옷 몯 샌라 인는가 무명오시 하 브드티니 민망호여 흐뇌 샌리 잇거든 보내고 아니 샌라 잇거든 아므려나 샌라 니이리나 닙고져 흐뇌 뉴 싱원 지븐 고마오니 오느론 밥 머그라 가기 고마온 둧호니 셩보긔 지븨[3] 가니 므여나[4] 다엿 되예 치나[5] 사 보내면 +

판독대비

번호	판독자료집	조건상 (1981a : 244)	전철웅 (1995 : 264)	조항범 (1998a : 558)	황문환 (2002 : 311)	전철웅 (2002 : 313)
1	뻬예	뻬에	-	-	-	-
2	일이 할	이이홀	이이홀	이이홀	이이홀	-
3	셩보긔 지븨	셩보긔지븨	-	-	-	-
4	가니 므여나	-	가느□여나	-	-	가느므염
5	다엿 되예 치나	다엿되 예치나	다엿 되예치나	다엿 되예치나	다엿 되예치나	-

순천김씨묘 출토 언간 119 충북대박물관 유물번호 1466

〈순천김씨묘-119, 1550~1592년, 신천강씨(어머니) → 순천김씨(딸)〉

판독문

> 채 셔방집

네 됴히 이시니 깃거□□[1] 우리는 하 이미훈 이룰 하 흉아기 얼거 다 등명이[2] 사오나와 노홉디외 하 몰 ᄀ라 ᄒ던 거시니 모돌가 깃브다 믈곳 프러디면 가리라 이 더돌 됴히됴히[3] 잇거라 하 블의로 가니 유무도 조시 몯ᄒ고 지미 므거오니 봉싱도 몯ᄒ노라 약 살 무명 두 필 보내신다 초다쉔날 모[4] 홍챵쉬[5] 지비 야토로 갑 훈 필 간다 브디 믈러 보내여라 다 인 텨[6] 가ᄂ니라 하 사오납디 아니니 밧고리 하 심심히여 조시 몯ᄒ노라[7] 야토로 와사 죵둘 티장ᄒ리라[8] ᄒ디 살려 보내여라

판독대비

번호	판독자료집	전철웅 (1995 : 264)	조항범 (1998a : 561)	황문환 (2002 : 312)	전철웅 (2002 : 249~250)
1	깃거□□	깃거 ᄒ□□	-	-	깃거 □□
2	등명이	-	-	-	등명이
3	됴히됴히	됴히	됴히 됴히	됴히 됴히	-
4	모	쏘	쏘	-	쏘
5	홍챵쉬	-	홍챵쉬	홍챵쉬	-
6	인 텨	인텨	-	-	인텨
7	몯ᄒ노라	몯 ᄒ노라	-	-	몯ᄒ□라
8	티장ᄒ리라	티강ᄒ리라	-	-	티강ᄒ리라

순천김씨묘 출토 언간 120 충북대박물관 유물번호 1467

〈순천김씨묘-120, 1550~1592년, 신천강씨(어머니) → 순천김씨(딸)〉

판독문

아츠미 날 가지라 온 편지는 내 자다가 디답 아니 호라[1] 바미어든 줌[2] 아니 오니 나죄[3] 자
노라 날 당말 쏘드시 니르고 가셔 오디 마와댜 노흐락 달애락 ㅎ니 노호와 가디 마로마 흔
후는 놈 모론 무슴물 미양 애드라 ㅎ니 즈식돌도 드리고 내 무슴미 말 흐리[4] 업서 더 애드
노라 흔 적 건너가 다시 녀려오리라 편흔 제 쏘른 뜨 ㅎ다 내 간고홀 저근 구이업선마는 둘
히 안자셔 근심ㅎ던 저근 가난히여도 이더도록 셟디 아니타니 벼스롤 ㅎ니 내 가스미 셜운
쁘디 더옥 ㅎ니 이려셔 올티 아니로다 민 셔방 지비셔도 하 스시리 쇠[5] 우이 어렵거눌 역질
탈코[6] 우기와다[7] 가니라 이제는 쑬 디도 업고 지미 너윌 스므날 후에사 져그나 올 거시니
그 스이는 아무리 다힐 줄 모르고 인노라 내 가나는 그리오[8] +

판독대비

번호	판독자료집	전철웅 (1995 : 264)	조항범 (1998a : 565~566)	황문환 (2002 : 312)	전철웅 (2002 : 250)
1	아니 호라	–	아니호라	아니호라	아□호라
2	줌	–	–	–	즈미
3	오니 나죄	–	–	–	오□□죄
4	말 흐리	–	말흐리	–	–
5	스시리 쇠	스시리쇠	–	–	스시리쇠
6	역질 탈코	역질탈코	역질탈코	–	역질탈코
7	우기와다	우기 와다	–	–	우기 와다
8	그리오	그리□	–	–	–

순천김씨묘 출토 언간 121 충북대박물관 유물번호 1468

〈순천김씨묘-121, 1550~1592년, 신천강씨(어머니) → 순천김씨(딸)〉

판독문

셔방님 오늘 아니 완ᄂ냐 나는 밥 먹고 김해 보라 가노라 ᄯ또 담 옷[1] 니피기랑 ᄂ일 근사니
ᄒ여 훕 푸고[2] 므리나 바다 둣짜가[3] 내 ᄂ일 아춤밥 일 먹고 션산셔 부ᄉ 보고 오나둔 나조
겨티 니이게 호디야[4]

판독대비

번호	판독자료집	조건상 (1981a : 245)	전철웅 (1995 : 264)	조항범 (1998a : 569)	황문환 (2002 : 312)	전철웅 (2002 : 250~251)
1	담 옷	담옷	담옷	-	-	담옷
2	훕 푸고	호ᄀ푸고	흔□ 푸고	-	훍 푸고	-
3	둣짜가	-	-	-	둣짜가	-
4	호디야	호디 야	-	-	-	-

순천김씨묘 출토 언간 122 충북대박물관 유물번호 1469

〈순천김씨묘-122, 1550~1592년, 신천강씨(어머니) → 순천김씨(딸)〉

판독문

댱원감 지비 쩨 준 나록 열단 마리러니 잣 너믄 노니 타작히여든 숣고 주어라 홍챵쉬 지비 닐어라 덕늉이 옷 히여 니펏다 쏘 믈 갑손 듕쳥도 짐 오나든 주어라 예셔 훈 바리나 히여 주려 히니 삭시 다견히니 민망타 민 셔방 갈 제 제 답장호리라

판독대비

번호	판독자료집	전철웅 (1995 : 265)	조항범 (1998a : 572)	황문환 (2002 : 312)	전철웅 (2002 : 251)

순천김씨묘 출토 언간 123 충북대박물관 유물번호 1470

〈순천김씨묘-123, 1550∼1592년, 신천강씨(어머니) → 순천김씨(딸)〉

판독문

소눌 미고 안즈니 이리 □싱되디 마ᄂ매라 즈식 몯 살게 호미 어버의 다시언마는 내 팔지 전싱애 즈시긔 죄이니 되여 즈시글 셜이 살게 밍그디와 내 히므로는 홀 이리 업세라 죵인돌 어디 잇거든 주료 실로비 네식 혀여 주고 당시 내 브리기 계오 브리니 즈식 줄 거시 업스니 나옷 주그면 네[1] 아바니미 셔가나나 노하 더디면 브리는 죵이나 ᄂ화 주리라[2] 티[3] 줄 죵 업 세라 너희도 즈시글 ᄀ초 나하시니[4] 디내여 봐라 궁ᄒ면 ᄆᄉ미 빅 다눌 와도[5] 몯ᄒ리로다 ᄂ믄 샹더긴가 너겨도 내 히는 누근 이피 업고 당시 빈 소긔[6] 무텨시니 ᄀ업다

판독대비

번호	판독자료집	전철웅 (1995 : 265)	조항범 (1998a : 575∼576)	황문환 (2002 : 313)	전철웅 (2002 : 251∼252)
1	네	-	제	-	-
2	주리라	-	-	-	주□나
3	티	-	더	-	-
4	나하시니	(나)하시니	-	-	□하시니
5	다눌 와도	다눌□도	-	-	다□□도
6	빈 소긔	빈소긔	-	-	-

판독문

> 아기내손디

요스이 긔별 모르니 대되 엇디 인ᄂ순다 뷔디 아닌 몸ᄃ리 엇디 잇거뇨 희 길고 싱각혼 시
ᄂ 모기 며여[1] 눈믈 딜 저기 무훈히여라마ᄂ 길히 머니 쇽져리랴[2] 아바니ᄆ 영히 됴호시건
디[3] 다여쇄여 다[4] 음식도 젹져기나 자신다 싱일 디내고 여드래날[5] 본여그로 가신다 요스이
마촤 감시 ᄌᆯ 저기라 됴리ᄒ셔다 ᄯᅩ 쵀소니ᄂ[6] 간ᄂ냐 가진 것들 주시 ᄎ리손다[7] 족 드리기
밧브니[8] 열홉ᄢᅴ 조기 마자시니 쵀소니[9] 족 드릴 것 쉬이쉬이 ᄂ리와 보내여라 가ᄂ지ᄂ[10]
엇디ᄒᆞᄂ고 ᄒᆞ노라 니워리 역 사ᄅ미 강안도 갈 거시니 그 갈 저긔 주시 호마 이 노미 슈령
관 드려[11] 디나가며 바드니[12] 주시 몯ᄒ노라 몯ᄒ노라 뉴월 스므엿쇈날 모

판독대비

번호	판독자료집	조건상 (1981a : 245)	전철웅 (1995 : 265)	조항범 (1998a : 579)	황문환 (2002 : 313)	전철웅 (2002 : 252~253)
1	며여	메여	-	-	-	-
2	쇽져리랴	쇽 져리랴	-	-	-	-
3	영히 됴흐시건 디	역히 됴흐시건디	-	영히 됴흐시건디	-	-
4	다여쇄여 다	다여쇄여다	다여쇄여다	다여쇄여다	-	다여쇄여다
5	여드래날	-	-	-	여드래 날	-
6	쏘 최소니는	쏘즈최소니는	-	-	-	-
7	가진 것들 즈시 츠리슨다	가진것들 시 츠리슨다	-	-	-	-
8	밧브니	-	-	-	-	밧브□
9	최소니	최스니	-	-	-	-
10	가느지는	-	-	-	가ㅇ지는	-
11	이 노미 슈령관 드려	이노미 슈행관드래	-	-	-	-
12	바드니	봐다니	-	-	-	-

순천김씨묘 출토 언간 125 충북대박물관 유물번호 1472

〈순천김씨묘-125, 1550~1592년, 김훈(아버지) → 순천김씨(딸)〉

판독문

> 채 셔방 씌
> 봉셔[1]   근봉

됴히 이시니 깃게라 깃게라 나도 무스히 인노라 녀느[2] 거순 짐 무거워 몯 보내노라 슈니 옷
ᄀᆞ슴 ᄀᆞᄂᆞ무명 ᄒᆞᆫ 필 주노라 날 일쿨고 ᄒᆞ여 주어라 卄五日 父

판독대비

번호	판독자료집	조건상 (1981a : 246)	전철웅 (1995 : 265)	조항범 (1998a : 583)	황문환 (2002 : 313)	전철웅 (2002 : 292)
1	채 셔방 씌 봉셔	채셔방씌 봉셔	채셔방씌 봉셔	–	채셔방씌 봉셔	채셔방 씌 봉셔
2	녀느	–	–	–	녀느	–

순천김씨묘 출토 언간 126 충북대박물관 유물번호 1473

〈순천김씨묘-126, 1550~1592년, 신천강씨(어머니) → 순천김씨(딸)〉

판독문

+□□□□□ 우리도 됴히 잇고 네 아바님도 최스원 히여 와 겨시다 우리도 오난 디[1] 오라
니 그리오미 심컨마는 쉬이 몯 가니 니년히나 가면 아니랴 네 딕녕 フ슨면 이제야 계오 모
려 ᄂᆞ니[2] 마은 자 눌고 여닐굽 도는 나마시니 딕녕 フ슨면 계오 눌가 너겨 혼 피룰 ᄂᆞ토라[3]
시도 당시 네게셔 오니 외예 줏디 몯히엿고[4] 날□ 하 치워[5] 쉬이 몯ᄒᆞ게 되니 설워 필브터[6]
ᄒᆞ노라 호라 당시 어제야 ᄂᆞ니 니월 보롬끠는 다 ᄲᅧ면 진봉의는 가리로다 무명 그톤 바드니
죄 쁘고 당시 업시[7] 잇고 ᄯᅩ 이 사ᄅᆞ미 뎐뎐 유무만 계오 주니 므서슬 보내리 니월 스이 사
ᄅᆞ미 부러 갈 일 이시니 그제 주시 호마 하 슈선ᄒᆞ니 내 스실도 만호디 주시 몯+

판독대비

번호	판독자료집	전철웅 (1995 : 265)	조항범 (1998a : 585)	황문환 (2002 : 313~314)	전철웅 (2002 : 253)
1	오난 디	–	오난디	–	–
2	모려 ᄂᆞ니	모려ᄂᆞ니	–	–	–
3	ᄂᆞ토라	–	–	–	ᄂᆞ로라
4	몯히엿고	몯 히엿고	–	못히엿고	–
5	날□ 하 치워	날 하 치워	–	–	–
6	필브터	–	–	–	필□터
7	업시	–	–	업서	–

순천김씨묘 출토 언간 127 충북대박물관 유물번호 1474

〈순천김씨묘-127, 1550~1592년, 신천강씨(어머니) → 순천김씨(딸)〉

판독문

> 셔방집 답[1]

슈뎡이 오고 남촌 사롬 오나눌 됴히 대되 이시니 어버의 깃브미로다 나눈 당시[2] 숨만 니어 잇거니와 네 아바니몬 원긔 지략한뎌 하 삼년지 보차여 둔니며 이제눈[3] 수룰 져기 자셔도 인히여 알키롤 오래 ᄒ니 ᄒ마 네 오라비 간 후로 년히여 알타가 예 드리라 오시다가 ᄇ룸도 더 들고 히여 바볼 호 술도 몯 자시기롤 보롬지 ᄒ고 하 긔오눌 셜워코 하 바려ᄒ시니 민망히여 병장은[4] 뎡커니와 아니 드르면 파지글 히여도 내둗디 몯ᄒ가[5] ᄒ거니와 됴리나 히여 보고져 ᄒ신다 ᄌ식돌 다 외오 두고 뉵시비 사룸미 궁히여 이 벼스롤 분드려셔도 견더디 몯ᄒ다 니워리 망이나 차며 ᄒ가 ᄇ라니 그옷 몯ᄒ면 당시 무ᄉ미눈 ᄀ올히나 더디고 오고져 시브다 슈뎡이눈 여셔 어더 줄 거시 업서 여게 외쟈 호[6] 거시 잇거눌 뿔 스므 말 ᄢ에ᄒ고 가지라 여ᄃ랜날[7] 와셔 아ᄒ랜날 가니 몰이사 ᄒ□□□ 오라 히연ᄂ니라 바차 슈뎡이 갈 □□□[8] 이만 이월 열ᄒ룬날

판독대비

번호	판독자료집	전철웅 (1995 : 266)	조항범 (1998a : 589~590)	황문환 (2002 : 314)	전철웅 (2002 : 254)
1	셔방집 답	[판독 안 됨]	[판독 안 됨]	[판독 안 됨]	–
2	당시	상시	–	–	–
3	이제눈	–	–	–	□제눈
4	병장은	–	–	병장은	–
5	몯ᄒ가	몯 홀가	–	–	몯홀□
6	외쟈 호	–	–	–	외쟈호
7	여ᄃ랜날	–	–	–	여ᄃ□□
8	갈 □□□	갈 □□□□	갈 □□	–	갈 □□□□

순천김씨묘 출토 언간 128 충북대박물관 유물번호 1475

〈순천김씨묘-128, 1550~1592년, 신천강씨(어머니) → 순천김씨(딸)〉

판독문

명디는 밧곤가 엇딘고 장의골 그 초록 든 것 쉬이쉬이 츠려셔 최소니 쉬 보내라[1] 그 와사
므롤 시작ᄒ리라 장의골도 몸 무스히 인는가 싱워니 이리 와시니 엇디홀고 시베라 옥쳐셔
눈 이 둘 보름날[2] 나ᄒ니 아둘 나하다 ᄒ다 감지는 아니도 드려오려 터니[3] 모다 간ᄉ 아녀[4]
지비 든 사ᄅ미 아니 브리니 노호와 드려오려 ᄒ시니 나는 너희 즈시기나 나하던 드려오려
ᄒ니 그리ᄒ신다 푼문 마라 커니와[5] 여그로 갈 버비라 장의골 믈 볼리 보내라 히여라 바차
몯ᄒ니 지쵹히여 보내여라 보내여라

판독대비

번호	판독자료집	조건상 (1981a : 246)	전철웅 (1995 : 266)	조항범 (1998a : 593)	황문환 (2002 : 314)	전철웅 (2002 : 254~255)
1	보내라	보니라	-	-	-	
2	이 둘 보름날	이둘 보름날	-	-	-	이 둘 보롬날
3	아니도 드려오려 터니	아니 도드려 오려터니	아니도 드려 오려터니	아니도 드려 오려터니	아니도 드려 오려터니	아니도 드려 오려터니
4	간ᄉ 아녀	간ᄉ아녀	-	-	-	
5	푼문 마라 커니와	푼문마라커니와	푼문 마라커니와	-	-	푼문 마라커니와

순천김씨묘 출토 언간 129 충북대박물관 유물번호 1476

〈순천김씨묘-129, 1550~1592년, 채무이(남편) → 순천김씨(아내)〉

판독문

귀소니 뿌리 몃 무술 시러 왓는고 츠려 밧소 굴히여 몯 쓰게 되면 도로 맛디리라 니르소 보기는 어드러 가돗던고 내 가 츠려 받고져 호디 혼자 이신 제 글도 닐그며 닉일 바조옷[1] 드디면 브디[2] 가 긔걸홀 거시니[3] 미양 가기 어려워 아니 가뇌 닉일 드딜가 모리 드딜가 즈셰 과부흐소 닉일 드딜 양이면 어을메 감새 모리 드딜 양이면 닉일 가셔 자고 오리 즈셰 가부흐고 귀소니란 예 와 돈녀가라 흐소

판독대비

번호	판독자료집	조건상 (1981a : 247)	전철웅 (1995 : 266)	조항범 (1998a : 596)	황문환 (2002 : 314~315)	전철웅 (2002 : 314)
1	바조옷	바조 옷	-	-	-	-
2	브디	부디	부디	부디	부디	-
3	긔걸홀 거시니	긔걸 홀거시니	-	-	-	-

순천김씨묘 출토 언간 130 충북대박물관 유물번호 1477

〈순천김씨묘-130, 1550~1592년, 채무이(남편) → 순천김씨(아내)〉

판독문

칙녀글 가져다가 보니 스므날로셔 스물닷쇄씨장은 수방 귀시니 다 동의 간는 나리니 엇디
그 나롤 됴타 ᄒᆞᆺ돗던고 보기 그른 듣거나 그노미 그른[1] 굴히거나 혼가 시븨 나는 굴히니 오
월 초사ᄒᆞᆫ나리[2] ᄀᆞ장 됴코 그 져니는 아모 날도 기자티 아니히 스게 되면 세만ᄒᆞ다 아닐가
근사나나 오고 남기나 뷔고 고텨 명쉬롤 드려다가 무러 ᄒᆞᆫ새 바조옷[3] 닐일 드디게 되면 내
가[4] 괴결ᄒᆞ고 오리 바조옷[5] ᄒᆞ면 브디 보기 이셰야 ᄒᆞ려니와 바조옷[6] 모러나 홀 양이면 나
모 ᄒᆞ라 브디 보내소 뎜심바븐 됴테 엇디 차망되예라[7] ᄒᆞ시던고 오직 늣데

판독대비

번호	판독자료집	조건상 (1981a : 248)	전철웅 (1995 : 266)	조항범 (1998a : 599)	황문환 (2002 : 315)	전철웅 (2002 : 314~315)
1	그른	르리	-	-	-	-
2	초사ᄒᆞᆫ나리	-	-	초사ᄒᆞᆫ 나리	-	-
3	무러 ᄒᆞᆫ새 바조옷	무러ᄒᆞᆫ새 바조 옷	-	-	-	-
4	내 가	내가	-	-	-	-
5	바조옷	바조 옷	-	-	-	-
6	바조옷	바조 옷	-	-	-	-
7	차망되예라	차망 되예라	-	-	-	-

〈순천김씨묘-131, 1550~1592년, 신천강씨(어머니) → 순천김씨(딸)〉

판독문

요소이 더위예 조식둘 ㅎ고[1] 병이니 엇디 인ᄂᆞᆫ다 우리도 됴히ᄂᆞᆫ 잇고 네 아바님도 가면 대되 조식ᄃᆞ리나 볼가 ㅎ시더니 하 보차여 고여리 ᄃᆞ니니[2] 하 펀티 아녀 몯 가 예 와 다여쇄 누엇다가 이제사 계오 괴신ᄒᆞ여 가시ᄂᆞ니라 하 병이 드니 민망ᄒᆞ여라 나는 셩히 인노라 너희 몸둘 뷔댜니 조심ᄒᆞ여 디내여라 네 무명도 이제 ᄯᅵᆫ다 몯 가ᄂᆞᆫ 이리나[3] 알에 잠간 ᄒᆞ여 가ᄂᆞ니라 하 날 덥고 수션ᄒᆞ니 즈시 몯ᄒᆞ노라 ᄯᅩ 무명 열 필 두 뭇그미 가ᄂᆞ니라 ᄒᆞᆫ 닷 비리맛[4] 조ᄒᆞ니라 글란 장의꼴 초록 세 필 드리라 가시니[5] 그 갑 주라[6] 보내고 닷 빌로셔[7] 족 드릴 명디[8] 두 피ᄅᆞᆯ 밧고디 ᄀᆞ장[9] 고오니 너비 넙고 빗[10] 고오니 밧과라 져기 갑시 낟브거든 개더긔 공 뫼 ᄒᆞᆫ 피리 잇더니[11] 그롤 더 줄만뎡 모디 것명디 ᄀᆞ티 고오니[12] ᄒᆞ여라 감지나 □ 최소나나 나ᄃᆞ라 밧과라[13] 하 더오니 이무도 즈시 몯ᄒᆞ노라 너희 하 명디 열오니 밧고니[14] 감지나 가져 관지비 가도고 개잘 밧곤다[15] ᄒᆞ니 밧과라 홍챵쉬 노호왜라[16]

판독대비

번호	판독자료집	조건상 (1981a : 249)	전철웅 (1995 : 267)	조항범 (1998a : 603~604)	황문환 (2002 : 315)	전철웅 (2002 : 255~256)
1	조식둘흐고	조식둘 흐고	조식둘 흐고	–	–	–
2	보차여 고여리 돈니니	보차여고 애 티돈 닐	–	–	–	–
3	쁜다 몯 가는 이리나	버슨다 몯 가는이리나	–	–	–	–
4	흔 닷 비리 맛	흔닷비리만	흔 닷비리 맛	–	흔 닷비리 맛	–
5	가시니	가기니	–	–	–	–
6	주라	주로	–	–	–	□라
7	닷 빌로셔	각빌로셔	–	–	–	–
8	뎡디		–	–	–	□디
9	두 피롤 밧고디 ᄀ쟝	두피롤 박고디 가쟝	두 피롤 밧고디 가쟝	–	–	두 피롤 밧고디 가쟝
10	빗	–	–	–	–	□
11	공 뵈 흔 피리 잇더니	공부흔피리잇더니	–	–	–	–
12	것뎡디ᄀ티 고오니	것뎡디 ᄀ티 고오니	것뎡디 ᄀ티 고오니	–	–	것뎡디ᄀ□□오니
13	나ᄃ라 밧과라	둘라밧과라	–	–	–	–
14	밧고니	박고니	–	–	–	–
15	관지비 가도고 개잘 밧곤다	관지비가 도고개잘 박곤다	관지비 가 도고 개잘 밧곤다	관지비 가 도고 개잘 밧곤다	–	관□□ 가 도고 개잘 밧곤다
16	밧과라 홍챵쉬 노호왜라	박과라 미양 쉬 노호오니라	–	–	–	밧과라 □□쉬 노호왜라

순천김씨묘 출토 언간 132 충북대박물관 유물번호 1479

〈순천김씨묘-132, 1550~1592년, 김훈(아버지) → 순천김씨와 그 여동생(딸들)〉

판독문

```
채 민[1]
아기네 형데손디                    〔수결〕
```

나는 몬 가만뎡 됴히 인노라 아기네 오나눌 안부는 드르니 깃게라 두 지비 춤째 흔 말 신슈
니 복기리 순이리 휘 보내노라 뉴워리 몬 가니 섯쏘래나 갈가 고즈기 보라노라 예 뎨 다 무
스호니 그여셔[2] 더으랴 쏘 슈니 어마니 조판셔 씨긔 죠히 봉시[3] 가느니 분경 저푸니 셔방님
드려 닐어 뎐호디[4] 오셰뎡이눌 블러 뎐흐면 의심 업스니 섯쏠 져니[5] 뎐흐예라 뎐흐예라 十
月 十七日 父

판독대비

번호	판독자료집	조건상 (1981a : 250)	전철웅 (1995 : 267)	조항범 (1998a : 608)	황문환 (2002 : 315)	전철웅 (2002 : 295)
1	채 민	채민	-	-	-	-
2	그여셔	그에셔	-	-	-	-
3	봉시	봉쇠	-	-	-	-
4	셔방님 드려 닐어 뎐호디	셔방님 드려닐어뎐 호디	-	-	-	-
5	져니	져늬	져늬	-	-	져늬

순천김씨묘 출토 언간 133 충북대박물관 유물번호 1480

〈순천김씨묘-133, 1550~1592년, 신천강씨(어머니) → 순천김씨(딸)〉

판독문

홍챵쉬 지비 믈 든 것 모디 희경이 올 제 보내여라 브디 미처 티쟝의[1] 히여 가리라 밧바 이 만ᄒ노라 뉴더기 미양 긔벼롤 가마니 제 ᄌ시긔게 호디 미듀기 몯 기ᄃ려 인노라 미듀기 오면 나가랴 혼다 ᄒ니 저ᄃ려 내 말로 니ᄅ라 네 늘근 녀이니 엇디 그리ᄒ는다 그리ᄒ면 미듀기롤 평싱 몯 보게 ᄒ고 가리라 엇디 그리ᄒ ᄂ뇨 닐어라 ᄯᅩ 아바님겨셔 이감[2] 넉 뎝 ᄲᆞ니 ᄒ고[3] 유무 가ᄂ니 펴양군 디긔 즉시 뎐ᄒ라 ᄒ신다 브디히[4] ᄌ시 뎐ᄒᆞᆯ 이뭐라

판독대비

번호	판독자료집	조건상 (1981a : 250)	전철웅 (1995 : 267)	조항범 (1998a : 612)	황문환 (2002 : 316)	전철웅 (2002 : 256)
1	티쟝의	더 쟝의	-	-	-	-
2	이감	-	이 감	-	-	-
3	넉 뎝 ᄲᆞ니ᄒ고	넉뎝 ᄲᆞ니ᄒ고	넉 뎝 ᄲᆞ니 ᄒ고	넉 뎝 ᄲᆞ니 ᄒ고	-	-
4	브디히	-	□디히	-	-	□디히

순천김씨묘 출토 언간 134 충북대박물관 유물번호 1481

〈순천김씨묘-134, 1550~1592년, 신천강씨(어머니) → 순천김씨(딸)〉

판독문

희경이 제 다 교슈 드러 가니[1] 제 와 마즈리로다 그런 세 필 뵈 셜흔 다엿 자 히□[2] 보내고
아니 보내니 내 다시 흐니 죵 둘히 흔 둘 나마[3] 머므러 세 필 짜 가느니라 즈식드리 게 회
문 내고 뇌여 일마다 스골□ 가니[4] 온갓 일 흐고 나으리 니블 일 흐고 일 흐리 업스니 나도
갈 제 예사 이리나 흐여지라 흐노라 유무흐연느니라 우리도 일 보낸다 노흐여 흐신다 흐여
라 노호왜라 흥졍 힘서 흐고[5] 이 교지그란 아모 디나 수디 □□ 밧골 디 잇거든 밧과 보내
여라 이터 두고 민망흐여라

판독대비

번호	판독자료집	전철웅 (1995 : 267)	조항범 (1998a : 615)	황문환 (2002 : 316)	전철웅 (2002 : 257)
1	드러 가니	-	드러가니	-	-
2	히□	-	-	-	히시
3	흔 둘 나마	흔 둘나마	흔 둘나마	흔 둘나마	흔 둘나마
4	스골□ 가니	-	스골□ 가니	스골□ 가니	스골 세가니
5	힘서 흐고	힘 서 흐고	-	-	-

순천김씨묘 출토 언간 135

〈순천김씨묘-135, 1550~1592년, 신천강씨(어머니) → 순천김씨(딸)〉

판독문

약과 이빅 낫 보내노라 슈오긔 지비 마은 낫 겨니 지비 마은 낫 더이리 지비¹ 마은 낫² 여드 느란 네 지비 즈식 주고 학개 올 저기어든 머겨라 말자 즈시기 위티훈 지조롤 비화 나니³ 나간 저기면 다시 보려니 식브뎌녀 미양 누니⁴ 볼이고 닛디 몯흐니 이려셔 어버이 근즈시글 몯 닛느쏘다⁵ 둘흔 제⁶ 쳐즈시기 잇거니와 요스이도 고로이 간는가 더옥 닛디 몯흐여라마 는 홀 이리 업세라

판독대비

번호	판독자료집	조건상 (1981a : 251)	전철웅 (1995 : 268)	조항범 (1998a : 618)	황문환 (2002 : 316)	전철웅 (2002 : 257~258)
1	마은 낫 더이리 지비	마슨낫 더이리지비	-	-	-	-
2	마은 낫	마슨낫	-	-	-	-
3	비화 나니	비화나니	비화나니	-	-	-
4	식브뎌녀 미양 누니	식브댜 내 미양 수니	-	-	-	-
5	닛느쏘다	닛트쏘다	-	-	-	-
6	둘흔 제	둘흔데	-	-	-	둘☐☐

순천김씨묘 출토 언간 136 _{충북대박물관 유물번호 1483}

〈순천김씨묘-136, 1550~1592년, 신천강씨(어머니) → 순천김씨(딸)〉

판독문

나도 가셔 말 만터니 □□ 니치매[1] 몯ᄒ고 오니 서온코 ᄌ식돌 거ᄂ리고 잇다 가기도 ᄀ업
다 ᄲ리야 내 니즌 거시디 ᄡᅩ 두 말만 와 밧과라 수미ᄂᆞᆫ ᄡᅩ 무ᄉᄒ면 스므날ᄭᅵ만 다시 가
보마 나도 니치일 저기 업세라 져근 입 부러 굽디 몯ᄒ고 바배 머고련노라

판독대비

번호	판독자료집	전철웅 (1995 : 268)	조항범 (1998a : 621)	황문환 (2002 : 316)	전철웅 (2002 : 258)
1	니치매	-	-	-	니치여

순천김씨묘 출토 언간 137 충북대박물관 유물번호 1484

〈순천김씨묘-137, 1550~1592년, 신천강씨(어머니) → 순천김씨(딸)〉

판독문

채 셔방집

요ᄉᆞ이 엇디 인ᄂᆞᆫ다 긔별□□□ 아ᄒᆡ둘ᄒᆞ고 엇디 인ᄂᆞᆫ다 ᄌᆞ식ᄃᆞᆯ 낙박히여 다 몯ᄒᆞ고 □
□□□□나 홀가 ᄇᆞ라다니[1] 몯 □□□ □□노라 □□노라 우리는 부쳬 당시 수믄 니어 이셔
도 늘그니 긔시ᄂᆞᆫ 다 일코 인노라 귀보기 안부 알라 가니 아모것도 몯 보내노라 오증어 열
ᄒᆞ나 아기내나 주어라 몬져 개□에 갈 제 무명 두 필□□□ 내 ᄀᆞᄅᆞ매사 아ᄆᆡ나 쉬 오리 ᄒᆡ
여 보내고 쟝으란 아ᄆᆞ려나 ᄃᆞ마 두어라 개더긔게 징녀미 가시니 공이 올 버비라[2] ᄀᆞᆫᄂᆞᄇᆡᄅᆞᆯ
어들 셔 업서 다새 여새니 적삼 고달도 아조 업ᄉᆞ니 그 ᄇᆡ란 귀보기 올 제 왓거든 ᄀᆞ리라니
다 보내여라 혼니블도 다 업세라[3] 네 ᄌᆞ디 디ᄒᆞᆫ 지쵀 홀 □□□ 곱촤 둔노라 오리 ᄒᆡ여 보
내여라 □□□란[4] ᄆᆞᄉᆞ미[5] 심심ᄒᆞ니 스디 몯ᄒᆞ니 이만ᄒᆞ노라 ᄉᆞ월 초이튼날 □□의[6] 유무
둣다가 □□□[7]+

판독대비

번호	판독자료집	전철웅 (1995 : 268)	조항범 (1998a : 624)	황문환 (2002 : 317)	전철웅 (2002 : 258~259)
1	ᄇᆞ라다니	-	-	-	ᄇᆞ라다□
2	버비라	-	-	-	버비□
3	업세라	-	-	-	업□라
4	□□□란	□□□□	-	-	□□□론
5	ᄆᆞᄉᆞ미	-	-	-	ᄆᆞᄋᆞ미
6	□□의	미양	미양	미양	계향의
7	□□□	-	-	-	소□닐□□

순천김씨묘 출토 언간 138 _{충북대박물관 유물번호 1485}

〈순천김씨묘-138, 1550~1592년, 채무이(남편) → 순천김씨(아내)〉

판독문

□의

□ᄒᆞ여 편지 보고 됴히 겨시니 깃게 □□□□ᄂᆞᆫ 오라 ᄒᆞ시면 감죽도 ᄒᆞ□□와 나리 하 더우니 모다 가 잇다가 아니 뉘웃븐 이실가 분별ᄒᆞ뇌 짐쟉ᄒᆞ여셔 날웃 하 덥거든 가디 마소 무명 딕녕 졈 내여 둣다가 보내소 드러갈 제 닙게 귀소니 어미ᄂᆞᆫ ᄯᅩ 가 브ᄅᆞ라 ᄒᆞ뇌 숩것 바ᄉᆞ니 가니 간 보낼 제 니 영즈 ᄒᆞ여 보내소

판독대비

번호	판독자료집	전철웅 (1995 : 268)	조항범 (1998a : 628)	황문환 (2002 : 317)	전철웅 (2002 : 315)

순천김씨묘 출토 언간 139 충북대박물관 유물번호 1486

〈순천김씨묘-139, 1550~1592년, 신천강씨(어머니) → 순천김씨(딸)〉

판독문

촘셥[1] 혼 말 보내노라 규화를 업서 보내니[2] ᄀ장 ᄀ장 묽고[3] 고오니를 사 보내여라 디과 규화과를 ᄀ장 고오니 사라 디옷 몯 살가 식브거든[4] ᄀ장 이돈 마존[5] 규화 사고 디[6] 몯 사거든 큰 두 되[7] 규화와 둘홀 사고 디[8] ᄀ초아 고오니 사거든 사고 보와서 사 보내여라 하 업서[9] 민망히여 보내노라 ᄀ장 이드니 얼혀니[10] 마라 마라

판독대비

번호	판독자료집	조건상 (1981a : 251)	전철웅 (1995 : 268)	조항범 (1998a : 630)	황문환 (2002 : 317)	전철웅 (2002 : 259~260)
1	촘셥	–	촘뻬	–	–	–
2	업서 보내니	업시 보내니	–	–	–	–
3	묽고	무러고	–	–	–	–
4	사라 디옷 몯 살가 식브거든	사라디 옷 몯 살가식브거든	–	–	–	–
5	이돈 마존	이돈마존	–	–	–	–
6	사고 디	사고디	–	–	–	–
7	큰 두 되	큰 두리	–	–	–	–
8	사고 디	사고디	–	–	–	–
9	업서	업시	–	–	–	–
10	이드니 얼혀니	이드니얼 혀니	–	–	–	–

순천김씨묘 출토 언간 140 충북대박물관 유물번호 1487

〈순천김씨묘-140, 1550~1592년, 채무이(남편) → 순천김씨(아내)〉

판독문

五[*]

十 보새 오늘 너일도 제 난진 이신 제 각벼리 디졉ᄒ소 나도 어제 막그미ᄃ려[1] ᄀ장 교슈ᄒ
연ᄂ니 내 이리도록 ᄒ거든[2] 내 말옷 격ᄒ여 드ᄅ면 내 우어니 셜온가 우리 살며 몯 사ᄅ미
이제 인ᄂ니 ᄒ나옷 나간 휘 十

판독대비

번호	판독자료집	전철웅 (1995 : 268~269)	조항범 (1998a : 632)	황문환 (2002 : 317)	전철웅 (2002 : 316)
1	막그미ᄃ려	-	-	-	막그미 ᄃ려
2	ᄒ거돈	-	ᄒ거든	ᄒ거든	-

---

* '一~六'으로 연속된 편지의 다섯 번째 편지이다. 앞의 '四'는 047번 편지, 뒤의 '六'은 160번 편지가 해당된다.

순천김씨묘 출토 언간 141 충북대박물관 유물번호 1488

〈순천김씨묘-141, 1550~1592년, 채무이(남편) → 순천김씨(아내)〉

판독문

一*

져기 흐리다 흐니 깃게 곤키야 엇딜고 니일 디나거든 싱션 톄엿 고기는[1] 머거도 므던타 흐니 긔운 사오나온디 므ᅌᆞ물[2] 편히 머거 비록 노호온 이리 이셔도 춤소 어제 아ᄎᆞ미도 자내 나롤 외오 녀긴 법 잇거니와 이제 흐나옷[3] 요동흐면 흐나히 +

판독대비

번호	판독자료집	조건상 (1981a : 252)	전철웅 (1995 : 269)	조항범 (1998a : 634)	황문환 (2002 : 318)	전철웅 (2002 : 315)
1	톄엿 고기는	톄엿고기는	-	-	-	-
2	므ᅌᆞ물	므ᅀᆞ물	므ᅀᆞ물	-	-	므ᅀᆞ물
3	흐나옷	흐나 옷	-	-	-	-

* '一~六'으로 연속된 편지 중 첫 번째 편지이다. 바로 다음의 '二'는 142번 편지가 해당된다.

순천김씨묘 출토 언간 142 충북대박물관 유물번호 1489

〈순천김씨묘-142, 1550~1592년, 신천강씨(어머니) → 순천김씨(딸)〉

판독문

一*

+ 견듸디 몯ᄒ여 쏘 요동홀[1] 거시니 그러 굴[2] 제[3] 가어비 언제 일고 주셔근 주라 올히 혼
인ᄒ쟈 닉년히 혼인ᄒ쟈 ᄒ며셔 죵곳 들쁘면 이리 우ᅀ니 어려울가 보기 비록 아ᄆ려 둔둔
ᄒ둘 겨지븨 말 아니 드롤 사ᄅ미 이 +

판독대비

번호	판독자료집	전철웅 (1995 : 269)	조항범 (1998a : 636)	황문환 (2002 : 318)	전철웅 (2002 : 316)
1	요동홀	-	요동할	요동할	-
2	그러 굴	그러굴	-	-	그러굴
3	제	-	-	-	□

* '一~六'으로 연속된 편지의 두 번째 편지이다. 바로 앞의 '一'은 141번 편지, 뒤의 '三'은 161번 편지가 해당된다.

순천김씨묘 출토 언간 143 충북대박물관 유물번호 1490

〈순천김씨묘-143, 1550~1592년, 신천강씨(어머니) → 순천김씨(딸)〉

판독문

보육 훈 덥 간다 기리 글 닐글□[1] 보내고 오손 어업세라 슈니 소오믄 후의[2] 보내마 보육 여
숫 낫 민셔방 지비 네 낫 오기내 주어라 닛고 샹즈예 몯 녀후니[3] 비노 두 되 네[4] 아오 훈 되
식 논호라

판독대비

번호	판독자료집	조건상 (1981a : 252)	전철웅 (1995 : 269)	조항범 (1998a : 638)	황문환 (2002 : 318)	전철웅 (2002 : 260)
1	닐글□	닐글식	닐글 □	닐글□	-	닐글 □
2	후의	-	-	-	-	후□
3	몯 녀후니	몯내후니	-	-	-	-
4	비노 두 되 네	비노두리네	-	-	-	-

순천김씨묘 출토 언간 144 충북대박물관 유물번호 1491

〈순천김씨묘-144, 1550~1592년, 신천강씨(어머니) → 순천김씨(딸)〉

판독문

나롤 사란는 쟈그로 혜디 마라 비록 얼구리 안자셔도 졍시□[1] 일코 이무 댱을[2] 셔도 바미나 나지나 무슴 뎡혼 저글 어더야 스디 슬커든 쉬염 스노라 네 아바니미야 본디 첩 몯 어더 □병이[3] 되여시니 나도 이제는 브려 이시디 얻디란[4] 아니코 그리 악졍ㄱ티 ㅎ니 비록 쳐블 ᄯ리 어더 주다 내 글로 즈시글 믜며 괴랴 나는 이싱 무ᅀᅳ몰 일코 이셔 다믄 즈시기 졍신 ᄎ릴 저근 그립도다 긋부니라 엇디 무ᅀᅳ미 먹댜닌[5] 마놀 다 스는다 ᄯᅩ 내 일도[6] 애ᄃ래라 아바님 한딕넝 엇그졔야 ㅎ고 ㅎ마 ᄉ년 마니[7] 댱옷 ᄒᆞ나홀 드려 두디 짓디 몯ᄒᆡ여 더뎌 두고 아ᄆᆞ리 무ᅀᅳ몰 뻐 짓쟈 ᄒᆡ여도 더뎌 두고 애둘오[8] 잇노라 손ᄌᆞ 윈 디 옷 ᄒᆡ여 주ᄆᆞ커니와 영이롤 지금 동뎌구리도 몯ᄒᆡ여 니펴 녀터로디[9] 홀 이룰 닛고 인노라 이 교지근 내 주글 제[10] 히믈 다 드려 ᄯ이과라 시도 다믄 스ᄆᆞ차히 가거놀 주ᅌᆞ며 바미어든[11] 겨로며 ᄯ며 ᄒᆞ여라[12] 하 ᄀᆞᄂᆞ라 열두 새 모치 섯 새 셕시 녀ᄒᆞ니 나ᄆᆞ니 ᄒᆞᆫ 올도 흘댜뎌 이ᄀ지니 이롤 보면 알리라 주글 ᄣᅢ니 그런디 누에롤사 몯 치니 보탈 것 업고 ᄒᆞ니 두어도 되디 아닐 거시라 보내노라 나도 나갈 ᄣᅢ 다돌고 이제사 즈시긔 일 몯ᄒᆞ로다 즈디도 몯 다 드려더니 ᄯᅩ 그롤사 지쵀롤 무역ᄒᆞ니 셔근 거슬 ᄒᆡ여 보내라 다 몯ᄒᆡ여 더뎟다 든 므리 도로 ᄂᆞ릴 거시라 새 지쵀도[13] 어더다가 ᄒᆞ니 셜 아리 ᄈᆞᆯ가로다 치오니 나 보션[14] 기거도 몯ᄒᆞ고 다ᄃᆞ미도 손소 ᄒᆞ는 거시니 고티티 몯ᄒᆞ고 민망ᄒᆞ니 언제 셔오리나 가 다ᄃᆞ미 지비 □ᄒᆞ려뇨[15] 식베라 그 명디 자토리도 몯 드려 더졋다 이도 엇디ᄒᆞ리 보내면 ᄒᆡ여[16] 홀 거시오 이셔도 몯ᄒᆞ리로다[17]

판독대비

번호	판독자료집	전철웅 (1995 : 269)	조항범 (1998a : 640~641)	황문환 (2002 : 318~319)	전철웅 (2002 : 260~262)
1	경시□	–	–	–	–
2	이무 댱을	이무댱을	–	–	이무댱을
3	어더 □ 병이	–	–	–	어더 □병이
4	얻디란	–	–	–	얻□란
5	먹댜닌	먹댜는	먹댜는	먹댜는	–
6	내 일도	내 □도	내 □도	내 □도	–
7	ᄉ년 마닉	ᄉ년마내	ᄉ년마닉	ᄉ년마닉	ᄉ년마닉
8	애돌오	–	–	–	애돌□
9	녀터로딕	너토로딕	–	–	너터로딕
10	졔	–	–	–	□
11	바미어든	바미어즌	–	–	바미어즌
12	ᄒ여라	–	–	ᄒ과라	–
13	지최도	지최 쏘	–	–	지최 쏘
14	보션	보션	–	보션	보변
15	지비 □ᄒ려뇨	–	–	–	지□□ ᄒ려뇨
16	희여	–	–	–	□희여
17	몯ᄒ리로다	–	–	–	몯□□□□

순천김씨묘 출토 언간 145 충북대박물관 유물번호 1492

〈순천김씨묘-145, 1550~1592년, 신천강씨(어머니) → 순천김씨(딸)〉

판독문

> 수미 지비[1]

아바님 온 후의 긔별 몰라 타니 경쥬인[2] 가져온 유무 보고 됴히 이시니[3] 그지그지업다 네 아바니믄 계오 구러[4] 머리 들 만히여셔[5] 흔 술 밥도 몯 먹고 둥에 실여 여드랜날 가니 벼스롤 브리고라 인싱이 케라 호되[6] 구틔여 가니 민망코 아마타 업서 아둘 둘[7] 맛뎌 보내고 안자셔 우노라 나는[8] 병 업소되 심증이 날로 디트니 블가셔리로다 내사 즉시도 가고져 호되 온 거시라 네 아바님 쏘 됴히 이시면[9] 이삼 녀나나 잇쏘져 ᄒᆞ니 그 스이 됴히 잇거스라 쏘 이번 별시돌 몯ᄒᆞ니[10] 가무니 낙박히여 그러타 홀 이리 ᄀᆞ이업스되 바차 네 아이[11] 이론 하 블샹ᄒᆞ니 뎌려셔 주그로다[12] 아ᄆᆞ려나 간스히여스라[13] 제 팔ᄌᆞ 사오납고 우리 사오나와 그리 ᄆᆡᆼᄀᆞ라[14] 죽게[15] 히연댜 하 바차 이무 잠간 ᄒᆞ노라[16]

판독대비

번호	판독자료집	조건상 (1981a : 253)	전철웅 (1995 : 269~270)	조항범 (1998a : 648)	황문환 (2002 : 319)	전철웅 (2002 : 262~263)
1	수ᄆᆡ 지ᄇᆡ	수ᄂᆡ지ᄇᆡ	수ᄂᆡ 지ᄇᆡ	수ᄂᆡ 지ᄇᆡ	수ᄂᆡ 지ᄇᆡ	-
2	경쥬인	-	-	-	-	□쥬인
3	이시니	-	-	-	-	이시□
4	계오 구러	-	계오구러	계오구러	-	계오구러
5	들 만ᄒᆡ여셔	들만ᄒᆡ여셔	-	들만 ᄒᆡ여셔	들 만 ᄒᆡ여셔	-
6	인싱이 케라 호ᄃᆡ	인싱이케라호ᄃᆡ	인싱이케라 호ᄃᆡ	-	-	-
7	아ᄃᆞᆯ ᄃᆞᆯ	-	-	-	-	아ᄃᆞᆯ □
8	나ᄂᆞᆫ	다ᄆᆞᆫ	-	-	-	-
9	아바님 ᄯᅩ 됴히 이시면	아바님 ᄯᅩ됴ᄒᆞ이시면	아바님 ᄯᅩ됴히 이시면	-	-	아바님ᄯᅩ 됴히 이시면
10	별시ᄃᆞᆯ 몯ᄒᆞ니	별시 줄몯ᄒᆞ니	별시ᄃᆞᆯ 몯 ᄒᆞ니	-	-	-
11	네 아ᄋᆡ	네 아ᄂᆡ	-	-	-	-
12	주그로다	주글노다	-	-	-	-
13	간ᄉᆞᄒᆡ여ᄉᆞ라	-	-	-	-	간ᄉᆞ□여ᄉᆞ라
14	ᄆᆡᆼᄀᆞ라	-	-	-	-	□ᄀᆞ라
15	죽게	-	-	-	-	□□
16	ᄒᆞ노라	-	-	-	-	□노라

순천김씨묘 출토 언간 146 충북대박물관 유물번호 1493

〈순천김씨묘-146, 1550~1592년, 신천강씨(어머니) → 순천김씨(딸)〉

판독문

> 기리 어미게

요스이 유무 년회여 보고 묘히 아히 거느리고 이시니 긔 큰 효되니 깃게라 나도 요스이는
괴오니 져기 히리로다 쏘 닛 여뽈 냥 조각돌 간다 나도 아히 잇건마는 구지로 보내노라 쏘
네 스시리야 이리셔[1] 므스 이롤 모르리 이리 온이 우습다 므스 일로 이리 와셔 그리거뇨 내
사라시면 아니 쉬 가랴 주그면 다시 보랴 미야코 노호오미 그지업스니 이제는 제곰 살며셔
유무도 서르 반기디 아니호니 유무도 통티 아니호리라 옷돌도 아마 이리 안즈근 내 발완거
니와 졈졈 호면 내 누니 어둡고 졍시니 아득호니 나도 잘 몯호먀 자내도 그리 되여 가니 오
로 맛디고 잇고쟈 너기니 엇딜 일고 므슴미사 편호 나리 이시랴마는 내 모미사 내 아니 간
스호랴 면화는 어히업스니 내 쟈근 져구리도 몯히여 니번노라 바느질 바차 이무도 주시 몯
호노라 프소오믄 번니호니[2] 후의 보내마 이만호노라

판독대비

번호	판독자료집	전철웅 (1995 : 270)	조항범 (1998a : 652~653)	황문환 (2002 : 319)	전철웅 (2002 : 263)
1	이리셔	-	-	-	이□셔
2	번니호니	-	-	번거호니	-

순천김씨묘 출토 언간 147 충북대박물관 유물번호 1494

〈순천김씨묘-147, 1550~1592년, 신천강씨(어머니) → 순천김씨(딸)〉

판독문

프소오믄 번동 몯 미처 바닷고 내 치니는[1] 원 서너 냥이러니 나도 족 미치예[2] 홀티이고 기 븐 다믄 여뚤 냥이러라 뼈 업서 몯 치과라 족도 죠고매 가라시디 어룸내골 하[3] 업스니 브릴 가 식브고 여게도 난나니[4] 슈뎡이 아느니 겨집죵 아니 가고 족 드릴 세 업스니와 옷 안훈 아므려나 부비려니와 별훈 므른 몯 드릴가 식브니 다 왓다 소그리라 쏘 닛도 당시 몯 바다 져년 치 죄 쓰고 나도 오시 허여니 븟노라 느저사 당시는 사르미 다 두려[5] 주거 가니 바둘 것도 몯 받느니라 그리니 보화 글도 얻디 몯호노라 팔워리 가 너히 보고 슈기네 드려오려 흐니 셔방니미 와도 민 셔방 그티[6] 듣녀갈가 내 반길 부니니 느저 오면 홀가 호노라 일 오 니는 네 제 혀 볼싀만뎡[7] 녀룸 아니 지을 저그란 드려 잇거라 이제는 아니 올 거시니 그올 히 비즈롤 호마 일란 아니 와도 무명이나 즈여라 긔사 말랴 뵈 뿔 것도 보내던둘 아므려나 뺏일 거슬 다믄 더듸여만뎡 요훈란 그리호마 소옷 흐면 히여 주리라

판독대비

번호	판독자료집	전철웅 (1995 : 270)	조항범 (1998a : 656)	황문환 (2002 : 320)	전철웅 (2002 : 264)
1	내 치니는	내치니는	-	-	-
2	족 미치예	족미치예	-	-	족미치예
3	어룸내골 하	어룸 머골 하	어룸 머골 하	-	어룸미 골하
4	난나니	는나니	-	-	-
5	두려	-	-	-	주려
6	민 셔방 그티	민셔방그티	-	-	민셔방그티
7	혀 볼싀만뎡	-	-	혜 볼싀만뎡	혜볼싀만뎡

순천김씨묘 출토 언간 148 충북대박물관 유물번호 1495

〈순천김씨묘-148, 1550~1592년, 신천강씨(어머니) → 순천김씨(딸)〉

판독문

슈니 어미게

요스이 엇디 아히 ᄒᆞ고 인는다 우리는 됴히 잇거니와 네 아바니미 문경 와 샹한히여 에누리
와 덩 타[1] 계오 와 여닐웨 죽다가 사라 이제는 다 됴화시디 쓰미 굿디 아니커니와 그러나마
나 여ᄃᆞ랜날 여그로 가니 엇디 갈고 근심ᄒᆞ노라 다 늘그니 병ᄃᆞ론 니어 나고 ᄌᆞ식근 흐텃고
다시 보미 뎡티 몯ᄒᆞ로다[2] 나도 녀ᄂᆞ 병 업시 심증이 날로 디터 가니 민망타 효양의 이론
ᄀᆞ이업서[3] 듣고 놀라과라 만훈[4] 스시론 힝치 디나가고 ᄆᆞᄋᆞ몰 ᄒᆞ니[5] 면홰 나도 계오 어더
쓰니 안죽 ᄢᅵ 아스니 열녕 냥 뎌구리예 두어 니버라 썩 시르덕과 인절미와 가느니 모다 머
거라 하 니치이디 마ᄂᆞ니 수미로다마ᄂᆞᆫ[6] 각벼리 보낼 거시 업세라

판독대비

번호	판독자료집	조건상 (1981a : 254)	전철웅 (1995 : 270)	조항범 (1998a : 661)	황문환 (2002 : 320)	전철웅 (2002 : 265)
1	샹한히여 에누리 와 덩 타	샹한 히여 에누리와더니타	샹한히여 에누리 와 뎡타	-	-	샹한히여 에□리 와 덩 타
2	뎡티 몯ᄒᆞ로다	당티 몯홀노다	뎡티 몯 ᄒᆞ로다	-	-	-
3	효양의 이론 ᄀᆞ이업서	효양이의론 ᄀᆞ이 업서	효양의 이론 ᄀᆞ이 업서	-	-	효양의 이론 ᄀᆞ이 업서
4	만훈	이만훈	-	-	-	-
5	ᄆᆞᄋᆞ몰 ᄒᆞ니	ᄆᆞᄉᆞ몰ᄒᆞ니	-	-	-	ᄆᆞᄋᆞᆷ 〃 ᄒᆞ니
6	수미로다마ᄂᆞᆫ	수미 로다마ᄂᆞᆫ	-	-	-	-

순천김씨묘 출토 언간 149 충북대박물관 유물번호 1496

〈순천김씨묘-149, 1550~1592년, 신천강씨(어머니) → 순천김씨(딸)〉

판독문

+ 민망이 업다 네 바디 간다 다만 두 번 괴고 가ᄂ니라 져구리도 이셔도 니블 디 업ᄉ니
도로 보내쟈 ᄒ니 밧긔 사ᄅ미 달화 가니 몰 보내고 이거손 보희 ᄲᅡ 가ᄂ니라 민 셔방 갈
제 보내마 이리 오니 주거도 니블 거시 하 어멀고 셔오리나 스고리나 내 간 디ᄂ 거와 이
곧투니 남초니도 즈로 몰 가노라 나리 치워디니 엇디ᄒ거뇨 니존 시 업세라마ᄂ 내 몸 안자
셔 계오 그ᄂ니[1] 도라볼 히미 업세라 뉴더기ᄂ 미듀기 보고 하 나가려 벼룰시 네게 가라 ᄒ
니 내 치온 셔울 엇디 가 살리 ᄒ고 졀라도 갈 ᄠᅳ디 만커늘 미듀기ᄅ 여게 보내엿다 이녀니
야 아마도 몰 브리로다 하[2] 온갓 병타ᄅ 흐니 하 과심히예라 마촤 하 심심흔 므미 이시니
이만ᄒ노라

판독대비

번호	판독자료집	전철웅 (1995 : 271)	조항범 (1998a : 665)	황문환 (2002 : 320~321)	전철웅 (2002 : 265~266)
1	계오 그ᄂ니	계오그니	-	-	계오그ᄂ니
2	하	-	-	-	하옷

순천김씨묘 출토 언간 150 충북대박물관 유물번호 1497

〈순천김씨묘-150, 1550~1592년, 신천강씨(어머니) → 순천김씨(딸)〉

판독문

채 셔방지비[1]

요ᄉᆞ이 아히ᄒᆞ고 엇디 인는다 나도 몸[2] 됴히 인노라 후비긔 일 보고 만ᄒᆞ 즈식 외오 두고 ᄀᆞ이업스니 그런 일도 인ᄂᆞ냐 아바니믄 즈식 두고 오니 날 모디다고[3] 보라 가시ᄂᆞ니라 내 모디러 이리 오고는 아히ᄃᆞ리 다 그립고 ᄀᆞ이업스니 내 졍을 보면 알리라 내 궁호미 간간 고디라 셔올만도 몯ᄒᆞ니 내 다시로다 셔방니믄 동당 최시흔가 언제 오는고 ᄒᆞ노라 ᄯᅩ 무명 네 피리 가ᄂᆞ니라 네 형은 아바님 가고 죵 져거 몯ᄒᆞ니 셩보기 ᄒᆡ여 바디롤 업시 가니 바디 와 초록 텰릭 안과롤 ᄒᆞ고져 ᄒᆞ니 고오니로 되는 대로 밧과 다고 이번도 바디롤 업시 가신 다 ᄯᅩ 네 니블 안도 당시 무명 그톨 몯 어드니 즈여셔 나하사 보내로다 하 오니 자븐 이리 어히업스니 이런 +

판독대비

번호	판독자료집	전철웅 (1995 : 271)	조항범 (1998a : 669)	황문환 (2002 : 321)	전철웅 (2002 : 266~267)
1	채 셔방지비	채셔방 지비	채셔방 지비	채셔방지비	채셔방 지비
2	몸	-	-	-	□
3	모디다고	-	-	-	모디다코

순천김씨묘 출토 언간 151 충북대박물관 유물번호 1498

〈순천김씨묘-151, 1550~1592년, 신천강씨(어머니) → 순천김씨(딸)〉

판독문

> 채 셔방집 답[1]

개동이 오나롤 유□□□□□ 그지업다 엇디 그런고 □□ 가니 ᄉ나□[2] ᄆᆞᄋᆞᄆᆞ 그지업서 도 내 이론 죵 갈 제 ᄌᆞ시 호마 나ᄋᆞ리는 됴핫과라 쏘[3] 지그미 그저 시ᄃᆞᄃᆞ시[4] 되여 됴티 아녓거니와[5] 요ᄉᆞ이 나리 더오니 사라나면 ᄀᆞ올로 ᄌᆞ시기나 가 보고 주구려 겨규롤 ᄒᆞ노라 네 이론 니존 저기 업세라 사ᄅᆞ미 뎐뎐 가고 늘그니 여러 ᄃᆞ롤 보차이니 곤긔ᄒᆞ니 유무도 ᄌᆞ시 몯ᄒᆞ로다 학개롤 하 내 병 드러 옥쳐니 니월 스므엿쇈날 댱가 보내니 털링 이롤 딘□ □□□러[6] 자븐 일 ᄎᆞ리라 희경이 갈 거시니[7] 이만ᄒᆞ노라 □□□□ 열아ᄒᆞ래[8]

판독대비

번호	판독자료집	전철웅 (1995 : 271)	조항범 (1998a : 672)	황문환 (2002 : 321)	전철웅 (2002 : 267)
1	채 셔방집 답	〔판독 안 됨〕	〔판독 안 됨〕	〔판독 안 됨〕	채셔방집 답
2	그런고 □□ 가니 ᄉ나□	그런고 □□□□□□	-	-	그□□□□
3	됴핫과라 쏘	-	-	-	됴핫과□□
4	시ᄃᆞᄃᆞ시	-	시ᄃᆞ ᄃᆞ시	시ᄃᆞ ᄃᆞ시	-
5	아녓거니와	-	-	-	아녓□니와
6	털링 이롤 딘□□□□러	털링이롤 딘□□ 러	털링 이롤 딘 □□ □□□러	-	털링 이롤 딘□□□□□러
7	희경이 갈 거시니	희경이 갈 □시니	-	-	희경□□시니
8	□□□□ 열아ᄒᆞ래	□□□□□ 아 ᄒᆞ라	-	-	□□□□□ 아ᄒᆞ래

〈순천김씨묘-152, 1550~1592년, 신천강씨(장모님) → 채무이(사위)〉

판독문

셔방님끠 올 제도 몯 보니 미양 니치디 마래 이번 별시 ᄒᆞ고 싱원 ᄒᆞ고[1] 다 홀가 기ᄃᆞ리니 별시 급뎨히여 오면[2] 내 사랏다가 보고 주글가 ᄒᆞᄂᆡ 그디 날 가디 말라 ᄒᆞ더니 긔 올ᄒᆞᆫ 마리로데 사라셔 아ᄆᆞ려나 가 다시 ᄌᆞ식ᄃᆞ리나 ᄃᆞ리고 사다가 죽고져 ᄇᆞ라뇌 이리 오니 셔울 하 그리오니 ᄀᆞ이업세 기리 내 푸믜[3] 자고 날 보내던 이리 더옥 +

판독대비

번호	판독자료집	조건상 (1981a : 255)	전철웅 (1995 : 271)	조항범 (1998a : 675)	황문환 (2002 : 321~322)	전철웅 (2002 : 298~299)
1	별시 ᄒᆞ고 싱원 ᄒᆞ고	별시 ᄒᆞ고 싱원ᄒᆞ고	별시 ᄒᆞ고 싱원ᄒᆞ고	-	-	별시 ᄒᆞ고 싱원ᄒᆞ고
2	급뎨히여 오면	급뎨 히여오면	급뎨 히여 오면	-	-	-
3	푸믜	추믜	-	-	-	-

순천김씨묘 출토 언간 153 충북대박물관 유물번호 1500

〈순천김씨묘-153, 1550~1592년, 신천강씨(어머니) → 순천김씨(딸)〉

판독문

> 채 셔방지비 답[1]

요ᄉᆞ이 녀름 난 후ᄂᆞ 긔별도 몯 드르니 되야기[2] □도[3] 혼코 엇디 잇거뇨 근심ᄒᆞ노라 네 증이[4] 엇□커뇨 민망타 나ᄂᆞᆫ 아조 영히 됴호믄 이 둘브터사 됴히 인노라 다믄 늙고[5] 긔오니 하 파려ᄒᆞ니 긔시니 업서 이제ᄂᆞᆫ 니줌 헙고[6] 이리 늘거디니 긔신 몯히여 ᄒᆞ노라 슈뎡이ᄂᆞᆫ 위여니 기드리랴마ᄂᆞᆫ 아바니미 나ᄃᆞ니니 그려 이제야 간다 위여니 아□□미[7] ᄒᆞᆫ 바리 비ᄀᆞ지 슈뎐히여 주시ᄂᆞ니라 □ 아모것도 보낼 거시 업고 지미 므거오니 므스 거슬 보내리 숩거시나 □히여 보내려 ᄒᆞ니 나믄 것도 드뎌 쓰니 업서 고달 숩거슬 몰라 보내고 내 닙던 소젹삼믈 날 본 ᄃᆞ시 닙게 보내노라 ᄀᆞᄂᆞᆫ무명은 ᄌᆞ오니 ᄒᆞᆫ 피롤 미처 나케 ᄌᆞ오면[8] 왓다 갈 제 ᄒᆞᆫ 옷 ᄀᆞ오미나 주어 보내고 □히여[9] ᄌᆞ오니 미ᄎᆞ면 나하 보내고 몯 미ᄎᆞ면 ᄌᆞ오나 보내리라 네 향ᄒᆞᆫ 졍은 니즌 저기 업건마ᄂᆞᆫ 내 히미 업세라 기러게 홋옷 ᄀᆞ옴[10] 슈니게 젹삼 ᄀᆞ오믈 호려 ᄒᆞ다가 몯ᄒᆞ과라 그[11] 시도 ᄀᆞᆮ곤 나ᄒᆞ명 ᄡᅮ명 히여 서너 거슬 □□니[12] 나믄 거시 업세라 나도 이리 병들고 숩고 □호디[13] 게 가도 예셔 짐바리 딘시 가디 아니코 궁호미 그지업고 자내 니블 일 발와디 ᄒᆞ고 늘거 서ᄅᆞ 여히여 ᄌᆞ로 이리 ᄃᆞ니기도 크고 ᄒᆞ니 나도 □면 니년 ᄀᆞ올로 일뎡 가고져 코[14] 슈니[15] 하 셜워ᄒᆞ니 팔월로[16] 드려오고 게 가시나 유미[17] 이실가 ᄒᆞ노라 슈뎡이 오슬 뵈□□□□[18] 몯ᄒᆞ다가 뵈 막 어드니 네 아바님도[19] 모□ 하 내 ᄆᆞ음도 승승샹승히여 뵈 ᄒᆞᆫ 필 □지 가ᄂᆞ니라 지어 주고 아히 젹사미나 아니랴 ᄯᅩ □모것도 업서시니 아히둘 머글 것도 몯□여 보내여 ᄒᆞ노라[20] 뉴쉬ᄂᆞᆫ 본디 글월 디일 □후미[21] 이시니 본디 주려 히연노라 가실 제 다시 닐어 보내□[22] 뉴더기롤 주고져 고즈기 ᄒᆞ시디[23] 효근 ᄉᆞ시리 하니 유무예 스디 심심ᄒᆞ니 너옷 이 복 ᄒᆞ면[24] ᄀᆞ올히 가실 제 보내□ 몯 어들 우니면 몯홀 거시나[25] 요ᄉᆞ이 되ᄂᆞᆫ 일 보쟈 스실 □터니 미리 아니 섯다가 수선히여 이무도 ᄌᆞ시 몯ᄒᆞ노라

판독대비

번호	판독자료집	전철웅 (1995 : 272)	조항범 (1998a : 678~679)	황문환 (2002 : 322)	전철웅 (2002 : 267~269)
1	채 셔방지비 답	채셔방 지비 답	채셔방 지비 답	채셔방지비 답	채셔방 지비 답
2	되야기	-	-	-	되□기
3	□도	-	□도	-	-
4	증이	-	-	증□	증□
5	늘고	늘고	-	-	-
6	헓고	헓고	-	-	헓고
7	아□□미	아□□이	아□□미	-	아□□이
8	나케 즈으면	□케 □으면	-	-	□케 □으면
9	보내고 □ᄒ여	-	-	보내고□ ᄒ여	-
10	훗옷 ᄀ옴	훗옷 ᄀ슴	-	-	훗옷 ᄀ옴
11	몯ᄒ과라 그	몯 ᄒ과라 □	-	-	몯ᄒ과라 □
12	□□니	□□□	-	-	□□□
13	쉽고 □ᄒ더	□고 □로더	-	-	□고 □로더
14	가고져 코	가고져코	가고져코	가고져코	가고져코
15	슈니	슈내	-	-	슈내
16	팔월로	팔월 초	-	-	-
17	유미	-	-	-	□유미
18	뵈□□□□	뵈□어	뵈 □□□□	-	뵈□어
19	아바님도	-	-	-	아바님□
20	몯□여 보내여 ᄒ노라	〔판독 안 됨〕	〔판독 안 됨〕	〔판독 안 됨〕	-
21	더일 □후미	-	-	-	더□□ 후미
22	보내□	-	보내□	-	-
23	ᄒ시더	□시더	-	-	□시더
24	복 ᄒ면	복□면	-	-	복□면
25	거시나	-	-	-	거□나

순천김씨묘 출토 언간 154 _{충북대박물관 유물번호 1501}

〈순천김씨묘-154, 1550~1592년, 신천강씨(어머니) → 순천김씨(딸)〉

판독문

처어믄 쳡 홀 □몰[1] 아냐 날 고로이 사다가 쵸보게 ᄒ고[2] 아므란 거시나 의지ᄒ려더니 져기 호화히 되니 쳡 므ᅀ미 나 뎌런 쳐블 ᄒ니 내 이리 아니 어엿브고 셜오냐 위연ᄒ면 업개롤 어더 보내고져 ᄒ랴 어늬 ᄒ예 므슴 편홀 ᄒ나리[3] 이시리 그리 싱각고 셜온 ᄠᅳ디 안므ᅀ미 이롤 ᄒ나 ᄌᆞ식ᄃ리 아므리 니르나 ᄠᆡ미[4] 셜오니 므ᅀ미 다 하 죄오니 ᄀᆞ이업서 ᄒ노라

판독대비

번호	판독자료집	전철웅 (1995 : 272)	조항범 (1998a : 684)	황문환 (2002 : 322)	전철웅 (2002 : 269~270)
1	□몰	–	–	–	□□글
2	ᄒ고	ᄒ고 □	–	–	ᄒ고 □
3	ᄒ나리	ᄒ 나리	–	ᄒ 나리	–
4	ᄠᆡ미	–	–	–	ᄠᆡ□

순천김씨묘 출토 언간 155 _{충북대박물관 유물번호 1502}

〈순천김씨묘-155, 1550~1592년, 채무이(남편) → 순천김씨(아내)〉

판독문

예 초나흔날[1] 담졔니 사흔날 가리[2] 겻기는[3] 됴히 오직 져기 너모 슈 만코 닌내[4] 나니 몬 머
글쇠 바조는 사신가

판독대비

번호	판독자료집	조건상 (1981a : 255)	전철웅 (1995 : 272)	조항범 (1998a : 687)	황문환 (2002 : 323)	전철웅 (2002 : 317)
1	초나흔날	초 나흔날	-	-	-	-
2	가리	-	-	가니	-	-
3	겻기는	격기는	-	-	-	-
4	닌내	닌 내	-	-	-	-

순천김씨묘 출토 언간 156 _{충북대박물관 유물번호 1503}

〈순천김씨묘-156, 1550~1592년, 채무이(남편) → 순천김씨(아내)〉

판독문

> 지비 답

온 거슨 다 밧되 □슬근[1] 당시 나디 아년니 남근 져 가라 ᄒᆞ뇌 커니와[2] 하 길히 머니 밥 쟈기 먹고 몯 ᄃᆞᆯ닐가 시븨 쏘 양시글 자내 아라 아모 날ㄱ장 머그리라 ᄒᆞ데[3] 내 엇디 알고 기룜 업서 드려 보내뇌 마니 보내소 양식도 ᄒᆞᆫ 마리나 보내소 아모거시나 머글 것 보보내시ᄂᆞᆫ고 분토 뎐 오소[4]

판독대비

번호	판독자료집	전철웅 (1995 : 272)	조항범 (1998a : 689)	황문환 (2002 : 323)	전철웅 (2002 : 317)
1	밧되 □슬근	□되□ 슬근	-	-	□되 □슬근
2	ᄒᆞ뇌 커니와	ᄒᆞ뇌커니와	-	-	ᄒᆞ뇌커니와
3	ᄒᆞ데	ᄒᆞ데	-	-	-
4	분토 뎐 오소	분토□ 오소	분토 □ 오소	분토□ 오소	분토 □오소

순천김씨묘 출토 언간 157 _{충북대박물관 유물번호 1504}

〈순천김씨묘-157, 1550~1592년, 신천강씨(어머니) → 순천김씨(딸)〉

판독문

+는 둧히여도 니브실 이리 하 ㄱ이업스니 그 공이 내듣ᄂ다 블근 거시 드러 이제 얼굴 업
스니 더그레 얼구리 업스니 ㄱ이업다 조긔도 인ᄂ니라 코[1] 이트리 혼 뭇식 먹더니 어제 형
님 달라 ᄒ셔늘 너 무시 잇거늘 노ᄒ실가 너겨 혼 뭇 보내고 어제 우리 내 □□□더 머거
하 심심ᄒ니 이만 깅거리 업서 국도 몯ᄒ노라 내 간고ᄂ ㄱ이업다

판독대비

번호	판독자료집	전철웅 (1995 : 272)	조항범 (1998a : 692)	황문환 (2002 : 323)	전철웅 (2002 : 270)
1	인ᄂ니라 코	인ᄂ니라코	인ᄂ니라코	인ᄂ니라코	인ᄂ니라코

순천김씨묘 출토 언간 158 충북대박물관 유물번호 1505

〈순천김씨묘-158, 1550~1592년, 채무이(남편) → 순천김씨(아내)〉

판독문

손 쳠디롤[1] 브디 보고져 ᄒᆡ뇌 뉴더기 가 무러 보라 ᄒᆞ소 언제 올고 죵의 병이야 엇딜고 병
ᄒᆞᆫ 날 노만[2] 주디 마오 더뎌 두소 ᄂᆞ민 집도 그러ᄒᆞ데 나ᄂᆞᆫ 어제 가려 타가[3] 몯ᄒᆞ니 부디[4]
이 편지 안셩원 지븨 보내고 답장 바다 보내소 나 녀러올 ᄃᆡ 이시니 모시 딕녕과 텰릭과 보
내소

판독대비

번호	판독자료집	전철웅 (1995 : 273)	조항범 (1998a : 695)	황문환 (2002 : 323)	전철웅 (2002 : 318)
1	손 쳠디롤	–	–	–	손□디롤
2	병ᄒᆞᆫ 날 노만	병 ᄒᆞᆫ 날 노만	병ᄒᆞᆫ 날노만	–	병 ᄒᆞᆫ 날 노만
3	가려 타가	가려타가	가려타가	가려타가	가려타가
4	부디	–	–	–	부□

순천김씨묘 출토 언간 159 _{충북대박물관 유물번호 1506}

〈순천김씨묘-159, 1550~1592년, 신천강씨(어머니) → 순천김씨(딸)〉

판독문

셔방님끠 바차 유무 보디 답장 몯ᄒ노라[1] 셔울 사ᄅᆞ미 다 그리오니 오면 위연ᄒ랴 분 하 업
스니 쓰던 거시나 얼고젼노라 슈니 안부 됴히 이거라[2] 사라 가 보쇼[3]

판독대비

번호	판독자료집	조건상 (1981a : 256)	전철웅 (1995 : 273)	조항범 (1998a : 698)	황문환 (2002 : 323)	전철웅 (2002 : 270~271)
1	몯ᄒ노라	몯 ᄒ노라	몯 ᄒ노라	-	-	-
2	이거라	-	-	-	-	□거라
3	보쇼	-	보□	-	-	보라

순천김씨묘 출토 언간 160 충북대박물관 유물번호 1507

〈순천김씨묘−160, 1550~1592년, 채무이(남편) → 순천김씨(아내)〉

판독문

六*

+면 믈 프러디둧 흐리 내 다 슯퍼[1] 이시니 막그미[2] 나가기눈 아니 오라게 되연ᄂ니 그지업
세 모ᄅ미 모ᄅ미 날 어엿비 녀겨 내 말 듣소 건너셔 술 ᄲᆞᆯ 닷 되식 몯토와 술 빋쟈 ᄒ시더
니 수이 보내소 나죄 즈음 가 보고 옴새

판독대비

번호	판독자료집	전철웅 (1995 : 273)	조항범 (1998a : 700)	황문환 (2002 : 324)	전철웅 (2002 : 317)
1	슯퍼	슯혀	슯혀	슯혀	–
2	막그미	–	–	–	막그☐

----

* '一~六'으로 연속된 편지의 여섯 번째 편지이다. 바로 앞의 '五'는 140번 편지가 해당된다.

순천김씨묘 출토 언간 161 충북대박물관 유물번호 1508

〈순천김씨묘-161, 1550~1592년, 채무이(남편) → 순천김씨(아내)〉

판독문

三*

+실가 말□미 톄룰 보니¹ 제 미련호 일란 혜디 몯호고 자내룰 계워 호데 져년 은지니만 드

리고셔 굿기던 이룰 싱각도 マ장 누기소 이제옷 패호면 나도 흥시미 업스니 다시 슈합호여

살 계교논 몯홀쇠 서르 이리 +

판독대비

번호	판독자료집	전철웅 (1995 : 273)	조항범 (1998a : 702)	황문환 (2002 : 324)	전철웅 (2002 : 316)
1	보니	-	-	-	보□

---

* '一~六'으로 연속된 편지의 세 번째 편지이다. 앞의 '二'는 142번 편지, 뒤의 '四'는 47번 편지가 해당된다.

순천김씨묘 출토 언간 162 충북대박물관 유물번호 1509

〈순천김씨묘-162, 1550~1592년, 신천강씨(어머니) → 순천김씨(딸)〉

판독문

미양 싱각ᄒ이니 언제 보려뇨 ᄒ노라 문밧긔 드려가디 마라 싀미 흉타 슈니도 하 유무 스디
셜워 몯ᄒ노라

판독대비

번호	판독자료집	전철웅 (1995 : 273)	조항범 (1998a : 704)	황문환 (2002 : 324)	전철웅 (2002 : 271)

순천김씨묘 출토 언간 163 충북대박물관 유물번호 1510

〈순천김씨묘-163, 1550~1592년, 신천강씨(장모) → 채무이(사위)〉

판독문

채 셔방끠[1] 답장

요스이 치위예 엇디 겨신고 유무[2] 보고 그지업스니[3] 눈므리 무□ □ᄂᆞ니[4] 그지업세[5] 뎨스션 □ 궁ᄒᆞ리ᄂᆞᆫ 죵이 궂디 마뎨 우리라 죽□□[6] 도망ᄒᆞ니 스므리나ᄆᆞᆫ 가니[7] 시□□[8] 그럴 저기 이시니 부쳐 주시 □□□시면[9] 그 밧긔 이리 므스 이리 □□쳐[10] 갈아 살기만 배ᄂᆞᆫ 이리 □ □□[11] 궁홀만졍 ᄌᆞ식 거ᄂᆞ려 □□[12] ᄉᆞ방의 갈아 궂기니 긔 큰 방졍이로쇠 우리ᄂᆞᆫ ᄌᆞ식 다 여희고 늘거시니 사리도 □□거니와 져믄 사ᄅᆞ미 그리□ 아니면[13] 나죵이 위여니 어려울가 아므려나 견듸여 겨소 나도 그럴 혜여 오고ᄂᆞᆫ 예 와 살기도 고롭고 ᄌᆞ식도 그리오니 온 거시니 니년 녀름 견듸여 ᄀᆞ올로 가고져 ᄒᆞ뇌 죵을 즉시도 주고져 호ᄃᆡ 녀ᄂᆞ 죵은 맛쌍ᄒᆞ니 업서 뉴더긔 곁에롤 ᄒᆞ나홀 주고져 호ᄃᆡ 이리 슌티 아닌 녀ᄂᆞ니 ᄯᅥ 결단 몯ᄒᆞ니 날도 더오먀 나ᄋᆞ리도 봄 스이나 오나든 의론ᄒᆞ여 결단ᄒᆞ여 보내리 요스이 그 녀니 드러왓다 ᄒᆞ니 □ 나 요스이 누겨 두고 견듸소 그듸 □무롤[14] 보고 스나히 우연ᄒᆞᆫ ᄆᆞᅀᆞ물 머거 이리ᄒᆞ랴 졈그도록 울오 겨틔 이시면 그리타 바비나 아니 지어 주라 ᄒᆞ랴 더 셜이 너기고 잇뇌 마촤 편타 녀 주시 졍ᄀᆞ지 몯ᄒᆞ뇌 기리 더옥 누니 블이여 ᄒᆞ뇌 져믄 사ᄅᆞ미 후이롤 ᄇᆞ라고 □□여[15] 잇거셔 내사 □□□ 아니 갈가 기드려 □□□□[16]

판독대비

번호	판독자료집	전철웅 (1995 : 273)	조항범 (1998a : 705~706)	황문환 (2002 : 324)	전철웅 (2002 : 299~300)
1	채 셔방끠	채셔방끠	채서방끠	채서방끠	채셔방끠
2	유무	-	-	-	유□
3	그지업스니	그지 업스니 □	-	-	그지 업스니
4	무□ □르니	-	무□ □르니	-	무□□르니
5	그지업세	그지 업세	-	-	그지 업세
6	죽□□	-	-	-	□□□
7	스므리나몬 가니	-	-	-	스므리 나몬가는
8	시□□	시□□□	-	-	-
9	즈시 □□□시면	즈시□□□시면	-	-	즈시□□□시면
10	이리 □□쳐	이리 □□□쳐	-	-	-
11	□□□	□□□□	-	-	-
12	거느려□□	거느려 □□□□□	-	-	거느려 □□□
13	그리□ 아니면	그리 □ 아니면	-	-	그리 □ 아니면
14	그딋 □무롤	그딋□ 무롤	-	-	그딋□무롤
15	□□여	-	-	-	견디여
16	기드려 □□□□	기드려□□□□	-	기드려□□□□	기드려 □□

순천김씨묘 출토 언간 164 충북대박물관 유물번호 1511

〈순천김씨묘-164, 1550~1592년, 신천강씨(어머니) → 순천김씨(딸)〉

판독문

+ 닐어 짐 히여 보내라 ᄒ니[1] 실로 ᄒ면 타자기나 공이나 녀느 ᄌ시근 일 샤도 몯 먹거든
홀어미라고 죵□ 발와드마 게 거시 모도와 이시면 사라 가나 홍졍을 ᄒ나 아니랴마는 곡셔
갸 공 바돈 거샤 다 ᄡ려 ᄇ리니 내 슈탐ᄒᄂ냐 이리 와신 제나 비돌 업시 사쟈 ᄒ여도 오리
가리 세가는 무ᄒ 아모 ᄃ 가도 벌로 코 마리 혀여 오니 곧곧 다 ᄡ니 환자 타 보타여 먹노
라 민망타 이리 와 안자셔 주글가 시버 헌 거시나 고텨 닙다가 가고져 ᄒ돌 손바리 믜기 업
스니 ᄒᄂ냐 그리ᄒ니 더옥 셜온 저기 만코 션그미 년도 이제는 반ᄒ고 영그미도 하 어업시[2]
되여시니 바비나 편으니 어더 먹ᄂ냐 쥬글사 기자이 몯 어더 먹ᄂ냐 니 일으니[3] 더디고 오
니 모시 ᄢ디 몯ᄒ여 민망타 네나 브티게 ᄒ니 그도 아니니 내 이롤 보내노라 내 가ᄉ미 ᄉ
ᄉ[4] ᄉ시리 무ᄒᄒ디 내내 몯 ᄉ노라 이 손도 □□ ᄒ고[5] 샹덕ᄃ롤 하 됴히 너기니 아ᄆ려
나 사라 이셔 이 잘방 ᄀ라 돈뇨쟈[6] 너기노라 미개 노미 죽개롤 마디 아녀시디 내 모ᄅ다니
엇그제사 뎐년 듣고 그 밍셰 사롬가 그런 거시 어디 이실 것고 쳡 사모마 밍셔코 어더다 ᄒ
고 마디 아니니 간나히게 밍셰와 어미게 밍셰와 어니야 경듕이 이실고 애ᄃ노라 내사 당시
ᄆᄋ민 살가 식브댜니ᄒ예라[7]

판독대비

번호	판독자료집	전철웅 (1995 : 274)	조항범 (1998a : 710~711)	황문환 (2002 : 325)	전철웅 (2002 : 271~272)
1	ᄒ니	ᄒ내	–	–	ᄒ내
2	하 어업시	하 어 업시	–	–	하 어 업시
3	니 일으니	니일으니	–	–	니일으니
4	ᄉᄉ	–	–	–	ᄉ□
5	손도 □□ ᄒ고	손도□□ ᄒ고	–	–	손도 □□ᄒ고
6	ᄀ라 돈뇨쟈	ᄀ라돈뇨쟈	–	–	ᄀ라돈뇨쟈
7	식브댜니ᄒ예라	식브댜니 ᄒ애라	–	–	식브댜니ᄒ애라

순천김씨묘 출토 언간 165 충북대박물관 유물번호 1512

〈순천김씨묘-165, 1550~1592년, 신천강씨(어머니) → 순천김씨(딸)〉

판독문

네 즈디는 네 해 마순두 자히러니 내 하도 댱옷 ᄀᆞ슴 몯ᄒᆞ니를[1] 므롤 드리니 네 하와 내 하와 동식고 네 댱옷 ᄀᆞ슴과 닉 자토리과 걷거눌 ᄀᆞ티 환ᄒᆡ여 가ᄂᆞ니라 ᄯᅩ 남도 명디 업서 다 자 댜론 거술 몯ᄒᆡ여 딕녕 ᄃᆞ리[2] 길 ᄎᆞ니 측측 드니 네 하눌 필 채와[3] 몯 보내니 측고[4] 야셩ᄒᆞ 건마ᄂᆞ 스고론 어더 보타디 몯ᄒᆞ니 너는 게셔 자토리롤 어더도 홀 거시라 본식만 보내니 측ᄒᆡ여 ᄒᆞ노라 나는 지미 므거오니 아모것도 몯 보내니 은지 스믈 가ᄂᆞ니라 가ᄂᆞ니라 써근 쟉거니와 싱워 오나든 구어 더러 머겨라 녀ᄂᆞᄆᆞᆫ 이론 무지ᄒᆞ뇌[5] 명디 고도[6] 것듕치막 것고도[7] 안 밧고라 가니 보와셔 ᄒᆡ여 보내여라 제 밧고려니와 명디 푸믈 고오니 너비 조바면 자 기러도 쇽졀업ᄉᆞ니 무명 ᄃᆞ리[8] 됴ᄒᆞ니 넙고 빗 곱고 두터오니 굴ᄒᆡ여라

판독대비

번호	판독자료집	전철웅 (1995 : 274)	조항범 (1998a : 717~718)	황문환 (2002 : 325)	전철웅 (2002 : 272~273)
1	몯ᄒᆞ니롤	몯 ᄎᆞ니롤	-	-	몯 ᄎᆞ니롤
2	딕녕 ᄃᆞ리	딕녕ᄃᆞ리	-	딕녕ᄃᆞ리	딕녕ᄃᆞ리
3	필 채와	필채와	-	-	-
4	측고	-	-	-	측□
5	무지ᄒᆞ뇌	-	-	-	무지□뇌
6	명디 고도	명디 고로	-	-	명디고도
7	것고도	것고로	것고로	것고로	-
8	무명 ᄃᆞ리	무명ᄃᆞ리	-	-	무명ᄃᆞ리

순천김씨묘 출토 언간 166

순천김씨묘 출토 언간 166 충북대박물관 유물번호 1513

〈순천김씨묘-166, 1550~1592년, 신천강씨(어머니) → 순천김씨(딸)〉

판독문

채 셔방지비 답[1]

느려온 후에 긔별 몰라 일향 분별ᄒ다니 근마니[2] 오나ᄅᆞᆯ 유무 보고 그지업시 반갑고 됴히 아히둘ᄒ고[3] 이시니 깃브미 그지업다 나는 당시 됴히ᄂᆞᆫ 잇거니와 극셔메 구향 온 사ᄅᆞ미 ᄆᆞ 슴 ᄀᆞ튼예라 올 제ᄂᆞᆫ ᄇ라 몰라 와[4] 오니ᄂᆞᆫ[5] 지븐 원 ᄀ고[6] ᄆᆞᄉᆞᆷ 수업시[7] 셜워 ᄌᆞ식둘 싀 톳던 이리 다 그립고 아져긔 효양이 오던 이리 다 싱각고 효근 것ᄃ리 누늬[8] ᄇᆞ이니 아마도 쉬이 가고져 ᄒ디 ᄆᆞᄋᆞ미 본디 븓디 아니코 셜온 이론 수업스니[9] 내 ᄆᆞ슴 사오나와 겨규도 그ᄅᆞ 히여 오난댜 내 므스ᄆᆞ라 오나뇨 내 ᄆᆞ슴ᄆᆞᆯ[10] 자바 하 외로이 와시니 무훈 ᄆᆞᄉᆞᄆᆞᆯ[11] 잡 노라마ᄂᆞᆫ ᄆᆞᄉᆞ미 무수히 셜오니 내 모ᄆᆞᆯ 내 두리워ᄒ노라 너희 됴 잇거ᄉᆞ라 내 주글 저긔 아ᄆᆞ려나[12] 아니 사라 나랴 당시 와 죵도 다 말믜 주고 세 낫 ᄃ리고 인ᄂᆞᆫᄃᆡ[13] 션그 미 오며 죵긔 내여ᄶᅩ 뉴더기[14] 미듀기 기ᄃ리노라 이셔[15] 이제 나갈가 식브니 브릴 죵 업고 죰도 혼자 업더여 자고 ᄒ니 ᄀ업다 내 므스ᄆᆞ라 오나뇨 주글 저기로더라 이 벼스리 ᄎᆞ싱 원쉬로다 내게ᄂᆞᆫ ᄉᆞ시 다 셜오니 내 팔지 사오나왜라 너는 나ᄅᆞᆫ 치워 가고 아히ᄃᆞᄅᆞᆯ 엇디 니피ᄂᆞᆫ고 억쉬 갈 제 그 오손 보내마 싱원 보와ᄃᆞᆫ 뎌 사ᄅᆞᆷ 사괴여 ᄃᆞ니디 말라 다시곰 내 유무대로 니ᄅᆞ라 고디 파방ᄒ다 ᄒ니 올혼가 긔별 몰래라[16] 슈긔 어믜 이론 민망 그지업서 ᄒ노라 본디 내 그리 맛댜닐 줄 아노라 죵 갈 제 ᄌᆞ시ᄌᆞ시 호마 졍시니 업서라 빈ᄃ도 네 형과 의논ᄒ여 ᄒ고 내 초로글 아ᄆᆞ려나 쉬이 ᄒ고져 ᄒᆞ더 갑시 업스니 몯ᄒ거든 그제나마 나 +

판독대비

번호	판독자료집	조건상 (1981a : 257)	전철웅 (1995 : 275)	조항범 (1998a : 722~723)	황문환 (2002 : 325~326)	전철웅 (2002 : 273~275)
1	채 셔방지비 답	채셔방지비 답	채셔방 지비 답	채셔방 지비 답	채셔방지비 답	채셔방 지비 답
2	근마니	온다니	-	-	-	-
3	아히둘ᄒ고	아히둘 ᄒ고	-	-	-	-
4	ᄇ라 몰라 와	ᄇ라믈라와	-	-	-	-
5	오니ᄂ	호니ᄂ	호니ᄂ	-	-	호니ᄂ
6	ᄀ고	-	-	-	-	□고
7	수업시	-	수 업시	수 업시	-	수 업시
8	효근 것ᄃ리 누늬	효근것ᄃ리 누늬	-	-	-	-
9	수업ᄉ니	-	수 업ᄉ니	수 업ᄉ니	수 업ᄉ니	수 업ᄉ니
10	ᄆ숨믈	-	-	-	ᄆᄋ믈	-
11	ᄆᄉ믈	-	-	-	ᄆᄋ믈	-
12	아ᄆ려나	-	-	-	-	애□려나
13	인ᄂ더	인ᄂ다	-	-	-	인ᄂ□
14	뉴더기	-	-	-	-	뉴더□
15	기ᄃ리노라 이셔	기ᄃ리노라이셔	-	-	-	기ᄃ리노라 이새
16	몰래라	몰뢰라	몰뢰라	몰뢰라		몰뢰라

순천김씨묘 출토 언간 167 충북대박물관 유물번호 1514

〈순천김씨묘-167, 1550~1592년, 채무이(남편) → 순천김씨(아내)〉

판독문

 자 심샹을 그리ᄒ시ᄂᆞᆫ고 은지만 ᄃᆞ리고 이신 적도 읻ᄂᆞ니 되ᄂᆞᆫ 대로 디내미 엇딜고
근시미ᄂᆞᆫ 티려 ᄒᆞ다가 ᄂᆞ미 지븨셔 티기 어려워 아니ᄂᆞᆫ 티거니와 죵도 위어모로 몯 ᄇᆞ릴 팔
지어니 엇딜고 제 톄[1]ᄅᆞᆯ 보니 동ᄌᆞᄅᆞᆯ 쁘기 슬ᄒᆞ여[2] ᄒᆞᄂᆞᆫ가 시븨 그 거슬 원간 규률로 잘 ᄇᆞ
릴 길 업ᄉᆞ니 ᄀᆞ티 혜뎨 내 쁘데ᄂᆞᆫ 아마도 ᄒᆞ나옷 나가면 셜워 은지니ᄅᆞᆯ ᄃᆞ려다가 동재나
시니다가 나가도 므던ᄒᆞ고 죵이 여러히니 귀실곳 녜 ᄀᆞᆮ디 아니면 힝혀 이실 줄도 이시니 근
시미란 일도 ᄒᆞ며 진지도 ᄒᆞ고 막그미란 뵈 ᄲᆞᆯ 죵으로 최텨[3] 두면 이리 됴홀가 ᄒᆞ건마ᄂᆞᆫ 자
내 쁘디 나와 다르니 쇽졀업시 은지니 혼자셔 동자ᄒᆞ고 셰답ᄒᆞ고 그리 귀실 되여도 견뎌딘
거슬 이제 동자만 시기면 됴히 녀길 주린 둘 알가 이제 아ᄆᆡ나 나가면 아니 ᄃᆞ려올가 잡ᄆᆞ
ᄋᆞᄆᆞ란 먹디 말오 싱각ᄒᆞ여 보소

판독대비

번호	판독자료집	전철웅 (1995 : 275)	조항범 (1998a : 728~729)	황문환 (2002 : 326)	전철웅 (2002 : 318~319)
1	톄	혜	혜	혜	-
2	슬ᄒᆞ여	숧ᄒᆞ여	-	-	-
3	최텨	최뎌	-	-	최뎌

순천김씨묘 출토 언간 168 충북대박물관 유물번호 1515

〈순천김씨묘-168, 1550~1592년, 신천강씨(어머니) → 순천김씨(딸)〉

판독문

네 병이 아ᄆ려나[1] ᄆᅀᅮᆯ 누기면 ᄒ리라 내[2] 오던 희 병ᄋᆯ 구월브터 시작히여셔 시월 동지

ᄯᆯ 셔ᄭᆞᆯ 졍이월ᄀ지ᄂᆞ 살 셰 업서 사ᄅ미 마늘 미□□도 금죽ᄒ면 고대[3] 긔□코 ᄒ기ᄅᆯ 다

ᄉᆞᆺ ᄃ롤 인셩ᄋᆯ 일타가 ᄯᅩ 져그나 ᄒ리기ᄅᆯ ᄒ더 ᄆᆞᄋᄆᆡ 셰ᄉᆞ 이리 하 심샹이 나거나 ᄒ면

ᄯᅩ 도로 티티이고 히여[4] 견디여 사라시니 아ᄆ려나 ᄆᅀᅮᆯ 구디구디 머거라 죵은 내 ᄉᆞ실도

네 모ᄅ느니라[5] 내 지비 이제ᄂᆞ 아ᄆ라타[6] 업시 되여고 네 오□□도[7] 날와 격히여 이제ᄂᆞ

아모 일도 의논도 몯ᄒ고 ᄒ니 죵을 이긔여 브리디 몯ᄒ노라 그 ᄂᆡ미 죵 녀이ᄂᆞᆯ ᄯᅩ 겨ᄋ리

ᄒᆞᆫ 보로ᄆᆞᆯ 드려왓더니 글로 히여 아조 드리[8] 긔□□[9] 나ᄂᆞ 말과댜 커□ 히여 격히여셔 아모

일도 하 니도히 ᄒ니 니ᄅ디[10] 몯ᄒ고 네 오라비ᄂᆞ 댱샹 구지러미□ 눈믈로 와 인ᄂᆞ니라 ᄉᆞ

시랴 만ᄒ디[11] 다 몯 스노라

판독대비

번호	판독자료집	전철웅 (1995 : 275)	조항범 (1998a : 732~733)	황문환 (2002 : 326~327)	전철웅 (2002 : 275~276)
1	아ᄆ려나	-	-	-	□□□나
2	내	-	-	-	□
3	고대	고□	-	-	-
4	히여	-	-	-	□여
5	모ᄅ느니라	-	-	-	모□느니라
6	아ᄆ라타	-	-	-	아□라타
7	오□□도	오(라비)도	오□□도	-	아바□도
8	드리	-	-	-	□리
9	긔□□	-	-	-	□□□
10	니ᄅ디	□ᄅ디	-	-	ᄂ□ᄅ디
11	ᄉᆞ시랴 만ᄒ디	ᄉᆞ시리랴마ᄂᆞ ᄒ디	ᄉᆞ시랴마ᄂᆞ ᄒ디	-	ᄉᆞ시리 마늘 ᄒ디

순천김씨묘 출토 언간 169 충북대박물관 유물번호 1516

〈순천김씨묘-169, 1550~1592년, 신천강씨(어머니) → 순천김씨(딸)〉

판독문

> 기리 집 답

됴히 이시니 깃게라 우리는 두 겨지비 드리고 안주셔 아조 무차 브리게 잇다가 하눌히 삼겨 어르무로 여룰 쓰란디만뎡[1] 아기내도 몯 미처 보리러니라 보리러니라 내 쁘디야 조쥬글 홉 홉비 머그나마나 즉시 가려 ᄒ여 주식들 오면 가려 타니[2] 사라나니는 자븐 이리 셰란ᄒ여 이리 이시니 ᄯᅩ 이티나 견디리라 ᄒ니 엇디엇디 견디려니 ᄒ여 내야 겨지비 궁ᄒ무로야 샹 더기[3] 그지랴마는 하 나도 올히 더 긔오니 업고 셜오니라[4] 주식들 흔디 나 죽고져 죽고져 호디 몯 가니 이셔도 ᄀ이업세라 학개는 제 의지 업시 가니 반치ᄒᆞ먀 뉘 도라보려뇨 ᄒ노라 모다 간수ᄒ여라

판독대비

번호	판독자료집	전철웅 (1995 : 276)	조항범 (1998a : 737)	황문환 (2002 : 327)	전철웅 (2002 : 276~277)
1	여룰 쓰란디만뎡	여□ 쓰란디만뎡	–	–	여룰 ᄲᅳ란디만뎡
2	가려 타니	가려타니	가려타니	가려타니	가려타니
3	궁ᄒ무로야 샹더기	궁ᄒ무로 야샹더기	–	–	궁ᄒ무로 야샹더기
4	셜오니라	–	–	셜 오니라	셜오니□

순천김씨묘 출토 언간 170 _{충북대박물관 유물번호 1517}

〈순천김씨묘-170, 1550〜1592년, 신천강씨(어머니) → 순천김씨(딸)〉

판독문

□□□ 아녀 밥 져그나 자실 일와 위 열 고틸 야글 히여 오나스라 청심원도 흐나토 업세라 대강의 이러코 효근 이론 니르 몯 스로다 너희롤 하 그려 흐르 두세 번곰 울고 용시미 글로 나날 더어 셜위혼다 민망홀 부니로다

판독대비

번호	판독자료집	전철웅 (1995 : 276)	조항범 (1998a : 740)	황문환 (2002 : 327)	전철웅 (2002 : 277)

순천김씨묘 출토 언간 171 _{충북대박물관 유물번호 1518}

〈순천김씨묘-171, 1550~1592년, 신천강씨(어머니) → 순천김씨(딸)〉

판독문

□□□□□□ 다 정신 업손디[1] 둘 나마[2] 구병ᄒ니 하 셜오니 편지도 ᄌ시 몯ᄒ니 이 ᄌ식
ᄃ리 ᄒ나히나 홀가 ᄇ라고 보내노라 저히ᄂ 마다 ᄒᄂ 거ᄉᆞᆯ 구지저곰 보내노라

판독대비

번호	판독자료집	전철웅 (1995 : 276)	조항범 (1998a : 743)	황문환 (2002 : 327)	전철웅 (2002 : 336)
1	업손디	-	-	업손 디	-
2	둘 나마	둘나마	둘나마	둘나마	둘나마

순천김씨묘 출토 언간 172 충북대박물관 유물번호 1519

〈순천김씨묘-172, 1550~1592년, 신천강씨(어머니) → 순천김씨(딸)〉

판독문

셔올 ᄌᆞ식 ᄃᆞ려오기 □□ 나코[1] 옥쳔 며ᄂᆞ리ᄂᆞᆯ ᄃᆞ리□□□□라[2] ᄒᆞ건마ᄂᆞᆫ 당시 새 사ᄅᆞ미오
제 거동 보니 그 각시 하 거동저이 굴고 죵 비ᄉᆞ 두ᄃᆞ리고 내의 ᄠᅳᄃᆡ 맛디 아니코 아ᄃᆞᆯ 당
가드리라 가셔도 갓나히 ᄌᆞ비니 코 ᄡᅮ며 주니 믜오니 맛당티 아니코 이 소ᄂᆞᆯ 그 짓 죵 가[3]
어려 두고 아비야 ᄌᆞ시갸 겨집ᄃᆞᆯ 히여셔 나ᄅᆞᆯ ᄒᆞᆫ갓 병드니라 코[4] 죵ᄃᆞᆯ 니ᄅᆞ니 아모 말도 긔
이고 ᄒᆞ니 내 산 귓것ᄀᆞ티[5] 인노라 하 ᄆᆡ양 병에 보차이니 질삼 ᄀᆞ음도 셰간도 ᄌᆞ식도 아모
ᄆᆞ숨도 업서 술 취ᄒᆞᆫ ᄃᆞᆺ 안ᄒᆞᆫ 덥달오 ᄉᆞ지ᄂᆞᆫ 긔오니 업고 언매ᄂᆞᆯ 살리 ᄆᆞᄉᆞ매 머근 말도 니
ᄅᆞ고젼 ᄌᆞ시기 업고 가ᄉᆞᄆᆡ 사하셔 눈믈만 디고 져그나 ᄆᆞ숨 ᄎᆞ릴 저기면 셜올 부니로다 너
ᄅᆞᆯ ᄃᆞ려[6] ᄆᆞᄉᆞᄆᆡ 마ᄅᆞᆯ ᄒᆞ다니 다시 몯히여 말로다 이 온 ᄠᅳᄃᆞᆫ 스골 가게[7] 되거든 ᄂᆞ려와 ᄒᆞᆫ
쳐리나 잇다가 가과댜 호ᄃᆡ 긔라 어ᄂᆡ 스골가 가미라 쉬오며 오미라 쉬오랴 이리 병은 듕코
자내ᄂᆞᆫ 당시 맛당ᄒᆞᆫ 쳐블 업시 이시니 산 더디나 발완쟈 ᄒᆞ니 바ᄂᆞ지ᄅᆞᆫ 어히업거니와 소ᄂᆞ
로 ᄒᆞᆯ 일도 몯ᄒᆞ니 ᄀᆞ이업서 댱 누운 뉘로 인노라 이리 셜오니 죵도 드러와다[8] 보리 업고
면 날[9] 살리 브리ᄂᆞᆫ 죵도 ᄌᆞ시기나 다 주어 ᄇᆞ리고져 호ᄃᆡ ᄆᆡ듀기 결에도 내 ᄆᆞᄉᆞᄆᆞ로 몯ᄒᆞ
노라 ᄆᆡ듀긔 일도 아ᄃᆞᆯᄃᆞᆯ 긔이고 죵달 긔이니[10] 대강만 스치고 모ᄅᆞ거니와 그런가 맛디고
인노라 아ᄃᆞᆯᄃᆞ리 하 ᄶᅬᄅᆞᆯ 브리니 모ᄅᆞ노라 싱워니란 노미 내게 ᄆᆡᆼ셰 서 주고 죽개ᄅᆞᆯ 지그미
이리 와도 유무 년□□렷거든 쇽져리라 개나 다ᄅᆞ냐 ᄌᆞ식도 맛당티 아녜라

판독대비

번호	판독자료집	전철웅 (1995 : 276~277)	조항범 (1998a : 745~746)	황문환 (2002 : 328)	전철웅 (2002 : 277~278)
1	드려오기 □□ 나코	드려 오기 □□□나코	드려 오기□□ 나코	드려 오기□□ 나코	드려 오기□□□□
2	드리□□□□라	드리□□□□□□라	-	-	-
3	그 짓 죵 가	그 짓죵가	그 짓죵가	-	그 짓죵가
4	병드니라 코	병 드니라코	병드니라코	병드니라코	병 드니라코
5	귓것ㄱ티	-	-	귓것ㄱ티	-
6	너룰 드려	-	너룰드려	-	-
7	스골 가게	-	-	-	스골□ 가게
8	드러와다	-	드러와 다	드러와 다	-
9	면 날	면날	-	-	면날
10	긔이니	-	-	-	긔□니

순천김씨묘 출토 언간 173 충북대박물관 유물번호 1520

〈순천김씨묘-173, 1550~1592년, 신천강씨(어머니) → 순천김씨(딸)〉

판독문

요소이 엇디 인는다 긔별 몰라 미듀기 네[1] 오라비는 ㅎ니 아바니□ ㅎ 듯ㅎ여라[2] ㅎ고 깃거
ㅎ다 □가[3] ㅎ니 그지업다 회시롤 ㅎ□[4] 우리 션븨드리 브즈런티 아니□[5] 채셔방은 엇디ㅎ
고 방도 □ 보고[6] 긔별도 몯 드레라 이번 이롤[7] ㅎ과댜 ㅎ노라 우□□ 고디[8] 됴히 잇거니와
슈기□□[9] 더리코 이시니 민망민망히□[10] 이리 이셔 주시글 브라거든 □미[11] 그지업서 내나
몬져 가고 □티[12] 스시리 만히여 몯 가니 □□[13] 인싱이 굳디 아니니 일□[14] 몯 보고 주글가
그롤 넘□□ 네 옷 안ㅎ[15] 이리 보디 슬□둘도[16] 덥고 하 보디 □□□ 매나[17] 언처 뼈도 그
저 간다 마더라[18] 어룸 업서 드리도 디 □□□ 져 버니 □ 내려고 닛도 다시 도도네 시□□
□□□□□□□□□□□□□□ 겨디 올려 드□□□□ 바 □□□□□□□□□□□니 □텨
□□□□□□□□□□□□□[19] 주마 ㅎ라 ㅎ시다가 예 잇더니롤 보내라 □시 보내노라
학개는 엇디 하 굿□□[20] 저기 업세라 온귀는 모□ 눈화 먹□□□□고[21] 머그라 코 원간 드
리니 말라 ㅎ □□□□ 애드래라 □□□□□□[22]

판독대비

번호	판독자료집	전철웅 (1995 : 277)	조항범 (1998a : 751~752)	황문환 (2002 : 328~329)	전철웅 (2002 : 278~279)
1	긔별 몰라 미듀기 네	긔별 몰라 □무기 네	-	-	긔별 몰라 □□□ □무기네
2	아바니□ ㅎ 듯ㅎ여라	아바니□ ㅎ 듯 ㅎ여라	아바니 □ㅎ 듯ㅎ여라	-	아바니□ □□ ㅎ 듯ㅎ여라
3	깃거ㅎ다 □가	깃거 ㅎ다 □가	-	깃거 ㅎ다□가	깃거 ㅎ다 □□□가
4	ㅎ□	ㅎ□□	-	-	ㅎ□□□
5	아니□	아니□□	-	-	아니□□
6	방도 □ 보고	방도 몯 □□ 보고	방도 □ 보고	-	방도 □ □□□ 보고
7	이번 이롤	이□□ 이롤	-	-	이□□□ 이롤
8	우□□ 고디	-	-	-	우□□□□ 고디

번호	판독자료집	전철웅 (1995 : 277)	조항범 (1998a : 751~752)	황문환 (2002 : 328~9)	전철웅 (2002 : 278~279)
9	슈기□□	–	–	–	슈기□□□
10	민망민망희□	민망민망희□□	–	–	민망민망희□□□
11	□미	–	–	–	□□□미
12	가고 □디	–	–	가고□디	가고 □□디
13	□□	–	–	–	□□□
14	일□	□□□	–	–	일일□□□
15	넘□□ 네 옷 안훈	□□ 네 옷 안훈	넘□□네 옷 안훈	넘□□ 네 옷 안훈	넘□□□ 네 옷안훈
16	슬□돌도	–	–	–	슬□□□돌도
17	보디 □□□ 매나	보디 □□□□□ 매나	–	–	보디 □□□□□ 매나
18	간다 마뎌라	간다 □□ 마뎌라	–	–	□다 □□□ 마뎌라
19	드리도 디 □□□ 져 버니 □ 내려고 닛도 다시 도도네 시□□□□□□□□ □□□□□□ 겨뎌 올려 드□□□□ 바 □□□□□□□□□ □니 □뎌 □□□□□□□□□ □□□□□	드리도 〔이하 판독 안 됨〕	–	–	드리□ □□ 드□□□□□져 버□□□려코 잇도다 실□ 네 시라□□□□□초□ □□□□□겨뎌□뎨 드□□□□배□□□ □□□□□리 머렷□니 □ 뎨□□□□□□□□ □□ 안족 업□
20	하 굿□□	□□□	하 굿□□□	하 굿□□□	□□□
21	먹□□□□고	먹□□□고	–	–	먹□□려 두고
22	□□□□□□	□□□□	–	–	□□□

순천김씨묘 출토 언간 174 충북대박물관 유물번호 1521

〈순천김씨묘-174, 1550∼1592년, 신천강씨(어머니) → 순천김씨(딸)〉

판독문

□ 셔방집

요소이 긔별 모르니 아희돌호고[1] 엇디 인는다[2] 네 오라비□[3] 가다 호니 아니[4] 간고 받□□
근심□노라[5] 셩원도 □□[6] 갈 제 셔증으로 알파 가 □□ 후[7] 긔별 모르니 민망타 즈식□리[8]
비허 두고 ᄀ이업세라 우□ 두[9] 고디 다 무스타[10] 아바님도 □□옷[11] 호면 가고져 녕호□□
도[12] 홈끠 가게 되면 무□□□고[13] 어려이 구러[14] 가게 되면 글□□코[15] 가실 제 셰 됴호 제
드려□고져[16] 호시□□ 올□□□□□[17] 몯호고 내 혼 □□□[18] 민망코 니년히나 일뎡 □□
□미나[19] 호면 커니와[20] 몯호□□도 □□[21] 몯 가고 눈 어도워 아모 이□ 미더 다 □□니[22]
엇디려□□□□ 이[23] 너기노라 이 노미 □□□예[24] 사니 믿브거니 와 □□□□ 즈시 □□□
□ 아바님 □□□□니[25] 모

판독대비

번호	판독자료집	전철웅 (1995 : 277)	조항범 (1998a : 755~756)	황문환 (2002 : 329)	전철웅 (2002 : 279~280)
1	아희둘ᄒ고	아희둘□고	-	-	아희둘□고
2	인는다	인□다	-	-	인□다
3	오라비□	-	-	-	오라비□□
4	ᄒ니 아니	-	-	-	□□□□
5	간고 밭□□ 근심□노라	간고 □□ 밭□□□ 근심□□□□라	-	간고 밭□□ 근심□□노라	간고 밭□□□ 근심□□라
6	싱원도 □□	싱원도 □□□	-	-	싱□도 □□□
7	알파 가 □□ 후	알파 가□□외	-	-	알타□□□ 후
8	ᄌ식□리	-	ᄌ식□리	-	ᄌ식□□리
9	우□ 두	우□□ 두	우□ 두	-	□□□ 두
10	다 무ㅅ타	-	-	-	다 □ㅅ타
11	□□옷	-	-	-	□□비옷
12	뎡ᄒ□□도	뎡ᄒ□□□□	-	-	뎡ᄒ□□□
13	무□□□고	무□□□□□고	-	-	무□□□□□고
14	어려이 구러	어려이구러	어려이구러	-	어려이구러
15	글□□코	글□□코	-	-	글□□□코
16	ᄃ려□고져	-	-	-	ᄃ려□□고져
17	올□□□□□	-	-	-	올□□□□ □□□
18	혼 □□□	혼 □□	-	혼□□□	혼□□□
19	일뎡 □□□미나	일뎡 □□□미나	-	-	□□ □□□ 미나
20	ᄒ면 커니와	ᄒ면커니와	ᄒ면커니와	-	ᄒ면커니와
21	몯ᄒ□□도 □□	몯ᄒ□□□□ □□□	-	몯ᄒ□□ 도□□	몯ᄒ□□□□□
22	아모 이□ 미더 다 □□니	아모□ 미더□□□	-	-	아모 □□ 미더 □□□
23	엇디려□□□□ 이	-	-	엇디려□□□□이	엇□□□□□□ 이
24	노미 □□□예	노미□□예	-	-	노미 □□예
25	와 □□□□ ᄌ시 □□□□ 아바님 □□□□니	〔모두 □로 처리함〕	-	-	와 □□□□□ ᄌ시 아니□□□□배□□□ □니

순천김씨묘 출토 언간 175 충북대박물관 유물번호 1522

〈순천김씨묘-175, 1550~1592년, 신천강씨(어머니) → 순천김씨(딸)〉

판독문

너 몬져 □□ 도만 나는 □대고도[1] 싱일 □□□□□[2] 손 것 쓰니 아바님 □□□□[3] 자시니라 네 난도 □□□뇌 예[4] 와 자시니라 이 명디 밧고리 닷 비리 이는 됴ᄒ니라 것명디 너비 넙고 둗겁고 □□ᄒ니[5] ᄒ고 안도 둗겁□□마 빗 됴코 너비 너브니로[6] 밧과 보내여라 늘의 골도 그 텰릭 갑시 무명 세 피리 가ᄂ니라 하 싱싱샹슝ᄒ니[7] 즈시 □□□라 ᄲᅮ롤 보내쟈 □□ □므려도[8] 몯 보내리□□□[9] 슈니게도 스디 슬□□□□쯰도 몯ᄒ다 슬□□□□

판독대비

번호	판독자료집	전철웅 (1995 : 277)	조항범 (1998a : 758)	황문환 (2002 : 329)	전철웅 (2002 : 280~281)
1	몬져 □□ 도만 나는 □대고도	몬져 □□□□ 도만□□ 대고도	–	몬져□□ 도만 나는 □ 대고도	몬져 민어도 만나는 대고도
2	□□□□□	□□□□□□□□	–	–	□□ □□
3	□□□□	□□□□□	–	–	–
4	난도 □□□뇌 예	난도 □□□□□ 뇌 예	–	난도□□□뇌예	–
5	□□ᄒ니	□□ᄒ니	–	–	□□ 오니
6	너브니로	–	–	–	너□□로
7	싱싱샹슝ᄒ니	싱□□샹슝ᄒ니	–	–	–
8	보내쟈 □□ □므려도	보내□□□므려도	보내쟈 □□ □므려도	보내쟈□□□므려도	보내쟈 □□□므려도
9	보내리□□□	보내□□	–	–	보내리□□

순천김씨묘 출토 언간 176 충북대박물관 유물번호 1523

〈순천김씨묘-176, 1550~1592년, 채무이(남편) → 순천김씨(아내)〉

판독문

+□□□ᄒ □□□ ᄒᄂᆡ[1] 근시미ᄂᆞᆫ 그리타[2] 미양 거즛 병일가 하 우리 이리 이디 아니니
그러 구러[3] 병이니 아니 될가 ᄒᄂᆡ 무러 야글 ᄒ□나 홀 거시로쇠 하ᄂᆞ리 다 삼겨시니 므
ᄋ모로 몯ᄒ려니와[4] 아ᄆᆞ려나 사라 보새 이 저옷 ᄒᆞᆫ 죵이나 아ᄆᆞ라 ᄒᆞ면 뇌여 살 계□코
홀[5] +

판독대비

번호	판독자료집	전철웅 (1995 : 278)	조항범 (1998a : 761)	황문환 (2002 : 329)	전철웅 (2002 : 319~320)
1	□□□ᄒ □□□ ᄒᄂᆡ	□□□ᄒ□□□ᄒᄂᆡ	–	□□□ᄒ□□□ᄒᄂᆡ	□□□□□ᄒᄂᆡ
2	그리타	–	–	–	□□□
3	그러 구러	그러구러	그러구러	–	그러구러
4	몯ᄒ려니와	몯 ᄒ□니와	–	–	몯ᄒ□니와
5	살 계□코 홀	살 계□ 코 홀	살 계□코 홀	–	□ 계□교롤

순천김씨묘 출토 언간 177 충북대박물관 유물번호 1524

〈순천김씨묘-177, 1550~1592년, 신천강씨(어머니) → 순천김씨(딸)〉

판독문

□[1] 안부 듣□가 됴히 디내 □디 지그미 아니 □ 나핫거뇨 □러워 미양 □와 스시리 □ 혼
자[2] 인노라 노□ 몯 드려 그런디 □심히 어려 □자[3] 짜 가거니와 □□ 닙거나 히 □데라 내
오솔 □네 아바님끠 □□펴롭고[4] 듣+

판독대비

번호	판독자료집	전철웅 (1995 : 278)	조항범 (1998a : 764)	황문환 (2002 : 329~330)	전철웅 (2002 : 281)
1	□	□□□	□	□	□□□
2	혼자	-	-	-	□자
3	□자	□□□	-	-	□□ □
4	□□펴롭고	□□□펴롭고	-	□□ 펴롭고	□□□ □롭고

순천김씨묘 출토 언간 178 충북대박물관 유물번호 1525

〈순천김씨묘-178, 1550~1592년, 신천강씨(어머니) → 순천김씨(딸)〉

판독문

빅미 스므 말 민 씩¹ 민딕 빙미 듕미 병 듕미 □□ 분² 히여 열단 말식 □□□ 필 채 셔방
씩³ 빅미 단 말 □□□ 두 말 장의골 홍챵쉬 지비 듕미 단 말 □□□□□ 민지비 훈 말
민 셔방 씩⁴ 훈 말 □□□□□□ 명디 밧고리 것명디 훈 필 안명디 훈 필 밧고라 □□□□
□ 필 □□□□⁵ 훈 필 민 셔방 씩⁶ 반 필 □□□말⁷ 민집과 민 씩과⁸ 닷 되식 □□□ 은구
어 항 흐나⁹ 변쟈리 둘 두로 봉싱훈 오자기¹⁰ 일빅열여스시니 너히 논화 머그라 아바님 빅
스 바드리 훈 필 각벼리 가느니라 므더니 남진 주어 간 밍글 빅스 스르ᄅ 흐니 바다 보내라
흐신다¹¹ 사이젓 굴젓 알젓 쇠 □□ 몬져 □□¹² 보낸 사이젓 만내 자시니라 알젓 쓰댜니니
네게 훈 말 민 씩 치¹³ 훈 말고미나 싸쏙고미나 내여 사 보내라 내 가리 히여 보내마 비츠
씨 므스 일사곰 보낸다¹⁴

판독대비

번호	판독자료집	전철웅 (1995 : 278)	조항범 (1998a : 766)	황문환 (2002 : 330)	전철웅 (2002 : 282)
1	민 씩	민씩	-	민씩	민씩
2	병 듕미 □□ 분	병듕미 □ 분	병듕미 □□ 분	병듕미 □□ 분	병듕미 □□ 분
3	채 셔방 씩	채셔방씩	채셔방 씩	채셔방씩	채셔방씩
4	민 셔방 씩	민셔방씩	민 셔방 씩	민셔방씩	민셔방씩
5	안명디 훈 필 밧고라 □□□□□ 필 □□□□	안명□□□□□ 필 □□□□□□□디 훈 필 밧고라 □□□□□□□□ □□□□□□□□ □□□□□□	-	-	안명□□□□□ 필 □□□□□□□디 훈 필 밧고라 □□□□
6	민 셔방 씩	민셔방씩	민셔방 씩	민셔방씩	민셔방씩
7	□□□말	□□□□□말	-	-	□□□□□ 말
8	민 씩과	민씩과	-	민씩과	민씩과
9	□□□ 은구어 항 ᄒ나	□□□□□ 은구어항 ᄒ나	-	-	□□□□□ 은구어항 ᄒ나
10	봉셩훈 오자기	봉셩□ 오자기	-	-	봉셩 론오자기
11	ᄒ신다	-	-	-	ᄒ□□
12	쇠 □□ 몬져 □□	쇠□□□□□	-	-	쇠 □□ □□ □□
13	민 씩 치	민씩치	-	민씩치	민씩치
14	보낸다	-	-	-	□낸다

순천김씨묘 출토 언간 179 _{충북대박물관 유물번호 1526}

〈순천김씨묘-179, 1550~1592년, 신천강씨(어머니) → 순천김씨(딸)〉

판독문

□니 아바니믄[1] 미양 편티 아녀 ᄒ시니[2] 근시미로다 ᄯᅩ 연그미 □보라[3] 딕녕 ᄀᅀᆞ믄 계오
ᄲᅡ니[4] 옥비ᄅᆞᆯ 갑 주어 드려 다ᄃ마 보내라 □□□□□□□□□□□□□□디도[5] 나믄 디헛고
호ᄃᆡ ᄌᆞ디ᄅᆞᆯ[6] 몯 다 드려셔 지최도 □□□□□ᄒ여[7] 이엄하ᄂᆡᆨ사 바ᄃ니 내 것 □□[8] ᄡᅡ 드
릴 거시니 이제는 츤 디ᄅᆞᆯ[9] 내완디 몯ᄒ니 몯 □려[10] 방의 나셔 드리려 ᄒ□□[11] 츤 손보기
ᄅᆞᆯ 뎡ᄒ니 □□ 역시니[12] ᄲᅡ거니 예 와 자□□ᄅᆞᆯ[13] ᄒ니 하 겨ᄅᆞ 업서 □□ᄒ여[14] 몯 드려
이리 디□거미 다 □□□□ 내 네 몬져[15] □…□

판독대비

번호	판독자료집	전철웅 (1995 : 278)	조항범 (1998a : 770)	황문환 (2002 : 330)	전철웅 (2002 : 282~283)
1	□니 아바니몬	□□ 니□□ 아바니몬	-	-	-
2	ㅎ시니	-	-	-	□□니
3	연그미 □보라	연그미□□□□□□ 보□	-	-	연그미□□□□□ 보□
4	싸니	싸□	-	-	싸□
5	□□□□□□□□□□ □□□디도	□□□□□□□□□□□ □□□□□디도	□□□□□□□□□□ □□디도	□□□□□□□□□□ □□디도	□□□□□□□□□□ □□디도
6	ᄌ디롤	-	-	-	ᄌ디□
7	지쵀도 □□□□□히여	지쵀□□□□□□□ □□□히여	-	-	지쵀□ □□□□□□□ 히여
8	내 것 □□	나□□	-	-	나□□
9	촌 디롤	촌 디 □□□롤	-	-	촌 □ □롤
10	몯 □려	□□□□□려	-	몯□려	□ □□□□□려
11	ㅎ□□	ㅎ□□□	-	-	ㅎ□□□
12	□□ 역시니	□□□□ 역시니	-	-	□□□□ 역시니
13	자□□롤	자□□□롤	-	-	자□□□롤
14	업서 □□히여	업□□□□□□ 히□□□□	-	-	업□□□□□ 히□
15	드려 이리 디□거미 다 □□□□ 내 네 몬져	드려[이하 판독 안 됨]	-	-	드려□□□□ 미다 □□□네□져

순천김씨묘 출토 언간 180 _{충북대박물관 유물번호 1527}

〈순천김씨묘-180, 1550~1592년, 신천강씨(어머니) → 순천김씨(딸)〉

판독문

□□□□□□□니[1] 가져왓거눌 보내노라 아바니믄 아모것도 업서 몯 주고 동니 가 어더 가
니 겨으리면 아니랴 히엿다

판독대비

번호	판독자료집	전철웅 (1995 : 278)	조항범 (1998a : 773)	황문환 (2002 : 330)	전철웅 (2002 : 283)
1	□□□□□□□니	□ 니	-	-	□□□□만 □니

순천김씨묘 출토 언간 181 충북대박물관 유물번호 1528

〈순천김씨묘-181, 1550~1592년, 신천강씨(어머니) → 순천김씨(딸)〉

판독문

□□□□□□□ □□근 반식 논화 □□□어 여스시라 □□ 세□ 머거 □□디 두고쟈 두
고쟈□□ 엇디 보내리 채 □□ 지비 졔예 거샤 □□□□□□리 업거 □□ 므슴 쇽져리 이□
□ 므슴쑤니라 □□ 와 주시[1] 츠려 □□ 스므여쇈날 모

판독대비

번호	판독자료집	전철웅 (1995 : 279)	조항범 (1998a : 775)	황문환 (2002 : 330~331)	전철웅 (2002 : 283~284)
1	와 주시	□□□□□ 주시	–	–	–

순천김씨묘 출토 언간 182 충북대박물관 유물번호 1529

〈순천김씨묘-182, 1550~1592년, 채무이(남편) → 순천김씨(아내)〉

판독문

근시미롤 일뎡 흑노미 자바 간가 아니 나간 거술 그러 구룩시눈가[1] 근시미눈 □ 와 □□ 가
고[2] 흑노믄 늣게야 왓던 거시 □룩[3] 맛날가

판독대비

번호	판독자료집	전철웅 (1995 : 279)	조항범 (1998a : 777)	황문환 (2002 : 331)	전철웅 (2002 : 320)
1	그러 구룩시눈가	그러구룩시눈가	-	-	그러구룩시눈가
2	근시미눈 □ 와 □□ 가고	근시미눈 □ 와 □ 가고	-	근시미눈□ 와□□ 가고	근시미눈 □ 와 □녀 가고
3	거시 □룩	거시□룩	거시 □룩	-	거시□

순천김씨묘 출토 언간 183 충북대박물관 유물번호 1530

〈순천김씨묘-183, 1550~1592년, 신천강씨(어머니) → 순천김씨(딸)〉

판독문

□□ 일뎡[1] 가로다 □리 온[2] 죵마의 도□과댜 ᄒᆞ엿다 가셔 보쟈 ᄒᆞ거나[3] 더외□□□□ 노
ᄒᆞ리□□ᄅᆞᆺ 듯 듸답ᄒᆞ엿 □녀는[4] 어뎌 여긔 □□ 갓다[5] ᄒᆞᆫ다마는 괴인다[6] 아ᄆᆞ리 긔나 내 가
보리라 사기 다ᄃᆞᄅᆞ니 자븐 이리 하 족망ᄒᆞ니 ᄀᆞ업다 이사 내 먹는 거시라[7] 보낸다 과줄 죠
고매 □[8] 와실시 아□□□□□어라 □□[9]

판독대비

번호	판독자료집	전철웅 (1995 : 279)	조항범 (1998a : 778)	황문환 (2002 : 331)	전철웅 (2002 : 284)
1	□□ 일뎡	□□□	–	–	□□□뎡
2	□리 온	□□□ 온	–	–	□□□ 온
3	보쟈 ᄒᆞ거나	–	–	–	보□ 사ᄒᆞ거나
4	듸답ᄒᆞ엿 □녀는	듸답ᄒᆞ엿□ 녀는	–	듸답ᄒᆞ엿□ 녀는	듸답ᄒᆞ엿□□녀는
5	여긔 □□ 갓다	여□□ 갓다	여긔 □□(ᄒᆞ려) 갓다	여긔□□ 갓다	여□□□ 갓다
6	ᄒᆞᆫ다마는 괴인다	–	–	–	ᄒᆞᆫ다마는 □괴인다
7	거시라	거시□	–	–	거시□
8	죠고매 □	–	–	–	□□□ □
9	아□□□□□어라 □□	아□□□□□ 어라□□□□□	–	–	아□□□□□어라□□

순천김씨묘 출토 언간 186 충북대박물관 유물번호 1533

〈순천김씨묘-186, 1550~1592년, 신천강씨(어머니) → 순천김씨(딸)〉

판독문

```
□□게¹
```

길혜 엇디 가는다 내여 보내고 내 ᄆᆞ음미 ᄀᆞ이업세라 왓다가 하 셜이 구러² 가니 이런 이리
어디 이시리 길혜 굼주려 가는가 싱각거든 니존 저기 업서 안자셔 눈믈만 디고 인노라 힝혀
이리 어려이 되여도 너모 셔도디 마오 우리 늘그니눌 싱각ᄒᆞ여라 ᄌᆞ시글 여러홀 두니 너는
큰일로 그리코 가니 ᄀᆞ이업시 셟고³ 학개는 녜계 ᄉᆞ랑을 미쳐시니 인싱 일훈 것ᄀᆞ티 ᄒᆞ고
하 보디 슬히 구니 ᄀᆞ득훈 ᄆᆞ음미 더욱 ᄆᆞ음미 애뽈고 셜오니 눈믈로 버들 ᄒᆞ고 인노라 내
사 ᄀᆞ오눌 편히 가지고 잇고 집도 무ᄉᆞᄒᆞ다 귀보기는 몰 ᄐᆞ려 ᄐᆞᆫ코⁴ 며조 아니 가져가고 반
만 녕은 무명 오시 이제 아니 니블 거시라 후예 보내마 하 심심ᄒᆞ니 이만ᄒᆞ노라 오월 열ᄒᆞ
ᄅᆞᆫ날 모 네 몸 간ᄉᆞᄒᆞ여 됴히 잇거라 짐 시러 바 ᄒᆞᆫ 거리 가ᄂᆞ니라 다라기 간ᄉᆞ히여라

판독대비

번호	판독자료집	전철웅 (1995 : 279)	조항범 (1998a : 785~786)	황문환 (2002 : 331)	전철웅 (2002 : 284~285)
1	□□게	□게	–	□게	□게
2	셜이 구러	셜이구러	셜이구러	–	셜이구러
3	셟고	셟고	–	–	–
4	ᄐᆞ려 ᄐᆞᆫ코	ᄐᆞ려ᄐᆞᆫ코	ᄐᆞ려ᄐᆞᆫ코	ᄐᆞ려ᄐᆞᆫ코	ᄐᆞ려□코

순천김씨묘 출토 언간 187 충북대박물관 유물번호 1534

〈순천김씨묘-187, 1550~1592년, 신천강씨(어머니) → 순천김씨(딸)〉

판독문

엇디 가는고 엇던 이를 만날고 ᄀ이업세라 너 나간 후에사 드르니 학죵이를 투려[1] 와시니 제 안해를 드리고 잇거든 ᄠᅳᆮ 업슨 이를 흐랴[2] 디쳐 업시 두고 하 ᄀ이업시 되여시니 이런 이리 어디 이시리 너도 드려올 줄도 알고 완는 줄도 아다 흐니 네조차 나를 소기는다 너 이신 제 져티를 홀 것 아니가 왼 디[3] ᄌᆞ식ᄃᆞ리 근심이 ᄌᆞ식[4] 이러 구니[5] ᄆᆞᄉᆞᆷ 둘 디 업서 내 큰 병이 나로다 출히 주그면 내 안히나 아니 쇠훤흐랴 너를 샹시 ᄀ이업시 믿다니 네조차 소기고 가니 더옥 애ᄃᆞ노라 므스 이를 만낫거뇨 더 그지업스니 희경이 어드러로 간고 간고

판독대비

번호	판독자료집	조건상 (1981a : 258)	전철웅 (1995 : 279~280)	조항범 (1998a : 789)	황문환 (2002 : 332)	전철웅 (2002 : 285~286)
1	투려	드려	드려	-	-	드려
2	흐랴	-	흐리	흐리	흐리	-
3	이신 제 져티를 홀 것 아니가 왼 디	이신제 져더를 홀것아니가왼더	이신 제 져 티를 홀 것 아니가 왼 디	이신 제 져티를 홀 것 아니가 왼디		이신 제 져 티를 홀 것 아니가 왼 디
4	근심이 ᄌᆞ식	-	근심 이 ᄌᆞ식	-	-	-
5	이러 구니	이러구니	이러구니	-	-	이러구니

순천김씨묘 출토 언간 189 충북대박물관 유물번호 1536

〈순천김씨묘-189, 1550~1592년, 신천강씨(장모) → 채무이(사위)〉

판독문

> 채 셔방끠 답장

유무 보고 소시론 다 알고 □□□은 심히 되니 이리셔 다믄 무스미 셜올만뎡[1] 홀 이리 업스
니 하늘홀 브라고 눈믈만 디고 인뇌 모즈 스이 서르 격ᄒᆞ□□ 이리 이실고마는 나도 □ 나
만코[2] □□ᄒᆞᆫ 후는 졍시니 업서 아모 일도 □□□□티[3] 몯ᄒᆞ니 일가 일도 일올 이리 □□다
그디이 고롭기는 ᄀᆞ이업건마는 주시긔[4] 거시나 그디 거시나 ᄒᆡ여 보내고져 ᄒᆡ여도 나 몯ᄒᆞ
고 죵 ᄒᆞ리 업고 완는 아기도[5] 당병이니 근심 난 나리 업스니 몯ᄒᆞ□[6] 내 소시롤 모르고 왼
디셔야 무야□ 아니 너기랴 ᄒᆞ뇌 뉴더기도 볼셔 □□□□ 거시로디 소실 하 몯ᄒᆞ다니 저도
□□□ 그 나롤 미야히 너길 거시오 내 소실 □□□□□ 시[7] 모르고 프디 몯홀가 초□□□
□[8] 올려 보내닝다 이버니 굴□□□□도[9] 됴코 나도 가면 보괴나 주□□□□□□[10] 셜온 ᄠᅳ
디나 아니 통홀가 소시리 만호디 사롬도 밧비 가먀 유무 만히 스니 어즐ᄒᆞ니 이무도 주시
몯ᄒᆞ뇌 보기는 어이 지그미 아니 간고 슈뎡이 ᄀᆞᆮᄐᆞᆫ가 그디이 고마이 ᄒᆞᄂᆞᆫ 이론 내 이셩애
갑디 몯ᄒᆞ로쇠 오월 스므여□□□□□□뇌

판독대비

번호	판독자료집	전철웅 (1995 : 280)	조항범 (1998a : 795~796)	황문환 (2002 : 332)	전철웅 (2002 : 300~301)
1	셜올만뎡	셜올 □□만뎡	-	-	셜올 □뎡
2	나도 □ 나 만코	-	나도 □나 만코	나도 □나 만코	-
3	아모 일도 □□□□티	-	-	-	아모 일도□□티
4	즈시긔	-	-	-	□시긔
5	아기도	-	-	-	아□도
6	몯ᄒ□	몯(ᄒ되)	-	-	몯□□
7	ᄉ실 □□□□ 시	ᄉ실□□□□ 시	-	-	ᄉ실□□시
8	초□□□□	초□□□□□	-	-	초□□□□
9	이버니 굴□□□□도	이 버니 굴 □□□□도	-	-	이 버니 굴 □□□□도
10	쥬□□□□□	-	-	-	쥬□□□

순천김씨묘 출토 언간 190 충북대박물관 유물번호 1537

〈순천김씨묘-190, 1550~1592년, 채무이(남편) → 순천김씨(아내)〉

판독문

듕나미 가져온 편지는 즈셰 뵈□□ 하 파려ᄒᆞ엿거늘[1] 보고 와셔 엇디홀고 근심ᄒᆞᆫ[2] 거술
ᄯᅩ 소니[3] 그러면 비록 듕티 아니ᄒᆞ다[4] 올홀가 그 편지 본 나론 즈미 아니 오니 새도록 근심
ᄒᆞ고 인뇌 치믈 마즈몬 브터 마줄 이리어니와 녀르메도 피롤 그리 내고 ᄯᅩ 비록 손 그틴들
피□ 그리[5] 내여돈 혈괴로 사ᄂᆞᆫ 거시 사르미어든 올홀가 손쳠디드려 묻고 치믈 그리도록 마
즈신가 이제는 엇던고 엇디 나 이신 제나 그러티 몯ᄒᆞᆫ고[6] 애드라 ᄒᆞ뇌 슈오긔 아바니미 잇
거니 내나 다롤가 커니와[7] 뒌 ᄃᆡ 와셔는 아니 날[8] ᄆᆞᅀᆞ미 업세 알셩에 내 즈조 가지고 함챵
도 하 절코[9] ᄒᆞ여 아니 가려 뎡ᄒᆞ여 잇더니 자내 그러ᄒᆞ니 비록 셩ᄒᆞ여도 가 뵈괴나 오려
ᄒᆞ여 ᄆᆞ론 버니 주어늘[10] 어더 이쇼ᄃᆡ 근사니도 여ᄐᆡ 아니 왓고 ᄒᆞ니 죵 업서 뎡 셩원 홈ᄭᅴ
모 가니[11] 보기 오면 즉시 가리 보기롤 수이 보내소 허니ᄂᆞᆫ 간ᄂᆞᆫ가 ᄲᆞᆯ ᄒᆞᆫ 바리 ᄒᆞ여 복기리[12]
셩일 미처 보내외 오시 관계ᄒᆞᆫ가 아조 밧디 아니ᄒᆞ엿거니 글란[13] 근심 마소 자내 주그면 그
매나 어더 니블가 글로 므스므러 용심ᄒᆞ시ᄂᆞᆫ고 소니 그리 브어 인ᄂᆞᆫ 거슬 보셔눌 기우신가
ᄀᆞ장 ᄠᅳᆮ 업시 녀기뇌 몬졔 편지예 니즈니 팔월도 월휘 분명ᄒᆞᆫ가 월후옷 분명ᄒᆞ면 원증은 셩
홀 거시니 그룰 ᄆᆡ양 몯 니저 ᄒᆞ뇌[14] 후에 가부ᄒᆞ소 돗근 세 닐 살 거슬 두 닙 사 와시니 과
심ᄒᆞ여 ᄒᆞ+

판독대비

번호	판독자료집	조건상 (1981a : 259)	전철웅 (1995 : 280)	조항범 (1998a : 799~800)	황문환 (2002 : 332~333)	전철웅 (2002 : 320~321)
1	뵈□□ 하 파려 ᄒᆞᆼ엿거늘	뵈□□□□ 하 리 ᄒᆞᆼ엿거늘	뵈□□ ᄒᆞ려 ᄒᆞᆼ엿거늘	뵈□□□□려 ᄒᆞᆼ엿거늘	뵈□□□□려 ᄒᆞᆼ엿거늘	–
2	근심ᄒᆞᄂᆞᆫ	–	–	–	–	근심ᄒᆞ□
3	ᄱᅩ 소니	ᄱᅩ소니	–	–	–	–
4	아니ᄒᆞ다	아니 ᄒᆞ다	아니 ᄒᆞ다	–	–	–
5	피□ 그리	피□□□□ 그리	–	–	–	–
6	그러티 몰ᄒᆞ고	그러리 몰ᄒᆞ고	그러티 몰 ᄒᆞ고	–	–	–
7	다롤가 커니와	다 홀가커니와	다롤가커니와	–	–	다롤가커니와
8	아니 날	아니날	–	–	–	–
9	하 졀코	하졀코	–	–	–	–
10	오려 ᄒᆞ여 ᄆᆞ론 버니 주어늘	오려ᄒᆞ여 ᄆᆞ론버니주어늘	–	–	–	–
11	뎡 싱원 홈ᄢᅴ 모 가니	뎡싱원홈ᄢᅴ 모가니	뎡싱원 홈ᄢᅴ 모 가니	뎡싱원 홈ᄢᅴ 모 가니	뎡싱원 홈ᄢᅴ 모 가니	뎡싱원 홈ᄢᅴ 모 가니
12	바리 ᄒᆞ여 복기리	바리는 여복 기리	–	–	–	–
13	아니ᄒᆞ엿거니 글란	아니 ᄒᆞ엿거니 그란	아니 ᄒᆞ엿거니 글란	–	–	–
14	몰 니져 ᄒᆞ뇌	몰니져ᄒᆞ뇌	–	–	–	–

순천김씨묘 출토 언간 191 충북대박물관 유물번호 1538

〈순천김씨묘-191, 1550∼1592년, 김여흘(남동생) → 순천김씨(누나)〉

판독문

> 누의님 젼 샹사니[1]
> 흥덕골 채 싱원 찍[2]

문안ᄒᆞᆸ고 요ᄉᆞ이는 엇더ᄒᆞ신고 온 후의는 긔별 몰라 ᄒᆞᆸ뇌이다 예는 다 됴히 겨시이다 날도 치워 가고 몸 조심ᄒᆞ여 간ᄉᆞᄒᆞ쇼셔 약 갑슨 술와건마ᄂᆞᆫ 보내신디 몰라 ᄒᆞᆸ뇌 형님도 가 겨신가 보기리 슈니 두 아긔 초여는 갓가ᄉᆞ로[3] 술와 지어 보내뇌이다 아바님 알픠 드러셔 유무롤[4] 스니 하 요요ᄒᆞ여 이만 시월 열닐웬날 오라비 여흘[5]

판독대비

번호	판독자료집	조건상 (1981a : 260)	전철웅 (1995 : 280)	조항범 (1998a : 804)	황문환 (2002 : 333)	전철웅 (2002 : 296)
1	누의님 젼 샹사니	누의님젼샹사니	누의님 젼 샹상	-	-	누의님 젼 샹상
2	채 싱원 찍	채싱원찍	채싱원 찍	채싱원 찍	채싱원 찍	채싱원 찍
3	갓가ᄉᆞ로	갓가ᄉᆞ로	갓가□로	-	-	-
4	유무롤	유무홀	-	-	-	-
5	시월 열닐웬날 오라비 여흘	시월열닐웬날 오라비여흘	-	-	-	시월 열닐웬□ 오라비 여흘

순천김씨묘 출토 언간 192 충북대박물관 유물번호 1539

〈순천김씨묘-192, 1550~1592년, 신천강씨(어머니) → 순천김씨(딸)〉

판독문

요ᄉ이 긔별 몰라[1] 엇디 인눈고[2] ᄒ여 아히둘 니르니 쑤미 뵈ᄂ매라[3] 나는 이제는 아조 셩 히연노라 근심 마라 최소니 갈 제 □텨 심증 나셔 유무 심심ᄒᆫ 말 만히 가더니 보고 셜워 마ᄉ라 아니 아무려나 숨곳 길면 견디랴 견디여 사로려 ᄒ노라 진봉 갈시 ᄎᄲᄅᆞᆯ 구ᄒ더니 마는 명이리니 눈화 먹게 눈호니 ᄎᄲ리 원간 업서 말 가오디 가ᄂ니라 년 더 ᄒᆫ 말시기라 샹ᄲᆯ ᄒᆫ 말 보내노라 셔리 고기 바다 머거라 시져리 심히여 비온 드롬도 몯 보내니 그런 시 져리 업다 셧드리 졔ᄉ롤 엇디커뇨 일컨노라 실쾌나 얻ᄂ냐 어업다[4] ᄎᄲᆯ 듕쳥되나 아모 디 나 션믈 오나둔[5] ᄒᆫ 마리나 더 주라 ᄒ노라 유무 ᄀᆞᆺ 갓고 너일 모리 광히 갈 거시라 이만ᄒ 노라[6] □□□ 셔쑬[7] □□□□□□□□□□□□ 명견 어미 즈로 머글 것 □□ 다 ᄒ니 깃게라 어더든 □ 어더 □ᄉ라[8]

판독대비

번호	판독자료집	전철웅 (1995 : 281)	조항범 (1998a : 807~808)	황문환 (2002 : 333)	전철웅 (2002 : 286~287)
1	몰라	-	-	-	몰□
2	인눈고	-	-	-	□□고
3	뵈ᄂ매라	-	-	-	□ᄂ매라
4	어업다	어 업다	-	-	어 업다
5	오나둔	오ᄂ둔	오ᄂ둔	-	오ᄂ둔
6	이만ᄒ노라	이만 ᄒ노라		이만 ᄒ노라	이만 ᄒ노□
7	□□□ 셔쑬	□□□쑬	-	-	□□□□□쑬
8	어더 □ᄉ라	-	-	-	어더 □□라

• 진주하씨묘 출토 언간 / 현풍 곽씨 언간 •

147건

■ 대상 언간

1989년 4월 경북 달성군 구지면 도동리 석문산성 내(內) '진주하씨(晉州河氏)'*의 묘에서 발견된 문헌 자료 168건** 중 한문편지(5건)를 제외한 163건(단 이 판독자료집의 수록 대상은 147건)을 이른다. 이 편지들은 문화재관리국 지정 중요민속자료 229호로 지정되어 현재 국립 대구박물관에 소장되어 있다.

■ 언간 명칭 : 진주하씨묘 출토 언간 / 현풍 곽씨 언간

金一根(1991)에서 처음 '晉州河氏墓 出土文獻'으로 명명되었다. 이 판독자료집에서는 문헌 자료 중 한글편지만을 따로 지칭하기 위하여 '진주하씨묘 출토 언간'으로 명칭을 조정하고, 출전 제시의 편의상 약칭이 필요할 경우에는 '진주하씨묘'를 사용하였다. 그러나 백두현 (1997, 2003)에서 '현풍 곽씨 언간'으로 명명된 이후 이 명칭이 학계에 널리 쓰이고 있는 점을 감안하여 이 판독자료집에서는 빗금(/)으로 두 가지 명칭을 나란히 소개하는 방식을 취하였다. '현풍 곽씨 언간'의 약칭으로는 '곽씨'를 사용하고 이때 편지 번호는 백두현(2003)에 제시된 번호를 따랐다.

■ 언간 수량 : 147건

'晉州河氏墓 出土文獻'으로 소개된 자료는 전체 168장의 낱종이로 되어 있다. 168장 가운데 5장(53번, 79번, 89번, 93번, 135번)은 한문편지이고 나머지 163장은 한글로 된 자료이다. 한글 자료는 대부분이 한글편지이지만 163장 중에는 한글편지라기보다는 치부 기록에 해당하는 것(5번, 7번, 29번, 36번, 105번, 125번, 141번)도 들어 있다. 이 판독자료집에서는 한문편지(5건)와 치부 기록(7건)을 제외하는 한편 훼손이 심해 판독이 어려운 편지 9건(22번, 23번, 24번, 25번, 28번, 39번, 41번, 64번, 91번)도 제외하여 총 147건만을 수록 대상으로 하였다.

....

* 망우당(忘憂堂) 곽재우(郭再祐, 1552~1617)의 종질(從姪)인 곽주(郭澍, 1596~1617)의 계배(繼配)
** 나중에 백두현 교수에 의해 소렴(小殮)할 때의 작업 방법을 지시한 자료 1건과 출가한 딸이 쓴 한글편지 3건이 추가로 수집되어 현재는 총 172건에 이른다(백두현 2003 : 18).

원문 판독

건들바우박물관(1991)에서는 168건 전체에 대한 원본 사진을 흑백으로 처음 소개하였다 (단 사진 크기가 너무 작아 판독 자료로 활용하기에는 무리가 있다). 원본 사진과 함께 판독 문(金一根 판독)을 일부 부록(附錄)에 소개하기도 하였으나 발신자 유형별로 1건씩 취하여 겨우 10건에 대한 판독문만 실었을 뿐이다. 전체 언간에 대한 판독문은 백두현(1997)에서 이 루어졌다. 그러나 백두현(1997)에서는 발신자별로 언간을 분류하고 언간 속의 사건과 내용에 따라 배열 순서를 새로 정하였기 때문에 건들바우박물관(1991)과는 언간 번호가 판이하게 달라지고 언간 명칭도 '玄風 郭氏 諺簡'으로 바뀌었다. 백두현(1997)과 별도로 黃文煥(2002) 에서는 168건 가운데 한문편지 5건을 제외한 163건에 대하여 독자적인 재판독 작업을 진행 하였다. 재판독 결과 백두현(1997)과 판독을 달리하는 사항은 백두현(1997)의 판독을 괄호 안에 제시하여 판독 차이가 쉽게 대조될 수 있도록 하였다. 백두현(2003)은 백두현(1997)에 기초하되 나중에 수집된 4건을 추가하여 총 172건에* 대한 현대어역과 주석을 베푼 역주서 이다. 역주를 하는 과정에서 백두현(1997)에서 이루어진 기존의 판독이나 서지 사항을 전반 적으로 재검토하여 수정, 보완하였기 때문에 편지 번호나 판독 사항이 달라진 부분이 적지 않아 유의할 필요가 있다. 이 판독자료집에서는 판독 사항이 달라진 부분을 쉽게 확인할 수 있도록 하기 위하여 건들바우박물관(1991), 黃文煥(2002), 백두현(2003)의 순서로 일일이 대 비하여 표의 형식으로 제시하였다. 아울러 건들바우박물관(1991)과 비교하여 백두현(2003)에 서 언간 명칭 및 번호가 달라진 사항은 빗금(/) 다음에 나란히 병기하여 이용자가 상응하는 판독문을 찾아보는 데 도움이 될 수 있도록 배려하였다.

발신자와 수신자

편지 대부분은 묘주(墓主)인 하씨부인(河氏夫人)이 생전에 시가(媤家) 가족들에게서 받은 것이다. 편지를 쓴 사람은 남편 곽주(郭澍)를 비롯, 장남(長男) 이창(以昌), 이남(二男) 의창(宜 昌), 삼남(三男) 유창(愈昌), 사남(四男) 형창(亨昌), 이름 미상(未詳)의 출가녀(出嫁女), 시어머 니 박씨(朴氏), 안사돈 주씨(周氏) 등이다. 일부 편지는 하씨부인 자신의 필적으로 추정되는 것도 있다(백두현, 2003 : 19). 이 판독자료집에서는 발신자와 수신자에 대해 黃文煥(2002)과

---

* 판독의 객관성을 위하여 徐炳沛(1993)에 보고된 전체 언간의 원본 사진(흑백 사진)도 함께 수록되었다. 그러나 수 록된 사진의 크기가 작아 역시 객관적인 판독 자료로 활용되기에는 무리가 있다.

백두현(2003)을 참조하여 제시하였다.

■ 작성 시기

편지에 연기(年記)가 적혀 있어 연대를 정확히 알 수 있는 편지는 1602년(106번)부터 1652년(92번)에 걸쳐 있다(백두현, 2003 : 18~22). 남편 곽주(1569~1617)를 비롯한 발신자의 생몰 연대와 편지 속의 연기(年記) 등을 감안할 때 편지의 작성 시기는 대략 '17세기 전기'(백두현, 2003 : 36, 44)로 추정된다. 이 판독자료집에서는 작성 시기를 '17세기 전기'로 일괄 제시하되, 연기(年記)가 있는 편지만큼은 ( ) 안에 해당 연도를 함께 표시해 두었다.

■ 자료 가치

현존하는 언간으로는 '순천김씨묘 출토 언간'에 이어 비교적 이른 시기의 언간에 속하며 17세기 전기(前期)의 국어의 모습을 살필 수 있는 국어사 자료로서 중요한 가치를 지닌다. 또한 17세기 초반의 일상에 대한 세세한 기록이 들어 있어 당시 일상생활의 모습을 엿볼 수 있다. 질병과 치료, 금기일과 삼갈 일 등에서는 당시의 생활 습속과 민간 신앙을 엿볼 수 있으며, 아이들의 행실 교육, 언문 가르치는 이야기, 돌잡이하는 모습 등을 통해 당시 사람들의 삶을 구체적으로 재구해 낼 수 있다. 무덤에서 출토되었다는 공통점 외에도 임진왜란 직후 다양한 가족 구성원 사이에 오간 밀집도 높은 언간이라는 점에서 '순천김씨묘 출토 언간'과 여러 모로 비견될 언간 자료로 평가된다. 편지에 쓰인 글씨체는 궁체(宮體)로 넘어 가기 이전의 서체로 되어 있어 한글 서체의 발달을 연구하는 서예사(書藝史) 자료가 될 수 있으며, 편지의 사연 속에 담긴 내용은 문학사(文學史, 특히 수필사), 생활사(生活史), 여성사(女性史), 민속사(民俗史), 복식사(服飾史) 등 다양한 분야의 연구 자료가 될 수 있다.

■ 자료 해제

자료의 서지 사항에 대한 상세한 해제는 金一根(1991 : 9~28)과 백두현(2003 : 15~45)을 참고할 수 있다.

■ 원본 사항

- 원본 소장 : 국립 대구박물관 [유물명칭 : 현풍곽씨편지, 유물번호 : 증1~증168]
- 필름 : 국립 대구박물관 소장
- 크기 : 6.0×12.0cm(27번), 40.7×47.5cm(44번) 등

■ 판독 사항

건들바우박물관(1991), 『晉州河氏墓出土文獻과 服飾調査報告書』, 건들바우박물관 출판부.
  ※ 발신자 별로 1건씩 모두 10건 판독(한문편지 1건 포함)

백두현(1997), 「晉州 河氏墓 出土 <玄風 郭氏 諺簡> 判讀文」,『어문론총』31, 한국문학언어
  학회, 19~88쪽. ※ 한문편지를 제외한 163건 판독

黃文煥(2002),『16, 17世紀 諺簡의 相對敬語法』, 國語學叢書 35, 太學社. ※ 한문편지를 제외한 163건
  판독

백두현(2003),『현풍곽씨언간 주해』, 태학사. ※ 한문편지를 포함하여 전체 172건 판독

■ 영인 사항

건들바우박물관(1991), 『晉州河氏墓出土文獻과 服飾調査報告書』, 건들바우박물관 출판부.
  ※ 흑백 사진

백두현(2003),『현풍곽씨언간 주해』, 태학사. ※ 흑백 사진(판독문과 함께 실려 있음)

국립대구박물관(2011),『4백년 전 편지로 보는 일상－곽주 부부와 가족 이야기』. ※ 컬러 사진
  (98건, 판독문 대신 현대어역과 함께 실려 있음)

■ 참고 논저

건들바우박물관(1991),『晉州河氏墓出土文獻과 服飾調査報告書』, 건들바우박물관 출판부.

국립대구박물관(2011),『4백년 전 편지로 보는 일상－곽주 부부와 가족 이야기』.

金一根(1991), 「忘憂堂 從姪 郭澍의 再室 晉州河氏墓 出土文獻의 槪觀」,『晉州河氏墓出土文獻
  과 服飾調査報告書』, 건들바우박물관, 9~22쪽.

金周弼(1993), 「晉州河氏 墓 出土 한글 筆寫 資料의 表記와 音韻現象」, 『震檀學報』 75, 震檀學會, 129~148쪽.

김무식(2007), 「16,7세기 국어 한자어의 비중과 그 특징－순천 김씨 및 현풍 곽씨 한글편지를 대상으로」, 『어문론총』 47, 한국문학언어학회, 251~276쪽.

김무식(2010), 「한글편지 자료를 통한 한국어의 한자어 비중과 그 특징」, 『동북아시아문화학회 국제학술대회 발표자료집』, 45~50쪽.

문화재관리국(1993), 『重要民俗資料 指定報告書(晉州 河氏墓 出土 遺物)』.

박병천·정복동·황문환(2012), 『조선시대 한글편지 서체자전』, 다운샘.

박정숙(2012), 「곽주의 생애와 글씨세계」, 『月刊 書藝』 통권 373호, 142~147쪽.

박현숙(2009), 「17세기 국어의 파생법 연구－「현풍곽씨언간」을 중심으로」, 단국대학교 교육대학원 석사학위 논문.

백두현(1997), 「晉州 河氏墓 出土 <玄風 郭氏 諺簡> 判讀文」, 『어문론총』 31호, 한국문학언어학회, 19~88쪽.

백두현(1998), 「<현풍 곽씨 언간>에 나타난 17세기의 習俗과 儀禮」, 『문헌과해석』 3호, 태학사, 72~91쪽.

백두현(1999), 「17세기의 <현풍 곽씨 언간>에 나타난 민간 신앙」, 『문헌과해석』 6호, 문헌과해석사, 47~60쪽.

백두현(2000), 「<현풍 곽씨 언간>의 音韻史的 연구」, 『국어사자료연구』 창간호, 국어사자료학회, 97~130쪽.

백두현(2002), 「『현풍 곽씨 언간』의 종합적 고찰」, 『어문론총』 36호, 한국문학언어학회, 1~30쪽.

백두현(2003), 「현풍 곽씨 언간을 통해서 본 언간의 세계」, 『조선시대 한글 서간의 서예적 재조명』, 세종한글서예큰뜻모임·세종대왕기념사업회·한글학회, 65~88쪽.

백두현(2003), 『현풍곽씨언간 주해』, 태학사.

백두현(2011), 『한글편지로 본 조선 시대 선비의 삶』, 경북대 인문교양총서 1, 역락.

徐炳沛(1993), 「文獻篇」, 『重要民俗資料 指定報告書(晉州 河氏墓 出土 遺物)』, 문화재관리국.

宋至蕙(1999), 「<현풍 곽씨 언간>의 경어법 선어말어미 연구」, 경북대학교 석사학위 논문.

安貴男(1996), 「諺簡의 敬語法 研究－16~20세기 諺簡 資料를 중심으로」, 경북대학교 박사학

위 논문.

윤효진(2009), 「<현풍곽씨 언간>의 서사성과 서술 담론」, 인제대학교 교육대학원 석사학위
　　　논문.

이은주(2001), 「17세기 전기 현풍 곽씨 집안의 의생활에 대한 소고」, 『服飾』 51-8, 한국복식
　　　학회, 25~41쪽.

허원기(2004), 「한글간찰 연구사」, 『국제어문』 32, 국제어문학회, 297~324쪽.

황문환(1993), 「晋州河氏墓 한글편지에 나타난 敬語法」, 『成均語文研究』 29, 성균관대 국어국
　　　문과, 99~123쪽.

황문환(1998), 「남편 郭澍가 아내 晋州河氏에게 보내는 편지」, 『문헌과해석』 4, 태학사,
　　　76~83쪽.

黃文煥(2002), 『16, 17世紀 諺簡의 相對敬語法』, 國語學叢書 35, 國語學會, 太學社.

황문환(2010), 「조선시대 언간 자료의 현황과 특성」, 『국어사 연구』 10, 국어사학회, 73~131
　　　쪽.

판독문

> 가셔[1]

쑤엿다가 바둔 무명 혼 필ᄒᆞ고[2] 미죵의게 사괴[3] 바드러 갓던 무명 반 필ᄒᆞ고 병ᄒᆞ여 혼 필 반이면 유여 니브롤 홀 거시니 수이 ᄒᆞ여 자게 ᄒᆞ소 필 반이 젹거든 마온 자 무명이 엇그제 구시레 바치쟈 ᄒᆞ고 내여 왓던 무명을 셜흔닐곱 자만 버히고 남는 거스로셔 보타여 수이수이 ᄒᆞ게 ᄒᆞ소 몸이 병웃 기피 든 휘면 므서시 관겨히 앗가온 거시 잇ᄂᆞᆫ고 내 몸두근 더 큰 거슬 두겨신가 잡말 말고 수이 ᄒᆞ여 덥게 ᄒᆞ소 자내옷 병들면 ᄌᆞ식돌도 관겨치 아니ᄒᆞ니 잡말 말고 ᄒᆞ소

판독대비

번호	판독자료집	황문환 (2002 : 337)	백두현 (2003 : 388~389)
1	가셔	-	〔판독 안 됨〕
2	필ᄒᆞ고	-	필 ᄒᆞ고
3	사괴	아괴	-

진주하씨묘 출토 언간 002 / 현풍 곽씨 언간 71

〈진주하씨묘-002 / 곽씨-71, 17세기 전기, 곽주(남편) → 진주하씨(아내)〉

판독문

가셔

싱양 열 블과 ᄌ 나훈 둘긔알 다엿 낫만 유지롤 주워 닉일 새배로 놀 건너 홍닙의 집으로 보내소 약 먹일 법 슨 것도 가니 조차 보내소 내 핫듕치막 보의 ᄲᅡ 년슈 ᄒ여 보내소 유지 란 새배 ᄀ장 일 가뎌가라 ᄒ소 유지 약을 가뎌다가 주고 유지 저는 비예 와 날 기ᄃ려 건 네고 집으로 도로 가라 ᄒ소 하 셔방ᄒ고 다리도 닉일로 홍닙의 집으로 오라 ᄒ소 나도 일 견 하나비 ᄃ리고 가려 ᄒ뇌

판독대비

번호	판독자료집	황문환 (2002 : 337)	백두현 (2003 : 371~372)

진주하씨묘 출토 언간 003 / 현풍 곽씨 언간 112

〈진주하씨묘-003 / 곽씨-112, 17세기 전기, 진주하씨(아내) → 곽주(남편)〉

판독문

> 답장
>
> 근봉[1]

블의예 돌이 오나눌 아바님 뫼옵고 편안ᄒᆞ신 유무 보옵고 깃거ᄒᆞ노이다 나는 온 후로도 편ᄒᆞᆫ 나리 업서 ᄒᆞ뇌다 가ᄉᆞ믄 므던ᄒᆞ더 긔운 편ᄒᆞᆫ 저근 업셔 인뇌다 ᄌᆞ식ᄃᆞ론 다 됴히 인뇌다 보셩 힝ᄎᆞᄂᆞᆫ 당시사 둉매 아니 와시니 오면 긔별ᄒᆞ링다 이 보내신 거슨 받ᄌᆞ와이다 말ᄉᆞ믄 ᄀᆞ이업ᄉᆞ오디 핫 바바ᄒᆞ니 대강만 젹노이다 열ᄒᆞᆫ날 외예셔 아기ᄃᆞ려 안부ᄒᆞ시고 아므 것도 보낼 것 업셔 기탄ᄒᆞ뇌다

판독대비

번호	판독자료집	황문환 (2002 : 337)	백두현 (2003 : 503~504)
1	답쟝 근봉	−	답쟝

진주하씨묘 출토 언간 004 / 현풍 곽씨 언간 77

〈진주하씨묘-004 / 곽싸-77, 17세기 전기, 곽주(남편) → 진주하씨(아내)〉

판독문

> 가셔

이 오시 물총의 더러워 닙디 몯ᄒ게 되여시니 니일로 ᄲ라셔 모리[1]로 보내소 사ᄅᆞᆷ을 몯 엇거든 년악이 ᄒ여 보내소 브듸[2] 모리[3]로 일 년악이 ᄒ여 보내소 조케 ᄲ라 보내소 즈일

판독대비

번호	판독자료집	황문환 (2002 : 337~338)	백두현 (2003 : 394)
1	모리	-	모뢰
2	브듸	-	브듸
3	모리	-	모뢰

〈진주하씨묘-006 / 곽씨-26, 17세기 전기, 곽주(남편) → 진주하씨(아내)〉

판독문

뎌근 거슨 즈세 보아니와 저의 셜위혼다 ᄒ고야 제곰 집의 나려 홀가 자내게옷 하 셟디 아니ᄒ면 삼년으란 아므려나 혼 집의 살고 삼년 후에 제곰 나고뎌 ᄒ니 자내 짐쟉ᄒ여 긔별ᄒ소 친어버이 친ᄌ식 ᄉ이예도 편치 아닌 이리 혹 잇거든 ᄒ믈며 다숨어버이와 혼 집의 살며 엇디 일마다 다 됴케야 싱각ᄒ고 자내게 하 셟게 아니커든 삼년으란 견디게 ᄒ고 하곳 셟게 ᄒ거든 다시 긔별ᄒ소 저의 셜위혼다 코사[1] 제곰 날 주리 이실가 다믄 도ᄂᆞᆯ 아ᄌ바님 유무예 저의롤 박히 뎌졉ᄒ다 ᄒ고 눕이 니론다 훌신 ᄂᆞᄃᆡ 마룰 슬허ᄒ더니 자내 긔별 혼 말도 올ᄒ니 나도 짐쟉ᄒ뇌 녀ᄂᆞ 여러 마룬 다 내 타신 듯ᄒ거니와 자내는 어늬 경에 먼 발 굴러 말ᄒ여 겨신고 자내 먼 발 굴러 마룰 아니ᄒᆫ들 이제ᄯᅩᆫ 자내 가슴 틔올 이룰 내 홀 주리 이실가 글란 싱각도 말고 자내 몸애 병이나 삼가 댱슈히 사소 내 ᄆᆞᄋᆞᆷ으로 홀 제ᄯᅩᆫ 자내 가슴 틔올 이룰 저즐가 의심 말고 먼 발 구로디 마소 나 살고 자내 댱슈ᄒ면 녀나믄 이룬 의심 마소

판독대비

번호	판독자료집	황문환 (2002 : 338)	백두현 (2003 : 184~185)
1	셜위혼다 코사	셜위 혼다 코사	셜위혼다코사

진주하씨묘 출토 언간 008 / 현풍 곽씨 언간 32

〈진주하씨묘-008 / 곽씨-32, 17세기 전기, 곽주(남편) → 진주하씨(아내)〉

판독문

+ 친히 ᄒ고 죵ᄃ롤 아니 시기며 셔방의 밥ᄡ론[1] 엇디 저의 ᄡ로 ᄒ단 마린고 스셔롤 ᄌ셰
몰라 아ᄆ란 줄 모ᄅ니 ᄌ셰 긔별ᄒ소 널진이롤 밤으로 눔 숨겨 ᄃ려 내여 간다[2] 니론돌 그
런 어업슨 마리야 눔이 고디 드롤가 커니와 저의 그리 말 밍그라 내는 용심이 하 흉악ᄒ니
엇디 ᄒ 집안해 홀린돌 ᄒ디 살고 집안 긔벼롤 ᄌ셰 ᄌ셰 뎌거 보내소 도ᄂᄅ 아ᄌ바님도
내게 ᄒ신 유무예 감스게 칭념ᄒ여 금이 슈영디개[3] 뎌기롤 셩문 치려 ᄒ여 두겨시니 ᄒ 집
안해 잇다가 힝혀 그러케 되면 더옥 우리 탓만 너겨 요란홀 거시니 엇디 ᄒ려뇨 ᄒ뇌 집안
긔별ᄒ며 자내 ᄡᄃᆯ ᄌ셰 뎌거 보내소 다리 어미나 널진이나 저의도 그ᄅ 디졉ᄒᄂ 이리 이
셔 그러ᄒ가 낫낫치 ᄌ셰 긔별 뎌거 보내소

판독대비

번호	판독자료집	황문환 (2002 : 338~339)	백두현 (2003 : 212~213)
1	밥ᄡ론	밥 ᄡ론	-
2	내여 간다	-	내여간다
3	금이 슈영디개	금 이슈영디개	-

진주하씨묘 출토 언간 009 / 현풍 곽씨 언간 17

〈진주하씨묘-009 / 곽씨-17, 17세기 전기, 곽주(남편) → 진주하씨(아내)〉

판독문

가셔
논공 오야ᄃᆡᆨ

요ᄉᆞ이 아ᄒᆡᄃᆞᆯ[1] ᄃᆞ리고 엇디 겨신고 긔별 몰라 분별ᄒᆞ뇌 나ᄂᆞᆫ ᄭᅮᆷ이 ᄆᆡ일 온몸애 그ᄎᆞᆫ 적 업시 나니 ᄆᆞᄋᆞᆷ이 해 샌 ᄃᆞᆺᄒᆞ고 온몸이 아니 ᄎᆞᆫ ᄃᆡ 업ᄉᆞ니 민망ᄒᆞ여 ᄒᆞ뇌 스므이ᄐᆞᆫ나ᄅᆞᆫ 뉘게 바ᄃᆞ니 됴타 ᄒᆞ던고 그 나리 시악대패고 ᄯᅩ 하ᄂᆞᆯ개 ᄂᆞ려와 먹ᄂᆞᆫ 나리니 아ᄆᆞ 일도 몯ᄒᆞᆯ 나리니 ᄒᆞ믈며 그 이ᄅᆞᆯ 엇디 ᄒᆞᆯ고 새 칙녁도 예긔 왓고 날 밧ᄂᆞᆫ 칙도 여긔 잇거ᄂᆞᆯ ᄌᆞ세 바ᄃᆞ니 정월ᄀᆞ디ᄂᆞᆫ 맛당ᄒᆞᆫ 나리 업ᄉᆞ니 내 ᄂᆞ려가셔 다시 ᄌᆞ세 ᄀᆞᆯᄒᆡ여[2] 볼 거시니 순위 오나ᄃᆞᆫ 가디 말고 잇다가 나ᄅᆞᆯ 보고 가게 니ᄅᆞ소 내 열닐웬날로 ᄂᆞ려갈 거시니 내 ᄆᆞᆯ 두 필ᄒᆞ고 아긔 ᄆᆞᆯᄒᆞ고 열닐웬날로 ᄀᆞ장 일 모려 보내소 죵돌 ᄆᆞᆯ 모라 올 제 ᄆᆞᆯ근 술 두 병ᄒᆞ고 소안쥬 ᄒᆞᆫ 당숡만 ᄒᆞ여 보내소 날 향애[3] 즁ᄃᆞ리 후히 ᄒᆞ니 나도 갈 제 저의ᄅᆞᆯ 술이나 머기고 가려 ᄒᆞ뇌 양식이 모ᄌᆞ라니 ᄇᆡᆨ미 ᄒᆞᆫ 말 닷 되만 이 즁 올 제 보내소 옥쉬ᄂᆞᆫ 왓ᄂᆞᆫ가 그저 아니 왓ᄂᆞᆫ가 긔별ᄒᆞ소 그믈 조차[4] 가디고 나간가 긔별 몰라 ᄒᆞ뇌 밧바 이만 열ᄒᆞᄅᆞᆫ날[5] 새 열다ᄉᆞᆺ[6] 가ᄂᆡ 아ᄒᆡᄃᆞᆯ 구워 주소

판독대비

번호	판독자료집	황문환 (2002 : 339)	백두현 (2003 : 139~140)
1	아ᄒᆡᄃᆞᆯ	–	아희ᄃᆞᆯ
2	ᄀᆞᆯᄒᆡ여	–	ᄀᆞᆯ희여
3	날 향애	날향애	–
4	그믈 조차	–	그믈조차
5	열ᄒᆞᄅᆞᆫ날	열ᄒᆞᄅᆞᆫᄂᆞᆯ	–
6	열다ᄉᆞᆺ	–	열다ᄉᆞᆺ

진주하씨묘 출토 언간 010 / 현풍 곽씨 언간 3

〈진주하씨묘−010 / 곽싸−3, 17세기 전기, 곽주(남편) → 진주하씨(아내)〉

판독문

가셔

아바님 자리롤 쟈근 조시드려 닐러셔 니블ᄒ고 요ᄒ고 자릿감토ᄒ고 벼개ᄒ고 즈셰 출화
곽상이 풍셰 긔인이 세홀 시겨 이제로 보내소 당슉 안쥬란 너일로 ᄒ여 보내요디 싱치옷 자
바 왓거든[1] 다리과 돕디과 둘홀 달라 ᄒ여셔 녀코 건치도 ᄒ 돕디만 너허 보내소 문어도 ᄒ
가릐만 쟈근 조시드려 달라 ᄒ여 ᄡᅳ고 뎐복도 두 낫만 달라 ᄒ여 ᄡᅳ소 죠개도 자바 왓거든
느르미쳬로[2] ᄒ여셔 당슉의 녀허 보내소 즈총이도 ᄡᅳ소 아바님 뫼ᄡᅳᆯ 두 되 가옷 내 밥ᄡᅳᆯ 두
되 병ᄒ여 너 되 가옷슬 오늘 자리 가뎌오는 사롬 ᄒ여[3] 보내소 너일 아ᄎᆷ 잡ᄉᆞ올 약 졈 쟈
근 조시 ᄒ여[4] 출화 보내라 ᄒ소 쇼쥬란 쟈근 병을 어더셔 녀허 보내소 당슉 안쥬와 쇼쥬란
너일 낫 젼으로 보내소 밧바 이만

판독대비

번호	판독자료집	황문환 (2002 : 339~340)	백두현 (2003 : 63~64)
1	자바 왓거든	−	자바왓거든
2	느르미쳬로	느르미 쳬로	−
3	사롬 ᄒ여	−	사롬ᄒ여
4	쟈근 조시 ᄒ여	−	쟈근조시ᄒ여

진주하씨묘 출토 언간 011 / 현풍 곽씨 언간 34

〈진주하씨묘-011 / 곽씨-34, 17세기 전기, 곽주(남편) → 진주하씨(아내)〉

판독문

요소이 이론 아무라타 몯후로쇠 다몬 내 일만 조심홀 이리니 녀나몬 이리야 현마 엇디홀고
아무 이리 아무라후여도 나를 밋고 조심홀 만 후소[1] 온가짓 이룰 다 슉진 어믜게 닐러 후라
후시니 대원의 바지예 소옴도 짐쳐 드몬 후에 각시님게 술와 사룸을 어더 후게 후소 믈 드
일 일로 후여 이리 요란후여 이시니 이제란 죠고마훈 이리라도 다 각시님게 긔별후여 후게
후소 옷안도 오나든 즉시 믈 드려 달라 후고 각시님끠 긔별후소 셩디 독 갑 주라 후시더라
후니 주신가 아니 주윗거든 즉시 주소 고리도 불라 쓰라 후시니 불라 쓰게 후소 이 뎌근 것
보고 즉시 업시 후소 브레 브텨 브리소 현마 엇디홀고 조심조심홀 뿐이로쇠 쳡을 후다 졍이
야 다룰가 의심 마오 조심만 후소

판독대비

번호	판독자료집	황문환 (2002 : 340)	백두현 (2003 : 220~221)
1	조심홀 만 후소	–	조심홀만 후소

진주하씨묘 출토 언간 012 / 현풍 곽씨 언간 78

〈진주하씨묘-012 / 곽씨-78, 17세기 전기, 곽주(남편) → 진주하씨(아내)〉

판독문

> 가셔

밤의 엇디 자신고 분별ᄒᆞ뇌 자내 오라바님끠 유무ᄒᆞ여 보내니 하협의 집 사룜 가ᄂᆞᆫ 이룰 블러다가 주워 보내여 자내 오라바님끠 드리라 ᄒᆞ소 혼이란 주디 말고 밋븐 죵을 주어 보내소 셩쥐 혼인 일이니 브디 뎐홀 사룜을 주어 보내소 어제 싱치 언메나 잡아 왓던고 잡아 왓거든 댱모끠 보내소 즈일 가옹

판독대비

번호	판독자료집	황문환 (2002 : 340)	백두현 (2003 : 397~398)

진주하씨묘 출토 언간 013 / 현풍 곽씨 언간 19

〈진주하씨묘-013 / 곽씨-19, 17세기 전기(1614년)*, 곽주(남편) ➔ 진주하씨(아내)〉

판독문

```
가셔
                              〔수결〕
논공 오야딕
```

어제 오늘 아희들[1] 드리고 엇디 겨신고 긔별 몰라 지극 분별ᄒᆞ뇌 나는 너일로 가려 졍ᄒᆞ여
이시니 ᄆᆞ사롭을 ᄀᆞ장 일 보내소 양식 ᄒᆞᆫ 말 ᄆᆞᆯ콩 너 되 조차 보내소 아기는 너일 나가 ᄃᆞ
녀셔[2] 모리로사[3] 집으로 가리로쇠 즁들 머길 술도 안쥬 조차 츌와 보내소 머기고야 갈 거시
니 ᄀᆞ장 일 츌와 보내소 ᄒᆞᄅᆞ 잇기 열흘이 마ᄌᆞ니 너일은 아ᄆᆞ 이리 이셔도 셜워 가로쇠 너
일 갈 거시라 이만 가인 졍월 열엿쇈날

판독대비

번호	판독자료집	황문환 (2002 : 340~341)	백두현 (2003 : 150~151)
1	아희들	-	아희들
2	ᄃᆞ녀셔	-	ᄃᆞ녀서
3	모리로사	-	모뢰로사

* 백두현(2003 : 18~22, 36~38)에 따름. 편지 끝의 '가인[甲寅]'이라는 연기(年記)로부터 작성 시기를 '1614년'으로 추정할 수 있다.

진주하씨묘 출토 언간 014 / 현풍 곽씨 언간 110

〈진주하씨묘–014 / 곽씨–110, 17세기 전기(1646년)*, 곽형창(아들) → 진주하씨(어머니)〉

판독문

두어[1] 밤 스이[2] 긔후 엇더ᄒ옵시니잇까 긔별 모ᄅ와 스모 무궁ᄒ오이다 ᄌ식은 당시 무ᄉ히
잇습고 옹젼손도 쾌복ᄒ엿ᄉ오니 넘녀 마옵쇼셔 형님겨오셔 어제 혼자 졀에 가 겨시니[3] 가
뵈옵고 오고져 시브오니 어마님 긔후옷[4] 각별ᄒ 증셔옷[5] 업ᄉ거든 가라 ᄒ시면 가옵고져
시브오니 양식 너 되 콩 여ᄃᆲ[6] 되만 보내옵쇼셔 ᄂ일노[7] 건너가오리이다 젓ᄉ와 이만 병슐
뉵월 초일일 ᄌ식 형챵 술이

판독대비

번호	판독자료집	건들바우박물관 (1991 : 34)	황문환 (2002 : 341)	백두현 (2003 : 495~496)
1	두어	도어	-	-
2	밤 스이	밤스이	-	-
3	가 겨시니	가셔시니	-	-
4	긔후옷	긔후 옷	-	-
5	증셔옷	증셔 옷	-	-
6	여ᄃᆲ	여ᄃᆲ	-	-
7	ᄂ일노	ᄉ일노	-	-

....

* 백두현(2003 : 18~22, 36~38)에 따름. 편지 끝의 '병슐'이라는 연기(年記)로부터 작성 시기를 '1646년'으로 추정할
수 있다.

진주하씨묘 출토 언간 015 / 현풍 곽씨 언간 150

〈진주하씨묘-015 / 곽씨-150, 17세기 전기, 현풍곽씨(딸) → 진주하씨(어머니)〉

판독문

+ 뉘 알링짜 그리 긔별ᄒ쇼셔 아기시ᄂ 금개게 교슈 하 둔둔니 ᄒ여시니 내 어려워이다 제 일 ᄒ라 ᄒ여도 내 일 ᄒ고 나죵 엇지 ᄒ리 ᄒ고 아니ᄒ고 내 일 ᄒ더니 이 둘 공 두 필 ᄒ라 ᄒ여시니 그런 안심치 아닌 일 어디 이시링 수이 몯 가기ᄂ 제 죄 아니닝다 짐쟉ᄒ옵쇼셔 말미[1]ᄂ 아ᄒ래[2] ᄒ닝다 오누웨나 쳐셔 명지 셜 거시나 보내시면 ᄀ을로 ᄒ리 ᄒ다 긔별 ᄒ시고 이룰 보라 ᄒ쇼셔 말ᄉᆷ이 만ᄉ오디 무음 간 디 업서 다 몯ᄒ노이다 금개 보내라 마론 내 아니ᄒ 거술 와셔 몯 보내여 내 근심ᄒ 주른 뉘 알링짜 이후ᄂ 올 싱각 업거니와 보내지 마ᄅ쇼셔

판독대비

번호	판독자료집	황문환 (2002 : 341)	백두현 (2003 : 675~676)
1	말미	말뫼	말뫼
2	아ᄒ래	아ᄒ리	–

진주하씨묘 출토 언간 016 / 현풍 곽씨 언간 4

〈진주하씨묘-016 / 곽씨-4, 17세기 전기, 곽주(남편) → 진주하씨(아내)〉

판독문

가셔

년ᄒ여 유무 보니 반겨 ᄒ디 편치 아니ᄒ 일 잇다 ᄒ니 념녀ᄒᄂ 나는 어제 매바회 가 ᄃ녀오니 분묘애 ᄲ리 다 븟고 나믄 거시 업스니 아므려 운둘 쇽졀이 이실가 졈그도록 우다가 밤 들게야 도라오매 긔운이 편치 아녀 누워 잇ᄂ 보리기름[1]으란 자내 유무롤 슌진의게 졀케 ᄒ여 쳥되 금동이롤 ᄒ여 소례 가 어더 오라 ᄒ소 곳독 ᄆᆞᆷ 경업슨디[2] 자내 편챠는 유무 보니 더옥 ᄆᆞᆷ 둘 디 업서 ᄒᄂ 어버이 외오 너기시면 다함 내 이롤 숢펴 조심ᄒ여 그론 일 업게 ᄒ여사 ᄌᆞ식의 올ᄒ 이리니[3] 조심조심ᄒ여 겨소 보리기름을 ᄂᆞᆷ의게 엇기 어려우니 수이 길우게 ᄒ소 만ᄒ면 수이 아니 기ᄂ니 다엿 되만 제곰 몬져 길우게 ᄒ소 도ᄂᆞ른는 스셰 어려우니 사름을 몯 보내려니와 오예 유무롤 ᄒ여 내 거로로 보내면 내 예셔 소례 죵을 가 ᄃ녀오라 ᄒ새 아직 슌진의게 몬져 유무롤 ᄒ여 어더 보고 한분이도 못ᄭᆞᆯ딕ᄃ래 져그나 어더 보내라 ᄒ소 자내 마춤 병드러 올히롤 보디 몯ᄒ여 그런 만ᄒ 보리기름을 젹게 ᄒ엿거니 아바님 스실 모ᄅ시고 외오 너기시기야 긔실가 아므려나 다른 기름[4]을 수이 길우게 ᄒ소 아마도 조심ᄒ여 편히 겨소 졍녈의 귀예란 응담을 어더 넛소 ᄌ일 내 오시야 몯 밋다 관겨 홀가 그조차[5] 근심 마소

판독대비

번호	판독자료집	황문환 (2002 : 341~342)	백두현 (2003 : 69~70)
1	보리기름	보리기룸	–
2	ᄆᆞᆷ 경업슨디	ᄆᆞᆷ 경 업슨디	ᄆᆞᆷ경 업슨디
3	이리니	–	일이니
4	기름	–	기룸
5	그조차	그 조차	–

진주하씨묘 출토 언간 017 / 현풍 곽씨 언간 79

〈진주하씨묘-017 / 곽씨-79, 17세기 전기, 곽주(남편) → 진주하씨(아내)〉

판독문

싱션 두 마리 가니 큰 마리란 즈식둘ᄒ고 구워 자시고 져근 마리란 장재골 아긔게 봉개 ᄒ여 보내소 봉개 유무 조차다가[1] 주고 안부 아라 보내소

판독대비

번호	판독자료집	황문환 (2002 : 342)	백두현 (2003 : 401)
1	유무 조차다가	–	유무조차 다가

진주하씨묘 출토 언간 018 / 현풍 곽씨 언간 63

⟨진주하씨묘-018 / 곽씨-63, 17세기 전기, 곽주(남편) → 진주하씨(아내)⟩

판독문

> 가셔

얼우신네 모다 겨셔 술 가뎌오라 ᄒ시니 ᄀ장 됴ᄒᆫ 술로 둘희여[1] 두 병만 ᄒ고 당슉 안쥬를 ᄀ장 됴케 ᄡ며 덕남이를 맛겨 낫만 예 오게 보내소 초계 아즈바님ᄭᅴ 엿ᄌᆞ와 뫼초리나 새나 어더 조차 ᄡ며 보내소 모새 붕어도 금동이 ᄒ여 잡아 보라 ᄒ소 술 두 병을 눔의게 어들만뎡 됴ᄒᆞ니로 두 병을 보내소 첨디 아즈바님은 오늘로나 닉일[2]로나 우리게 가 자고 가려 ᄒ시니[3] 밧바 이만

판독대비

번호	판독자료집	황문환 (2002 : 342)	백두현 (2003 : 339~340)
1	둘희여	-	둘희여
2	닉일	-	늬일
3	ᄒ시니	ᄒ시뇌	ᄒ시뇌

진주하씨묘 출토 언간 019 / 현풍 곽씨 언간 80

⟨진주하씨묘-019 / 곽씨-80, 17세기 전기, 곽주(남편) → 진주하씨(아내)⟩

판독문

```
가셔
```

덕남이 오나눌 편히 겨신 긔별 듣고 깃거ᄒᆞ뇌 나도 당시 편히 잇뇌 졍녜ᄂᆞᆫ 됴히 잇ᄂᆞᆫ가 후
에 올 사ᄅᆞᆷ ᄒᆞ여[1] 긔별ᄒᆞ소 온 거ᄂᆞᆫ 다 밧고 그릇ᄃᆞ론 다 도로 가ᄂᆡ[2] 츌화 드리소 썩으란 ᄒᆞ
여 보내디 마소 잡음식을 먹디 아니ᄒᆞ니 썩은 와도 관겨치 아니ᄒᆞ니 ᄒᆞ여 보내디 마소 짐츼
ᄅᆞᆯ 든닐 사ᄅᆞᆷ 잇거든 년ᄒᆞ여 ᄒᆞ여 보내소 밧바 이만 즈일

판독대비

번호	판독자료집	황문환 (2002 : 342)	백두현 (2003 : 403~404)
1	사ᄅᆞᆷ ᄒᆞ여	–	사ᄅᆞᆷᄒᆞ여
2	가ᄂᆡ	–	가ᄂᆡ

진주하씨묘 출토 언간 020 / 현풍 곽씨 언간 18

〈진주하씨묘-020 / 곽씨-18, 17세기 전기, 곽주(남편) → 진주하씨(아내)〉

판독문

너일 아뎌게 풍난이롤 ᄀ장 일 쟈근 몰 길마 디허 모라오라 ᄒ소 김슌복의게 가 무러 보고 뎌 ᄒ뇌 아긔 집 이롤 옥진이ᄃ려 무러셔 ᄌ셰 긔별ᄒ소 김슌복이ᄃ려 무러셔 긱 굿다[1] ᄒ면 아기는 내 흠ᄭᅴ 아니 ᄃ려갈 거시니 양식 다엇 마리나 지혓다가 닐웬날 ᄆ사룸 올 제 보내소 너일 몰 모라올 제 몰나록 닷 되ᄒ고 몰콩 너 되ᄒ고 풍난이 주워 보내소 나는 닐웬나리면 졍ᄒ여 가려 ᄒ뇌 나와셔도 내 긱은 면치 몯ᄒ니 츨히 드러가 ᄌ식ᄃ리나 그리디 말려 ᄒ뇌 샤당도 가디 말고 잇다가 날 보라 긔별ᄒ소 슌위는 왓거눌 ᄌ셰 굴히니[2] 올과 너년 봄 ᄀ디는 맛당ᄒ 느리 업스니 엇디ᄒ고 ᄒ뇌

판독대비

번호	판독자료집	황문환 (2002 : 343)	백두현 (2003 : 145~146)
1	긱 굿다	긱굿다	-
2	굴히니	-	굴히니

진주하씨묘 출토 언간 021 / 현풍 곽씨 언간 151

〈진주하씨묘-021 / 곽씨-151, 17세기 전기, 현풍곽씨(딸) → 진주하씨(어머니)〉

판독문

오술 브리면 내 올 브리라 ᄒᆞᆸᄂᆞᆫ가 뉘 오술 브리라 ᄒᆞᆸᄂᆞᆫ고 오술 브리디 말고 기제 젼 와 브리라 ᄒᆞᆸᄂᆞᆫ가 옷ᄒᆞ고 두 가지롤 브리라 ᄒᆞ면 그도 쉽지 아니ᄒᆞ이다 즉시 긔별ᄒᆞ쇼셔 여긔 사름 업ᄉᆞ와 ᄂᆞ미게 어둘 것도 몯 어ᄃᆞ니 티보기롤 브ᄃᆡ[1] ᄒᆞ론날로 보내ᄋᆞ쇼셔 홀 일 만타 ᄒᆞ고 브ᄃᆡ 수이 보내라 ᄒᆞ노이다 보리기룸 엿 훈 말 ᄒᆞ리만 브ᄃᆡ 보내쇼셔 이실 거라[2] 긔별ᄒᆞ노이다 우리 젼무ᄒᆞ며 죵돌 젼무ᄒᆞ며 다 먼 ᄃᆡ 가셔 몯 미처 올 거시니 티보기 ᄒᆞ여 젼무 톄 둘 젼무 ᄒᆞ나 닛디 마ᄋᆞ셔 브ᄃᆡ 보내ᄋᆞ쇼셔 인마 브쪽ᄒᆞ와[3] 드리 슈젼[4] 몯ᄒᆞ오니 폐롭ᄉᆞᆸ[5]

판독대비

번호	판독자료집	황문환 (2002 : 343)	백두현 (2003 : 679~680)
1	브ᄃᆡ	-	브ᄃᆡ
2	이실 거라	-	이실거시라
3	브쪽ᄒᆞ와	부족ᄒᆞ와	-
4	드리 슈젼	-	드리슈젼
5	폐롭ᄉᆞᆸ	졔홉ᄉᆞᆸ	-

진주하씨묘 출토 언간 026 / 현풍 곽씨 언간 148

〈진주하씨묘-026 / 곽씨-148, 17세기 전기, 현풍곽씨(딸) → 진주하씨(어머니)〉

판독문

+ 보옵신 타모ᄒ옵쇼셔 티보기ᄂ 촌 ᄃ 가 자니 원 병든 노미 치워 가슴과 지촘 지ᄎ되 이 저ᄂ 혈ᄒ오이다 ᄀ업ᄉ오ᄃ 티보기내 게[1] 몯 간 주리 애돌와 ᄆᄋ 요란ᄒ고 큰ᄃ긔 여로ᄒ 여 ᄌ시 몯ᄒ옵노이다 스므날 ᄌ식 술이

판독대비

번호	판독자료집	황문환 (2002 : 344)	백두현 (2003 : 670~671)
1	티보기내 게	티보기 내게	-

진주하씨묘 출토 언간 027 / 현풍 곽씨 언간 81

〈진주하씨묘-027 / 곽씨-81, 17세기 전기, 곽주(남편) → 진주하씨(아내)〉

판독문

> 가셔
> 오예 소례되

면화 든 쟐리 허니 봉호 동 만 동 ᄒᆞ여 ᄒᆞ뇌 실겻도 가뎌오라 ᄒᆞ신가 아기시 보내라 ᄒᆞ더니 ᄒᆞ고[1] 보내니

판독대비

번호	판독자료집	황문환 (2002 : 345)	백두현 (2003 : 406)
1	ᄒᆞ더니ᄒᆞ고	–	ᄒᆞ더니 ᄒᆞ고

진주하씨묘 출토 언간 030 / 현풍 곽씨 언간 82

〈진주하씨묘-030 / 곽씨-82, 17세기 전기, 곽주(남편) → 진주하씨(아내)〉

판독문

+ 거긔 브리고 오디 마소 미므론[1] 연육과 양느롬이과 싱치되탕과 믜봇기과 믜회과 싱션과
병호여 여슷 가지로쇠 즈셰 보아 출호소 즈셰[2] 보소

판독대비

번호	판독자료집	황문환 (2002 : 345)	백두현 (2003 : 409)
1	미므론	–	믜므론
2	즈셰	그제	–

진주하씨묘 출토 언간 031 / 현풍 곽씨 언간 52

〈진주하씨묘-031 / 곽씨-52, 17세기 전기, 곽주(남편) → 진주하씨(아내)〉

판독문

> 가셔

아희둘 드리고 엇디 겨신고 일시도 닛디 몯ᄒᆞ여 ᄒᆞ뇌 나ᄂᆞᆫ 병이 듕ᄒᆞ여 ᄆᆞ음이 놀란 ᄆᆞ음 ᄀᆞᆺᄐᆞ여 일시도 편혼 저기 업ᄉᆞ니 민망ᄒᆞ여 ᄒᆞ뇌 수이 가고뎌 호ᄃᆡ 벗둘 ᄒᆞ듸셔 말이나 ᄒᆞ면 져그나 ᄒᆞ릴가 ᄒᆞ여 아직 잇뇌 커니와 내죵을 엇디 ᄒᆞ려뇨 ᄒᆞ뇌 아마도 아희둘[1] 드리고 조심ᄒᆞ여 겨소 하[2] 편치 아녀 이만

판독대비

번호	판독자료집	황문환 (2002 : 345)	백두현 (2003 : 297)
1	아희둘	아희둘	–
2	하	〔판독 안 됨〕	–

진주하씨묘 출토 언간 032 / 현풍 곽씨 언간 97

〈진주하씨묘-032 / 곽씨-97, 17세기 전기, 곽주(남편) → 진주하씨(아내)〉

판독문

민믈[1] 연육 양느름이 싱치되탕 믜회 싱포회 담치 봇기 민믈[2] 여숫 가지 안쥬 넘통산덕 싱치
구우니 싱포 구우니 이 세 가지롤 훈 그릇세 겻드려 놋숩게 ᄒ소

판독대비

번호	판독자료집	황문환 (2002 : 345~346)	백두현 (2003 : 450~451)
1	민믈	–	믜믈
2	민믈	–	믜믈

진주하씨묘 출토 언간 033 / 현풍 곽씨 언간 54

〈진주하씨묘-033 / 곽씨-54, 17세기 전기, 곽주(남편) → 진주하씨(아내)〉

판독문

가셔
논공

밤의 엇디 자신고 긔별 몰라 분별ᄒᆞᄂᆡ 의셩딕이 다긴이[1] 편치 아녀 겨시다 ᄒᆞ니 싱양 여닐
곱 쓰리나 키여 죠희여[2] ᄲᅡ 봉ᄒᆞ여 보내소 밧바 이만 즈일

판독대비

번호	판독자료집	황문환 (2002 : 346)	백두현 (2003 : 302~303)
1	다긴이	다 신이	–
2	죠희여	–	죠희여

진주하씨묘 출토 언간 034 / 현풍 곽씨 언간 134

〈진주하씨묘-034 / 곽씨-134, 17세기 전기(1624년)*, 현풍곽씨(딸) → 진주하씨(어머니)〉

판독문

+ 아니랴 ᄒᆞ되 엇지 모르링싸 짐ᄒᆞ고 젼츄 자반ᄒᆞ고 보내노이다 기ᄅᆞᆷ 업서 몯 지져 보내ᄋᆞᆸ노이다 ᄀᆞ업ᄉᆞ와 이만 알외ᄋᆞᆸ노이다 갑ᄌᆞ 이월 열닐웬날 ᄌᆞ식 ᄉᆞᆯ이

판독대비

번호	판독자료집	황문환 (2002 : 346)	백두현 (2003 : 608~609)

* 백두현(2003 : 18~22, 36~38)에 따름. 편지 끝의 '갑ᄌᆞ'라는 연기(年記)로부터 작성 시기를 '1624년'으로 추정할 수 있다.

진주하씨묘 출토 언간 035 / 현풍 곽씨 언간 72

〈진주하씨묘-035 / 곽씨-72, 17세기 전기, 곽주(남편) → 진주하씨(아내)〉

판독문

어므롤 아뭇 것도 몯 바다 와 이시니 믜로셔 봇기ᄒ고[1] 회ᄒ고 두 가지롤 ᄒ여 쓰게 ᄒ소
싱션 세 마리 가니 세 마리롤 다 싱션을 ᄒ여 쓰고 안쥬란 넘통산뎍과 싱치 다리 둘 돕지
둘 네홀 구워셔 겻드려 ᄒᆫ 그르세 노케 ᄒ소 믜므론[2] 여숫 가지 되고 안쥬는 싱치과 넘통과
두 가지로셔 ᄒᆫ 그르세 겻드려 노케 ᄒ소 믜는 스믈다숫시 가니 스면 누르는 판이 게 갓다
홀시 스면 굴룰 그저 보내니 이 뎌근 것 보고 도로 가뎌오소

판독대비

번호	판독자료집	황문환 (2002 : 346)	백두현 (2003 : 375~376)
1	봇기ᄒ고	-	봇기 ᄒ고
2	믜므론	-	믜므론

진주하씨묘 출토 언간 037 / 현풍 곽씨 언간 68

⟨진주하씨묘-037 / 곽씨-68, 17세기 전기, 곽주(남편) → 진주하씨(아내)⟩

판독문

요 줄 제 븐의 요 틔러 드러오나던 둘마다 훈 말식 주고 므릐예 두 말식 주소 년흐여 둘마
다 훈 말식 주고 훈 둘 걸러나 두 둘 걸러 □□ 말식[1] 주소

판독대비

번호	판독자료집	황문환 (2002 : 346~347)	백두현 (2003 : 360)
1	걸러 □□ 말식	걸□ □ 말식	걸러 □ 말식

진주하씨묘 출토 언간 038 / 현풍 곽씨 언간 22

〈진주하씨묘-038 / 곽씨-22, 17세기 전기, 곽주(남편) → 진주하씨(아내)〉

판독문

가셔

자내 편치 아니혼 디[1] 엇더혼고 긔별 몰라 분별ᄒᆞ뇌 나는 당시 무스히 잇뇌 졍냥의 머리는
엇더혼고 더옥 닛디 몯ᄒᆞ여 ᄒᆞ뇌 아마도 자내 편치 아니혼 디도 수이 편ᄒᆞ고 아ᄒᆡ돌[2] 다 편
히 이시믈 ᄇᆞ라 ᄒᆞ뇌 졍냥의 머리롤 아므려나 수이 됴케 ᄒᆞ소 자내 병든 디 ᄒᆡᆼ혀 더 편치
아니ᄒᆞ거든 즉시 내게 긔별ᄒᆞ소 밧바 이만 즈일 아기ᄃᆞ려 글 힘뼈 니르라 ᄒᆞ소

판독대비

번호	판독자료집	황문환 (2002 : 347)	백두현 (2003 : 168~169)
1	아니혼 디	–	아니혼디
2	아ᄒᆡ돌	–	아희돌

판독문

졍낭이 □다라[1] 드러 아리 쓰고 쏘 오늘 침 맛고 ㅎ니 여우여 갓과 쎠만 이습노이다 셔우황
을 어더 머기읍고져 ㅎ오디 아니 와셔 어들 디 업스와 민망ㅎ읍고 하 나달 파려ㅎ오니 ㅂ릴
가 시브오이다

판독대비

번호	판독자료집	황문환 (2002 : 347)	백두현 (2003 : 507)
1	□다라	□ 댜라	–

진주하씨묘 출토 언간 042 / 현풍 곽씨 언간 152

〈진주하씨묘-042 / 곽씨-152, 17세기 전기, 현풍곽씨(딸) → 진주하씨(어머니)〉

판독문

+□□□□쌘 지내옵□□□□이나[1] 다치 알외□□□□이 사름이 하 급□□□□술이 몯 알
외ᄋᆞ오며 지극 죄 만ᄒᆞᄋᆞ와이다 할마님 젼의 무명 만히 보내옵시니 지극 젓ᄉᆞ와 ᄒᆞ옵노이
다 다시곰 알외옵쇼셔 이리 알외옵기 지극 젓ᄉᆞ와 ᄒᆞ옵다가 알외오니 말ᄉᆞᆷ으로 알외옵기
슬ᄒᆞ시거든[2] 이 ᄉᆞ연을 보옵시게 드리옵쇼셔

판독대비

번호	판독자료집	황문환 (2002 : 347)	백두현 (2003 : 683)
1	이나	이다	-
2	슬ᄒᆞ시거든	슬ᄒᆞ시셔든	-

진주하씨묘 출토 언간 043 / 현풍 곽씨 언간 53

〈진주하씨묘-043 / 곽씨-53, 17세기 전기, 곽주(남편) → 진주하씨(아내)〉

판독문

> 가셔

아즈바님 병셰 하 듕ㅎ시니 민망이로쇠 나는 오늘 뎡 둉디 딕의 약 뭇즈오러 가니 스므날 계예 몯 미처 올가 식브니 힝혀 몯 미처 오나둔 졔룰 자내 친히 ㅎ게 ㅎ소 밧바 이만 이월 열닐웬날

판독대비

번호	판독자료집	황문환 (2002 : 348)	백두현 (2003 : 300)

진주하씨묘 출토 언간 044 / 현풍 곽씨 언간 132

〈진주하씨묘-044 / 곽씨-132, 17세기 전기(1624년)*, 현풍곽씨(딸) → 진주하씨(어머니)〉

판독문

어마님 젼 샹술이
논공이[1]

신셰예 어린 동ᄉᆡᆼᄃᆞᆯ 거느리옵셔 긔운 엇쩌ᄒᆞ옵샨고 심히 긔별 모ᄅᆞᄋᆞ와 시ᄀᆞᆨ을 닛ᄌᆞᆸ디 몯ᄒᆞᄋᆞ오며 분별이 ᄀᆞ업ᄉᆞ오며 셰후의 즉시 문안 사ᄅᆞᆷ이나 보내옵고져 졍은 ᄀᆞ업ᄉᆞ오ᄃᆡ 죵ᄃᆞᆯ이 쇽졀업ᄉᆞᆫ 화ᄅᆞᆯ 만나 옥듕의 만히 드오매 일개 놀라 솔란ᄒᆞ옵고 산하기도 그 운에 드러ᄃᆞ라나고 넙ᄉᆡᆼ이도 열흘 장근 듕히 병드옵고 사ᄅᆞᆷ 업ᄉᆞ와 지금 문안 사ᄅᆞᆷ도 몯 보내엿ᄉᆞᆸ다가 이져야 보내ᄋᆞ오니 졍 업ᄉᆞ오며 죄 만ᄉᆞ오며 죵ᄃᆞᆯ도 붓ᄭᅳ럽ᄉᆞ와이다 ᄌᆞ식은 덕분의 과셰ᄂᆞᆫ 무ᄉᆞ히 지내ᄋᆞ오ᄃᆡ[2] 새ᄒᆡᄅᆞᆯ 보ᄋᆞ오니 슬프오미 ᄀᆞ업ᄉᆞᆸ고 할마님 대상도 머지 아녀ᄉᆞ오니 어마님 ᄠᅳᆮ ᄉᆡᆼ각ᄒᆞ옵고 더옥 망극 슬허 눈믈 지오며 아바님 여희ᄋᆞ완 지[3] 엇그젠 ᄃᆞᆺᄒᆞ오ᄃᆡ 블셔 시년이[4] 쟝근 되엿ᄉᆞ오ᄃᆡ 어ᄃᆡ 가옵시고 ᄒᆞᆫ ᄌᆞᆺ 글시도 몯 보옵거뇨 망극 셟ᄉᆞ오ᄆᆞᆫ ᄒᆡ 만ᄉᆞ올소록 새로이 ᄐᆞᄂᆞᆫ ᄃᆞᆺ 셟ᄉᆞ와 젼의 밧ᄌᆞ온 유무ᄅᆞᆯ ᄆᆡ일 보오며 가ᄉᆞ미 ᄌᆡᆺᄐᆞᄃᆞᆺᄒᆞ와 눈믈 금치 못ᄒᆞ와[5] 셜워이다 쥬셔기ᄂᆞᆫ 영차옵건 지 오라 ᄒᆞ온가 ᄇᆞ라오며 다시 긔별모ᄅᆞ와 답갑ᄉᆞ오며 그대히ᄂᆞᆫ 역신은 엇더ᄒᆞ오며 시긔ᄂᆞᆫ 업ᄉᆞᆸᄂᆞ닝ᄭᅡ 이다히ᄂᆞᆫ ᄉᆞ모ᄒᆡ ᄲᆞᆫ 거시 역질와 시긔오니 무ᄉᆞ히 나오미 어렵ᄉᆞ와 민망ᄒᆞ오이다 섯ᄯᆞᆯ 보ᄅᆞᆷ날[6] 소례 담지디[7] 남인이 지나가옵거ᄂᆞᆯ 유무ᄒᆞ옵고 동ᄉᆡᆼ의 무명 ᄧᆞᆫ 것 두 긋틔 ᄇᆞ람 ᄒᆞ여 가옵고 바ᄂᆞᆯ 분 □지 쇼쇼ᄒᆞ오나 졍이나 아옵시긔 닷다치 가옵더니 ᄂᆞᆫ호옵시닝ᄭᅡ 타모 ᄌᆞ시 ᄒᆞ옵쇼셔 아므것도 졍알외ᄋᆞ올 것 업ᄉᆞ와 됴치 아닌 시 느즌 조반ᄒᆞ옵고[8] 약쥬 두 실과ᄒᆞ옵고[9] 대구 두 마리 조각 죠곰ᄒᆞ옵고[10] 보션 보내옵노이다 졍이나 아옵시소[11] 술란 ᄉᆞ나ᄒᆡ 둉ᄃᆞᆯ이나 머기옵쇼셔 이져야 보내오니 ᄂᆞᆷ 웃ᄌᆞ올가 둉 붓그럽ᄉᆞ와이다 먹 넉 장 가오니 ᄒᆞᆫ 쟝으란 어마님 ᄡᅳ옵시고 두 쟝으란 두 아기시 주시고 ᄒᆞᆫ 쟈으란[12] 대임이 글 스라 ᄒᆞ쇼셔 대임의내 세ᄒᆡ게 안부ᄒᆞ옵시고 새ᄒᆡ예 글 잘ᄒᆞᆯ가 ᄇᆞ라노라 니ᄅᆞ옵쇼셔 ᄂᆞᆷ은 저의만 몯ᄒᆞᆫ 거시 다 잘 ᄒᆞᆫ다니 브ᄃᆡ

* 백두현(2003 : 18~22, 36~38)에 따름. 편지 끝의 '갑ᄌᆞ'라는 연기(年記)로부터 작성 시기를 '1624년'으로 추정할 수 있다.

힘셔 니ᄅᆞ라 ᄒᆞᄋᆞᆸ쇼셔 이리셔 ᄇᆞ라ᄋᆞᆸ기ᄂᆞᆫ 아ᄆᆞ리나 긔운 편ᄒᆞᄋᆞᆸ샴과 역신 업ᄉᆞ오믈 원ᄒᆞᄋᆞᆸ노이다 그지업ᄉᆞ오ᄃᆡ 하 지리ᄒᆞ와 이만 알외ᄋᆞᆸ노이다 갑ᄌᆞ 정월 망일 그리ᄋᆞᆸᄂᆞᆫ ᄌᆞ식 술이

판독대비

번호	판독자료집	황문환 (2002 : 348~349)	백두현 (2003 : 598~600)
1	논공이	논공	-
2	지내ᄋᆞ오되	지내ᄋᆞ오ᄃᆡ	-
3	여희ᄋᆞ완 지	여ᄒᆡᄋᆞ완 지	-
4	시년이	십년이	-
5	못ᄒᆞ와	못ᄒᆞᄋᆞ와	몯ᄒᆞ와
6	보롬날	보롬ᄂᆞᆯ	-
7	담지디	담지ᄂᆡ	-
8	조반ᄒᆞᄋᆞᆸ고	즈반ᄒᆞᄋᆞᆸ고	조반 ᄒᆞᄋᆞᆸ고
9	실과ᄒᆞᄋᆞᆸ고	-	실과 ᄒᆞᄋᆞᆸ고
10	죠곰ᄒᆞᄋᆞᆸ고	-	죠곰 ᄒᆞᄋᆞᆸ고
11	아ᄋᆞᆸ시소	아ᄋᆞᆸ시고	-
12	쟈으란	쟝으란	-

〈진주하씨묘-045 / 곽씨-131, 17세기 전기(1623년)*, 현풍곽씨(딸) → 진주하씨(어머니)〉

판독문

```
┌─────────────────────────────────┐
│ 어마님 전 샹슬이                          │
│                          근봉          │
│ 현풍 논공이                               │
└─────────────────────────────────┘
```

문안 ㄱ업시 알외읍고 요스이[1] 극치위예 동성돌 거느리읍셔 긔운 엇더ㅎ읍샨고 응보기 가온 후의 긔별 일졀 모ᄅ와 민망ㅎ오며 쥬셔긔 동증[2]은 이제나 엇더ㅎ온고 일시도 닛ᅌᆞᆸ디 몯ㅎ며 역신은 엇더ㅎ온고 다시 긔별 모ᄅ와 줌드온 슷도 닛ᅌᆞᆸ디 몯ㅎ읍고 안덕 동셩은 희산 무스이 ㅎ오며 므서슬 나ㅎ고 ㅎ읍노이다 ᄌᆞ식은 숨 니을 만 잇ᄉᆞ와 게 긔별 모ᄅ와 민망ㅎ읍고 셔울 긔별 몰라 민망ㅎ읍다니 밤의사 와 겨시더 무스히 와 겨시니 깃브오이다마는 ᄶᅩ게 긔별 수이 모ᄅᆞ올 거시라 민망ㅎ오이다 셔울 갓ᄯᅥ니ㅎ읍고[3] 바늘 분도 몯ㅎ여 왓ᄉᆞ와[4] 수이 오게 게셔 오래 이시매 군ㅎ여 보션을 다 ᄑᆞ라[5] 쓰고 와시니 이런 줄 어이 아옵시링까 아ᄆᆞ것쏘 몯 보내오니 흐운ㅎㅎ여이다[6] 오라바님 형님씌과[7] 다 문안ㅎ읍쇼셔 아ᄋᆞ님내씌[8] 대되 안부하읍쇼셔 이 사ᄅᆞᆷ이 하 ᄀᆞᆸ디니 닷 유무 몯ㅎ니 흐운ㅎ여이다 긔별ㅎ읍쇼셔 셔울 갓더니ㅎ고[9] 근체 손이 만히 와시니 요요ㅎ여 ᄌᆞ시 몯ㅎ읍노이다 아마도 치위예 긔운 평안ㅎ읍샴을 쳔만 ᄇᆞ라읍노이다 대임으내ᄃᆞ려 다 안부ㅎ읍쇼셔 역신 약 어더 보내읍노이다 계히 섯ᄶᆞᆯ 보롬날 그리읍ᄂᆞᆫ ᄌᆞ식 슬이

....

* 백두현(2003 : 18~22, 36~38)에 따름. 편지 끝의 '계히'라는 연기(年記)로부터 작성 시기를 '1623년'으로 추정할 수 있다.

판독대비

번호	판독자료집	황문환 (2002 : 349)	백두현 (2003 : 592~593)
1	요ㅅ이	-	요사이
2	동증	종증	-
3	갓쩌니ㅎ옵고	-	갓쩌니 ㅎ옵고
4	왓ㅅ와	와ㅅ와	-
5	다 프라	다르라	-
6	ㅎ운ㅎㅎ여이다	ㅎ운ㅎㅎ여이다	-
7	형님끠과	형님끠	-
8	아ᄋ님내끠	아ᄋ님너끠	-
9	갓더니ㅎ고	-	갓더니 ㅎ고

〈진주하씨묘-046 / 곽씨-129, 17세기 전기(1623년)*, 현풍곽씨(딸) → 진주하씨(어머니)〉

판독문

+와이다 오라바님내ᄒᆞ시며¹ 동셩님내 다 편ᄒᆞ신가 긔별 몰ᄒᆞ와 민망ᄒᆞ여이다 길히 하 머오매 이더도록² 긔별 몯 듣ᄌᆞ와³ 민망ᄒᆞ오니 현마 먼 ᄃᆡ 혼인 마옵쇼셔 셜워이다 티복기는 헐복ᄒᆞᆫ 거시 거복ᄒᆞᆫ⁴ 병 어더 그리도록 듕튼 아니ᄒᆞ디 쇼마 본 휘면 피도 나고 고롬도 나니 용심ᄒᆞ고 음식도 아니 머거 열홀재 일 몯ᄒᆞ고 누워시니 ᄆᆞᄌᆞ⁵ 주길가 민망ᄒᆞ여이다 이 사름이 블의예 와시매 아무 것도 몯 보내오니 흐운ᄒᆞ여이다 동셩님내ᄭᅴ 다 문안ᄒᆞ옵고 마춤 셕니눈⁶ 알하 민망ᄒᆞ여 ᄒᆞᆫ 눈 ᄀᆞᆷ고 스니 사⁷□□□도 유무 몯ᄒᆞ니 흐운ᄒᆞ여이다 긔별ᄒᆞ쇼셔 아무려나⁸□□□ 대되 편ᄒᆞ옵쇼셔 하 □□라 이만 계ᄒᆡ 뉴월 열엿쇈날

판독대비

번호	판독자료집	황문환 (2002 : 349~350)	백두현 (2003 : 582)
1	오라바님내ᄒᆞ시며	오라바님내 ᄒᆞ시며	–
2	이더도록	이리도록	–
3	듣ᄌᆞ와	ᄃᆞᄌᆞ와	–
4	거복ᄒᆞᆫ	–	거븍ᄒᆞᆫ
5	ᄆᆞᄌᆞ	–	〔판독 안 됨〕
6	셕니눈	셕니 눈	–
7	사	아	–
8	아무려나	아무리나	–

----

* 백두현(2003 : 18~22, 36~38)에 따름. 편지 끝의 '계ᄒᆡ'라는 연기(年記)로부터 작성 시기를 '1623년'으로 추정할 수 있다.

진주하씨묘 출토 언간 047 / 현풍 곽씨 언간 146

〈진주하씨묘-047 / 곽씨-146, 17세기 전기, 현풍곽씨(딸) → 진주하씨(어머니)〉

판독문

우리는 익 업스온 저기 업스와 밧끽셔 툴익[1] 듕ᄒᆞ와[2] 동셧쫄로 ᄂᆞ리 주거[3] 쏘 ᄌᆞ식 주그로다 ᄒᆞ니 다믄 두 ᄌᆞ식을사 쏘 주글라라[4] ᄒᆞ오니 민망ᄒᆞ여이다 엇더홀고 귀추니ᄃᆞ려 ᄌᆞ시 무러[5] 긔별 ᄌᆞ시 ᄒᆞᆸ쇼셔 신을 황녹비로 고이 ᄒᆞ라 ᄒᆞ오니 빙녹비로 ᄒᆞ오니 빗치 업스와 고치라 ᄒᆞ오니 난필 가ᄂᆞ니ᄒᆞ고[6] 아니 고쳐 주어늘 곱지 아니온 신ᄒᆞ고 보션 보내ᄋᆞᆸ노이다 즌디나 신스오실가 ᄒᆞᆸ노이다 가는 무명이 내 장옷 ᄀᆞ옴이러니 동성님내 믈 드리는 보라 드럿습다가 시월의 보내ᄋᆞᆸ쇼셔 미일 젓ᄉᆞ오더 내 내디 몯ᄒᆞ염 ᄒᆞ오니 보내뇌다 대임으네[7] 세 히긔 안부ᄒᆞ쇼셔 미일 안심치 아니ᄒᆞ오더 삼치 마흔여듧 가오니 다ᄉᆞ스란 어마님 쓰시고 세ᄒᆞ란 오라바님끽 드리고 둘ᄒᆞ란 두 아ᄋᆞ님끽 드리시고 셜흔여듧비니 저는[8] 대면화 ᄒᆞ여 주쇼셔 젼보 반히레 시 여듧 고지 가니 브듸[9] 이버니 ᄒᆞ여 보내쇼셔 반히레 고기 바ᄃᆞ라 ᄒᆞ시되 이적 반□[10] 가셔 몯 바다 와시니 후의 바다 보내오링다 광어 ᄒᆞ나란 아래 할마님끽 보내쇼셔

판독대비

번호	판독자료집	황문환 (2002 : 350)	백두현 (2003 : 661~662)
1	밧끽셔 툴익	밧끽셔룰 익	–
2	듕ᄒᆞ와	즁ᄒᆞ와	–
3	주거	무거	–
4	주글라라	–	주글라
5	무러	무져	–
6	가ᄂᆞ니ᄒᆞ고	–	가ᄂᆞ니 ᄒᆞ고
7	대임으네	–	대임으내
8	저는	죄는	–
9	브듸	브디	–
10	반□	바회	–

진주하씨묘 출토 언간 048 / 현풍 곽씨 언간 106

〈진주하씨묘-048 / 곽씨-106, 17세기 전기, 곽이창(아들) → 진주하씨(어머니)〉

판독문

> 어마님 젼 샹술이
>
> 근봉[1]

밤스이 긔후 엇더ᄒᆞᆸ샨고 스모 망극ᄒᆞ와이다 ᄌᆞ식은 무스히 왓ᄉᆞ오이다 초계 동싱의 살 므롤[2] 날은 이 둘 스므아ᄒᆞ랜날도 극히 됴코 삼월 초ᄒᆞ룬날도 됴타 ᄒᆞ니 두 날 듕의 ᄀᆞᆯᄒᆡ여 ᄒᆞᆸ쇼셔 아마도 긔후 평안ᄒᆞᆸ샴 일야 비ᄋᆞᆸ노이다 이월 스므엿쇈날[3] ᄌᆞ 이챵 술이

판독대비

번호	판독자료집	건들바우박물관 (1991 : 32)	황문환 (2002 : 350)	백두현 (2003 : 480~481)
1	근봉	〔판독 안 됨〕	–	〔판독 안 됨〕
2	살 므롤	살므롤	–	–
3	스므엿쇈날	–	스므엿쇈날	–

진주하씨묘 출토 언간 049 / 현풍 곽씨 언간 83

〈진주하씨묘-049 / 곽씨-83, 17세기 전기, 곽주(남편) → 진주하씨(아내)〉

판독문

> 가셔

졔예 뿔 빅미 서 말 춧뿔 훈 말 녹도 닷 되 풋 닷 되 가니 즈셰 밧소 졔예 편뿔란 뫼뿔 훈 말 닷 되 춧뿔 훈 말 ᄒ여 쓰게 ᄒ소 기롭으란 한ᄃ[1] ᄒ여 ᄲᅵ이게 ᄒ소 밧바 이만 즈일 모밀 뿔 훈 되 닷 홉 조차 면에 쓰게 가니

판독대비

번호	판독자료집	황문환 (2002 : 350~351)	백두현 (2003 : 411)
1	한ᄃ	-	한ᄃᆡ

진주하씨묘 출토 언간 050 / 현풍 곽씨 언간 67

〈진주하씨묘-050 / 곽씨-67, 17세기 전기, 곽주(남편) → 진주하씨(아내)〉

판독문

근심이 하 슈고ᄒ여 이시니 녀름사리 ᄒ여 니브라 ᄒ고 삼 두 단만 샹으로 주소 자내 말로
니르고 주소

판독대비

번호	판독자료집	황문환 (2002 : 351)	백두현 (2003 : 358)

진주하씨묘 출토 언간 051 / 현풍 곽씨 언간 116

〈진주하씨묘-051 / 곽씨-116, 17세기 전기, 진주하씨 → 미상*〉

판독문

보셔는 내 손소 기워 완노이다 시는셔든[1] 볼 건만[2] ᄇ라고 ᄒ거니와 ᄂ믄 우이 너겨도 내
젼은 숫질 저기 업서 혼 이리라[3] +

판독대비

번호	판독자료집	황문환 (2002 : 351)	백두현 (2003 : 518)
1	시는셔든	시는 셔든	–
2	볼 건만	–	볼건만
3	혼 이리라	–	혼이니라

---

* 백두현(2003)에 따름. 黃文煥(2002)에서는 '관계 미상'으로 처리하였으나 백두현(2003 : 518)에서는 진주하씨의 필적
으로 추정하고 남편 곽주에게 보낸 것일 가능성을 지적하였다.

진주하씨묘 출토 언간 052 / 현풍 곽씨 언간 46

〈진주하씨묘-052 / 곽씨-46, 17세기 전기, 곽주(남편) → 진주하씨(아내)〉

판독문

보리뿔란 그장 됴케 닷겨 쓰게 ᄒ소 보리뿌리 세머로우면 강긔 흐리 만홀 거시니 글란 됴케
닷겨 쓰소 자내 팔지 눔의 강긔 드르라 삼겻거니 자내 팔지롤 훈홀 만 ᄒ데[1] 강긔ᄒᄂᆫ 사롬
의 타실가 삼년으란 눈을 곰고 귀롤 재이고 견디소[2] 미양 ᄂᆞ믜 말 아니 드롤 거시나 삼년을
노래 듣ᄃᆞ시 듣고 견디소[3]

판독대비

번호	판독자료집	황문환 (2002 : 351)	백두현 (2003 : 274)
1	훈홀 만 ᄒ데	–	훈홀 만ᄒ데
2	견디소	–	견듸소
3	견디소	–	견듸소

진주하씨묘 출토 언간 054 / 현풍 곽씨 언간 84

〈진주하씨묘-054 / 곽씨-84, 17세기 전기, 곽주(남편) → 진주하씨(아내)〉

판독문

> 가셔

요소이 아희둘 드리고 엇디 겨신고 긔별 몰라 분별ᄒᆞ뇌 나는 요소이 여긔 잇다가 닷쇈날로 나가로쇠 자리쏘 츌화 보내소 자리쏘 보낼 제 갓보희 벼로 빗졉 슈건 칙 ᄒᆞ여 ᄌᆞ셰 츌화 보내소 보내는 거슬 뎌거 보내소 아마도 아희둘 드리고 조심ᄒᆞ여 편히 겨소 밧바 이만 벼로ᄅᆞᆯ 내 큰 벼로ᄅᆞᆯ 보내소

판독대비

번호	판독자료집	황문환 (2002 : 351)	백두현 (2003 : 414~415)

진주하씨묘 출토 언간 055 / 현풍 곽씨 언간 51

〈진주하씨묘-055 / 곽씨-51, 17세기 전기, 곽주(남편) → 진주하씨(아내)〉

판독문

> 답셔

편히 겨신 유무 보고 깃거ᄒᆞ뇌 아희돌도 셩타 ᄒᆞ니 더욱 깃거ᄒᆞ뇌 오예 안부 사름은 어제
가 ᄃᆞ녀 오돗데 쟝모 유무 가니 게셔도 편ᄒᆞ시더라 ᄒᆞ니[1] 오시사 몯 밋다 현마 엇디홀고 근
심 말고 겨소 오예셔 온 믈든 거술 쟝으로셔 쳥되 금동인디 풍난인디 바다 가다 ᄒᆞ니 출화
밧소 모밀도 귀 가뎌다가 홈ᄭᅴ 보내다 ᄒᆞ니 모밀 졈 출화 밧소 나도[2] 곳블 드려 음식도 잘
몯 먹고 잇뇌 밧바 이만 즈일 골안 누님게ᄂᆞᆫ 금동이ᄅᆞᆯ 답쟝 바다 가라 ᄒᆞ엿더니 바다 갓ᄂᆞᆫ
가 후에 긔별ᄒᆞ소

판독대비

번호	판독자료집	황문환 (2002 : 351~352)	백두현 (2003 : 292~293)
1	ᄒᆞ니	–	ᄒᆞ뇌
2	나도	–	나ᄂᆞᆫ

〈진주하씨묘-056 / 곽씨-154, 17세기 전기, 현풍곽씨(딸) → 진주하씨(어머니)〉

판독문

+ 몬ᄒ오니 흐운ᄒ여이다 대되 안부ᄒᄋ쇼셔 티보기나 불셰 문안이나 아오져 보내ᄋᆸ고져
ᄒ오디 혼차셔 촌 곡셕이나 ᄒ여다가 쓰ᄋᆸ고 미일 병드오니 몯 보내여 흔흔노이다 셔울셔
사롬 아니 오면 티보기롤 셰젼의 몯 보내올가 흔흔노이다 아ᄆ것쏘 보내ᄋ올 것 업ᄉ와 자
반 죠곰ᄒᄋᆸ고 싱조긔 ᄒ 뭇 가ᄋᆸ노이다 쇼쇼ᄒᄋᆸ거니와 세ᄒ란[1] 새딕긔 보내고 둘ᄒ란[2] 안
덕딕긔 보내쇼셔 져년 가 뵈ᄋᆸ고 오ᄋ오디 ᄆᄋᆷᄋ[3] 열 히 밧굿치 그립ᄉᆸ고 뵈ᄋᆸ +

판독대비

번호	판독자료집	황문환 (2002 : 352)	백두현 (2003 : 689~690)
1	세ᄒ란	세ᄒ론	-
2	둘ᄒ란	둘ᄒ론	-
3	ᄆᄋᆷᄋ	ᄆᄋᆷᄋᆫ	-

진주하씨묘 출토 언간 057 / 현풍 곽씨 언간 55

〈진주하씨묘-057 / 곽씨-55, 17세기 전기, 곽주(남편) → 진주하씨(아내)〉

판독문

> 가셔

요스이 아희돌[1] 두리고 엇디 겨신고 긔별 몰라 분별ᄒᆞ뇌 보롬날 아기 초거례ᄅᆞᆯ ᄒᆞ라 ᄒᆞ고
모다 시기니 닉일 쟝의 졀육 홀 거슬 대귀나 아못거시나 사셔 ᄡᅳ게 ᄒᆞ소 술란 몬졔 비저 잇
던 수ᄅᆞᆯ ᄡᅳ게 ᄒᆞ소 당슉 안쥬ᄅᆞᆯ 뎌그나 눔 보암즉게 ᄒᆞ여 보내소 일향 얼우신네ᄅᆞᆯ 다 쳥ᄒᆞ
니 하 초초케 마소 밧바 이만 즈일

판독대비

번호	판독자료집	황문환 (2002 : 352)	백두현 (2003 : 305~306)
1	아희돌	-	아희돌

진주하씨묘 출토 언간 058 / 현풍 곽씨 언간 99

〈진주하씨묘-058 / 곽씨-99, 17세기 전기, 곽주(남편) → 진주하씨(아내)〉

판독문

오월 초이튼날 오월 열이튼날 오월 열나흗날 오월 스므나흗날 오월 스므엿쇈날 뉴월 초엿
쇈날 뉴월 초여드랜날 뉴월 열여드랜날 뉴월 스므날 칠월 초흐룬날 칠월 초사흔날 방문 밧
도 나디 말고 뒤도 븟간의 가 보디 말고 다룬 디[1] 가 보라 이 뎌근 열흔 나롤 ᄀ장ᄀ장 조심
조심ᄒ라

판독대비

번호	판독자료집	황문환 (2002 : 352)	백두현 (2003 : 456~457)
1	디	–	듸

진주하씨묘 출토 언간 059 / 현풍 곽씨 언간 31

〈진주하씨묘-059 / 곽씨-31, 17세기 전기, 곽주(남편) → 진주하씨(아내)〉

판독문

요ᄉᆞ이 ᄆᆞᄉᆞ 일로 집안히 ᄒᆞᄅᆞ도 죠용ᄒᆞᆫ ᄢᅢ 업ᄂᆞᆫ고 ᄒᆞᄅᆞ 이틀 아니고 자내 ᄆᆞᄅᆞᆫ 셩에 엇디 견듸ᄂᆞᆫ고 자내옷 ᄒᆞᆫ듸 잇기 편치 아녜라 ᄒᆞ면 닉월로 제곰 들 집을 짓고 제곰 살게 ᄒᆞ새 제곰 집의 나도 갓가이 이시면 ᄒᆞᆫ듸 이시나 다ᄅᆞ디 아닐 쟈기면 멀즈기 집을 짓고 나고 갓가이 이셔도 문이나 제곰 내고 ᄉᆞ이를 콩치 몯ᄒᆞ게 ᄒᆞ고 이시면 ᄒᆞᆫ듸 잇기도근 나을 쟈기면 갓가이 집을 짓고뎌 ᄒᆞ니 자내 짐쟉ᄒᆞ여 긔별ᄒᆞ소 면화 아니 ᄠᆞᆫ 젼에 제곰 나고뎌 ᄒᆞ니 자내 ᄠᅳ데 엇더ᄒᆞᆫ고 ᄌᆞ셰 짐쟉ᄒᆞ여 긔별ᄒᆞ소 다ᄆᆞᆫ 죵이 져그니 면화 아니 ᄠᆞᆫ 젼에 몯 미처 집을 지을가 ᄒᆞᄂᆈ 아마도 제곰 나ᄂᆞ니 여긔셔 소릐도[1] 서로 몯 들게 화원 사ᄅᆞᆷ의 집으로 나고 자내 들 집으란 두 간이나 새로 짓고 나고뎌 호듸 아희돌도 ᄌᆞ조 몯 볼 거시니 그롤 서운ᄒᆞ여 덕남의 집게 집을 짓고 ᄉᆞ이를 놉게 막고 문올 제곰 길로 ᄃᆞᆫ니게 내고뎌 ᄒᆞ여 두 가지로 혜요듸 당시 뎡치 몯ᄒᆞ여 이시니 자내 짐쟉ᄒᆞ여 긔별ᄒᆞ소 녈진이를 밤마당 빙소방의 놈 숨겨 내여 간다 ᄒᆞ여 니ᄅᆞᆫ다 ᄒᆞ니 그 마ᄅᆞᆫ 올ᄒᆞᆫ 마린가 진실로 그리 니롤 쟈기면 ᄒᆞᆫ 집의 잇다가 내죵애 ᄆᆞᄉᆞᆷ 큰 마롤 지어낼 동 알고 곁에 자내 녈진이네를 ᄃᆞ리고 제곰 나사 편홀가 ᄒᆞᄂᆈ 이제 아ᄆᆞ려 녈진이를 밤으로 빈소방의 ᄃᆞ려간다 ᄒᆞ여도 나 혼자 아니 이시니 놈은 고지 아니 드ᄅᆞ려니와 저의 말 지어내ᄂᆞᆫ ᄆᆞ음이 우연이 흉악ᄒᆞᆫ가 엇디 그런 사ᄅᆞᆷ과 홀린돌 ᄒᆞᆫ 집안해 잘 살고 동자ᄂᆞᆫ 엇디 +

판독대비

번호	판독자료집	황문환 (2002 : 352~353)	백두현 (2003 : 206~207)
1	소릐도	-	소릐도

진주하씨묘 출토 언간 060 / 현풍 곽씨 언간 85

〈진주하씨묘-060 / 곽씨-85, 17세기 전기, 곽주(남편) → 진주하씨(아내)〉

판독문

가셔
논공 소례딕

밤의 아희둘 드리고 엇디 자신고 긔별 몰라 분별ᄒᆡ뇌 삼을 하 몯 어더 ᄒᆞ니 뎌론 삼 ᄒᆞᆫ 단만 보내소 곽셕 홀[1] 것도 하 몯 어더 ᄒᆞ니 밍셕뉴에셔 우연ᄒᆞ니 ᄒᆞᆫ 닙만 보내소 나는 모릭[2]로 가로쇠 샹직둘 얼현이 말고 블 조심ᄒᆞ고 믈 염그새 제 ᄣᅢ예 ᄒᆞ여 주라 ᄒᆞ소 밧바 이만 즈일

판독대비

번호	판독자료집	황문환 (2002 : 353)	백두현 (2003 : 417~418)
1	곽셕 홀	–	곽셕홀
2	모릭	–	모릭

진주하씨묘 출토 언간 061 / 현풍 곽씨 언간 27

〈진주하씨묘-061 / 곽씨-27, 17세기 전기, 곽주(남편) → 진주하씨(아내)〉

판독문

아희돌[1] 드리고 치위예 엇디 겨신고 긔별 몰라 일시도 니즌 저기 업소디 안부 사롬도 몯 브리노 내 안홀 어듸다가 비홀고 아희돌[2] 얼구리 눈에 암암흐여시니 내희[3] 굽굽흔 뜨돌 뉘 알고 자내노 가슴 알턴 듸 이제나 영히 됴하 겨신가 내 무움 쁴일 이리 하 만흐니 자내나 셩흐면 우연흘가 오놀 가라 너일 가라 흐시되 흔 적도 뎡흐여 가란[4] 말숨을 아니흐시니 민망흐미 구이업세 아희옷[5] 시쟉흐여든 아므려나 브듸[6] 즉시 사롬을 브리소 밤듕에 와도 즉시 갈 거시니 브듸[7] 즉시즉시 사롬을 보내소 즉시 오면 비록 죵이라도 큰 샹을 홀 거시니 저의 드려 이대로 닐러셔 즉시즉시 즉시 보내소 얼현이 마소 여러 날 비치게 되면 취워 나만 아니 소글 거시니 덴드기 마소 보셩 힝츠노 언제로 가시노고 가실 제 브듸[8] 통흐소 풍셰롤 매 어드러 보낼 양으로 기드리시니 몯 미처 통흐면 구장 외오 너기실 거시니 아라셔 힝츠홀 쌔예 브듸[9] 통흐여 풍셰롤 흠씌 가게 흐소 심심흔 이리 하 만하 잠간 뎍뇌 아희 시쟉흐여든 즉시 사롬 보낼 일 얼현이 마소 즈일

판독대비

번호	판독자료집	황문환 (2002 : 353~354)	백두현 (2003 : 189~190)
1	아희돌	–	아희돌
2	아희돌	–	아희돌
3	내희	내희	–
4	가란	가랏	–
5	아희옷	–	아희옷
6	브듸	브듸	브듸
7	브듸	–	브듸
8	브듸	–	브듸
9	브듸	–	브듸

⟨진주하씨묘–062 / 곽씨–118, 17세기 전기(1607년)*, 벽진이씨(안사돈) → 박씨(안사돈)⟩

판독문

| 답상장 | |
| 상쥬 | 근봉 |

사롬 보내셔눌 긔후 편히 겨신 유무 보옵고 친히 보ᄋ온 듯 반기노이다 알퍼 긔운 편치 아니ᄒ시다 희야눌 ᄀ업시 분별ᄒ옵다니 이제논 편ᄒ시다 ᄒ니 ᄀ업시 깃ᄉ와 ᄒ노이다 나는 당시 숨 니어 인노이다 이리 졔믈 출와 보내시니 내의 아룹답고 고마오믈 ᄀ이업서 ᄒ노이다 일로 졔믈 호려 ᄒ노이다 게도 졔ᄉᄒ시랴 이리 츠려 보내시니 안심치 몯ᄒ야이다 아마도 긔후 편ᄒ시믈 ᄀ업시 ᄇ라노이다 ᄀ업서 이만 뎡미 오월 초여ᄃ랜날 외얘 뎡녜 할미

판독대비

번호	판독자료집	황문환 (2002 : 354)	백두현 (2003 : 523)

* 백두현(2003 : 18~22, 36~38)에 따름. 편지 끝의 '뎡미'라는 연기(年記)로부터 작성 시기를 '1607년'으로 추정할 수 있다.

진주하씨묘 출토 언간 063 / 현풍 곽씨 언간 153

⟨진주하씨묘-063 / 곽씨-153, 17세기 전기, 현풍곽씨(딸) → 진주하씨(어머니)⟩

판독문

+ 엇더흐니이까 산뒤[1]도 초열흔날우터 곳쌀쳬로 알든 듸[2] 으식 아니 먹고 바미면 새하니 민망흐되 눕 대되 그러흐니 닌노이다 티보기는 이제는 셩흐여 게 가려 흐여눌 가지 말라 흐고 나으리 구둥흐 우리 더옥 몯 가게 흐흐니 아직 잇거니와 가마니 갈흐노이다 병은 +

판독대비

번호	판독자료집	황문환 (2002 : 354)	백두현 (2003 : 685~686)
1	산뒤	산치	–
2	알든 듸	–	알튼듸

진주하씨묘 출토 언간 065 / 현풍 곽씨 언간 133

〈진주하씨묘-065 / 곽씨-133, 17세기 전기(1624년)*, 현풍곽씨(딸) → 진주하씨(어머니)〉

판독문

+쇼셔 새 졀 가시리라 ᄒ여늘 투심 고쳐 보내오디 곱지 아니외다 쥴지는[1] 아니던가 동싱들
이 셸가 ᄒ졈의[2] ᄒ여던 것또 보내ᅌᅳ노이다 고이 ᄒ노라 ᄒ디[3] 곱잔는이다[4] 후의 유무신 답
장 즈시 ᄒᅌᅳᆸ쇼셔 ᄀ업스오디 하 요요ᄒ여 이만 갑즈 이월 초열흔날 즈식 슬이

판독대비

번호	판독자료집	황문환 (2002 : 355)	백두현 (2003 : 605~606)
1	쥴지는	쥴지른	쥴지는
2	ᄒ졈의	ᄒ 젼의	-
3	ᄒ디	ᄒ되	-
4	곱잔는이다	곱잔ᄂ이다	-

---

* 백두현(2003 : 18~22, 36~38)에 따름. 편지 끝의 '갑즈'라는 연기(年記)로부터 작성 시기를 '1624년'으로 추정할
  수 있다.

〈진주하씨묘-066 / 곽씨-36, 17세기 전기(1614년)*, 곽주(남편) → 진주하씨(아내)〉

판독문

> 가셔
> 논공 소례딕

아희돌[1] 드리고 과셰 편히 ᄒ신가 긔별 몰라 분별ᄒ뇌 나는 당시 무ᄉ히 잇뇌 대임이는 것
는가 니러셔기는 ᄌᄌ ᄒ는가 일시도 닛디 몯ᄒ여 눈어 암암ᄒ여 ᄒ뇌 쳘녜는 쾌히 셩ᄒ며
복녜는 나롤 싱각는가 뎌근 돗도 닛디 몯ᄒ여 ᄒ뇌 쟈근 아기 언문 쾌히 비화 내게 유무 수
이 ᄒ라 ᄒ소 미야디 병드럿다 ᄒ니 어ᄂ 미야디 병드러 잇는고 김홍니마롤[2] 곽샹이 블러다
가 수이 고치게 ᄒ라 ᄒ소 일년이 고치러 가니 일년이 몰 고쳐든 됴ᄒ 술 만히 머기게 ᄒ소
큰 아기게 됴희[3] 업서 닷 유무 몯ᄒ거니와 집안애 네 어마님이나 네 동싱드리나 네나 아뫼
나[4] 알파ᄒ거든 즉시 내게 긔별ᄒ여라 됴히 잇거스라 밧바 이만 가인[5] 정월 초이일 곽샹의
게 가는 비지[6] ᄌ셰 닐러[7] 드리게 ᄒ소

판독대비

번호	판독자료집	황문환 (2002 : 355)	백두현 (2003 : 229~230)
1	아희돌	아히돌	-
2	김홍니마롤	김홍니 마롤	-
3	됴희	죠희	-
4	아뫼나	아민나	-
5	가인	임인	-
6	비지	비ᄌ롤	-
7	닐러	니러	-

....

* 백두현(2003 : 18~22, 36~38)에 따름. 편지 끝의 '가인[甲寅]'이라는 연기(年記)로부터 작성 시기를 '1614년'으로
추정할 수 있다.

진주하씨묘 출토 언간 067 / 현풍 곽씨 언간 92

〈진주하씨묘-067 / 곽씨-92, 17세기 전기, 곽주(남편) → 진주하씨(아내)〉

판독문

가셔

츈셰 오나눌 아기네 드리고 편히 겨신 긔별 듣고 깃거ᄒ뇌 나도[1] 당시 무스히 이쇼디 즁의 음식이 하 내 나니 일로 ᄒ여 오래 견ᄃ디[2] 몯ᄒ로쇠 아기네 ᄒᆡ혀 병들거둔 즉시 내게 긔별 ᄒ소 혼자 드리고 잇다가 급거든 알외여ᄂᆞᆫ 미처 구치 몯홀 거시니 브ᄃᆡ[3] 즉시 긔별ᄒ소 샤 당을 엿쇗날 가 드려올라 ᄒ더니 드려오거든 풍난이나 년악이나 둘에 ᄒᆞᆫ 놈을 ᄆᆞᆯ 모라 가 드려오라 ᄒ고 옥쉬란 혼자 ᄆᆞᆯ 주워 내여보내디 마소 큰 아기게ᄂᆞᆫ 밧바 닷치 유무ᄂᆞᆫ 몯ᄒ거 니와 네 어마님이 ᄒᆡ혀 병들거든 즉시 내게 ᄆᆞᆯ 모려 보내고 알외여라 너의 혼자 뫼시고 잇 다가 급ᄒᆞᆫ 후에ᄂᆞᆫ 알외여도 쇽졀업ᄉᆞ료 브ᄃᆡ브ᄃᆡ[4] 즉시 긔별ᄒ여라 됴히 잇거스라 그지업 서 이만 즈일

판독대비

번호	판독자료집	황문환 (2002 : 355~356)	백두현 (2003 : 438~440)
1	나도	나는	–
2	견ᄃ디	–	견듸디
3	브ᄃᆡ	–	브듸
4	브ᄃᆡ브ᄃᆡ	–	브듸브듸

진주하씨묘 출토 언간 068 / 현풍 곽씨 언간 158

〈진주하씨묘-068 / 곽씨-158, 17세기 전기, 현풍곽씨(딸) → 진주하씨(어머니)〉

판독문

+ 민망히 너기오매[1] 나죵 아ᄆᆞ리 될 줄 모ᄅᆞᄋᆞ와 민망히 너기오ᄃᆡ[2] 가지가지 사워 만ᄉᆞ오이다 여러 ᄃᆞᆯ 사ᄅᆞᆷ 몯 보내엿ᄉᆞᆸ다가 가오ᄃᆡ 보리 돈[3]도 몯ᄒᆞ오니 권슉 머길 일 어려워 민망ᄒᆞ여 지내오며[4] 아ᄆᆞ것도 몯 내[5]보내오니 더옥 ᄒᆞᆫᄒᆞ오며 우ᄋᆞᆸ노이다 아ᄆᆞ것ᄯᅩ 보내올 것 업ᄉᆞ□ 새 ᄡᆞᆯ 됴곰 머육 넉 단 대구 두 마리 자반도 기ᄅᆞᆷ 업ᄉᆞ오니 죠치 아니온 거ᄉᆞᆯ 졍이나 아ᄋᆞᆸ시긔 보내ᄋᆞᆸ노이다 아ᄆᆞ거시나 더도 보내ᄋᆞᆸ고져 ᄒᆞ오ᄃᆡ 병든 노미매 몯 가져가오니 흐운ᄒᆞ여이다 아바님 병환이 하 듕ᄒᆞ오니 민망이고 식양이 야기라[6] ᄒᆞ고 아ᄆᆞ ᄃᆡ나 ᄇᆞᄃᆡ 어더 보쇼셔 ᄒᆞ노이다 거월 초싱우터 편지 아니신 +

판독대비

번호	판독자료집	황문환 (2002 : 356)	백두현 (2003 : 703~704)
1	너기오매	너기오며	-
2	너기오ᄃᆡ	너기오며	-
3	보리 돈	-	보리돈
4	지내오며	-	지내오매
5	내	어더	-
6	야기라	아기라	-

〈진주하씨묘-069 / 곽씨-56, 17세기 전기, 곽주(남편) → 진주하씨(아내)〉

판독문

> 가셔

요ᄉᆞ이 아희들[1] ᄃᆞ리고 엇디 겨신고 긔별 몰라 분별ᄒᆞ뇌 나도 너일 셩복ᄒᆞᆫ 휘면 즉시 가려
ᄒᆞ뇌 너일 셩복ᄒᆞᆫ 후에 치뎐ᄒᆞᆯ 거시니 치뎐ᄒᆞᆯ 당슈ᇰ 안쥬ᄒᆞ고 졔쥬ᄒᆞ고 출화 덕남이 ᄒᆞ여 너
일로 일 보내소 오ᄉᆞᆫ 옷댱이 와셔 봘셔 아삳ᄂᆞᆫ가[2] 아니 아삳거든 금동이 잡믈바치 노라[3] 결
업시 ᄃᆞ니니 곽샹이ᄅᆞᆯ 친히 가 옷댱이 ᄃᆞ려다가 곽샹이 시죰 드러 수이 아ᄉᆞ라 ᄒᆞ소 옷남오
버현 디[4] 여러 나리니 요ᄉᆞ이 디나면 그 옷남글 ᄇᆞ릴 거시니 곽샹이ᄅᆞᆯ 브디[5] 수이 가 옷댱
이 ᄃᆞ려다가 수이 아ᄉᆞ라 ᄒᆞ여 다시곰 교슈ᄒᆞ소 아기ᄃᆞ려도 수이 ᄃᆞ려다가 아이게 ᄒᆞ라 니
ᄅᆞ소 초엿쇈날

판독대비

번호	판독자료집	황문환 (2002 : 356)	백두현 (2003 : 309~310)
1	아희들	–	아희돌
2	아삳ᄂᆞᆫ가	아ᄉᆞᆺᄂᆞᆫ가	–
3	잡믈바치 노라	잡믈 바치노라	–
4	버현 디	–	버현디
5	브디	브듸	브듸

진주하씨묘 출토 언간 070 / 현풍 곽씨 언간 86

〈진주하씨묘-070 / 곽씨-86, 17세기 전기, 곽주(남편) → 진주하씨(아내)〉

판독문

가셔

나는 편히 와 잇뇌 커니와 자내 영히 셩치 몯ᄒ여 겨신 거슬 보고 오니 지극 흐운ᄒ여 ᄒ뇌 아마도 아희돌[1] ᄃ리고 됴히 겨소 빗졉을 닛고 아니 가져와 이시니 ᄃ니는 사롬 ᄒ여[2] 닛디 말고 브디[3] 보내소 오늘 바든 무명도 수이 쓰디 말고 스므나리나 보롬이나 디나거든 쓰소 힝혀 그 사롬이 도로 므르려 코[4] 오나든 무명 도로 주게 되거든 내 ᄒ여 준 글워롤 도로 밧고 제 무명을 주게 ᄒ소 므르려 아니 오나든 스므나리나 보롬이나 디나거든 쓰게 ᄒ소 양식은 예 와 되니 엿 말[5] 두 되로쇠 밧바 이만 즈일

판독대비

번호	판독자료집	황문환 (2002 : 356~357)	백두현 (2003 : 420~421)
1	아희돌	-	아희돌
2	사롬 ᄒ여	-	사롬 ᄒ여
3	브디	-	브듸
4	므르려 코	므르려코	므르려코
5	엿 말	-	엿말

진주하씨묘 출토 언간 071 / 현풍 곽씨 언간 87

〈진주하씨묘-071 / 곽씨-87, 17세기 전기, 곽주(남편) → 진주하씨(아내)〉

판독문

> 가셔

쇠오기롤 언메나 호여 왓던고 밧바 다시 드러가 몯 보고 오니 어마님 식가졔예 포육호고 수
리졔예 포육호고 혜여 뜬 후에 스므날 졔예 쓸 것 위호고 그 나믄 거스란 쟝모끠 잡습게 호
소 어마님게도 더러 보내소 덕남이 올 제란 쇠오기롤 내게 보내디 말고 두고셔 쟝모끠 잡습
게 호소 셔원에서 쇼롤 잡으니 내게란 쇠오기롤 보내디 마소 자반과 짐치 쳐엿 거슬 츌화
보내소 홀른 판소홀 거슬 소반찬으로 츌화 보내소 스므이튼날이면 벗드리 여러히 자러 갈
거시니 미리 아라 츌호소 밧바 이만 즈일

판독대비

번호	판독자료집	황문환 (2002 : 357)	백두현 (2003 : 424~425)

진주하씨묘 출토 언간 072 / 현풍 곽씨 언간 42

〈진주하씨묘–072 / 곽씨–42, 17세기 전기, 곽주(남편) → 진주하씨(아내)〉

판독문

답셔

편ᄒᆞ신 유무 년ᄒᆞ여 보고 깃거ᄒᆞ뇌 대임이ᄂᆞᆫ 오ᄂᆞᆯ 쓰려 쓰ᄂᆞᆫ 냥반을 다 쳥ᄒᆞ여 왓더니 하두려 울매 쓰디 아니ᄒᆞ고 침만 주워 이시니 다시 보아셔 수이 됴치 아니ᄒᆞᆯ가 시브거든 쓰쟈 ᄒᆞ뇌 저도 요ᄉᆞ이ᄂᆞᆫ 어마님도 보고뎌 코¹ 동ᄉᆡᆼ돌도 보고뎌 ᄒᆞ다 ᄒᆞ고 입에 긋디 아녀 니ᄅᆞ고 잘 제면 긴 다마다² 니ᄅᆞ니 잔잉ᄒᆞ여 닐일로 ᄃᆞ려가거나 닐일로 비나 와³ ᄆᆞᆯ 가면 모뢰⁴ 로ᄂᆞᆫ 뎡ᄒᆞ여 ᄃᆞ려가로쇠 아므거시나 ᄒᆞ엿다가 주소 괴샷기 어더 보내뇌 대임이 제 괴라 ᄒᆞ고 보내뇌 개 므리디 말고 조심ᄒᆞ여 간슈ᄒᆞ야 기ᄅᆞ게 ᄒᆞ소 온 거ᄂᆞᆫ 다 츌화 ᄇᆞ되 손도 왓고 요란ᄒᆞ여 이만 즈일 괴샷기롤 복녜 대셩의 품에란 싱심도 녀치 마소

판독대비

번호	판독자료집	황문환 (2002 : 357)	백두현 (2003 : 260~261)
1	보고뎌 코	–	보고뎌코
2	긴 다마다	긴다마다	–
3	비나 와	나와	–
4	모뢰	모릐	–

〈진주하씨묘-073 / 곽씨-5, 17세기 전기, 곽주(남편) → 진주하씨(아내)〉

판독문

가셔

요스이 아바님 뫼옵고 애히돌ᄒ고 엇디 겨신고 긔별 몰라 분별ᄒ뇌 나는 어제 김전 자고 오
늘 화령으로 가뇌 커니와 므리 병드러 김젼셔 금동이 ᄒ여 보내 물 ᄒ나해 죵돌 짐 지우고
가니 늠의 미처 몯 가 민망하여 ᄒ뇌 금동이 제 양식 병ᄒ여 뿔 너 말 닷 되롤 가뎌가니 제
머근 것 혜고 ᄌ셰 되여 바다 쓰소 버개도 도로 가니 다 출화 밧소 길 밧바 이만 뎍뇌 조심
ᄒ여 편히 겨소 길헤 가기 하 군ᄒ니 민망민망ᄒ여 ᄒ뇌 초날ᄒ날

판독대비

번호	판독자료집	황문환 (2002 : 357~358)	백두현 (2003 : 77~78)

진주하씨묘 출토 언간 074 / 현풍 곽씨 언간 60

〈진주하씨묘-074 / 곽씨-60, 17세기 전기, 곽주(남편) → 진주하씨(아내)〉

판독문

```
가셔
```

동지 힝치 오눌사 오시게 되여 이시니 힝과홀 일란 힝츠 오셔돈 벗돌과 다시 의논ᄒ여 사룸 브려든 ᄎ려 보내게 ᄒ소 이번의 춍망히 가시면 둧다가 시월로 ᄒ고 ᄒᄅ 이트리나 무거 가 시면 이번의 ᄒ쟈 ᄒ여 벗돌과 의논ᄒ여 졍ᄒ여 이시니 설워 힝치 오셔사 무그시며 아니 무 그시믈 다시 아라셔 벗돌과 의논ᄒ여 사룸 보내여든 ᄎ려 보내고 사룸옷 다시 보내디 아니 ᄒ여든 ᄎ려 보내디 마소 밧바 이만 양식 엿되만 보내소 즈일[1]

판독대비

번호	판독자료집	황문환 (2002 : 358)	백두현 (2003 : 326~327)
1	즈일	〔판독 안 됨〕	–

진주하씨묘 출토 언간 075 / 현풍 곽씨 언간 88

〈진주하씨묘-075 / 곽씨-88, 17세기 전기, 곽주(남편) → 진주하씨(아내)〉

판독문

> 가셔

요스이 엇디 겨신고 긔별 몰라 분별ᄒᆞᄂᆡ 나는 무스히 와 이시니 예셔 나ᄒᆞᆫ날로 의셩으로 가
리로쇠 해자ᄡᆞᆯ 열 말과 뫼ᄡᆞᆯ 서 말과 몰죽ᄡᆞᆯ ᄒᆞᆫ 말만 보내고 몰콩으란 보내디 마소 내 당감
토 조차 보내소 아마도 편히 겨시ᄆᆞᆯ 다시곰 ᄇᆞ라ᄂᆡ 밧바 이만 칠월 스므아ᄒᆞ랜날

판독대비

번호	판독자료집	황문환 (2002 : 358)	백두현 (2003 : 428)

진주하씨묘 출토 언간 076 / 현풍 곽씨 언간 69

⟨진주하씨묘–076 / 곽씨–69, 17세기 전기, 곽주(남편) → 진주하씨(아내)⟩

판독문

```
가셔
```

밤의 엇디 자신고 긔별 몰라 ᄒᆡᄂᆡ 도ᄂᆞᆨ셔 혼인의 쓰는 칙 어드러 사름이 부러 와 이시니
칙보과 갓보희[1] 두 고대 어더 금동이 ᄒᆞ여 보내소 졉칙이 다 부븬 칙이니 대원이 ᄒᆞ여 어더
보라 ᄒᆞ소 졉칙이 셰ᄒᆞ로셔 뉴에 늙고 큰 칙이니 져근 칙 둘란 말고 크고 늙은 졉칙을 보내
소 젼년 혼인 제 도ᄂᆞᆨ로로셔 온 졉칙이니 ᄌᆞ셰 어더 보내소

판독대비

번호	판독자료집	황문환 (2002 : 358)	백두현 (2003 : 362~363)
1	갓보희	–	갓보희

진주하씨묘 출토 언간 077 / 현풍 곽씨 언간 115

⟨진주하씨묘–077 / 곽씨–115, 17세기 전기, 진주하씨(어머니) → 현풍곽씨(딸)⟩

판독문

홍디 디바회[1] 바톨 솟쟉동이 지서 먹느다 흐다 받자리 쉬 굴미 실도리라 흐느다 바치 크다
호디 마수지기롤 모르느다 괏쳐리라 흐는 노미 아느다 흐느다 결속 바느질 아돌내 시기니
바느지리 수이 몯히야 보내로라[2] 알고 잇거라 홍디 사홀거리로 알프니 바느지리 이옥 쉽지
아니흐다

판독대비

번호	판독자료집	황문환 (2002 : 358~359)	백두현 (2003 : 515)
1	디바회	미바회	–
2	보내로라	보내로다	–

진주하씨묘 출토 언간 078 / 현풍 곽씨 언간 90

〈진주하씨묘-078 / 곽씨-90, 17세기 전기, 곽주(남편) → 진주하씨(아내)〉

판독문

아기 제 방의 갈 제 진ᄉ 든니는 창으로 가디 말고 밧방 창으로 드러셔 안방 ᄉ이 지게 제
든니던 드르로 드려 보내소

판독대비

번호	판독자료집	황문환 (2002 : 359)	백두현 (2003 : 433)

판독문

□□□ 젼 답 샹술이
현풍 논공이

젼의 틱보기 둔녀오ᄋᆞ와늘 유무 보ᄋᆞ오니 친히 뵈ᄋᆞ온 듯 반갑ᄉᆞ오니 아ᄆᆞ라타 업습고 쏘 희산 무ᄉᆞ히 ᄒᆞ웁시고 아둘 낫ᄉᆞ오시니 몬내 깃ᄉᆞ와 ᄒᆞᄋᆞ오ᄃᆡ 아바님겨읍셔 하 둥히 편치 아녀 겨읍신 긔별 듣줍고 지극 놀랍ᄉᆞ오ᄃᆡ 아ᄆᆞ라타 업ᄉᆞ완 ᄒᆞ오며 엇더ᄒᆞᆫ 병셰 그러ᄒᆞ온고 듣ᄌᆞ오ᄃᆡ 졍□□□□ 둣[1] 즉시 문안 사ᄅᆞᆷ이나 보내읍고져 ᄒᆞᄋᆞ온둘 지금 졍대로 사ᄅᆞᆷ도 몯 보내읍고 일시를 닛줍디 몯ᄒᆞ읍고 요ᄉᆞ이나 엇더ᄒᆞ읍시거뇨 밤나줄 일ᄀᆞᆺᄌᆞ오며 울 ᄲᅳᆫ이 읍고 이제나 ᄒᆞ리읍신 긔별 듣ᄌᆞ올가 ᄇᆞ라읍고 잇습다가 쏘 덤덤 심ᄒᆞ읍신 긔별을 듣줍고 병셔도 몯 보읍고 외오셔 망극 아득 셟ᄉᆞ오믈 엇디 내내 알외ᄋᆞ오링까마ᄂᆞᆫ[2] 므슴 죄를 짓고 그리 둥ᄒᆞ신 병둥의도 몯 보읍거뇨 ᄉᆡᆼ각ᄒᆞ읍고 가ᄉᆞ미 ᄐᆞᆫᄂᆞᆫ 듯 셟ᄉᆞ오믈 뎐홀 ᄃᆡ 업ᄉᆞ오이다 □□□□□ 셔디 몯ᄒᆞ시ᄂᆞᆫᄃᆡ 먼 ᄃᆡ 힝ᄎᆞ롤 ᄒᆞ시면 더옥 □□□□□가 근심 ᄀᆞ업ᄉᆞ오ᄃᆡ 모욕 효옴이나 잇ᄉᆞ와 ᄒᆞ리읍시믈 다시곰 ᄇᆞ라읍거니와 둥닉 사ᄅᆞᆷ의 마를 듣ᄌᆞ오니 므리 하 ᄭᅳᆯᄒᆞ니 이제ᄂᆞᆫ 냥이 ᄀᆞ몰 계괴 업다 ᄒᆞ니 헛거름 아니ᄒᆞ기 □□□□□ᄒᆞ노이다[3] 둥닉 온 슈의 병 고치ᄂᆞᆫ 업다 ᄒᆞ노이다 커니와 션셩이 가읍시매 밋줍고 아ᄆᆞ려나 오ᄋᆞ□□□□□이 나 잇ᄉᆞ와 ᄒᆞ리읍 ᄇᆞ라읍노이다 온슈 효옴 잇것ᄂᆞᆫ[4] □□□□□□산 온쉬사 효옴 잇고 이내 됴타 ᄒᆞ노이다 내 ᄠᅳᆯ둔 울산 □□□□□□니로셔 오읍신 면려 디ᄒᆞ온둘 엇디ᄒᆞ실 줄 아오 링□□□□□ 유무 보오면 눈믈 금치 몯ᄒᆞ읍고 +

판독대비

번호	판독자료집	황문환 (2002 : 359)	백두현 (2003 : 536~537)
1	둧	날 둧	–
2	알외ᄋ오링까마ᄂ	–	알외ᄋ오링까마ᄂ
3	ᄒᄂ이다	–	〔판독 안 됨〕
4	효옴 잇것ᄂ	효옴이 것ᄂ	–

진주하씨묘 출토 언간 081 / 현풍 곽씨 언간 140

〈진주하씨묘-081 / 곽씨-140, 17세기 전기, 현풍곽씨(딸) → 진주하씨(어머니)〉

판독문

> 어마님 젼 샹술이
> 논공

신셰예 긔운 엇쩌ᄒᆞᆸ시니이까 긔별 모ᄅᆞᄋᆞ와 일야 스렴ᄒᆞᆸ노이다 셰후의 문안 사롬이나 불셰 보내오ᄋᆞ올 거슬 지금 몯 보내엿ᄉᆞᆸ다가 보롬날 갓가ᄉᆞ로 터보기ᄒᆞ고 금개ᄒᆞ고 보내니 닷쇄룰 무거 ᄒᆞᆯ 길 갓다가 어제 알파 몯 가다 ᄒᆞ고 가져가던 거스란 쥬인의 주고 둘히 그 ᄆᆞᆯ 트고 도로 와시니 그런 애둘온 이리 업수와 무ᄒᆞᆫ 우옵노이다 드러간ᄂᆞ니라 셰고 이시니 그러ᄒᆞ니 이번 이론 평싱을 닛디 몯ᄒᆞ오로소이다 이 사롬 홈끠 금개룰 가라 ᄒᆞ오나 발 알파 몯 가노이다 이 사롬 ᄒᆞ여 브디[1] 조반ᄒᆞ고 실과 두룸[2]ᄒᆞ고 브디 가져가라 ᄒᆞ오니 가져려 ᄒᆞ오니 바ᄃᆞ시고 타모 주시 ᄒᆞᆸ셔[3] 답장 주시 ᄒᆞᆸ쇼셔 큰딕 일 ᄒᆞ리옵거라[4] 여로ᄒᆞ와 유무도 주시 몯ᄒᆞᆸ노이다 아마도 긔운 평안ᄒᆞᆸ샴을 쳔만 원ᄒᆞᆸ노이다 사롬이나 잇ᄉᆞ오면 도집퍼[5] 보내ᄋᆞᆸ고져 ᄒᆞ오디 터보기 알ᄑᆞ고 넙싱이도 업고 연+

판독대비

번호	판독자료집	황문환 (2002 : 360)	백두현 (2003 : 630~631)
1	브디	–	브듸
2	두룸	두 뭇	–
3	주시 ᄒᆞᆸ셔	–	주시ᄒᆞᆸ셔
4	ᄒᆞ리옵거라	ᄒᆞ리옵□라	–
5	도집퍼	도집퍼	–

진주하씨묘 출토 언간 082 / 현풍 곽씨 언간 122

〈진주하씨묘–082 / 곽씨–122, 17세기 전기(1617년)*, 현풍곽씨(딸) → 진주하씨(어머니)〉

판독문

문안 알외옵고 티보기 둔녀오으와눌 긔후 평안흐옵샨 유무 보옵고 친히 뵈으온 둣 반갑스
오며 나는 □□□□업스와 빅 번 잡스와 보으오며 요스이 심히 긔별 모르으와 대되 긔후 엇
더흐옵시며 어마님 편치 아니옵신 디는 이제나 엇더흐옵시며 오라바님은 당학을사 □옵신
가¹ 브라옵다가 쏘 엇디 그런 증셔롤 어드시도던고 지극 놀랍스와 근심 아ᄆ라타 업스오며
그런 듕흔 병이 우리게 최드듯던고 이런 민망흔 근심 어디 잇스오링가 어마님 그러흐옵신
주롤 흐흐옵다가 쏘 오라바님조차² 흐신다 흐오니 두 근심을 즉히 흐옵시링까 근심의 샹흐
옵실가 근심 아ᄆ라타 업스와 일시롤 닛줍디 몯흐오며 즉시 문안 사름이나 내 졍의는 브리
옵고져 흐으오디 몯 브리오니 지극 죄 만흐오며 몯 브리옵는 줄 흐흐온둘 쇽졀□□□□□
□□□의 긔별 듣줍고 요스이 긔별 모르□〔이하 缺落〕 이리셔 브라옵기는 수이 뵈옵고져 원
흐□□□거눌 술이 알외옵노이다 후의 □□□□옵쇼셔 권찰방딕 답장 가옵노이다 〔이하 缺
落〕 졍ᄉ 졍월 념뉵일

판독대비

번호	판독자료집	황문환 (2002 : 360)	백두현 (2003 : 542~543)
1	당학을사 □옵신가	–	당학을 흐리옵신가
2	오라바님조차	오라바님 조차	–

* 백두현(2003 : 18~22, 36~38)에 따름. 편지 끝의 '졍ᄉ'라는 연기(年記)로부터 작성 시기를 '1617년'으로 추정할
수 있다.

진주하씨묘 출토 언간 083 / 현풍 곽씨 언간 65

〈진주하씨묘-083 / 곽씨-65, 17세기 전기, 곽주(남편) → 진주하씨(아내)〉

판독문

엄 셔방 밥과 산젼 도령 밥을 마치 곳게 훈가지로 ᄒᆞ여 밧즙졔[1] 셩심도 다르게 마소 반찬는
골안덕 당만ᄒᆞ는 거슨 훈가지로 몯ᄒᆞ려니와 반찬이라도 우리게셔 ᄒᆞ는 거스란 마치 곳게
ᄒᆞ소 밥이나 반찬이나 다르면 먹는 인들 므서시 안심ᄒᆞ며 몯 먹ᄂᆞᆫ들 므서시 됴홀고 셩심
도 다르게 마소 나록은 환자도 아므려 소지 뎡ᄒᆞ여도 주디 아니ᄒᆞ니 나록밥 홀 셰는 쳔만
업시 날 ᄀᆞᆫ 양을 보면 보리밥도 니울 길히 업슬가 식븨 어디 가 나록밥을 어더 ᄒᆞ고 아ᄆᆞ
마리[2] 자내 귀예 드려도 드른 쳬 말고 내 긔걸대로 ᄒᆞ소 비 고프면 샹감도 보리밥을 자시더
라 ᄒᆞ니 ᄒᆞ믈며 샹감만 몯훈 사ᄅᆞ미야 비옷 고프면 보리밥 몯 머글 주리 이실가 셩심도 드
른 쳬 말고 내 긔걸대로 ᄒᆞ소 졧뫼도 아바님 겨읍신 제브터[3] 뫼ᄒᆞ여 잡습던 양으로 풋과 나
록발과 보리발과 섯거 ᄒᆞ여 잡숩게 ᄒᆞ소 졧뫼도 나록발 니워 홀 길히 어려워 보리발과 섯거
ᄒᆞ거든 ᄒᆞ믈며 다른 밥이야 졔예도 나록뫼롤 몯ᄒᆞ며셔 다른 디 잘 홀가 셩심도 드른 쳬 말
고 내 긔걸대로 ᄒᆞ소

판독대비

번호	판독자료집	황문환 (2002 : 361)	백두현 (2003 : 348~350)
1	밧즙졔	반즙졔	–
2	마리	ᄆᆞ리	–
3	제브터	제 브디	–

진주하씨묘 출토 언간 084 / 현풍 곽씨 언간 125

〈진주하씨묘-084 / 곽씨-125, 17세기 전기, 현풍곽씨(딸) → 진주하씨(어머니)〉

판독문

어마님 젼 샹술이 현풍 논공이	근봉

틔보기 오ᄋᆞ온 후의 요ᄉᆞ이 극한의 긔후 엇더ᄒᆞᄋᆞᆸ시닝ᄭᅡ 심히 긔별 모ᄅᆞ와 일시ᄅᆞᆯ[1] 닛ᄌᆞᆸ디 몯ᄒᆞ와 듀야 일ᄌᆞᆺᄌᆞ오며 분별이 그지업ᄉᆞ와이다 담제 나ᄅᆞᆯ 게셔도 긔별 아니ᄒᆞᄋᆞᆸ시고 오ᄂᆞᆫ ᄃᆞᆼᄃᆞᆯ 미련ᄒᆞ와 술와 아니 오오니 아ᄆᆞ 날 담졔 ᄒᆞᄋᆞᆸ실 주ᄅᆞᆯ 졍치 몯ᄒᆞ오ᄃᆡ 여ᄃᆞ랜날 ᄒᆞᄋᆞᆸ실 법 잇습다 ᄒᆞ시매 사ᄅᆞᆷ 보내오ᄃᆡ 나리 하 치우매 바회 어믈 바ᄃᆞ러 갓습다가 오ᄃᆡ 아ᄆᆞ것 업더라 ᄒᆞ고 몯 바다 왓ᄉᆞ오매 졔믈도 몯 어더 보내오니 더옥 흐운ᄒᆞ여 ᄒᆞᄋᆞ오며 우ᄋᆞᆸ노이다 보내올 것 업ᄉᆞ와 ᄡᆞᆯ 서 말 졔쥬 ᄒᆞᆫ 병 ᄉᆡᆼ광어 두 마리 ᄉᆡᆼ치 ᄒᆞᆫ 마리 보내ᄋᆞᆸ노이다 아ᄆᆞ것도 졔예 ᄡᅳᄋᆞᆸ실 거ᄉᆞᆯ 몯 보내오니 더옥 애ᄃᆞᄋᆞᆸ노이다 므슴 죄ᄅᆞᆯ 젼ᄉᆡᆼ의 짓고 졔ᄉᆞ도 ᄒᆞᆫᄃᆡ셔 몯 보ᄋᆞᆸ거뇨 ᄉᆡᆼ각ᄒᆞ오니 더옥 새로이 망극ᄒᆞ와 눈믈 금치 몯ᄒᆞᄋᆞᆸ노이다 하 나ᄃᆞ리[2] 수이 지나와 담제 지내오면 노여 도라올[3] 이리 업습고 ᄇᆞᆯ셔 여러 ᄒᆡ 되ᄋᆞᆸ게 되오니 요ᄉᆞ이 더옥 새로이 망극ᄒᆞ옴 이긔ᄋᆞᆸ디 몯ᄒᆞ와 ᄆᆡ일[4] 눈믈로 잇습노이다 아ᄆᆞ 날 제 뫼올 줄 모ᄅᆞ와 더옥 내 몸을 애ᄃᆞ와 ᄒᆞᆫᄒᆞ오며 졍대로 졔ᄉᆞ 몯 보ᄋᆞᆸᄂᆞᆫ ᄒᆞᆫ은 죽ᄉᆞ와도 몯 닛ᄌᆞ오로소이다 외예ᄂᆞᆫ 편ᄒᆞᄋᆞᆸ시닝ᄭᅡ 긔별 모ᄅᆞ와 민망ᄒᆞ여이다 이리셔 ᄇᆞ라ᄋᆞᆸ기ᄅᆞᆯ 아ᄆᆞ례나 졔 무ᄉᆞ히 지내ᄋᆞᆸ시고 어린 동ᄉᆡᆼᄃᆞᆯ 거느리ᄋᆞᆸ셔 긔후 평안ᄒᆞᄋᆞᆸ 다시곰 ᄇᆞ라ᄋᆞᆸ노이다 혼인은 언제로 어ᄃᆡ 가의ᄉᆞᄒᆞᄋᆞᆸᄂᆞ닝ᄭᅡ 모ᄅᆞ와 답답ᄒᆞ여이다 먼 ᄃᆡ란 의ᄉᆞ 마ᄋᆞᆸ쇼셔 긔별 모ᄅᆞ와 셜워이다 밧ᄭᅴ셔ᄂᆞᆫ[5] 그믐날 ᄂᆞᄆᆡ[6] 쇼상의 가 겨시다가 듕히 편치 아녀 일졀 음식을 몯 자시고 밤나ᄌᆞᆯ 몰라 머리ᄅᆞᆯ 하 알ᄒᆞ니 민망ᄒᆞ여이다 병 난 저기 업ᄉᆞ니 근심 노힌 저기 업고 ᄆᆞ일 내 수이 주그로다 ᄒᆞ니 민망ᄒᆞ여이다 누운 ᄎᆡ로 이셔 하 알ᄒᆞ니 민망홈 ᄀᆞ업서이다

판독대비

번호	판독자료집	황문환 (2002 : 361~362)	백두현 (2003 : 559~561)
1	일시롤	일시도	-
2	하 나드리	-	하 나 드리
3	노여 도라올	노엽다 올	-
4	미일	연일	-
5	밧끠셔는	밧끠셔는	-
6	느믜	느믜	-

진주하씨묘 출토 언간 085 / 현풍 곽씨 언간 9

〈진주하씨묘-085 / 곽씨-9, 17세기 전기, 곽주(남편) → 진주하씨(아내)〉

판독문

가셔

편치 아니흔 디[1] 엇더흔고 긔별 몰라 분별흐뇌 아바님 유무예 뎡냥의 머리예 약을 흐여 주
워 이쇼디 제 거스러 몯 브론다 흐여 두겨시니 거스나마나 브디 볼라 수이 됴케 흐소 이리
와셔도 그 아히룰 일시도 닛디 몯흐여 흐뇌 브디 수이 암글게 흐소 밧바 이만 즈일

판독대비

번호	판독자료집	황문환 (2002 : 362)	백두현 (2003 : 98)
1	아니흔 디	–	아니흔디

진주하씨묘 출토 언간 086 / 현풍 곽씨 언간 8

〈진주하씨묘-086 / 곽씨-8, 17세기 전기, 곽주(남편) → 진주하씨(아내)〉

판독문

> 가셔

요〈이 치위예 아희돌[1] 드리고 엇디 겨신고 긔별 몰라 분별ᄒᆞ뇌 뎡냥의 머리는 엇더ᄒᆞ고 더옥 닛디 몯ᄒᆞ여 ᄒᆞ뇌 뵈는 아바님게 유무ᄒᆞ니 풍난의 겨집 ᄒᆞ여 ᄠᅵ이라 ᄒᆞ여 겨시니 풍난의 겨집ᄃᆞ려 니르고 ᄠᅵ이게 ᄒᆞ소 아바님이 너일이나 모뢰나 논공이로 가려 ᄒᆞ여 겨시니 너일 가실 양으로 ᄎᆞ려 두소 아명 어미ᄃᆞ려 닐러 셩치 잇거든 오늘 져녁 너일 아ᄎᆞᆷ 두 ᄢᅢ 진지예 잡ᄉᆞ올 거술 짐쟉ᄒᆞ여 오늘 약 가뎌가는 사ᄅᆞᆷ 주워 보내라 ᄒᆞ소 밤의 셩심도 나ᄃᆞᆫ니지 말고 아희돌도[2] 밤의 몯 나ᄃᆞᆫ니게 ᄒᆞ소 나는 편히 잇뇌 즈일 여레 의남의 아ᄃᆞ리 홍도역 ᄒᆞ다가 죽다 ᄒᆞ니 셕이ᄃᆞ려 닐러 셩심도 여레 통치 말라 ᄒᆞ소 아바님 아르시면 심심이 너기실 거시니 아바님 모르시게 셕이ᄃᆞ려 니르게 ᄒᆞ소 아기게는 밧바 유무 아니ᄒᆞ뇌 굴왜디 말라 니르소

판독대비

번호	판독자료집	황문환 (2002 : 362)	백두현 (2003 : 93~94)
1	아희돌	아희돌	-
2	아희돌도	아희돌도	-

진주하씨묘 출토 언간 087 / 현풍 곽씨 언간 89

〈진주하씨묘-087 / 곽씨-89, 17세기 전기, 곽주(남편) → 진주하씨(아내)〉

판독문

> 가셔

니블ᄒ고 자리감코ᄒ고[1] 돗 벼개 다 출화 이제 향교로 보내소 나는 너일로사 가로쇠

판독대비

번호	판독자료집	황문환 (2002 : 362~363)	백두현 (2003 : 431)
1	자리감코ᄒ고	–	자리 감코ᄒ고

진주하씨묘 출토 언간 088 / 현풍 곽씨 언간 44

⟨진주하씨묘-088 / 곽씨-44, 17세기 전기, 곽주(남편) → 진주하씨(아내)⟩

판독문

```
가셔
```

편ㅎ신 유무 보고[1] 반기며 깃거ㅎ뇌 대임의 병은 아져게 간 유무에 ㅈ셰 ㅎ여시매 다시 아
니 뎍뇌 내 병은 게셔나 나와셔나 다르디 아니ㅎ니 조심홀 일도 업세 대셩이ㄴ 그려 ㅎ다
ㅎ니 ㅈ식이 귀토다 ㅎ뇌 아뎌게 간 유무에 다 긔별호 거시라 이만 ㅈ일

판독대비

번호	판독자료집	황문환 (2002 : 363)	백두현 (2003 : 268~269)
1	유무 보고	–	유무보고

진주하씨묘 출토 언간 090 / 현풍 곽씨 언간 114

〈진주하씨묘-090 / 곽씨-114, 17세기 전기, 진주하씨(아내) → 곽주(남편)*〉

판독문

> 논공

유뮈 오나눌 긔운 편챤는 유무 보옵□□□□스와 흐노이다 나는 숨 니을 만 인뇌다[1] 어듸
셔[2] 드리나 □□세□□마는 뻬 몯 미처 그런가 흐거니와 나도 민망이 너기뇌다 나도 하 조
식돌 드려[3] 근심흐기□□□□ 원쉬가 흐뇌다 보셩 힝촌는 니거니와 게셔 사룸 보내다 흐시
던 거시러 기드리다가 아니 오니 므슴 연긔 이셔 아니 온고[4] 구장 기드리이다 므더니 혜여
보내지 말라 흐옵시던가 므스 일로 가지 말라 흐시던고 흐뇌다 지안흔 편흐시다 흐니 깃거
흐뇌다 보내과져 흐시는 사룸으란 다 □□셔 사룸곳 이시면 □□□□□ 아마도 긔우나냐
편□□□□□□시곰 브라고 인뇌다 □□□□□□ 군히여 흐시니 안심□□□여이다 후제 히
여 사룸 올 제 무명 보내소 닐굽 근 열 냥이니 딕 저울로사 닐굽 근도 몯흐려니와 보내소
도긔 녀허 인느니 다시 드라 보내소 히혀 사룸미 번거이 오거든 보내소 흐노이다 이만 젹뇌
다 아기드려 안부 □흐여눌 엇지 흐는고[5] 아니 긔워 □□□□□여 흐뇌다

판독대비

번호	판독자료집	황문환 (2002 : 363)	백두현 (2003 : 510~511)
1	인뇌다	잇뇌다	–
2	어듸셔	어디셔	–
3	조식돌 드려	–	조식돌드려
4	아니 온고	–	아니온고
5	엇지 흐는고	엇지 흐고	–

* 백두현(2003)에 따름. 黃文煥(2002)에서는 '관계 미상'으로 처리하였다.

진주하씨묘 출토 언간 092 / 현풍 곽씨 언간 117

〈진주하씨묘-092 / 곽씨-117, 17세기 전기(1652년)*, 진주하씨 → 미상**〉

판독문

초계[1] 아긔 유무 쓴 거시니 니지 말고 녀허 스라 날 소길 줄 ㄱ업시 슬허ᄒᆞ던 줄 저ᄂᆞᆯ 만나
볼가 ᄇᆞ라노라 임진 동지 초여ᄃᆞ래날 스다

판독대비

번호	판독자료집	황문환 (2002 : 364)	백두현 (2003 : 520)
1	초계	쵸계	–

---

* 백두현(2003 : 18~22, 36~38)에 따름. 편지 끝의 '임진'이라는 연기(年記)로부터 작성 시기를 '1652년'으로 추정
  할 수 있다.
** 黃文煥((2002), 백두현(2003)을 참조함. 黃文煥((2002)에서는 '관계 미상'으로, 백두현(2003 : 19)에서는 '진주하씨(아
  내) → 곽쥬(남편)'으로 추정한 바 있다.

진주하씨묘 출토 언간 094 / 현풍 곽씨 언간 48

〈진주하씨묘-094 / 곽씨-48, 17세기 전기, 곽주(남편) → 진주하씨(아내)〉

판독문

무움 둘 디[1] 업서 ᄒᆞ는 나룰 엇디 자내조차[2] 내[3] 무움을 구치시는고 슬흐나마나 음식을 먹고 수이 됴리ᄒᆞ여 셩케 ᄒᆞ소 내 무움을 엇디 자내조차[4] 뼈이시는고 나도 오눌브터 아니 알픈 디 업시 셜오되 강잉ᄒᆞ여 ᄃᆞ니쟈 ᄒᆞ니 더옥 셜웨 자내나 내 무움 바다 음식이나 강잉ᄒᆞ여 자시고 수이 됴케 ᄒᆞ소

판독대비

번호	판독자료집	황문환 (2002 : 364)	백두현 (2003 : 280~281)
1	디	-	듸
2	자내조차	자내 조차	-
3	내	-	[판독 안 됨]
4	자내조차	자내 조차	-

진주하씨묘 출토 언간 095 / 현풍 곽씨 언간 149

〈진주하씨묘-095 / 곽씨-149, 17세기 전기, 현풍곽씨(딸) → 진주하씨(어머니)〉

판독문

+이 □□의 ㅎ고 산 □□□□ 다ᄉᆞᆯ[1] 몯 브리니 사 □□□□ 민망ᄒᆞ여이다 존소니 가져온 거슨 즉시 밧ᄌᆞᆸ고 몬내 깃ᄉᆞ와도 외ᄋᆞ올 말ᄉᆞᆷ 업ᄉᆞ와이다 아ᄆᆞ것 보내ᄋᆞ올 것 업ᄉᆞ와 븬 사ᄅᆞᆷ 보내오며 ᄒᆞᄒᆞ노이다 시 바돌 무명 업서 몯 보내니 미처 보낼 거시니 두 필의 시나 마화 두쇼셔 존소니 가져온 병 둘 소이[2] ᄒᆞ나 가노이다

판독대비

번호	판독자료집	황문환 (2002 : 364)	백두현 (2003 : 673)
1	다ᄉᆞᆯ	다□ᄉᆞᆯ	다ᄉᆞᆯ ᄉᆞᆯ
2	소이	–	ᄉᆞ니

진주하씨묘 출토 언간 096 / 현풍 곽씨 언간 30

〈진주하씨묘-096 / 곽씨-30, 17세기 전기, 곽주(남편) → 진주하씨(아내)〉

판독문

가셔

+ 아니ᄒ여 ᄒ뇌 쟝모ᄢ는[1] 죠희 업서 술이도 몯 알외ᄋ오니 젼ᄎ로 엿줍고 사룸 즉시 아희[2] 시작ᄒ며 보낼 일 졈 숣소 면화ᄂ 아기시 ᄃ라[3] 봉ᄒ여 보내니 나ᄂ 요ᄉ이[4] 내내 머리 앏파 누윗다가 어제브터 셩ᄒ여 잇뇌 분별 마소 면화ᄂ 닐곱 근 여듧 냥 실겻 두 근 넉 냥이라 ᄒ니[5] 소용도 가니 밧바 이만 즈일

판독대비

번호	판독자료집	황문환 (2002 : 364)	백두현 (2003 : 203)
1	쟝모ᄢ는	-	쟝모ᄢ는
2	아희	아히	-
3	아기시 ᄃ라	아기 시 ᄃ라	-
4	요ᄉ이	-	요사이
5	ᄒ니	-	ᄒ뇌

진주하씨묘 출토 언간 097 / 현풍 곽씨 언간 28

〈진주하씨묘-097 / 곽씨-28, 17세기 전기, 곽주(남편) → 진주하씨(아내)〉

판독문

가셔

요ᄉᆞ이 아희ᄃᆞᆯ[1] ᄃᆞ리고 엇디 겨신고 긔별 몰라 일시도 니즌 적 업시 분별이 ᄀᆞ이업세 자내 긔벼ᄅᆞᆫ 기드리다가[2] 몯ᄒᆞ여 사ᄅᆞᆷ 보내뇌 당시ᄂᆞᆫ 므던ᄒᆞᆫ가 이 ᄃᆞ리 다 그므려 가되[3] 지금 긔쳐기 업ᄉᆞ니 아니 ᄃᆞᄅᆞᆯ 그ᄅᆞ 혜돗던가 힝혀 아ᄆᆞ라나 ᄒᆞ여도 즉시즉시 사ᄅᆞᆷ 보내소 아ᄆᆞ ᄠᅢ예 와도 즉시 갈 거시니 브ᄃᆡ브ᄃᆡ[4] 즉시즉시 사ᄅᆞᆷ 보내소 비록 수이 나ᄒᆞᆯ디라도 사ᄅᆞᆷ으란 브ᄃᆡ[5] 내게 알외소 나날 기ᄃᆞ리되 긔벼리 업ᄉᆞ니 민망ᄒᆞ여 ᄒᆞ뇌 보셩 힝ᄎᆞᄂᆞᆫ 가신가 매 가지러ᄂᆞᆫ 보내디 말라 ᄒᆞ셔ᄂᆞᆯ 아니 보낼[6] 거시러니 우여니 기ᄃᆞ리셔냐 ᄒᆞ뇌 나ᄂᆞᆫ 당시 편히 이쇼ᄃᆡ 자내로 ᄒᆞ여 일시도 ᄆᆞᄋᆞᆷ 노ᄒᆞᆫ ᄠᅢ 업ᄉᆞ니 므슴 원쉬런고 ᄒᆞ뇌 아마도 편히 겨시다가 아희[7] 시작ᄒᆞ여든 즉시즉시 사ᄅᆞᆷ 보내소 기ᄃᆞ리고 잇뇌 밧바 이만 즈일

판독대비

번호	판독자료집	황문환 (2002 : 364~365)	백두현 (2003 : 194~195)
1	아희ᄃᆞᆯ	아ᄒᆡᄃᆞᆯ	–
2	기드리다가	기ᄃᆞ리다가	–
3	그므려 가되	–	그므되
4	브ᄃᆡ브ᄃᆡ	–	브듸브듸
5	브ᄃᆡ	–	브듸
6	보낼	–	보낸
7	아희	아ᄒᆡ	–

진주하씨묘 출토 언간 098 / 현풍 곽씨 언간 14

〈진주하씨묘-098 / 곽씨-14, 17세기 전기, 곽주(남편) → 진주하씨(아내)〉

판독문

가셔
오야ᄃᆡᆨ

요ᄉᆞ이 ᄭᅮᆷ자리 하 어즈러우니 아바님 긔운ᄂᆞᆫ 엇더ᄒᆞ시며 병든 ᄌᆞ식ᄃᆞᄅᆞᆫ 엇더ᄒᆞᆫ고 일긱도 분별리 브린 적 업서 ᄒᆞ뇌 나ᄂᆞᆫ 그제야 셔울 드러오니 과거ᄅᆞᆯ 믈려 시월 스므나ᄒᆞᆫ날로 ᄒᆞᆫ다 ᄒᆞ니 싱원시ᄂᆞᆫ 스므엿쇈날이니 설워 보고사 갈 거시니 동지ᄯᆞᆯ 열흘 ᄞᅳ로사[1] 집의 들가 식븨 아바님 브스신 ᄃᆡ 힝혀 다시 브서 듕ᄒᆞ실가 시브거든 아기ᄃᆞ려 닐러 사ᄅᆞᆷ 보내게 ᄒᆞ소 과거ᄅᆞᆯ 몯 미처 보아도 아바님옷 브스시던 증이 다시 듕ᄒᆞ시게 되면 즉시 ᄂᆞ려갈 거시니 ᄌᆞ세 보아 듕ᄒᆞ실가 시브거든 아희ᄃᆞᆯᄃᆞ려[2] 긔별ᄒᆞ여 내게 통케 ᄒᆞ소 정녜ᄂᆞᆫ 소복ᄒᆞ엿ᄂᆞᆫ가 정냥이ᄂᆞᆫ 심을 마랏ᄂᆞᆫ가 념녀 그ᄎᆞᆫ ᄉᆞ이 업서 ᄒᆞ뇌 금동이 갈 제 유무ᄒᆞ더니 보신가 조심ᄒᆞ여 겨소 자내 죵ᄃᆞᄅᆞᆫ 다 츄심ᄒᆞ여 이쇼ᄃᆡ 니쟉이 봄의 와셔 ᄆᆞ자 ᄑᆞ라 가다 ᄒᆞ고 산 사ᄅᆞᆷᄃᆞ리 다 글워ᄅᆞᆯ 가져다가 뵈니 쇽져리 이실가 제 혼자 몯ᄒᆞᆯ 죵ᄃᆞᄅᆞᆯ 다 ᄑᆞ라 가시니 그런 손니 어ᄃᆡ 이실고 문츈의 간 ᄃᆡᄂᆞᆫ 당시 몯 ᄎᆞ자 잇뇌 아마도 조심ᄒᆞ여 편히 겨소 그지업서 이만 구월 스므닐웬날

판독대비

번호	판독자료집	황문환 (2002 : 365)	백두현 (2003 : 124~125)
1	열흘 ᄞᅳ로사	열흘ᄞᅳ로사	-
2	아희ᄃᆞᆯᄃᆞ려	-	아희ᄃᆞᆯᄃᆞ려

⟨진주하씨묘-099 / 곽씨-136, 17세기 전기, 현풍곽씨(딸) → 진주하씨(어머니)⟩

판독문

금개 죄주지[1] 마옵쇼셔 하 두려ᄒ오니 민망ᄒ오이다 말미 준 긔별 말라 ᄒ와눌 아니ᄒ여다
ᄒ엿ᄉ오니 셜날 미ᄒ니라 ᄒ다 말슴 마옵쇼셔 대임이 밧끠셔끠 유무ᄒ엿다 ᄒ와눌 내 혼
챠 귀ᄒ오미 ᄀ업ᄉ고 아바님 싱각ᄒ옵고 슬ᄌ 우러이다 제 ᄉ가 뉘게 비러 ᄉ가 후의 긔별
ᄒ옵쇼셔 ᄌ시 알고져 ᄒ여이다 밧끠셔도 귀히 너겨 대 긔별ᄒ니 일가의셔 글 셔[2] ᄀ치 도
려 가며 보노이다 아므것또 보내올 것 업ᄉ와 대구 ᄒ나 보션 자반 싱각 여ᄉ 보내옵노이다
자반 넉 단만 슌개 주쇼셔 아므리나 수이 젼ᄒ옵샴을[3] 하ᄂ님끠 비옵노이다 이후의 긔별 알
이리 어려우이다 이 사ᄅ이 올라 ᄒ니 답장 ᄌ시 ᄒ옵

판독대비

번호	판독자료집	황문환 (2002 : 365~366)	백두현 (2003 : 613~614)
1	죄주지	–	죄 주지
2	셔	져	–
3	젼ᄒ옵샴을	–	편ᄒ옵샴을

진주하씨묘 출토 언간 100 / 현풍 곽씨 언간 147

〈진주하씨묘-100 / 곽씨-147, 17세기 전기, 현풍곽씨(딸) → 진주하씨(어머니)〉

판독문

+ 엇디 미드링까 이사[1] 올 제는 유무 아니ᄒᆞ여 겨ᄋᆞᆸ시니 더옥 놀랍ᄉᆞ오며 서운ᄒᆞ와 우노이다 이제나 엇더ᄒᆞᄋᆞᆸ시닝까 금개는 가다가 도로 온 후의 즉재 보내올 거술 집안히 이러ᄒᆞ여 거월의는 몯 보내ᄋᆞᆸ고 초싱의는 영등이 하 므싀엽다 ᄒᆞ고 듀인도 아니 브친다 ᄒᆞ오매 몯 보내여 열흘 후의 문안도 아오매[2] 언희 ᄒᆞ여 ᄃᆞ려다가 두고 오라 ᄒᆞ시더니 이 사ᄅᆞᆷ이 오니 ᄒᆞᆫ동 두고셔 멀리 보내여 두고 병들면 ᄆᆞ쇼[3] 음식이나 뉘 ᄒᆞ리 보내지 말라 아바님이 ᄒᆞ시니 이 놈 ᄒᆞᆷᄭᅴ 아젹기[4] 보내노이다 시난 동싱은 가신다 ᄒᆞ오니 지극 ᄒᆞ운ᄒᆞ여 ᄒᆞ오며 어마님겨ᄋᆞᆸ셔 죽히 ᄒᆞ운ᄒᆞᄒᆞᄋᆞᆸ시링까 시난 동싱도 가신다 ᄒᆞ여놀 게 가 편이나 ᄒᆞ여 밧즙게 너겨 ᄡᆞ롤 지허셔 보내려 ᄒᆞ엿다가 몯 보내니 이런 ᄒᆞ운ᄒᆞᆫ 이리 어듸[5] 이시링까 내 졍을 +

판독대비

번호	판독자료집	황문환 (2002 : 366)	백두현 (2003 : 667~668)
1	이사	-	이 사
2	아오매	아오먀	-
3	ᄆᆞ쇼	ᄆᆞ초	-
4	아젹기	아젹니	-
5	어듸	어딘	-

진주하씨묘 출토 언간 101 / 현풍 곽씨 언간 12

〈진주하씨묘-101 / 곽씨-12, 17세기 전기, 곽주(남편) → 진주하씨(아내)〉

판독문

가셔

요스이 아바님 편치 아니ᄒᆞ신 ᄃᆡ[1] 엇더ᄒᆞ신고 분별이 ᄀᆞ이업서 ᄒᆞ뇌 자내도 병든 ᄌᆞ식둘 ᄃᆞ
리고 혼자셔 근심ᄒᆞ는 줄 닛디 몯ᄒᆞᄃᆡ 브리고 멀리 나오니 아마도 과게 사ᄅᆞᆷ을 그ᄅᆞ 밍그는
거시로쇠 졍녜는 져그나 ᄒᆞ려 이시며 졍냥이는 심을 마라 잇는가 ᄒᆞᆫ 때도 닛치지 아녀 눈에
암암ᄒᆞ여 ᄒᆞ뇌 나는 어제사 새재ᄅᆞᆯ 너머 와시니 스므나ᄒᆞᆫ날 스이 셔울 들로쇠 과거 나ᄅᆞᆯ 믈
려 진ᄉᆞ시는 시월 스므나ᄒᆞᆫ날이고 ᄉᆡᆼ원시는 시월 스므엿쇈나리라 ᄒᆞ니 아희둘[2] 쇽신을 과
거 젼에 미처 ᄒᆞ면 그뭄ᄭᅴ[3] 셔울셔 나고 쇽신ᄒᆞᆯ 이리 쉽디 아니ᄒᆞ면 셜워 동지ᄉᆞᆯ[4] 초싱으로
셔울셔 나가리로쇠 졍녜 졍녈이 싱심도 밧ᄭᅴ 나가 ᄉᆞ나희[5] 아희둘ᄒᆞ고[6] ᄒᆞᆫᄃᆡ셔 몯 놀게 ᄒᆞ
소 내 이신 적은 아ᄆᆞ려 ᄒᆞ여도 므던ᄒᆞ거니와 나 업시셔 밧ᄭᅴ 나와 ᄉᆞ나희[7] 아희둘ᄒᆞ고[8] ᄒᆞᆫ
ᄃᆡ셔[9] 노더라 ᄒᆞ면 ᄀᆞ장 욀 거시니 싱심도 밧ᄭᅴ 몯 나오게 ᄒᆞ소 샹직도 금츈이ᄅᆞᆯ 내여 보내
디 말고 미양 재이소 내 이신 적은 아ᄆᆞ라 ᄒᆞ여도 므던커니와 나 업슨 제란 싱심도 혼자 자
지 마소 조심조심ᄒᆞ여 겨소 앏 사립플[10] 미양 다다 미여 두고 ᄃᆞᆫ니기란 스싱의 집 앏프로
ᄃᆞᆫ니게 ᄒᆞ소 븍간도 움 두혜 밍그라셔 보고 싱심도 밧 븍간의 나와 보디 마소 졍녜 졍녈이
싱심도 나와 노디 몯ᄒᆞ게 ᄒᆞ소 김셔방ᄃᆞ려 내 말로 아기 가 긔별ᄒᆞ여셔 믈레 밍그라 달라
ᄒᆞ여셔 졍녜 셩커든 +

판독대비

번호	판독자료집	황문환 (2002 : 366~367)	백두현 (2003 : 110~111)
1	아니ᄒ신 디	–	아니ᄒ신디
2	아희둘	아히둘	–
3	그뭄끠	–	그믐끠
4	동지쏠	–	동지둘
5	ᄉ나히	–	ᄉ나희
6	아희둘ᄒ고	–	아희둘ᄒ고
7	ᄉ나히	–	ᄉ나희
8	아희둘ᄒ고	–	아희둘ᄒ고
9	ᄒ 디셔	ᄒ디셔	–
10	사립플	사립풀	–

진주하씨묘 출토 언간 102 / 현풍 곽씨 언간 6

〈진주하씨묘-102 / 곽씨-6, 17세기 전기, 곽주(남편) → 진주하씨(아내)〉

판독문

> 가셔
> 소례덕

요소이 아희돌[1] 드리고 엇디 겨신고 긔별 몰라 분별ㅎ뇌 나는 브듸흔 일로 쳥숑의 니일로 가니 니월 열흘 쯔로야 오로쇠 명지 듕치막ㅎ고 보션ㅎ고 며개예 여믈 녀허 잇 스쳐 보내소 니일로 일 나가니 브듸 오늘로 보내소 자내 힝츳는 내 둔녀온 후에야 흐리로쇠 아즈바님이 나롤 보아지라 ㅎ시고 부러 사롬이 와시매 가니 게 가셔 수이 흐리시면 수이 오고 쉽디 아니ㅎ면 아무 제 올 주롤 아지 몯ㅎ로쇠 자내 양식은 오늘 이 사롬 ㅎ여도 보낼 거슬 하 밧비 가매 몯 보내니 나 간 후에 아바님이 년ㅎ여 보내려 ㅎ시니[2] 아마도 아희돌[3] 드리고 몸이나 편히 겨소 쟝모믜는[4] 밧바 술이도 몯 뎍습뇌 젼츠로 알외옵소 뎡녜드려 밧믜 나가 굴왜디 말고 됴히 이시라 니르소 명냥이 비 골히디 마소 양식은 년ㅎ여 보내려[5] ㅎ시니 즈일 누비옷 누비바지 싼랏거든 보내고 아니 싼랏거든 보내디 마소 보셔는 예셔 기워 주시니 보션으란 보내디 마소 놀근 보션 흐나 가뇌

판독대비

번호	판독자료집	황문환 (2002 : 367)	백두현 (2003 : 82~84)
1	아희돌	-	아희돌
2	ㅎ시니	-	ㅎ시뇌
3	아희돌	아희돌	-
4	쟝모믜는	쟝모믜는	-
5	보내려	보니려	-

〈진주하씨묘-103 / 곽씨-61, 17세기 전기, 곽주(남편) → 진주하씨(아내)〉

판독문

```
가셔
논공 오야딕
```

편치 아니훈 듸[1] 밤의는 엇더훈고 긔별 몰라 일시도 닛디 몯ᄒᆞ여 분별ᄒᆞ뇌 나는 원댱이 어
제 연괴 겨서 오늘로사 오시리라 ᄒᆞ니 오늘 오셔둔 보ᅌᅳᆸ고 ᄂᆡ일로 가리로쇠 아자븨 진ᄃᆡ 브
디 머검즉게 이대 ᄒᆞ여 머기고 덤심도 ᄒᆞ여 머기소 한쉬 상졍ᄌᆞ 가더러 ᄂᆡ일로 녕산의 가니
보셩 실ᄂᆡ게 유무ᄒᆞ여 브디 술와 보내소 ᄒᆞ여 유무 돈돈이 ᄒᆞ여 보내소 비록 ᄂᆞᆷ을 비려 멀
리 나가실디라도 유무ᄅᆞᆯ ᄒᆞ여 주셔둔 게 가 가뎌오게 ᄒᆞ여디라 유무ᄅᆞᆯ ᄒᆞ소 어믈바디 사름
으란 ᄡᆞᆯ 닐곱 말과 제 양식 ᄒᆞᆫ 말 조차 여듦 마ᄅᆞᆯ 주워셔 므거웨라 ᄒᆞ거든 ᄒᆞᆫ 마ᄅᆞᆯ 더러 양
식조차[2] 닐곱 마ᄅᆞᆯ 주워 보내게 ᄒᆞ소 어믈란 ᄆᆡᄅᆞᆯ 만히 맛고 싱포ᄒᆞ고 담치ᄒᆞ고 대구 난 고
디ᄒᆞ고 바다 오라 ᄒᆞ소 난과 고디는 비록 몯 바다도 싱포 담치란[3] 브디 바다 오라 ᄒᆞ여 돈
돈이 닐러 보내소 ᄆᆞ론 ᄆᆡ도 잇거든 뎌그나 바다 오라 ᄒᆞ소 난 고디는 관겨치 아니ᄒᆞ거니와
ᄆᆞ론 ᄆᆡ란 브디 바다 오라 ᄒᆞ소 ᄂᆡ일로 브디 나가셔 스므나흔날 미처 드러오라 니ᄅᆞ소 요란
ᄒᆞ여 이만 열아흐랜날 아자븨게 가는 유무 즉시 주소

판독대비

번호	판독자료집	황문환 (2002 : 367~368)	백두현 (2003 : 330~331)
1	아니훈 듸	아니훈 듸	아니훈듸
2	양식조차	양식 조차	–
3	담치란	담치론	–

진주하씨묘 출토 언간 104 / 현풍 곽씨 언간 21

〈진주하씨묘-104 / 곽씨-21, 17세기 전기, 곽주(남편) → 진주하씨(아내)〉

판독문

> 가셔
> 오야덕

풍난이 오나눌 아히둘[1] 드리고 편호신 유무 보고 깃거호뇌 년홰 이른 다시 므슴 마룰 홀고
금동의 짓궂호던 나리 덕휘 나리니 눕이 아뫼나[2] 주그문 블의예 주글 나리거니와 하나 한
사룸애 제 그의 글 만나는 이리 우연이 어엿쁜가 항거싀게 블쵸치 아니턴 이리 싱각홀소록
어엿버호뇌 뿔 두어 마리나 호고 미믈 홀[3] 것호고 출화셔 언옥이호고 한디[4]호고 둘히 맛다
가 년홰 제 엄의 보는 디[5] 가 구장 조케 댱만호여 안묘졔롤 호라 호소 술도 믈근 수룰 구장
됴혼 수룰 주워셔 안묘졔롤 호라 호소 아긔 집[6] 이룬 분명이 도죽홀 놈의 이린가 식브니 샹
직드룰 언현이 말라 호소 나는 닐웬날로 느려가려 졍호여 이시니 여러 말 말고 므사룸을 일
모려 보내소 나옷 주글 거시면 여긔 잇다 아니 주그며 살 거시면 게 가다 주글가 자내 날
살과뎌 호는 졍이나 내 자내네 혼자 두고 와셔 므스 일 이실고 호여 념녀호는 졍이나 다룰
주리 이실가 년홰 블의예 주그니 더옥 수이 느려가고뎌 호뇌 년홰도 나옷 게 잇던둘 여러
가디 약이나 호여 보다가 주길 거슬 혼 약 혼 방법도 몯호여셔 주겨 브리니 더옥 애드라 호
뇌 관도 뷘 거슬 가뎌다가 뭇다 호니 샹지나 주워 녀턴둘 호뇌 뎌디는 유무 보고 반겨호더
ᄆᆞᆷ 요란호여 답장 몯호며 흐흐뇌 긔별호소 날 보려코 잇다 호니 더옥 고마와호뇌 긔별호
소 닐웬날 물 모라올 제 믈콩 너 되 양식 혼 말 호여 보내소 나는 집으로 바로 느려가고 아
기 다른 디 가 둔녀갈 디 이시니 양식과 믈콩을 보내소 즁둘 머길 술과 안쥬롤 호여 물 모
라올 제 홈끠 보내소 아긔게는 심난호여 답장 몯호뇌 니르소 밧바 이만 즈일 년홰 묘졔 홀
제 면싯ᄃᆞᆯ도 주워셔 면 조차 호여 졔롤 호라 호소

판독대비

번호	판독자료집	황문환 (2002 : 368~369)	백두현 (2003 : 160~162)
1	아히돌	–	아희돌
2	아믜나	아민나	–
3	미믈 홀	–	믜믈홀
4	한디	–	한듸
5	보는 디	보는 듸	보는 디
6	아긔 집	–	아긔집

진주하씨묘 출토 언간 106 / 현풍 곽씨 언간 1

〈진주하씨묘-106 / 곽싸-1, 17세기 전기(1602년)*, 곽주(사위) → 벽진이씨(장모)〉

판독문

샹술이	
합산딕	근봉

문안 알외옵고 요소이 치위예 대되 엇디 겨옵샨고 긔별 모르오와 듀야의 분별ᄒᆞᆸ노이다
나는 가슴을[1] 알파 ᄒᆞᆫ 둘 나마[2] 누워 잇습다가 져기 ᄒᆞ리옵거늘 브디ᄒᆞᆫ[3] 일로 어제 소례 왓
스와셔 니일로 도로 가옵노이다 마춤 아는 사ᄅᆞᆷ이 머그라코 주오와늘 쇠고기 네 오리 싱포
열 낫 젹습건마ᄂᆞᆫ ᄒᆞᆫ 저기나 잡ᄉᆞ오시게 보내옵ᄂᆞ이다 그지업ᄉᆞ와 이만 알외옵노이다 초계
손의게는 죠희[4] 업ᄉᆞ와 유무 몯ᄒᆞᆸ노이다 긔별ᄒᆞᆸ쇼셔 임인 시월 열엿쳰날 녀셔 곽주

판독대비

번호	판독자료집	황문환 (2002 : 369)	백두현 (2003 : 51~52)
1	가슴을	–	ᄀᆞ슴을
2	둘 나마	둘나마	–
3	브디ᄒᆞᆫ	브듸ᄒᆞᆫ	브듸ᄒᆞᆫ
4	죠희	죠히	–

* 백두현(2003 : 18~22, 36~38)에 따름. 편지 끝의 '임인'이라는 연기(年記)로부터 작성 시기를 '1602년'으로 추정할
수 있다.

진주하씨묘 출토 언간 107 / 현풍 곽씨 언간 137

〈진주하씨묘-107 / 곽씨-137, 17세기 전기, 현풍곽씨(딸) → 진주하씨(어머니)〉

판독문

막개는 듕노의셔 보내오올 거슬 오라바님내 오시다가 쩌지고 둉드리 다 가게 되니 하 망극
ᄒ고 밧끠셔도 드리가ᄂ가 ᄒ여ᄂᆞᆯ 드려오옵고는 농시 사름을 드려오지 말 거슬 ᄒ오며 갑
싱이는 가라 ᄒᆫ 거시라 간 ᄒ니¹ 오다가 소러² 잇거ᄂᆞᆯ 엇지 아니 간다 ᄒ니³ 브더⁴ 가 보려
가노라 ᄒ더이다 외다 마ᄅᆞ쇼셔 둉 여러히 와 여러 날 되니 졋ᄉ와이다 오라바님끠와 안덕
아ᄌᆞ바님끠와 멀리 와 겨옵시다가 밤든ᄃᆡ⁵ 가옵신 안심치 아니오미⁶ 곡진ᄒᆞ옵샴 +

판독대비

번호	판독자료집	황문환 (2002 : 369~370)	백두현 (2003 : 618~619)
1	간 ᄒ니	-	간ᄒ니
2	소러	손히	-
3	ᄒ니	ᄒ리	-
4	브더	-	브듸
5	밤든ᄃᆡ	밤든 ᄃᆡ	-
6	아니오미	아니오며	-

진주하씨묘 출토 언간 108 / 현풍 곽씨 언간 70

〈진주하씨묘-108 / 곽씨-70, 17세기 전기, 곽주(남편) → 진주하씨(아내)〉

판독문

가셔

요ᄉᆞ이 아희둘[1] ᄃᆞ리고 엇디 겨신고 긔별 몰라 분별ᄒᆞᄂᆡ 나ᄂᆞᆫ 편히 이쇼ᄃᆡ 대임의 병이 ᄒᆞ린 ᄃᆞᆺᄒᆞ더 수이 쾌치 아니ᄒᆞ니 여러 번 침을 마쳐야 홀 거시니 오래 이실가 식버 ᄒᆞᄂᆡ 내 자던 머마ᄐᆡ 댱판애 ᄲᆞᆫ 당판칙이 대되 스므 권 칙으로셔 더러 보노라 내여 칙 사ᄒᆞᆫ ᄃᆡ 내여 잇더니 댱판애 ᄲᆞᆫ 칙을 보아셔 그 칙 ᄒᆞᆫ 가지 칙을 칙 사ᄒᆞᆫ ᄃᆡ 어더셔 당판애 칙과 병ᄒᆞ여 스므 권을 출화 댱판애 ᄒᆞᆫᄃᆡ[2] ᄡᆞ고 댱판 우희 보로 ᄣᅡ셔[3] 아긔 거러로 보내소 뎡 동디 딕으로 보낼 칙이니 칙이 드러나디 아니ᄒᆞ게 보로 ᄣᅡ 보내소 건치 다리 둘 둡디 ᄒᆞ나 보내소 병ᄃᆞᆯ에 ᄡᅥ려 구ᄒᆞ니 만나게 ᄆᆞ르니로 보내소 ᄆᆞ른 모과도 두 동만 보내소 대셩이 비 알패라 ᄒᆞ더니 이제ᄂᆞᆫ 엇더ᄒᆞᆫ고 긔별 몰라 ᄒᆞᄂᆡ 샹직 죵둘 언현이 자디 말라 ᄒᆞ소 밧바 이만 즈일 건치과 ᄆᆞ른 모과란 ᄣᅡ 봉ᄒᆞ여 년뷔롤 주워 내게로 보내소 믈총관 어더 보희 ᄣᅡ 보내소

판독대비

번호	판독자료집	황문환 (2002 : 370)	백두현 (2003 : 366~367)
1	아희둘	–	아희둘
2	ᄒᆞᆫᄃᆡ	–	ᄒᆞᆫ듸
3	ᄣᅡ셔	ᄲᅥ셔	–

진주하씨묘 출토 언간 109 / 현풍 곽씨 언간 138

〈진주하씨묘-109 / 곽씨-138, 17세기 전기, 현풍곽씨(딸) → 진주하씨(어머니)〉

판독문

+ 몬내 일ᄀᆞᆺ줍노이다 긔별ᄒᆞᆸ소셔 날 굿고 쟝 지나시매 아ᄆᆞ것도 몯 어더 보내오니 이런 혼이 더[1] 잇스링까 고령 아즈미[2] 유무 몯ᄒᆞ오니 큰아기시끠 유무 서 보내쇼셔 아ᄆᆞ것도 업스와 녀ᄂᆞ 쳥어[3] ᄒᆞᆫ 갓 보내ᄋᆞᆸ노이다 큰딕의셔 대구 두 마리 보내시ᄂᆞ이다[4] 벼로롤 ᄲᅳ리고 왓더니 아ᄆᆞ 아기나 주쇼셔 응낭이[5] 쥬셔게 돈 ᄒᆞ나 보내뇌다 쇽졀업시 ᄃᆞ려와다가 아ᄆᆞ 것도 업서 나룻 □원말 디긔셔[6] ᄒᆞᆫ 말 두 말 어더 가뇌이다

판독대비

번호	판독자료집	황문환 (2002 : 370)	백두현 (2003 : 621~622)
1	혼이 더	혼 어더	–
2	아즈미	–	아즈믜
3	녀ᄂᆞ 쳥어	덤쳥어	–
4	보내시ᄂᆞ이다	–	보내시뇌이다
5	응낭이	응남이	–
6	□원말 디긔셔	□□□ 디긔셔	□원말디긔셔

진주하씨묘 출토 언간 110 / 현풍 곽씨 언간 16

⟨진주하씨묘-110 / 곽씨-16, 17세기 전기, 곽주(남편) → 진주하씨(아내)⟩

판독문

> 가셔

얼우신네 나롤 닉일로 뿍 다림ᄒ라[1] 시기시니 뿍을 오늘로 두 고리롤 뜯기되 ᄎᆞᆷ뿍기 사오나
오니 다복뿌그로 두 고리롤 뜯겨 닉일 새배로 보내소 뫼빗롤 ᄀᆞ장 희게 슬허 서 말만 ᄒ고
풋 ᄀᆞ라[2] 닷 되만 ᄒ고 믹도 잇거든 잇는 양으로 다 보내소 닉일 출화 오기란 미죵이 덕남
이 슌개 년홰 녜츈이 맛다 출화 와셔 잡습게 ᄒ라 ᄒ소 닉일 아뎌게 ᄀᆞ장 일 보내소 술도
오늘란 보내디 말고 닉일로 홈ᄭᅴ 출화 보내소 도참복 솓아치 폴려 ᄒ더니 두 필만 주고 미
죵이 ᄒ여 사셔 오늘로 곽샹이 ᄒ여 보내고 싱치란 오늘 잡는 양으로 미죵이 닉일 올 제 가
뎌오라 ᄒ소 셜흔 분 진지롤 출화 잡ᄉᆞ올 량으로 출화 오라 ᄒ소 지령ᄒ며 초ᄒ며 기롬ᄒ여
다 ᄎᆞ려 보내소 슌개 잡탈 말고 브디[3] 녜츈이 년홰 드리고 와 출호라 ᄒ소 곽샹이과 한쉬는
오늘로 솓아치 사셔 오고 미죵이과 덕남이는 닉일로 간나ᄒᆡ[4] 죵돌 홈ᄭᅴ 출화 오라 ᄒ소 나
박짐치 만히 드마 보내소 술도 잇는 양으로 보내소 업거든 어들만뎡 서너 병이나 보내소 술
도 닉일로 보내소 요란ᄒ여 유무도 ᄌᆞ셰 몯ᄒ니 자내 짐쟉ᄒ여 핀잔되디 아니케 출화 보내
소 요란ᄒ여 이만

판독대비

번호	판독자료집	황문환 (2002 : 370~371)	백두현 (2003 : 134~135)
1	뿍 다림ᄒ라	뿍다림 ᄒ라	-
2	풋 ᄀᆞ라	풋ᄀᆞ라	-
3	브디	-	브듸
4	간나ᄒᆡ	-	간나희

판독문

무명 줏기 フ르쳐 즈이소 화원 기[1] 쌍갑 바다다가 아긔 바디 ᄒ여 주려터니 내 이신 제 몬 ᄒ니 나 업시셔야 더옥 쉽디 아니ᄒ려니와 아기ᄃ려 닐러셔 쳥되 금동이 힝혀 에[2] 잇거든 화원의 가 내안 사는 덥퍼리라 ᄒ는 사름을 츠자셔 우리 논 짓는 사름을 다 츄심ᄒ여 쌍갑 술 바다 보라 ᄒ소 커니와 쉽디옷 아니커든 더져 두면 내 ᄂ려가셔 바둘 거시니 셰룰 보아 쉽디 아니커든 ᄇ려 두라 ᄒ소 셕이ᄃ려 닐러셔 타작 힘뻐 보아 ᄒ고 보리도 브디[3] 힘뻐 아 ᄆ려나 밧마다 다 가리되 일즉 가리게 ᄒ라 니르소 올도 보리룰 몯 가려 녀름에 하 소그니 올란 브디 힘뻐 일 가리게 ᄒ라 니르소 아마도 아희둘[4] 편히 드리고 겨소 병든 아희둘[5] 머 거디라 ᄒ는 거스란 아ᄆ려나 조치ᄒ여 머기소 샹직 뷔우디 말고 싱심도 혼자 자디 말고 조 심ᄒ여 겨소 나디라도 자내 잇는 집이 외ᄺ니 싱심도 혼자 겨시디 말고 졍녜 졍녈이룰 혼듸 ᄢ 러다디 몯ᄒ게 ᄒ여 드리고 겨소 블도 조심ᄒ여 아희[6] 혼자셔 짓게 마소 다시곰 조심ᄒ여 편히 겨소 그지업서 이만 구월 스므날 외ᄠ 집의 비록 나디라도 싱심도 혼자 겨시디 말고 졍녜 졍녈이룰[7] ᄢ러다디 몯ᄒ게 ᄒ며[8] 혼듸 드리고 겨소 조심조심ᄒ여 겨소

판독대비

번호	판독자료집	황문환 (2002 : 371)	백두현 (2003 : 118~119)
1	기	가	-
2	에	게	-
3	브디	-	브듸
4	아희둘	-	아희둘
5	아희둘	-	아희둘
6	아희	-	아희
7	졍녈이룰	-	졍년이룰
8	ᄒ며	ᄒ여	

진주하씨묘 출토 언간 112 / 현풍 곽씨 언간 25

〈진주하씨묘-112 / 곽씨-25, 17세기 전기, 곽주(남편) → 진주하씨(아내)〉

판독문

> 가셔

덕남이 오나눌 편히 겨신 긔별 알고 깃거 ᄒ뇌 나는 오눌로 몬져 가려 ᄒ엿더니 손님네 홈
끠 가쟈 ᄒ고 잡고 노치 아니호매 몯 가니 너일 손님네 디졉홀 이룰 얼현이¹ 마소 갸ᄉ는
오늘 언죵이룰 한부의게 가 바다 가라 ᄒ엿다니 바다 갓던가 손님이 열세 분이 가시니 아라
셔 출호소 쟝의 살 것도 자내 짐쟉ᄒ여 사 뗌즉ᄒ 거시 잇거든 반찬으란 살 대로² 사셔 쓰
게 ᄒ소 얼운 손님이니 얼현이 몯ᄒ리³ 아라 ᄒ소 아기ᄃ려 닐러셔 ᄆᄋ래 쇼를 어더 닐곱
바리만 너일 낫 후에 ᄂᄅᄭᄋ로 내여 보내소 나도 몯 가니 자내 혼자셔 엇디 홀고 ᄒ뇌 우
리는 너일 나죄 ᄤ예사 갈가 식븨 얼현이 마소 이만 쟈근 조시ᄃ려도 니ᄅ소 편히 이시니
깃거ᄒ노라 손님 디졉홀 이룰 너룰 밋고 잇노라 아바님 자시던 방 ᄀ장 조케 쓰러 두고 자
리 조케 ᄭᆞ라 두고 방 앏도 ᄀ장 조케 쓰려 두고 아긔 자는 방도 죄 ᄲᆞᆯ고 자리 다 ᄭᆞ라 두
라 니ᄅ소 아긔 방 앏도 ᄲᆞᆯ라 니ᄅ소

판독대비

번호	판독자료집	황문환 (2002 : 372)	백두현 (2003 : 179~180)
1	얼현이	얼현히	-
2	살 대로	-	살대로
3	몯ᄒ리	몯ᄒ되	-

진주하씨묘 출토 언간 113 / 현풍 곽씨 언간 40

〈진주하씨묘-113 / 곽씨-40, 17세기 전기, 곽주(남편) → 진주하씨(아내)〉

판독문

가셔

어제 오늘 조식돌 드리고 엇디 겨신고 긔별 몰라 분별호뇌 대임이는 심도 마랏고 쟈라도 뎜
뎜 져거 가니 고칠가 깃거호뇌 오직 침을 하 두려 울매 그제도 주려 호다가 하 울고 거슬매
잔잉호여 몯 주니 요스이 보아셔 훈 적이나 다시 주면 드리고 가려 호뇌 쇼쥬룰 머기면 됴
타 호니 무쥭 훈[1] 소용애 뿌룰 반 죵즈만 몬뎌 녀코 뿔 우희 쇼쥬룰 フ득 녀허 김 나디 아니
케 돈돈이 빠 봉호여 보내소 쇼쥬 フ장 됴훈 약이라 호니[2] 셕우황도 년호여 어더 머기뇌 무
른 모과 잇거든 두 동만 보내고 업거든 훈 동만 보내소 후에 쓰리룰 혜여 두고 보내소 싱션
훈 마리 보내니 조식돌호고 구워 자소 또 훈 마리는 아긔게 보내니 게 아희 호여 유무조차
가뎌다가 주고 답장 바다 봉개 주워 보내소 밧바 이만 즈일

판독대비

번호	판독자료집	황문환 (2002 : 372)	백두현 (2003 : 251~252)
1	무쥭 훈	-	무쥭 훈
2	호니	-	호니

진주하씨묘 출토 언간 114 / 현풍 곽씨 언간 11

〈진주하씨묘-114 / 곽씨-11, 17세기 전기, 곽주(남편) → 진주하씨(아내)〉

판독문

> 가셔
> 논공 오야덕

요스이 엇디 겨신고 긔별 몰라 분별ᄒᆞ뇌 나는 당시 무스히 오뇌 과거는 믈려 구월 스므아흐 랜날로 ᄒᆞ다 ᄒᆞ니 보고 가노라 ᄒᆞ면 셜워 시월 보름[1]ᄯᆞ로야 도라갈가 식븨 오늘 튱쥐 자니 열이튼날사 셔울 들가 식븨 셔울 가 ᄒᆞᆫ 드리나 묵을가 식브니 훙졍ᄒᆞ러 가뎌온 거슬 셜워 다 ᄑᆞ라 먹고 훙졍은 몯ᄒᆞ여 갈가 식븨 아기ᄃᆞ려도 니ᄅᆞ소 밧바 이만 구월 초구일

판독대비

번호	판독자료집	황문환 (2002 : 372~373)	백두현 (2003 : 106~107)
1	보름	보롬	–

진주하씨묘 출토 언간 115 / 현풍 곽씨 언간 163

⟨진주하씨묘-115 / 곽씨-163, 17세기 전기, 미상(언니) → 미상(여동생)*⟩

판독문

```
┌─────────────────────────────────────┐
│ 아ᄋ님 젼 답장                          │
│                          근봉          │
│ 아기시ᄭᅴ                                │
└─────────────────────────────────────┘
```

쳔만 의외예 금개 오나놀 대되 뫼오셔 편ᄒ신 편지 보오니 반기오미 ᄀ업ᄉ며 깃ᄉ와이다 쥬셔기ᄂ 이제나 엇더ᄒ온고 일시도 닛디 몯ᄒ뇌 나ᄂ 두 ᄌ식이 다 병드니 미망히 응나이ᄂ 지춤 지처 음식 먹지 몯ᄒ뇌 명지 셜 거ᄉ 품 밧골 디ᄂ 업고 갓가ᄉ로 녀셔둘게 세 대ᄅᆞᆯ¹ 주워시되 열 새 열ᄒ 새면 ᄒ 마리고 열셕 새면 ᄲᆞᆯ 말 엿 되라 ᄒ니 비동ᄒ디 ᄒ려 ᄒ고 아ᄆ려 비듕ᄒ여도 다 ᄒ고져² ᄒ되 ᄒ리 업스니 민망이로쇠 홀 놈 이시면 ᄆᆞᆺ ᄒ고 더 업거니와 두고 보새 귀ᄒ 밤 만히 보내니 깃거ᄒ뇌³ 나ᄂ 아ᄆ것도 업서 관겨치 아닌 자반 주머니예 가니⁴ 보고 우ᄋ실가 ᄒ뇌 명지 셜 디 업서 저도⁵ 민망이 너겨 이 놈 홈ᄭᅴ 가려 ᄒ더니 세 대ᄅᆞᆯ 셜 디⁶ 주매 잇뇌⁷ 아ᄆ려나⁸ 젼ᄒ심⁹ ᄇ라뇌 ᄀ업서 이만 ᄒ뇌¹⁰

⋯⋯⋯⋯⋯⋯

* 백두현(2003)에 따름. 백두현(2003)에서는 출가한 딸이 출가한 여동생에게 보낸 것으로 판단하였으나, 黃文煥(2002) 에서는 손위시누가 손아래올케에게 보낸 것으로 처리하였다.

판독대비

번호	판독자료집	황문환 (2002 : 373)	백두현 (2003 : 726~727)
1	세 대롤	세 디롤	–
2	다 ᄒᆞ고져	–	다ᄒᆞ고져
3	깃거ᄒᆞᄂᆡ	깃거 ᄒᆞ되	깃거 ᄒᆞᄂᆡ
4	가ᄂᆡ	–	가ᄂᆡ
5	저도	저로	–
6	셜 디	셜되	–
7	잇ᄂᆡ	인ᄂᆡ	–
8	아ᄆᆞ려나	아ᄆᆞ리나	–
9	젼ᄒᆞ심	–	편ᄒᆞᆸ심
10	ᄒᆞᄂᆡ	–	ᄒᆞ리

진주하씨묘 출토 언간 116 / 현풍 곽씨 언간 159

〈진주하씨묘-116 / 곽씨-159, 17세기 전기, 현풍곽씨(딸) → 진주하씨(어머니)〉

판독문

+ 거슬[1] 나지면 말숨이나 흐실 제면 ᄆᆞ음이 노히옵고 밤이면 흔 줌을 몯 자시고 새하니 됴
홀 줄 모ᄅᆞ와 망극히 너기노이다 시난 동셩은 희산ᄒᆞ온가 므서슬 나ᄒᆞ고 즈시 긔별ᄒᆞ옵쇼
셔 실 바ᄃᆞ려 ᄒᆞ옵다가 몯ᄒᆞ여 무명 흔 피리 가니 시ᄅᆞᆯ 바ᄃᆞ시거나 무명을 세 피 나히나 주
거든 바ᄃᆞ쇼셔 밧끠셔는 일즉을 ᄯᅥ나지 몯ᄒᆞ고 밤줌 몯 자니 샹ᄒᆞ여 음식도 아니 자시고 조
차 병드어[2] 민망ᄒᆞ여 이 유뮈나 ᄒᆞ올 거슬 에엽스와 몯ᄒᆞ오니 흐운ᄒᆞ여 흐시노이다 약과 잡
스오실 이ᄅᆞᆫ 우리 둘히 맛다 ᄒᆞ오이다[3] 셔시매 유무도 즈시 몯ᄒᆞ옵노이다

판독대비

번호	판독자료집	황문환 (2002 : 373)	백두현 (2003 : 707~708)
1	거슬	슬	-
2	병드어	병드니	-
3	ᄒᆞ오이다	ᄒᆞ오니다	-

진주하씨묘 출토 언간 117 / 현풍 곽씨 언간 64

〈진주하씨묘-117 / 곽씨-64, 17세기 전기, 곽주(남편) → 진주하씨(아내)〉

판독문

> 가셔

아즈바님이 오늘 가실 길헤 우리게 돈겨가려 ᄒ시니 진디도 올케 출호려니와 차담상을 ᄀ
장 됴케 출호게 ᄒ소 내 길헤 가디고 둔니ᄂ[1] 발상의 노하 잡숩게 ᄒ소 차담상의 졀육 셰실
과[2] 모과 졍과 홍시 ᄌ잡치[3] 슈졍과애 셕뉴 ᄢ워 노코 겻반의 의이죽과 녹도죽과 두 가지롤
수워 노케 ᄒ소 의이쥭 녹도쥭 놋는 반의 쑤롤 죵ᄌ애[4] 노하 조차 노케 ᄒ소 안쥬란 쳐엄의
싱치 구워 드리고 두 번재 대구 구워 드리고 세 번재 쳥어 구워 드리게 ᄒ소 자내 보려코
가시니 머리 쉬우고 ᄀ리매롤 스게 ᄒ소 큰 아기도 뵈옵게 ᄒ소 녀ᄂ 잡스올 거스란 보아
가며 출호소 잔디과[5] 규화놀 김참봉디그나 초계디긔나 엇게 ᄒ소

판독대비

번호	판독자료집	황문환 (2002 : 373~374)	백두현 (2003 : 342~343)
1	둔니ᄂ	–	둔니는
2	셰실과	셰 실과	–
3	홍시 ᄌ잡치	홍시ᄌ 잡치	–
4	죵ᄌ애	죵ᄌ에	–
5	잔디과	준디과	–

진주하씨묘 출토 언간 118 / 현풍 곽씨 언간 24

〈진주하씨묘-118 / 곽씨-24, 17세기 전기, 곽주(남편) → 진주하씨(아내)〉

판독문

> 가셔

온 후에 아희들 드리고 엇디 겨신고 긔별 몰라 일시도 닛디 몯ᄒ여 ᄒ뇌 뎡냥이 병든 ᄃ¸ᄂ 엇더ᄒᆞᆫ고 더옥 닛디 몯ᄒ여 ᄒ뇌 집의 알매는 연준가 영덕이ᄃ려 닐러셔 브듸 흙을 만히 연 즈라 ᄒ소 창도 든든코 알맛게 ᄒ여 둘라 긔걸ᄒ소 방의 구들목의도 흙을 더 ᄇᆞᄅ라 ᄒ소 브듸 창을 든든케 ᄒ여 둘라 ᄒ소 집 고칠 제 자내 그 방의 몯 자 대원의 방의 나와 자거든 대원이란 아래 스승의 방의 가 자라 니ᄅ소 자내옷 나와 자면 안히 뷜 거시니 풍난이ᄒ고 일년이ᄒ고 도려[1] 안해 가 샹직 자라 니ᄅ소 밤의 성심도 나ᄃ니디 말고 대원이ᄒ며 졍례네 도[2] 성심도 어두온 ᄃᆡ 나 몯 ᄃ니게 ᄒ소 나는 당시 편히 잇뇌 념녀 마소 조심조심ᄒ여 겨 소 그지업서 이만 시월 열여ᄃ랜날

판독대비

번호	판독자료집	황문환 (2002 : 374)	백두현 (2003 : 174~175)
1	도려	드려	–
2	졍례네도	–	졍녜네도

진주하씨묘 출토 언간 119 / 현풍 곽씨 언간 49

〈진주하씨묘-119 / 곽씨-49, 17세기 전기, 곽주(남편) → 진주하씨(아내)〉

판독문

> 가셔

요스이 아희돌 드리고 엇디 겨신고 긔별 몰라 지극 분별ᄒᆞ뇌 자내 홀 이론 어두록 ᄒᆞ여 겨신고 언제 스이나 오고뎌 ᄒᆞ시ᄂᆞᆫ고 아리 뿔 환잣말로 엿 말 가더니 언매나[1] ᄒᆞ던고 아희돌[2] 비골론 양 보다가 오니 더옥 닛디 몯ᄒᆞ여 ᄒᆞ뇌 나ᄂᆞᆫ 당시 몸은 무스히 잇뇌 커니와 하 심심ᄒᆞᆫ 이리 만ᄒᆞ니 자내나 언제 오실고 어마님 겨틔 갓거니 ᄂᆞ미 폐 보아사 언제 수이 오고뎌 ᄒᆞ실고 커니와 홀 일옷 거의 ᄒᆞ엿거든 스므날 후로나 내 폐롤 보아 수이 오소 아ᄆᆞ 나리나 오려 ᄒᆞ면 예셔 죵ᄃᆞ롤 출화 보낼 거시니 자내 홀 일 짐쟉ᄒᆞ여셔 올 나롤 이 사롬 올 제 유무에 ᄌᆞ셰 긔별ᄒᆞ소 브디 수이 오게 ᄒᆞ소 고단코 심심ᄒᆞ여 민망ᄒᆞ여 ᄒᆞ뇌 자내 편치 아니ᄒᆞᆫ 디[3] 영히 편치 몯ᄒᆞ엿거든 ᄒᆞ리거든[4] 오게 ᄒᆞ소 자내 편치 아니ᄒᆞᆫ 디과 자내 홀 이롤 다 짐쟉ᄒᆞ여셔 힝츠홀 나롤 긔별ᄒᆞ소 밧바 이만 즈일

판독대비

번호	판독자료집	황문환 (2002 : 374~375)	백두현 (2003 : 284~285)
1	언매나	언메나	-
2	아희돌	-	아희돌
3	아니ᄒᆞᆫ 디	-	아니ᄒᆞᆫ 듸
4	ᄒᆞ리거든	-	ᄒᆞ리거든

진주하씨묘 출토 언간 120 / 현풍 곽씨 언간 45

〈진주하씨묘-120 / 곽씨-45, 17세기 전기, 곽주(남편) → 진주하씨(아내)〉

판독문

> 가셔

닉일 외예 갈 사룸을 어더 이시니 봉미[1] 올 제 오예 보낼 유무룰 써셔 봉미[2]룰 주워 가뎌다가 돌히룰 주라 ㅎ소 나는 유무룰 예셔 써 돌히룰 주고 나죄로 잘만 가로쇠 졈그러도 마주 비 죵둘 아기 ㅎ여 시겨 보내라 ㅎ소

판독대비

번호	판독자료집	황문환 (2002 : 375)	백두현 (2003 : 271~272)
1	봉미	-	봉미
2	봉미	-	봉미

진주하씨묘 출토 언간 121 / 현풍 곽씨 언간 47

〈진주하씨묘-121 / 곽씨-47, 17세기 전기, 곽주(남편) → 진주하씨(아내)〉

판독문

> 가셔
> 팔긔

요스이 아희 드리고 엇디 겨신고 긔별 몰라 듀야의 분별ᄒ뇌 나는 오늘 셩쥐로 가니 스므날 후에사 도라갈가 시븨 아마도 아희 드리고 편히 겨소 밧바 이만 스일

판독대비

번호	판독자료집	황문환 (2002 : 375)	백두현 (2003 : 277~278)

진주하씨묘 출토 언간 122 / 현풍 곽씨 언간 102

〈진주하씨묘-122 / 곽씨-102, 17세기 전기, 곽주(남편) → 진주하씨(아내)〉

판독문

면화 눈올 치부 큰딕의 열여둛 근 골안딕 열두 근 다리[1] 어미 열닷 근 녈진이 열두 근 슈개
닷 근무명을 나하 프라 머글 거슬 면홰 하 어머니 엇디홀고 흐뇌 큰딕이나 다리[2]네나 다 아
니 주디 몯홀 거시고 모다 혜기는 다 덕게 너기려니와 쁠 디 만흐니 비록 덕게 너겨도 내
뎌근 대로 밧줍게 호디 몬졔 밧ᄌ온 것 아오라 혜여셔 밧줍게 흐소 이제 드리는 것도 홈끠
드리디 말고 면화 ᄄᆞ는 양을 보아 가며셔 여러 번에 쟉쟉 드리게 흐소 내 뎌근 거슨 도수롤
뎌거 이시니 여러 적 드린 거슬 병ᄒᆞ여셔 내 뎌근 수에 츠게 드리소

판독대비

번호	판독자료집	황문환 (2002 : 375)	백두현 (2003 : 468~469)
1	다리	-	다릐
2	다리	-	다릐

진주하씨묘 출토 언간 123 / 현풍 곽씨 언간 7

〈진주하씨묘-123 / 곽씨-7, 17세기 전기, 곽주(남편) → 진주하씨(아내)〉

판독문

가셔

아져게 유무호디 엇디 답장 아니ᄒᆞ신고 슈샹이[1] 너기뇌 열이튼나리 동지라 ᄒᆞ니 아라셔 죽
수워 잡습게 ᄒᆞ소 나도 아바님게 술올 말솜이 이시니 고기 잡기 긋치셔든 즉시 엿ᄌᆞ와 몰
사름[2] 보내소 손 업고 죠용ᄒᆞᆫ 날로 굴희여[3] ᄆᆞ롤 엿ᄌᆞ와 보내소

판독대비

번호	판독자료집	황문환 (2002 : 375~376)	백두현 (2003 : 89~90)
1	슈샹이	슈샹이	-
2	몰 사름	몰사름	-
3	굴희여	-	굴희여

진주하씨묘 출토 언간 124 / 현풍 곽씨 언간 57

〈진주하씨묘-124 / 곽씨-57, 17세기 전기, 곽주(남편) → 진주하씨(아내)〉

판독문

밤의 아희둘[1]ᄒ고 엇디 자신고 닛디 몯ᄒ여 ᄒ뇌 나는 무ᄉ히 와 잇뇌 모리[2] 섭밧눌[3] 초계 딕 쇼샹이라 ᄒ니 니일 풍난이 올 제 치뎐홀 거슬 두우롤[4] 츌화 보내소 니일 아뎌게 공쥐딕 셩복ᄒ여든 치뎐ᄒ고 갈 길에 초계딕의 치뎐ᄒ고 가려 ᄒ니 치뎐홀 거슬[5] 두우롤[6] 츌화 풍 난이 ᄒ여 ᄀ장 일 보내되 풍난이ᄃ려 스셔롤 ᄌ셰 닐러 ᄒ나란 공쥐딕 치뎐ᄒ고 ᄒ나란 초 계딕 치뎐홀 거시니 아라 섯드리디 말라 니ᄅ소 밧바 초뉴일[7]

판독대비

번호	판독자료집	황문환 (2002 : 376)	백두현 (2003 : 314~315)
1	아희둘	-	아희둘
2	모리	-	모뢰
3	섭밧눌	닙밧눌	섭밧ᄂᆞᆯ
4	두우롤	두 우롤	-
5	거슬	-	거슬
6	두우롤	두 우롤	-
7	초뉴일	초뉴일	-

진주하씨묘 출토 언간 126 / 현풍 곽씨 언간 41

〈진주하씨묘-126 / 곽씨-41, 17세기 전기, 곽주(남편) → 진주하씨(아내)〉

판독문

> 답셔

편ᄒᆞ신 유무 보고 깃거ᄒᆞ뇌 대임이ᄂᆞᆫ 우디ᄂᆞᆫ 아니호ᄃᆡ 제 병이 수이 ᄒᆞ리디 아니ᄒᆞ니 넘녜 ᄀᆞ이업서 ᄒᆞ뇌 내 알폰 ᄃᆡᄂᆞᆫ 더 듕ᄒᆞᆯ 적도 잇고 ᄒᆞ릴 적도 이시니 수이 쾌치 몯홀가 ᄒᆞ뇌 싱션 반 사발 도로 보내뇌 아기네 ᄃᆞ리고 자소 녕산 아기ᄂᆞᆫ 오ᄂᆞᆯ 장재골로 가니 혼자셔 더옥 심심ᄒᆞ여 ᄒᆞ뇌 쟝모는 ᄒᆞ리시다 ᄒᆞ니 깃거ᄒᆞ뇌 아뎌긔 유무ᄒᆞᆫ 거시라 잠간 뎍뇌 아기네 손ᄃᆡ[1]ᄂᆞᆫ 밧바 답장 아니ᄒᆞ뇌 편히 이시니 깃거ᄒᆞ노라 즈일

판독대비

번호	판독자료집	황문환 (2002 : 376)	백두현 (2003 : 256~257)
1	아기네손ᄃᆡ	아기네손더	–

진주하씨묘 출토 언간 127 / 현풍 곽씨 언간 66

〈진주하씨묘-127 / 곽씨-66, 17세기 전기, 곽주(남편) → 진주하씨(아내)〉

판독문

> 가셔

초상 제 횟니블 ㅎ여셔 쓰디 아닌 모시 닐곱 자ᄒ고 들기름 ᄒᆞᆫ 홉ᄒ고 미좋이 맛닷는 소진
ᄒ고 오ᄂᆞᆯ로 미좋이 친히 가뎌 나오라 ᄒᆞ소 굿비 제 ᄌᆞ식조차[1] 이시니 머기기ᄅᆞᆯ 비골치 아
니케 ᄒᆞ소 브릴 사ᄅᆞᆷ이 업서 ᄌᆞ식이 비록 이셔도 노치 몯ᄒ여 ᄃᆞ난 드려[2] 브리려 ᄒᆞ니 제
ᄆᆞ음을 브티게 아라 브리소 좋ᄃᆞᆯᄅᆞᆯ 이젼 ᄂᆞ믜[3] 좋 브리ᄃᆞ시 말고 좋이 스랑케 브려사 ᄒᆞ리[4]
아라 ᄒᆞ소 근심이도 설워 ᄃᆞ난 드려[5] 브리로쇠 요ᄉᆞ이 브려 보니 일도 힘뻐 ᄒᆞ고 음식도 머
검즉게 ᄒᆞ여 주니 제 ᄆᆞ음을 아ᄆᆞ려나 항거ᄉᆞᆯ 스랑케 브리게 ᄒᆞ소 셕의 며누리 자핀[6] 비지
와시니 셕이ᄅᆞᆯ 오ᄂᆞᆯ로 미좋의 홈ᄭᅴ 나오되 제 며누리 거졔 ᄃᆞ려다가 두고 올 제 도부 바다
온 거슬 조차 가뎌오라 ᄒᆞ소 미좋이와 셕이ᄅᆞᆯ 브티 오ᄂᆞᆯ로 나와 말 드려 가라 ᄒᆞ소 겨릅[7]
두 단만 미좋이 어더 오라 ᄒᆞ소

판독대비

번호	판독자료집	황문환 (2002 : 376~377)	백두현 (2003 : 353~354)
1	ᄌᆞ식조차	ᄌᆞ식 조차	–
2	ᄃᆞ난 드려	ᄃᆞ난드려	–
3	ᄂᆞ믜	ᄂᆞ믜	ᄂᆞ믜
4	ᄒᆞ리	ᄒᆞ되	–
5	ᄃᆞ난 드려	ᄃᆞ난드려	–
6	자핀	자필	–
7	겨릅	겨릅	–

진주하씨묘 출토 언간 128 / 현풍 곽씨 언간 139

〈진주하씨묘-128 / 곽씨-139, 17세기 전기, 현풍곽씨(딸) → 진주하씨(어머니)〉

판독문

> 어마님 젼 샹술이
> 현풍 논공이   근봉

요스이 심히 긔별 모르ᄋ와 일야 분별ᄒᄋ며 울 뿐이옵다니 버미 둔녀오ᄋ와눌 유무는 보옵고 친히 뵈ᄋ온 듯 반갑스오디 편치 아녀 겨옵신 긔별 드줍고 놀랍스오미 ᄀ업스오디 좀 드온 시도 닛줍디 몯ᄒ와 밤나 울며 문안 사룸도 즉시 몯 보내옵는 줄 애ᄃ온둘 쇽졀 잇스오링까 내 팔ᄌᄀᆾ치 사오나온 팔지 어디 잇스오링까 덕공이 죽고 티보기 므즈 죽게 되엿스오니 제 인싱 에엿쓰고 현풍 긔별은 훈 힌예 훈 저글 드롤 길히 업스로타[1] ᄒ여 더옥 애ᄃ오며 셜워 눈믈 금치 몯ᄒ여이다 처엄의 넙싱이 곳블쳐로 알하다가 티보기 가다가 알파 오나눌 스므사훈날 병이라 ᄒ고 막ᄒ여 티보기ᄒ고 넙싱이ᄒ고 세홀 내엿습더니 둘히 다 셩ᄒ여시매 사룸ᄃ리 병이 아니러라 ᄒ여눌 깃거ᄒ더니 넙싱이는 셩ᄒ여 ᄃ라나고 초사훈날우터 새로 티보기 알파 죽느다 산다 ᄒ다가 어제우터 잠깐 헐타 ᄒ오디[2] 살 줄 모르와 민망ᄒ옵고 우리는 살 쳐 업스오이다 힝혀 죽스오면 원 셋 브린던 거술 둘히 업스오니 엇지 살링까 이런 운이 올 줄 엇디 아오링까 티보기 죽스오면 험ᄒ 쇠둥의 말 엇디 드르려뇨[3] 더옥 민망ᄒ며 그런 에엿븐 이리 어디 잇스오링까 무룬 디마다 죽든 아니니라 ᄒ노이다마는 +

판독대비

번호	판독자료집	황문환 (2002 : 377)	백두현 (2003 : 625~626)
1	업스로타	–	업스로라
2	헐타 ᄒ오디	헐탄ᄒ오디	–
3	드르려뇨	드르려뇨	–

진주하씨묘 출토 언간 129 / 현풍 곽씨 언간 142

〈진주하씨묘-129 / 곽씨-142, 17세기 전기, 현풍곽씨(딸) → 진주하씨(어머니)〉

판독문

> 어마님 젼 샹슬이
> 현풍 논공이   근봉

문안 て업시 알외옵고 극열의 긔후 엇지 지내옵시며 산하기 둔녀오ᅌᅪᄂᆞᆯ 듣ᄌᆞ오니 대임이 슈리비 역신ᄒᆞ더라 ᄒᆞᅌᅪᄂᆞᆯ 놀랍ᄉᆞ오미 아ᄆᆞ라타 업ᄉᆞ와 하ᄂᆞ래 목숨 걸고 좀드온 시도 닛줍디 몯ᄒᆞ오며 분별이 て업ᄉᆞ와 내 ᄆᆞᄋᆞ의논 즉시 밧ᄯᅩ로 나가 긔별이나 아라 오고져 ᄒᆞ오디 극농시옵고 ᄆᆞᄋᆞ으로 몯ᄒᆞ오매 이적내 사롬도 몯 보내ᅌᅩ오며 밤낫 글로 분별ᄒᆞ옵다니 귀예 엇던 사롬이 됴셩원[1] 아ᄌᆞ바님 유무를 밧ᄭᅱᄉᆑᄀᆖ 가져와시되 두 아기 다 됴히 ᄒᆞ다 ᄒᆞ여 겨시ᄒᆞ고 밧ᄭᅱ 골안이 겨셔 잠깐 유뮈예 ᄒᆞ여거늘 듣줍고 하 긔ᄉᆞ와[2] 하ᄂᆞ래도 오르고져 ᄒᆞ며 즉시 하례 사롬 보내옵고져 ᄒᆞ오디 쇽절업ᄉᆞ오며 하 깃ᄉᆞ와 ᄒᆞᆫ 부ᄃᆞ로 몯 다 알외옵노이다 누고는 얼그며 아니 얼그며 ᄌᆞ시 유무ᄒᆞ옵쇼셔 하 몰라 민망ᄒᆞ여이다 피우 난[3] 동싱 둘은 다 무ᄉᆞᄒᆞ닝다[4] ᄌᆞ시 긔별ᄒᆞ옵쇼셔 나는 젼싱 므슴 죄 짓고 미일 그리ᅌᅩ오며 긔별도 ᄌᆞᄌᆞᄌᆞᆨ 몯 듣줍거뇨 아득 셟ᄉᆞ와 미일 우옵노이다 골안 어마님겨셔도 두 ᄯᅡ님 가고 업서 응낭이는 나올 제 두고 나고 밧ᄭᅱᄉᆑ 오명가명 ᄒᆞ더니 아바님겨셔도 젼ᄀᆞᆺ치 오월우터 편치 아니아옵셔 골안 드러가 밤낫 뫼ᅌᅩ와 약도 친히 달혀 잡ᄉᆞ오며 민망ᄒᆞ옵더니 요ᄉᆞ이는 헐ᄒᆞ여 +

판독대비

번호	판독자료집	황문환 (2002 : 377~378)	백두현 (2003 : 640~641)
1	됴셩원	호셩원	-
2	긔ᄉᆞ와	깃ᄉᆞ와	-
3	난	간	-
4	무ᄉᆞᄒᆞ닝다	무ᄉᆞᄒᆞ오닝다	-

진주하씨묘 출토 언간 130 / 현풍 곽씨 언간 135

〈진주하씨묘-130 / 곽씨-135, 17세기 전기(1624년)*, 현풍곽씨(딸) → 진주하씨(어머니)〉

판독문

> 어마님 젼소 샹술이 외예 호즉젼   근봉
> 현풍 논공이

문안 알외옵고 요스이[1] 심히 왕니 업스오매 긔운 평안ᄒ옵샨 긔별 일졀 듣줍디 몯ᄒ와 일시도 닛줍디 몯ᄒ오며 봄이 깁스와 온갓 즘싱이며 초모기 만발ᄒ오니 새로이 망극ᄒ와 □□□ᄒ오디 즈식 □□□□□□우나□□서 병□□매 와 비□□ 내오며 □□옵고 굽굽ᄒ와 눈믈 금치 몯ᄒ옵노이다 하 서운ᄒ와 뿟뽈 서 말 딥세리 머육 열 단 아ᄌ바님 유무예 서시니 드리옵쇼셔 그다히는 편ᄒ오닝까 아무리나 대샹 무스히 지내옵시고 대되 평안ᄒ오몰 원ᄒ옵노이다 그지업스오디 망극 듕의 □□시기[2] 지리ᄒ와 이만 알외옵노이다 갑ᄌ[3] 스월 스므사ᄒ날 그리옵는 즈식 술이

판독대비

번호	판독자료집	황문환 (2002 : 378)	백두현 (2003 : 610~611)
1	요스이	요스히	–
2	□□시기	보□시기	–
3	갑ᄌ	갑자	–

....

* 백두현(2003 : 18~22, 36~38)에 따름. 편지 끝의 '갑ᄌ'라는 연기(年記)로부터 작성 시기를 '1624년'으로 추정할 수 있다.

진주하씨묘 출토 언간 131 / 현풍 곽씨 언간 144

〈진주하씨묘-131 / 곽씨-144, 17세기 전기, 현풍곽씨(딸) → 진주하씨(어머니)〉

판독문

```
┌─────────────────────────┬──────┐
│ □마님 젼 □□이           │      │
│                         │ 근봉 │
│ 현풍 논고이              │      │
└─────────────────────────┴──────┘
```

천만 의외예 아자비 오와놀 듣ᄌ오니 당□□ 등히 지내옵시□ ᄯᅩ 안덕 동싱도[1] 당역을 ᄀ장
등히 ᄒ시다 ᄒ오니 지극 놀랍ᄉ오미 ᄀ업ᄉ오더 이저는 쾌차ᄒ옵샤 대긔 무ᄉ히 지내옵시
니 몬내 기ᄉ와 ᄒ옵노이다 ᄌ식은 숨 니을 만[2] 이ᄉ오더 ᄀᆽ지 몯ᄒ온디 됴관 벗 만하 듀안
의[3] 술과 안쥬 ᄒ여 ᄃ니오니 밋처 쥰비 몯ᄒ와 민망ᄒ옵고 글로 일 사마 ᄒ니 일 홀 싱각
은 업□□□□□□□□□□□□□□□□□□□□□□라 ᄒ니 민망□□ 일□□□[4]바님 겨오□
□□□□지□□□□게 되오니 아[5]□□□□□ᄉ오되 ᄉ이 머오니 □□□소이다 퇴보기 수
이 □□□제 내 ᄀ리매 투심□□□ 혼인 제 ᄲᅥ지이다 오라바님ᄭᅴ 유무 보옵고 반갑ᄉ오되
요요ᄒ와 답장 몯ᄒᄋ오니 ᄒ운□□□□□ᄒ옵시고 아ᄋ님내ᄭᅴ 다 안부ᄒ옵쇼셔 □□□□
□□□□ 몯ᄒ옵노이다 아마도 ᄇ라옵기ᄅᆞᆯ 치위예 +

판독대비

번호	판독자료집	황문환 (2002 : 378~379)	백두현 (2003 : 651~652)
1	동싱도	동싱□	–
2	숨 니을 만	–	숨 니을만
3	벗 만하 듀안의	엇□ 하 듀안의	–
4	민망□□ 일□□□	민망일□□□	–
5	아	〔판독 안 됨〕	–

진주하씨묘 출토 언간 132 / 현풍 곽씨 언간 123

〈진주하씨묘-132 / 곽씨-123, 17세기 전기(1617년)*, 현풍곽씨(딸) → 진주하씨(어머니)〉

판독문

어마님젼 샹술이
현풍 논공이   근봉

문안 알외옵고 요소이 긔후 엇더호옵샨고 긔별 모로으와 일야 분별호옵노이다 편치 아니옵
신 디 혈호옵시니 깃스와 호으오디 쾌치 몯호옵신 주룰 미일 닛줍디 몯호오며 이버너나 쾌
차호옵신 긔별 듣즈올가 브라옵노이다 즈식은 대되 뫼옵고 덕분의 편히 잇스오디 나드리
하고 만홀소록 그립스와 셜워호옵노이다 할미는 오래 왓습다가 가오니 흐운호옴도 ㄱ이업
습고 날로 호여 보셩 아즈바님을 다시 몯 보으와 여희오니 이런 흔이 어딕 잇스오링짜 하
용심호오니 이런 안심찬인 일 업소오이다 이리셔 브라옵기는 수이 쾌차호옵샴과 대되 긔후
평안호옵샴과 수이 뵈옵고져 원이 그지업소오이다 브녀 대임이드려 안부호옵쇼셔 할미 가
오니 게셔 오옵□…□던¹ 모음 ㄱ즈오이다 동 슬 긔우니 업고 호오니 더옥 민망호오이다 할
미 가오매 대강만 알외옵노이다 졍스 삼월 념팔일 그리옵는 즈식 술이

판독대비

번호	판독자료집	황문환 (2002 : 379)	백두현 (2003 : 546~547)
1	오옵□…□던	오옵던	–

---

* 백두현(2003 : 18~22, 36~38)에 따름. 편지 끝의 '졍스'라는 연기(年記)로부터 작성 시기를 '1617년'으로 추정할
수 있다.

진주하씨묘 출토 언간 133 / 현풍 곽씨 언간 130

〈진주하씨묘-133 / 곽씨-130, 17세기 전기(1623년)*, 현풍곽씨(딸) → 진주하씨(어머니)〉

판독문

```
어마님 젼 샹술이
현풍 논공이                   근봉
```

문안 구업시 알외옵고 요사이 더위예 어린 동성들 거느리옵셔 긔운이나 엇더ㅎ옵시닝까 심히 긔별 모릭옥와 줌드온 시도 닛줍디 몯ㅎ옥와 일야의 분별ㅎ오디[1] 눈믈쁜이로소이다 불세 뷔온 문안 사롬이나 보내올 거슬 극 결[2] 업수온디 수 저근 동이 미일 둘식 세식 누워시니 일절 일 몯ㅎ와 논도 무기옵고 밧도 무기옵노이다 하 긔별을 몯 듣주와 민망ㅎ여 여러 적 우다가 뵈니 슝이[3] 되어느이다 이제는 어마님겨옵셔도 나롤 닛고 긔별도 아니ㅎ옵시니 셜워이다 나는 브란 디 업수와 아쇠온 쁘데 꿈곳 쑤면 힝혀 아니 게 긔별 드롤가 그 나롤 계우 머믈워 눈믈지노이다[4] 근쳬 역신은 엇쩌ㅎ오며 시긔는 업습느닝까 여긔는 시긔 하 흔ㅎ오니 민망ㅎ여이다 아바님겨오셔 보롬씌우터 둥히 편치 아니옵셔 진지도 몯 잡소오시고 야그로 쟝복ㅎ오니 일가 근심이 소동ㅎ여 민망ㅎ오며 응낭이도 병드러 음식도 일절 먹지 몯ㅎ고 골골 시난ㅎ고[5] 올미[6]도 병드니 민망ㅎ여이다 유뮈나 주시 ㅎ옵고져 ㅎ오디 젼홀 동 말 동 ㅎ여 주시 몯ㅎ옵노이다 이리셔 브라옵기는 아무리나 어린 동들 거느리옵셔 긔운이나 편ㅎ옵샴 쳔만 브라옵노이다 구업수와 이만 알외옵노이다 계히 칠월 스므여드랜날 그리옵는 주식 술이[7]

....

* 백두현(2003 : 18~22, 36~38)에 따름. 편지 끝의 '계히'라는 연기(年記)로부터 작성 시기를 '1623년'으로 추정할 수 있다.

판독대비

번호	판독자료집	황문환 (2002 : 379~380)	백두현 (2003 : 586~587)
1	분별ᄒᆞ오ᄃᆡ	분별ᄒᆞ오며	-
2	극 결	극결	-
3	슝이	-	슈슈이
4	눈믈지노이다	-	눈믈 지ᄂᆞ이다
5	골골 시난ᄒᆞ고	골골 시란ᄒᆞ고	-
6	올미	올긔	-
7	계희 칠월 스므여ᄃᆞ랜날 그리ᄋᆞᆸᄂᆞᆫ 즈식 술이	-	그리ᄋᆞᆸᄂᆞᆫ 즈식 술이 계희 칠월 스므여ᄃᆞ랜날

진주하씨묘 출토 언간 134 / 현풍 곽씨 언간 39

〈진주하씨묘-134 / 곽씨-39, 17세기 전기, 곽주(남편) → 진주하씨(아내)〉

판독문

```
가셔
오야덕
```

요스이 아희돌 드리고 엇디 겨신고 긔별 몰라 분별ᄒᆞ뇌 대임이는 어제 셩일에 므서슬 몬뎌
잡던고 긔별 몰라 더옥 닛디 몯ᄒᆞ여 ᄒᆞ뇌 집안도 편코 ᄆᆞ옴도 편ᄒᆞ면 므스 일로 혼자 이라[1]
와셔 고모[2]롤 홀고 요스이 보아셔 열닐웬날 스이 ᄂᆞ려가고뎌 ᄒᆞ니 ᄆᆞ옴옷 편커든 돈닐 사ᄅᆞᆷ
ᄒᆞ여[3] 긔별ᄒᆞ소 샤당은 왓다 ᄒᆞ니 자내는 고단히 아니 겨신가 ᄒᆞ뇌 잇다가 나 ᄂᆞ려 니거든
보고 가게 긔별ᄒᆞ소 한쉬 훙희[4] 공 바드러 큰 ᄆᆞ롤 가뎌가라 ᄒᆞ엿더니 그 ᄆᆞ리 다론 ᄃᆡ 나
갈 ᄃᆡ 이시니 ᄆᆞ란 가뎌가디 말고 큰금동의 쇼롤 몰고 열ᄒᆞ론날 나 자고 이튼날 예 와 비즈
맏다 이러로셔 가게 ᄒᆞ라 니ᄅᆞ소 제게도 비지 가니 그 비즈대로 ᄒᆞ라 니ᄅᆞ소 가온대 아기
언문 쾌히 비홧다가 내게 뵈라 ᄒᆞ소 솃재 아기도 이제는 쾌히 셩ᄒᆞ여 이실 거시니 언문 외
와 셧다가[5] 뵈라 니ᄅᆞ소 아마도 아희돌 드리고 편히 겨소 밧바 이만 초아ᄒᆞ랜날 한쉬 양식
엿 되 쇠콩 엿 되 주워 보내소

판독대비

번호	판독자료집	황문환 (2002 : 380)	백두현 (2003 : 246~247)
1	혼자 이라	–	혼자이라
2	고모	고ᄆᆞ	–
3	사롬 ᄒᆞ여	–	사롬ᄒᆞ여
4	훙희	훙디	–
5	외와 셧다가	–	외와싯다가

진주하씨묘 출토 언간 135 / 현풍 곽씨 언간 33

〈진주하씨묘-135 / 곽씨-33, 17세기 전기, 곽주(남편) → 진주하씨(아내)〉

판독문

> 가셔

어제 유무 보고 편히 뫼셔 겨신 긔별 알고 깃거ᄒᆡ 닉일로 갈 거시니 큰 물이 깃첨을 그저 깃거든 복마ᄅᆞᆯ 옥쉬 ᄒᆞ여[1] 아ᄎᆞᆷ밥 일 ᄒᆞ여[2] 머겨 보내소 자리 져 갈 양으로ㄴ아기 조차 보내소 닉일 집의 가셔[3] 모리[4]로 대귀 감ᄉᆞ 보러 갈 거시니 양식 뫼ᄡᆞᆯ 해자ᄡᆞᆯ 병ᄒᆞ여 두 말만 지허 두고[5] 반찬 뎜 출화 두소 덕남이 풍난이 대귀 갈 양으로 미리 닐러 두소 밧바 이만 즈일[6]

판독대비

번호	판독자료집	건들바우박물관 (1991 : 31)	황문환 (2002 : 381)	백두현 (2003 : 217~218)
1	옥쉬 ᄒᆞ여	옥쉬ᄒᆞ여	-	-
2	아ᄎᆞᆷ밥 일 ᄒᆞ여	아ᄎᆞᆷ밥일ᄒᆞ여	-	-
3	가셔	가셰	-	-
4	모리	-	-	모릐
5	지허 두고	지허두고	지허 두고	-
6	즈일	즉일	-	-

진주하씨묘 출토 언간 137 / 현풍 곽씨 언간 23

⟨진주하씨묘-137 / 곽씨-23, 17세기 전기, 곽주(남편) → 진주하씨(아내)⟩

판독문

> 가셔

요스이 자내 편치 아니ᄒᆞᆫ디[1] 엇더ᄒᆞ신고 긔별 몰라 분별ᄒᆞᄂᆡ 졍냥의 머리ᄂᆞᆫ 져그나 ᄒᆞ려 잇
ᄂᆞᆫ가 더옥 닛디 몯ᄒᆞ여 ᄒᆞᄂᆡ 나ᄂᆞᆫ 입에 죵긔 나 잇더니 오ᄂᆞᆯ브터ᄂᆞᆫ ᄒᆞ린 둣ᄒᆞ여 잇뇌 쳥되
금동이ᄅᆞᆯ 아기ᄃᆞ려 닐러 내게 와 말 드러 화원 가 수이 ᄃᆞ녀오라 ᄒᆞ소 아긔 옷도 ᄒᆞ여 줄
거시고 다ᄅᆞᆫ 디도 쓸 디 이시니 수이 와 내게 말 드러 가라 ᄒᆞ소 졍녜 바디ᄂᆞᆫ[2] ᄒᆞ여 주윗ᄂᆞᆫ
가 치워ᄒᆞ던 이리 눈에 암암ᄒᆞ여 닛디 몯ᄒᆞ뇌 즈일

판독대비

번호	판독자료집	황문환 (2002 : 381)	백두현 (2003 : 171)
1	아니ᄒᆞᆫ디	아니ᄒᆞᆫ 디	–
2	바디ᄂᆞᆫ	바디ᄂᆞᆫ	–

진주하씨묘 출토 언간 138 / 현풍 곽씨 언간 50

〈진주하씨묘-138 / 곽씨-50, 17세기 전기, 곽주(남편) → 진주하씨(아내)〉

판독문

> 가셔

자내 편티 아니ᄒᆞᆫ 디 ᄒᆞᆫ가지로 그러ᄒᆞ다 ᄒᆞ니 지극 분별ᄒᆡ 엇디 그러ᄒᆞᆫ고 아ᄆᆞ려나 조심
ᄒᆞ여 됴리ᄒᆞ소 나ᄂᆞᆫ 타작ᄒᆞ고 열흘 후로 갈가 식브거니와 자내옷 다긴히[1] 알파ᄒᆞ면 수이 갈
거시니 즉시 긔별ᄒᆞ소 나ᄂᆞᆫ 귀병 든 거시 져그나도 ᄒᆞ리디 아니ᄒᆞ니 민망이로쇠 밧바 이만
즈일

판독대비

번호	판독자료집	황문환 (2002 : 381)	백두현 (2003 : 289~290)
1	다긴히	다 긴히	–

진주하씨묘 출토 언간 139 / 현풍 곽씨 언간 91

〈진주하씨묘-139 / 곽씨-91, 17세기 전기, 곽주(남편) → 진주하씨(아내)〉

판독문

소례셔 아기네롤 드려오라 ᄒ시더라 ᄒ니 녕녜 덕녜롤 몯 드려갈디라도 쳘녜란 드려가게
ᄒ소 닙은 거시 하 업ᄉ니 연초록 든 거스로 뎌구리 ᄒ고 슌개 ᄯᄂ는 명지롤 제 쟝옷 ᄒ리만
베혀셔 ᄌ지 드려 쟝옷ᄒ고 보라롤 ᄀᄂ는 무명에 드려 바지조차[1] ᄒ여 닙펴 드려가게 ᄒ소
잡탈 말고 ᄒ여 주소 마디 몯홀 거시니 결에 탈 말고 ᄒ여 닙피소

판독대비

번호	판독자료집	황문환 (2002 : 381~382)	백두현 (2003 : 435)
1	바지조차	바지 조차	–

진주하씨묘 출토 언간 140 / 현풍 곽씨 언간 2

〈진주하씨묘-140 / 곽씨-2, 17세기 전기(1612년)*, 곽주(사위) → 벽진이씨(장모)〉

판독문

> 샹술이
> 오야 합산딕   근봉

문안 알외읍고 요스이 긔후 엇더호읍샨고 긔별 모르오와[1] 듀야 분별호읍노이다 볼셰 안부 사롬이나 보내오올[2] 거술 죵의 즈식의 호읍는 역신이 큰 역신인디 쟈근 역신인디 즈셰 모르오와[3] 지금 몯 브럿습다니 큰 거시 아닌가 식브오올시 이제야 사롬 브리읍노이다 즈식드론 여러히 갓스오니 우연히 요란히[4] 너기읍시거냐 호읍노이다 수이 드려오읍고뎌 호오오더 그려도 당시는 의심이 업디[5] 아니호오오매 이 드리나 디나읍거든 드려오려 호읍노이다 아오 즈식 둘란 게[6] 갓습는 제 언문 그르쳐[7] 보내읍쇼셔 슈고롭스오신 언문 그르치읍쇼셔[8] 호읍기 졋스와 호읍다가 알외읍노이다 나도 모 심기읍고[9] 타작호오온 휘면 낫즈와 뵈오오링이다 그지업스와 이만 알외읍노이다 임즈 오월 열닷쇈날 녀셔[10] 곽주 술이

---

* 백두현(2003 : 18~22, 36~38)에 따름. 편지 끝의 '임즈'라는 연기(年記)로부터 작성 시기를 '1612년'으로 추정할 수 있다.

판독대비

번호	판독자료집	건들바우박물관 (1991 : 31∼32)	황문환 (2002 : 382)	백두현 (2003 : 58∼59)
1	모르ᄋ와	모르ᄋ와	-	-
2	보내ᄋ올	보내올	-	-
3	모르ᄋ와	모르ᄋ와	-	-
4	요란히	쇼란히	-	-
5	업디	깁디	-	깁디
6	둘란 게	둘란게	-	-
7	ᄀᄅ쳐	ᄀᄅ쳐	-	-
8	ᄀᄅ치ᄋ쇼셔	ᄀᄅ치ᄋ쇼셔	-	-
9	모 심기ᄋ고	모심기ᄋ고	-	-
10	녀셔	려셔	-	-

진주하씨묘 출토 언간 142 / 현풍 곽씨 언간 29

〈진주하씨묘-142 / 곽씨-29, 17세기 전기, 곽주(남편) → 진주하씨(아내)〉

판독문

┌─────────────────────────┐
│ 소례딕   │
│   │
└─────────────────────────┘

언샹이 오나눌 쟝모ㅎ시며 대되 편히 겨시다 ㅎ니 깃거ㅎ뇌 뎡널이는 업쳐져 미이 샹ㅎ여 잇다 ㅎ니 엇디 업쳐딘고 놀라이 너기뇌 이 드리 다 그므러 가되 지금 아기를 나치 아니ㅎ니 일졍 드롤 그ᄅ 혠가 ㅎ뇌 오늘 긔벼리 올가 니일 긔별 올가 기드리다가 블의예 언샹이 다드ᄅ니 내 놀란 ᄯᅳ둘 자내 엇디 다 알고 브듸[1] 시작ㅎ며셔 사름 즉시 보내소 비록 수이 나하나 마나[2] 브듸 사름 보내소 ᄉ나희 업ᄉᆞᆯ디라도 간나희[3] 죵을 보내나 마나 즉시 즉시 보내소 기드리고 잇뇌 죠히예[4] ᄦᅳᆫ 약으란 내 가셔 달혀 쓸 거시니 나 아니 가셔란 자시디 마소 ᄭᅮᆯ과 춤기룜[5]으란 반 죵ᄌᆞ식 ㅎᆫ디 달혀셔 아희 돈 후에 자시게 ㅎ소 염소도 죠히예[6] ᄦᅳᆫ 약 ㅎᆫ디 갓거니와 염소도 나 간 후에 자시게 ㅎ소 진실로 이 드리면 오늘 니일 닉예 나홀 거시니 시작ㅎ며셔 브듸[7] 브듸 즉시 즉시 사름 보내소 뎡녜는 엇디 잇ᄂᆞᆫ고 더옥 닛디 몯ㅎ여 ㅎ뇌 비록 ᄯᅩ롤 ᄯᅩ 나하도 셩심도 ᄆᆞᄋᆞᆷ애 서운이 너기디 마소 자내 몸이 편호션졍 아ᄃᆞᆯ론 관겨티[8] +

판독대비

번호	판독자료집	황문환 (2002 : 382~383)	백두현 (2003 : 198~199)
1	브듸	–	브듸
2	나하나 마나	나하나마나	–
3	간나희	–	간나희
4	죠히예	–	죠희예
5	춤기룜	–	춤기름
6	죠히예	–	죠희예
7	브듸	–	브듸
8	관겨티	관겨치	–

진주하씨묘 출토 언간 143 / 현풍 곽씨 언간 20

〈진주하씨묘-143 / 곽씨-20, 17세기 전기, 곽주(남편) → 진주하씨(아내)〉

판독문

> 가셔
> 오야덕

년홰 이론 그런 놀라온 이리 어디 이실고 항거싀 아쇠오면 니루도 아니ᄒᆞ려니와 제 인셩 어엿쓸샤 ᄒᆞ뇌 아므려 몯홀 이롤 시겨도 평셩애 항것드려 몯호로다 ᄒᆞ여 늣굿 아니턴 죵을 주겨 ᄇᆞ리니 항거싀 기기야 긔여셔 더 큰 기기 어디 이실고 저도 어엿브고 제 ᄌᆞ식 어엿블샤 ᄒᆞ뇌 건곽난을 일졍 치워ᄒᆞᆫ다 ᄒᆞ고 더운 구드레 녀코 오시나 만히 더퍼 그릇 디졉ᄒᆞ여 주근가 시브니 더옥 어엿버 ᄒᆞ뇌 츌히 제 도망이나 ᄒᆞ여 나가던ᄃᆞᆯ[1] 이리 잔잉ᄒᆞᆫ ᄆᆞ음이나 업슬 거슬 앏픠셔 그론 일 업시 ᄃᆞ니다가 주그니 더옥 더옥 잔잉ᄒᆞ여 ᄒᆞ뇌 제 어버이롤 뿔리나[2] 주워셔 제 무든 디 안묘졔나 ᄒᆞ라 ᄒᆞ소 죵으로는 용ᄒᆞᆫ 죵을 주겨 이시니 내 기기야 다 뗀가 ᄒᆞ뇌 혼자 와셔 고단히 고초케 견듸기도[3] 오래 견듸엿고[4] 긱도 다 뗀가 시브니 집의 가 비록 큰 병을 호다라도 ᄌᆞ식ᄃᆞ리나 가 보려 ᄒᆞ뇌 닐웬나롤 졍ᄒᆞ여 갈 거시니 ᄆᆞ사롬 일 보내소 일거이도 알팟고 셩개 ᄌᆞ식도 알팟다 ᄒᆞ니 자내네란 게 두고 나만 나왓다가 내죵을 엇디ᄒᆞ라 ᄒᆞ시ᄂᆞᆫ고 혼자 사라는 ᄯᅳᆯ 디 업ᄂᆞ니 연고 말고 ᄆᆞ사롬을 닐웬날로 보내소 녕산 아긔 집의 고이ᄒᆞᆫ 이리 잇다 ᄒᆞ니 옥진이드려 ᄌᆞ셰 무러 닉일 올 사롬 ᄒᆞ여[5] ᄌᆞ셰 긔별ᄒᆞ소 밧바 이만 즈일

판독대비

번호	판독자료집	황문환 (2002 : 383)	백두현 (2003 : 153~154)
1	나가던둘	나가던들	–
2	뿔리나	뿔 되나	–
3	견듸기도	견디기도	–
4	견듸엿고	견디엿고	–
5	사롬 ᄒᆞ여	–	사롬 ᄒᆞ여

진주하씨묘 출토 언간 144 / 현풍 곽씨 언간 73

〈진주하씨묘-144 / 곽씨-73, 17세기 전기, 곽주(남편) → 진주하씨(아내)〉

판독문

> 가셔

댱모ᄒ옵시며 어린 ᄌ식돌 엇더ᄒ신고 긔별 몰라 분별ᄒᄂᆡ 나는 편히 왓ᄂᆡ 편풍 둘 보내고
둘란 두라 ᄒᆞ엿더니 그 둘홀 ᄆ자 보내되 아기 ᄒᆞ여[1] 도ᄂᆞᆯ 거시라 ᄒᆞ여 편풍 두혜[2] 서 보
내라 ᄒᆞ소 손반 발 드린 것 여슷만 보내되 그 졈 반[3] 미티[4] 미죵이라 ᄒᆞ여 서 보내고 놋등
경 ᄒᆞ나 나모등경 ᄒᆞ나 ᄒᆞ여 둘홀 보내되 나 이실 제 보내려 내엿던 등경ᄃᆞᆯ 보내라 ᄒᆞ소
새 징시 니블 블근 옷 둘 졈 보내고 챠일도 챠양집의[5] ᄃ라 잇더니 그 졈 아기 ᄒᆞ여 도ᄂᆞᆯ
거시라 서서 보내고 면판도 보내소 면도 ᄀ장 됴케 미ᄀ라 보내고 만도 졈 ᄀ장 됴케 밍ᄀ
라 보내소 횟고기 졈 니일 근심이 올 제 비덕긔[6] 조차 가뎌오라 ᄒᆞ소 자븐거슬 ᄂᆞ미게[7] 여
러 고대 비러 와시니 힝혀 섯기면 몬홀 거시니 아기 ᄒᆞ여[8] ᄌ세 서 보내라 ᄒᆞ소 횟고기란
만히 잡아 왓거든 ᄒᆞᆫ 못만 보내고 젹게 잡아 왓거든 여닐곱이나 다엿시나 되는 양으로 보내
고 더러 댱모ᄭ 반찬 ᄒᆞ게 ᄒᆞ소 면판으란 구의 면판을 보내소 면고란 우리 거슬 보내소 요
란ᄒᆞ여 이만 ᄌᆞ일

판독대비

번호	판독자료집	황문환 (2002 : 383~384)	백두현 (2003 : 379~380)
1	아기 ᄒᆞ여	–	아기ᄒᆞ여
2	두혜	두혜	–
3	졈 반	졈반	–
4	미티	–	미틔
5	챠양집의	차양집의	–
6	븨덕긔	–	븨덕긔
7	ᄂᆞ믜게	–	ᄂᆞ믜게
8	아기 ᄒᆞ여	–	아기ᄒᆞ여

진주하씨묘 출토 언간 145 / 현풍 곽씨 언간 76

⟨진주하씨묘-145 / 곽씨-76, 17세기 전기, 곽주(남편) → 진주하씨(아내)⟩

판독문

횟고기도 여러 마리 아니고 만도도 여러 그르시 아녀 근심이 혼자 가뎌왐즉ㅎ거든 비덕긔[1]
란 보내디 말고 근심이 져만 ㅎ여 보내소

판독대비

번호	판독자료집	황문환 (2002 : 384)	백두현 (2003 : 392)
1	비덕긔	–	븨덕긔

진주하씨묘 출토 언간 146 / 현풍 곽씨 언간 62

〈진주하씨묘-146 / 곽씨-62, 17세기 전기, 곽주(남편) → 진주하씨(아내)〉

판독문

> 가셔

편히 겨신 긔별 듣고 깃거ᄒᆞ뇌 나ᄂᆞᆫ 어제 셩쥐 와[1] 자고 오ᄂᆞᆯ로 가려 ᄒᆞ더니 ᄆᆞ리 파려ᄒᆞ여 일져리 것디 아니ᄒᆞ매 오ᄂᆞᆯ 문ᄲᆔ 집의 자고 ᄂᆡ일 아ᄎᆞᆷ밥 머근 후에 집의 들리로쇠 술 잘 먹ᄂᆞᆫ 얼운 버지[2] 셔울셔브터 홈ᄭᅴ 와셔 ᄂᆡ일 홈ᄭᅴ 집으로 드려갈 거시니 됴ᄒᆞᆫ 술 만히 어덧다가 머기게 ᄒᆞ소 대쳥마뢰ᄒᆞ며 ᄠᅳᆯᄒᆞ며 방ᄒᆞ며 다 조케 ᄡᅳᆯ고 방의 블 덥게 짓고 자리 쳔쳔이 ᄀᆞ라 두라[3] ᄒᆞ소 ᄂᆡ일 갈 거시라 잠ᄭᅡᆫ 뎍뇌 열아ᄒᆞ랜날 길헤셔 가옹

판독대비

번호	판독자료집	건들바우박물관 (1991 : 31)	황문환 (2002 : 384)	백두현 (2003 : 335~336)
1	셩쥐 와	셩쥐와	–	–
2	얼운 버지	얼운버지	–	얼운버지
3	ᄀᆞ라 두라	가라두라	–	–

진주하씨묘 출토 언간 147 / 현풍 곽씨 언간 74

〈진주하씨묘-147 / 곽씨-74, 17세기 전기, 곽주(남편) → 진주하씨(아내)〉

판독문

> 가셔

아희들ᄒᆞ고[1] 엇디 겨신고 긔별 몰라 분별ᄒᆞ뇌 아져게 일년이 졔예 쓸 편뿔 가뎌가더니 ᄌᆞ셰 봉ᄒᆞᆫ 것 보아 바ᄃᆞ신가 졔쥬 항 봉ᄒᆞ여 금동이 가져가니[2] ᄌᆞ셰 보아 밧소 졔예 쓸 ᄭᅮᆯ 엇다가 몯ᄒᆞ니 조ᄭᆞ롤 고하셔 산승[3] 경단내 쁘고져 ᄒᆞ니 니일로 브터 조ᄭᆞ롤 됴케 고하 두소 졍함[4] ᄀᆞᄅᆞ도 고하 두소 조ᄭᆞ롤 브디 브디 됴케 고하 두소 슈영디게 비화 자내 고하 보소 밧바 이만 즈일

판독대비

번호	판독자료집	황문환 (2002 : 384)	백두현 (2003 : 385~386)
1	아희들ᄒᆞ고	-	아희들ᄒᆞ고
2	가뎌가니	가져 가니	가져 가늬
3	산승	안승	-
4	졍함	졍항	-

진주하씨묘 출토 언간 148 / 현풍 곽씨 언간 37

〈진주하씨묘-148 / 곽씨-37, 17세기 전기, 곽주(상전) → 곽상(노비)〉

판독문

곽샹의게

미야디 병드럿다 호니 어늬[1] 미야디 병이[2] 드러 이시며 이제는 엇더호엿느뇨 일년이 마촘 왓거놀 드러가 고치라는 호엿거니와 일년이 고친 후에도 수이 됴치 아니호거든 김흥니마 롤[3] 드려다가 즈조 고쳐 수이 됴케 호여라 무수히 고쳐 수이 셩케 되거든 내게 다시 긔별 말고 힝혀 수이 됴치 아니호거든 네 친히 내게 와 즈셰 긔별호여라 볼셔 됴케 되엿거든 오 디 마라

판독대비

번호	판독자료집	황문환 (2002 : 385)	백두현 (2003 : 235~236)
1	호니 어늬	호 어늬	-
2	병이	-	병에
3	김흥니마롤	김흥니 마롤	-

진주하씨묘 출토 언간 149 / 현풍 곽씨 언간 35

〈진주하씨묘-149 / 곽씨-35, 17세기 전기, 곽주(남편) → 진주하씨(아내)〉

판독문

> 가셔

온 후의 긔별 몰라 분별ᄒᆡ 대인이ᄂᆞᆫ ᄒᆞᆫ가지로 뎌즐 넘고ᄂᆞᆫ가 풍난이ᄂᆞᆫ 어제 도라왓던가 므서시라 ᄒᆞ던고 아긔 글 니ᄅᆞᆫ 방의 제 농애 원댱 딕의셔 온 둇글 녀허 잇더니 옥진이 블러내여 오라 ᄒᆞ여 이 가는 놈 가뎌가는 초셕에 둔둔이 ᄡᅡ 보내게 ᄒᆞ라 ᄒᆞ소 그 둇긔 니ᄅᆞᆫ 노ᄒᆞ고 션도ᄅᆞᆯ 거믄 헝것조차[1] 미여 드러 이시니 ᄌᆞ셰 보아셔 미죵이ᄅᆞᆯ 맛겨 보아셔 이 놈 가뎌가는 초셕에 ᄡᅡ 보내라 ᄒᆞ소 니일 손님네 진지ᄅᆞᆯ 뎜심조차[2] ᄒᆞ게 ᄒᆞ라 ᄒᆞ소 밧바 이만

판독대비

번호	판독자료집	황문환 (2002 : 385)	백두현 (2003 : 225~226)
1	헝것조차	헝것 조차	-
2	뎜심조차	뎜심 조차	-

진주하씨묘 출토 언간 150 / 현풍 곽씨 언간 58

〈진주하씨묘-150 / 곽씨-58, 17세기 전기, 곽주(남편) → 진주하씨(아내)〉

판독문

> 가셔

년악이 오나놀 편ᄒ신 긔별 듣고 깃거ᄒ뇌 나는 무ᄉ히 졔 디내고 김극효 죠상ᄒ러 가니 나
죄 사돌로 갈 거시니 금동이ᄃ려 널러 죵돌 여러흘 ᄃ리고 사돌로 일 나와 잡게 ᄒ라 니ᄅ
소 사ᄃ롤 고쳐 마글 거시니 ᄀ장 일 나가라 니ᄅ소 내 머글 것도 아뭇거시나 ᄒ여 내여보
내고 죵돌 머글 탁쥬 술도 ᄒ 두롬이나 걸러 내여 보내소 밧바 이만

판독대비

번호	판독자료집	황문환 (2002 : 385)	백두현 (2003 : 318~319)

진주하씨묘 출토 언간 151 / 현풍 곽씨 언간 59

〈진주하씨묘-151 / 곽씨-59, 17세기 전기, 곽주(남편) → 진주하씨(아내)〉

판독문

```
가셔
```

니일 새배 한훤당 졔롤 나라흐로셔 흐시매 우리롤 그 졔 조차 흐라 흐니 오눌 소례로 도로
나가니 내 털링흐고 두건흐고 한쉬 가뎌간 눌근 명지 듕치막흐고 니블 며개 보단 빗졉 슈건
갓보애 든 재 자리보[1] 흔디 빠셔 년쉬 흐여[2] 오눌로 소례 못쏠로 보내소 나는 니일로사[3] 가
리로쇠

판독대비

번호	판독자료집	황문환 (2002 : 385~386)	백두현 (2003 : 321)
1	재 자리보	-	재자리보
2	년쉬 흐여	-	년쉬흐여
3	니일로사	늬일로사	-

진주하씨묘 출토 언간 152 / 현풍 곽씨 언간 15

〈진주하씨묘-152 / 곽씨-15, 17세기 전기(1610년)*, 곽주(남편) → 진주하씨(아내)〉

판독문

> 가셔
> 현풍 논공 오야딕

요스이 아희돌[1] 드리고 엇디 겨신고 긔별 몰라 일시도 닛디 몯ᄒᆞ여 ᄒᆞ뇌 나는 어제야 과거 롤 ᄆᆞ자 보고 나와 이시니 방이 초닷쇗날 스이 날 거시니 힝혀 과거옷 ᄒᆞ면 이 둘 그믐ᄢᆞ로 ᄂᆞ려가고 과거옷 몯ᄒᆞ면 이 둘 보름ᄢᆞ로 ᄂᆞ려가리로쇠 아기도 그롤 잘 지어 이시니 ᄀᆞ장 깃 거ᄒᆞ뇌 아기 ᄒᆞ여도 설워 ᄇᆞ리고 몯 갈 거시니 그믐ᄢᆞ로 갈가 시븨 커니와 둘히 ᄒᆞ나히나 ᄒᆞ면 우연홀가 어마님 젼에는 밧바 술이도 몯 알외ᄋᆞ오니 젼ᄎᆞ로 문안 알외옵소 양식 년ᄒᆞ 며 ᄂᆞ리와 보내고 달이네도 양식 년ᄒᆞ여 주소 손ᄃᆞ리 하 만히 와 이시니 요란ᄒᆞ여 잠깐 덕 뇌 경슐 시월 초이튼날 가옹

판독대비

번호	판독자료집	황문환 (2002 : 386)	백두현 (2003 : 130~131)
1	아희돌	아희돌	–

---

* 백두현(2003 : 18~22, 36~38)에 따름. 편지 끝의 '경슐'이라는 연기(年記)로부터 작성 시기를 '1610년'으로 추정할 수 있다.

진주하씨묘 출토 언간 153 / 현풍 곽씨 언간 124

〈진주하씨묘-153 / 곽씨-124, 17세기 전기(1617년)*, 현풍곽씨(딸) → 진주하씨(어머니)〉

판독문

> 어마님 젼 샹술이
> 현풍 논공이

문안 알외숩고 요스이 어린 동성들 거느리숩샤 긔후나 엇더ᄒᆞᆸ시며 요스이나 아바님 긔운
엇더ᄒᆞᆸ시거뇨 일시롤 닛줍디 몯ᄒᆞ여 듀야 글로 분별ᄒᆞ오며 동ᄂᆡ 힝ᄎᆞᄒᆞᆸ신 아니ᄒᆞᆸ신
타모 모ᄅᆞ와 일시도[1] 닛줍디 몯ᄒᆞ오며 답겨 ᄒᆞ오디 힝ᄎᆞᄂᆞᆫ ᄒᆞᆸ시면 무스히 ᄒᆞᆸ시돗던
닝까 모욕은 ᄒᆞᆸ시니 긔운이 엇더ᄒᆞᆸ시더라 ᄒᆞᄂᆞᆫ닝까 하 긔별 주시 모ᄅᆞ와 민망ᄒᆞ오이다
주시 긔별ᄒᆞᆸ쇼셔 이번 사ᄅᆞᆷ을 동ᄂᆡ로 보내오려 ᄒᆞᆸ다가 힝혀 힝ᄎᆞ 몯ᄒᆞᆸ신가 ᄒᆞ와 그
러 보내ᅌᆞᆸ노이다 오라바님겨오셔 ᄯᅩ 동당ᄒᆞ시니 그런 경ᄉᆡ 어듸[2] 잇스오링까 깃브오믈 내
내 알외ᅌᆞ올 말ᄉᆞᆷ 업스오며 아바님겨ᅌᆞᆸ셔 젹히 깃ᄭᅥᄒᆞᆸ시링까 깃거ᄒᆞᆸ시ᄂᆞᆫ 주롤 보ᅌᆞᆸᄂᆞᆫ
ᄃᆞᆺ 더옥 깃ᄉᆞ와 ᄒᆞᆸ노이다 김슌보기 니ᄅᆞᆸ기롤 오라바님이 초시롤 몯ᄒᆞ면 일가의 큰 병
환이 잇고 초시옷 ᄒᆞ시면 일가의 병환이 업고 됴홀라 ᄒᆞ더라 ᄒᆞ오니 초시만 ᄒᆞ셔도 그 말ᄉᆞᆷ
을 듣줍고 긔운이 ᄒᆞ리ᅌᆞᆸ실가 ᄇᆞ라ᅌᆞᆸ다니 ᄯᅩ 동당ᄒᆞ시니 깃브ᅌᆞᆷ도 ᄀᆞ이업ᅌᆞᆸ고 아바님 병셰
쾌히 됴ᄉᆞ오실가 더옥 깃ᄉᆞ와 ᄒᆞᆸ노이다 비안 가시니 골안 아ᄌᆞ바님ᄒᆞ시며 웃갓 아ᄌᆞ바님
내 오라바님이 초시롤 ᄒᆞ여시니 됴ᄒᆞ실라 ᄒᆞ시더라 ᄒᆞ셔놀 밋디 몯ᄒᆞ여도 깃거ᄒᆞᆸ다니 동
당을 ᄒᆞᆸ시니 일졍 졍ᄒᆞ여 편ᄒᆞᆸ실가 밋ᄉᆞ오며 긔트기 깃ᄉᆞ와 ᄒᆞᆸ노이다 일시롤 닛줍디
몯ᄒᆞᅌᆞ와 동ᄂᆡ 엇던 지븨 가 겨ᅌᆞᆸ신고 지븨 겨ᅌᆞᆸ신가 어듸 겨ᅌᆞᆸ시거뇨 이 ᄢᅢᄂᆞᆫ 긔운 엇더ᄒᆞ
ᅌᆞᆸ신고 ᄣᅢᄣᅢ롤 싱각ᄒᆞᆸ고 가슴 굽굽ᄒᆞ와 눈믈 금치 몯ᄒᆞ여 ᄒᆞ□□□ 몃 져글 지내ᅌᆞᆸᄂᆞᆫ 둘
아ᅌᆞᆸ시링까 져그나 ᄒᆞ리ᅌᆞᆸ시거나 심ᄒᆞᆸ시거나 주시 긔별ᄒᆞᆸ쇼셔 동ᄂᆡ 가 겨ᅌᆞᆸ셔도 게ᄂᆞᆫ
긔별이 ᄌᆞ셰 왓ᄉᆞ올 거시니 주시 ᄒᆞᆸ셔든 긔별이나 ᄌᆞ시 아ᅌᆞ와징이다[3] 부리 사ᄅᆞᆷ 가오디
아므것도 몯 보내ᅌᆞ와 뵈ᅌᆞᆫ 사ᄅᆞᆷ 보내ᅌᆞ오며 혼갓 ᄒᆞᄒᆞᆯ ᄲᅮᆫ이ᅌᆞᆸ졔 쇽졀업ᄉᆞ오니 졍 업
ᄉᆞ온 ᄒᆞ와 애ᄃᆞᆸ노이다 사ᄅᆞᆷ 뵈여 가ᅌᆞᆸᄂᆞᆫ 주롤 일가의셔 다 ᄒᆞᄒᆞ시노이다마ᄂᆞᆫ 마츰 아므

---

* 백두현(2003 : 18~22, 36~38)에 따름. 편지 끝의 '졍ᄉᆞ'라는 연기(年記)로부터 작성 시기를 '1617년'으로 추정할
  수 있다.

것도 업스온 저기오매 몬 보내시면[4] ᄒᆞ시노이다 이리셔 ᄇᆞ라ᄋᆞᆸ기롤 아바님 수이 편ᄒᆞᄋᆞᆸ시고 동ᄉᆡᆼᄃᆞᆯ 거느리ᄋᆞᆸ시고 긔운 편ᄒᆞᄋᆞᆸ샴과 수이 뵈ᄋᆞ오ᄆᆞᆯ 다시곰 ᄇᆞ라ᄋᆞᆸ노이다 졍과 말ᄉᆞᆷ은 ᄀᆞ이업ᄉᆞ오ᄃᆡ 하 지리ᄒᆞᄋᆞ와 이만 알외ᄋᆞᆸ노이다 어린 동ᄉᆡᆼᄃᆞᆯ려 안부ᄒᆞᄋᆞᆸ시고 대임이ᄃᆞ려 안부ᄒᆞᄋᆞᆸ쇼셔 므어시라 ᄒᆞ올고 긔별ᄒᆞᄋᆞᆸ쇼셔 졍ᄉᆞ 팔월 초이튼날 외오셔 그리ᄋᆞᆸᄂᆞᆫ ᄌᆞ식 슬이

판독대비

번호	판독자료집	황문환 (2002 : 386~387)	백두현 (2003 : 550~551)
1	일시도	일시롤	–
2	어듸	어디	–
3	아ᄋᆞ와징이다	–	아ᄋᆞ와 징이다
4	보내시면	보내시기 연	–

진주하씨묘 출토 언간 154 / 현풍 곽씨 언간 119

〈진주하씨묘-154 / 곽씨-119, 17세기 전기(1619년)*, 주씨(사돈) → 진주하씨(사돈)〉

판독문

곽 싱원 ᄃᆡᆨ ᄋᆡᄎᆞ
답소샹

쳔만 의외예 피우 듕의 다보ᄒᆞ옵샨[1] 유무 밧ᄌᆞ와 보옵고 반갑ᄉᆞ오며 몬내[2] 깃ᄉᆞ와 ᄒᆞᄋᆞ오ᄃᆡ 오직 셰월이 믈 흐ᄅᆞ듯 ᄒᆞᄋᆞ와 ᄋᆡᄋᆡᄒᆞ온[3] ᄀᆞ을쳘을 만나옵셔 대상이 님박ᄒᆞ오니 우리 ᄠᅳ디 이리 셔창ᄒᆞ옵거든 즉히 망극ᄒᆞ옵시랴[4] 일ᄏᆞᆺᄌᆞᆸ노이다[5] 우리ᄂᆞᆫ 덕분 대되 무ᄉᆞ 잇ᄉᆞᆸ노이다 엄 싱원님 이ᄅᆞᆫ 그런 놀랍ᄉᆞ온 일 업ᄉᆞ오이다 아ᄆᆞ려나 거ᄌᆞ 일로[6] 무ᄉᆞᄒᆞ심[7] ᄇᆞ라노이다 실은 연연의 폐로이 만히 바다 보내시니 알외ᄋᆞ올 말ᄉᆞᆷ 업ᄉᆞ오ᄃᆡ 지극[8] 미안ᄒᆞ여이다 ᄯᅩ 귀ᄒᆞ온 조홍 만히 보내옵시니 먹ᄉᆞᆸ고 내내 알외ᄋᆞ올 말ᄉᆞᆷ 업ᄉᆞ오ᄃᆡ[9] 우리ᄂᆞᆫ 아ᄆᆞ것도 훗졍[10]을 몯ᄒᆞ오니 이런 ᄒᆞᆫ이 업ᄉᆞ오며[11] 졔예 ᄡᅳ옵실 고기 마리도 몯 어더 보내오니 ᄂᆞᆺ 업ᄉᆞ오이다 우리 ᄇᆞ라옵기ᄅᆞᆯ[12] 아ᄆᆞ려나 역신 업ᄉᆞᆫ 후의 드옵심 ᄇᆞ라옵노이다 ᄌᆞ식은 그리 가 뵈옵고[13] 개댱[14] 가오려 졍ᄒᆞ옵더니 밧ᄭᅳ로셔[15] 연구 잇다[16] ᄒᆞ시매 몯 가오니 우연 호운히[17] 너기옵시링ᄭᅡ[18] 아ᄆᆞ려나 대되 평안ᄒᆞ옵샴 ᄇᆞ라옵노이다 그지업ᄉᆞ오ᄃᆡ 지리ᄒᆞ와 이만 뎍ᄉᆞᆸ노이다 응낭[19]ᄂᆞᆫ 하 영민ᄒᆞ오니 다ᄒᆡᆼᄒᆞ이다 긔미 팔월 슌삼일 사돈 쥬시[20]

* 백두현(2003 : 18~22, 36~38)에 따름. 편지 끝의 '긔미'라는 연기(年記)로부터 작성 시기를 '1619년'으로 추정할 수 있다.

판독대비

번호	판독자료집	건들바우박물관 (1991 : 32)	황문환 (2002 : 387)	백두현 (2003 : 527~528)
1	다보ᄒᆞᆸ샨	답ᄒᆞᆸ샨	답ᄒᆞᆸ샨	-
2	몯내	몯내	-	-
3	이이ᄒᆞ온	이희ᄒᆞ온	이미ᄒᆞ온	-
4	망극ᄒᆞᆸ시랴	망극ᄒᆞᆸ기란	-	-
5	일ᄏᆞ줍노이다	-	일ᄌᆞ줍노이다	-
6	거즈 일로	거즈일로	-	거즈 일도
7	무스ᄒᆞ심	무스ᄒᆞ길	-	-
8	지극	진ᄉ	-	진ᄉ
9	업스오디	없스오디	-	-
10	훗졍	표졍	표졍	-
11	업스오며	업스오미	-	-
12	ᄇᆞ라ᅀᆞᆸ기롤	ᄇᆞᄅᆞᅀᆞᆸ기롤	-	-
13	가 뵈ᅀᆞᆸ고	가뵈ᅀᆞᆸ고	-	-
14	개댱	대량	대량	-
15	밧ᄯᅩ로셔	-	-	박ᄯᅩ로셔
16	연구 잇다	연구(고)잇다	-	-
17	ᄒᆞ운히	홍〇히	-	-
18	너기ᅀᆞᆸ시링짜	너기압시링짜	-	-
19	웅낭	음남	웅남	-
20	쥬시	쥬 서	-	-

진주하씨묘 출토 언간 155 / 현풍 곽씨 언간 126

〈진주하씨묘-155 / 곽씨-126, 17세기 전기(1620년)*, 현풍곽씨(딸) → 진주하씨(어머니)〉

판독문

> 어마님 젼 샹술이
> 피우소 소례   근봉

티복이 오ᄋ와눌[1] 평안ᄒᆞ옵신 유무 보옵고 지극 반갑ᄉᆞ오며 깃ᄉᆞ와 ᄒᆞ오더 요ᄉᆞ이 심히 긔별 모ᄅᆞ와 일야 분별ᄒᆞ옵다니 이 사름 오ᄋ와눌 듣ᄌᆞ오니 역신을 아기시 ᄒᆞ시ᄂᆞ니라 ᄒᆞ오니 놀랍ᄉᆞ오믄 아무라타 업ᄉᆞ오더 하 됴히 ᄒᆞ시다 ᄒᆞ오니 몬내 깃ᄉᆞ와 ᄒᆞ오더 다시 긔별 모ᄅᆞ와 민망ᄒᆞ옵고 피우 간 동ᄉᆡᇰᄃᆞᆯ 엇더ᄒᆞ온고 좀든 슷도 닛ᄌᆞᆸ디 몯ᄒᆞ와 일야 분별이 그지업ᄉᆞ와이다 아ᄆᆞ려나 됴케 ᄒᆞ심을 하ᄂᆞ님끠 비옵노이다 아ᄆᆞ리 됴케 ᄒᆞ나마 피우ᄂᆞᆫ[2] 아니ᄒᆞᆫ 동ᄉᆡᇰ둘란 ᄃᆞ려다가 ᄒᆞ일 계고 마옵시고 비뎌 업ᄂᆞᆫ 골로 아ᄆᆞ려나 피우 힘뼈 ᄒᆞ옵쇼셔 하 놀랍ᄉᆞ와 즉시 밧쯔로 나가 긔별이나 아옵고젼 ᄆᆞ음이 그지업ᄉᆞ오되[3] 밧끠셔도 동니 가시고 업고 수이 통치 몯ᄒᆞ오니 긔별[4] 수이 모ᄅᆞ와 민망ᄒᆞ오이다 아ᄆᆞ려나 다시곰 조심ᄒᆞ옵셔 무ᄉᆞ히 ᄒᆞ옵쇼셔 셜마 됴타 ᄒᆞ시고 아니ᄒᆞᆫ 동ᄉᆡᇰ ᄃᆞ려다가 마옵쇼셔 여러히 ᄒᆞ면 근심도 만코 ᄒᆡᇰ혀 듕케 ᄒᆞ오면 그런 근심이 업ᄉᆞ올 거시니 마옵쇼셔 봄이 깁ᄉᆞ와 가오니 초목이 만발ᄒᆞ오니 녜 일 ᄉᆡᇰ각ᄒᆞ옵고 망극 슬허ᄒᆞ노이다 이리셔 내 ᄇᆞ라옵기ᄂᆞᆫ 긔운 편ᄒᆞ옵심과 아ᄆᆞ려나 됴히 디답ᄒᆞ쇼셔 다시 긔별 수이 몯 드롤 거시라 글로 답답ᄒᆞ오이다 할미끠 안부ᄒᆞ시고 아ᄆᆞ려나 됴케 디답ᄒᆞ심 ᄇᆞ라노이다 ᄒᆞ쇼셔 그지 업ᄉᆞ와 이만 ᄒᆞ옵 경신 삼월 순삼일

---

* 백두현(2003 : 18~22, 36~38)에 따름. 편지 끝의 '경신'이라는 연기(年記)로부터 작성 시기를 '1620년'으로 추정할 수 있다.

판독대비

번호	판독자료집	황문환 (2002 : 388)	백두현 (2003 : 565~566)
1	오ᄋᆞ와눌	오와ᄋᆞ눌	–
2	피우ᄂᆞᆫ	피우난	–
3	그지업ᄉᆞ오되	그지업ᄉᆞ오더	그지 업ᄉᆞ오되
4	긔별	–	긔벼

진주하씨묘 출토 언간 156 / 현풍 곽씨 언간 128

〈진주하씨묘-156 / 곽씨-128, 17세기 전기(1622년)*, 현풍곽씨(딸) → 진주하씨(어머니)〉

판독문

| 어머님 젼 샹술이 | 근봉 |
| 현풍 논공이 | |

문안 알외옵고 쩐나온 후의[1] 대되 뫼ㅇ오며 긔후 엇더ᄒ옵샨고 좀드온[2] 슷도[3] 닛줍디 몯ᄒ여 시긱을[4] 일ᄏᄌ오며[5] 눈믈지옵노이다 ᄌ식은 덕분의 ᄌ식돌[6] 거느리옵고 무스히 왓습노이다 그더도록 몯 닛ᄌ와 ᄒ옵시다가 가오디 ᄒ 졋 말ᄉᆞᆷ을[7] 몯 듯줍고 오ᄋ오디 ᄒ ᄌ[8] 말ᄉᆞᆷ을 몯 듯줍고 오오니 ᄐᄂᆞᆫ 듯[9] 망극 셜워이다 ᄌ식은 갓ᄉ와도 조용ᄒᆞᆫ 때 업ᄉ와 말ᄉᆞᆷ도 조용히 몯ᄒ옵고 가지가지 븨호[10] 만히 ᄒ옵고 오오니 더옥 망극 셜워ᄒ옵노이다 이번은[11] ᄌ식돌로 ᄒ여 더옥 몯 닛ᄌ오실 줄 아오매 시시로 싱각ᄒ옵고 눈믈지옵노이다 밧쯰셔는[12] 몯 가도 울고 가도 울고 ᄒ니 뇌여 몯[13] 가리라 ᄒ노이다[14] 이리셔 ᄇ라옵기는[15] 어린 동ᄉᆡᆼ 돌 거느리옵셔[16] 긔후 평안ᄒ옵샴과 시졀 편ᄒᄋ와 수이 가 뵈옵고져 원이로소이다 대임으네[17] 셋ᄃ려 됴히 이시라 안부ᄒ옵쇼셔 웅남이도[18] 문안 알외옵고 다시 가 뵈ᄋ오려 ᄒ옵노이다 ᄀ업ᄉ오디 망극ᄒ와 이만 알외옵노이다 임슐 삼월 넘칠일 ᄌ식 술이

* 백두현(2003 : 18~22, 36~38)에 따름. 편지 끝의 '임슐'이라는 연기(年記)로부터 작성 시기를 '1622년'으로 추정할 수 있다.

판독대비

번호	판독자료집	건들바우박물관 (1991 : 35)	황문환 (2002 : 388~389)	백두현 (2003 : 577~578)
1	편나온 후의	편으온 후의	–	–
2	줌드온	잠드온	–	–
3	숫도	숫도	–	–
4	시긱을	시격을	–	–
5	일ㅅㅈ오며	일ㅋㅈ오며	–	일ㅋㅈ오며
6	ᄌ식돌	–	ᄌ식들	–
7	ᄒ 줏 말숨을	혼줏말숨을	–	–
8	ᄒ 줏	혼줏	–	–
9	튼ᄂ 둣	툴둣	–	–
10	븨호	–	비호	–
11	이번은	–	–	이번 온
12	밧끠셔ᄂ	밧끠셔는	–	–
13	뇌여 몰	니니몰	–	–
14	ᄒ노이다	ᄒ오이다	–	–
15	ᄇ라옵기ᄂ	바라옵기ᄂ	–	–
16	거느리옵셔	거느리옵셔	–	–
17	원이로소이다 대임으네	원이로소이대 임으네	–	–
18	응남이도	–	–	응낭이도

진주하씨묘 출토 언간 157 / 현풍 곽씨 언간 162

〈진주하씨묘-157 / 곽씨-162, 17세기 전기(1624년)*, 현풍곽씨(언니) → 현풍곽씨(여동생)〉

판독문

```
어마님 젼 샹장
됴 셩원 딕¹                    근봉
```

극열의 대되 뫼으오셔 존아기내² ㅎ시며 긔후 엇디 지내신고 일시도 닛줍디 몯ㅎ오며 안덕
상수는 그런 놀랍ᄉ온 상시 어디 이ᄉ올고³ 긔별ㅎ올 말ᄉᆷ 업ᄉ외 아기내 역신혼단 말 듣고
일시도 닛줍디 몯ㅎ여 분별만 ㅎ고 극농시니⁴ 사ᄅᆷ 몯 보내여 민망ㅎ더니 젼초로 드르니 무
ᄉᆞ다 ㅎ니 쳔하의 그런 깃븐 이 어디 이실고 하례 사ᄅᆷ이나 보내고져 ㅎ되 하 결 업서 몯
보내니⁵ 어마님 젼의 내 귀ᄂᆞᆫ 무궁ㅎ외 아오님 아기내ᄂᆞᆫ 편ㅎ오며 역신을 아니혼가 피우 난
동싱님내ᄂᆞᆫ 무ᄉᆞㅎ온 긔별 주시 ㅎ소⁶ 아ᄌᆞ바님 젼의 고열의 긔휘나 편ㅎ옵싱까 문안 엿줍
고 안덕 상수는 그런 놀랍ᄉ온 상시 어디 잇ᄉ오링까 엿줍소 아ᄆᆞ것 업서 빈 유무ㅎ오니 ㅎ
운ㅎ여이다 대되 평안ㅎ옵샴 원ㅎ뇌 이 사ᄅᆷ 하 급치매 주지고 잠깐 ㅎ옵뇌 갑ᄌᆞ 칠월 초팔
일 그리ᄂᆞᆫ 동싱 피우 등의 셔⁷

판독대비

번호	판독자료집	황문환 (2002 : 389)	백두현 (2003 : 720~721)
1	됴 셩원 딕	호셩원딕	됴셩원딕
2	존아기내	존 아기내	-
3	이ᄉ올고	잇ᄉ올고	-
4	극농시니	극녹시	-
5	보내니	보낸니	-
6	주시 ㅎ소	-	주시 ㅎ고
7	등의 셔	등의셔	-

....

* 백두현(2003 : 18~22, 36~38)에 따름. 편지 끝의 '갑ᄌᆞ'라는 연기(年記)로부터 작성 시기를 '1624년'으로 추정할
수 있다.

진주하씨묘 출토 언간 158 / 현풍 곽씨 언간 127

〈진주하씨묘-158 / 곽씨-127, 17세기 전기(1620년)*, 현풍곽씨(딸) → 진주하씨(어머니)〉

판독문

> 어마님 젼 샹술이
> 현풍 논공이   근봉

문안 ㄱ업시 알외옵고 년쉬 돈녀가온 후의 요스이 극한의 대되 긔후 엇더ᄒᆞ옵샨고 긔별 모ᄅᆞᄋᆞ와 일야 분별이 그지업ᄉᆞ와이다 외예 할마님겨옵셔는 힝츠ᄒᆞ옵시닝짜 다시 긔별 모ᄅᆞ와 답답ᄒᆞ오며 힝츠ᄒᆞ옵시면 어마님겨옵셔 죽히 흐운ᄒᆞ옵시거냐[1] 일시롤 닛줍디 몯ᄒᆞ와 듀야 일ᄀᆞ줍노이다 됴 셩원[2] 아ᄌᆞ바님겨오셔는 와 겨신가 ᄌᆞ조 긔별 모ᄅᆞ와 일야 분별ᄒᆞ오며 흐이로소이다 ᄌᆞ식은 덕분의 연명ᄒᆞ올 잇ᄉᆞ오디 일일에 내내 게 긔별 모ᄅᆞ와 셜워이다 이리셔 ᄇᆞ라옵기롤 아므리나 극셔의 동싱둘 거느리옵셔 긔후 평안ᄒᆞ옵샴과 수이 뵈옵고 쳔만 튝슈ᄒᆞ옵노이다 아므것도 졍 알외ᄋᆞ올 것 업ᄉᆞ와 뵈ᄋᆞ온 술이 알외ᄋᆞ오며[3] 흔ᄒᆞ옵노이다 년쉬 가올 제 대치 유무ᄒᆞ엿ᄉᆞ오매 아니ᄒᆞ옵노이다 오라바님끠와 동싱둘끠 다 문안ᄒᆞ옵쇼셔 닷 유무ᄒᆞ올 거슬 이 놈이 급히 가노라 ᄒᆞ오매 닷 유무 몯ᄒᆞ니 흐운ᄒᆞ여이다 긔별ᄒᆞ쇼셔 셔보기[4] 온 다마다[5] 완노라 ᄒᆞ고 ᄒᆞ고 유뮈나 드리고 션믈ᄒᆞ니 귀ᄒᆞ오이다 경쥐셔 샹ᄒᆞ라 흔다 ᄒᆞ옵시고 술이나 머기옵쇼셔 년쉬 가져간 거슨 유무대로 ᄌᆞ시 바드시닝짜 큰딕의셔 통죠긔 흔 뭇 쳥어 흔 드룸 유무예 아니 슨 것 가옵더니 보옵시닝짜 이 유무도 보옵신 타모후의 ᄌᆞ시 ᄒᆞ옵쇼셔 그지업ᄉᆞ오디 급히 오매 이만 알외옵노이다 경신 납월 망일 그리옵ᄂᆞᆫ ᄌᆞ식 술이

* 백두현(2003 : 18~22, 36~38)에 따름. 편지 끝의 '경신'이라는 연기(年記)로부터 작성 시기를 '1620년'으로 추정할 수 있다.

420   조선시대 한글편지 판독자료집 ❶

판독대비

번호	판독자료집	황문환 (2002 : 389~390)	백두현 (2003 : 571~572)
1	흐운ᄒ옵시거냐	흐운ᄒ옵시려냐	–
2	됴 싱원	호싱원	됴싱원
3	알외옵오며	알외오며	–
4	셔보기	셔보기	–
5	온 다마다	온다마다	–

진주하씨묘 출토 언간 159 / 현풍 곽씨 언간 145

〈진주하씨묘-159 / 곽씨-145, 17세기 전기, 현풍곽씨(딸) → 진주하씨(어머니)〉

판독문

> 어마님 전 샹술이
> 현풍 논공이
> 근봉

문안 フ업시 알외옵고 요亽이나 편치 아니옵신 긔운이 이제나 엇쩌ㅎ옵샨고 긔별 모른와 좀든 시도 닛줍디 몯ㅎ오디 졍와 フ줍지 몯 지금 사룸도 몯 보내와 밤낫 글로 근심ㅎ올 뿐이옵 쇽졀업亽와 우옵노이다 금개는 열흔날[1] 가옵더니 무亽히 갓습는가 긔별 모른와 민망ㅎ옵고 투심ㅎ오며 명지 션 것 열 냥 다 가옵더니 즈시 바드시며 대구 세 마리 광어 호 마리 보션ㅎ고 자반도 가더니 즈시 바드신 답장 이놈 ㅎ여[2] ㅎ옵쇼셔 젼의 가다가 도로 온 것쏘 亽이예셔 하 허수ㅎ니 밋디 몯ㅎ로소이다 죠피 게 업다 ㅎ여놀 반 되나 가더니 그도 쥬인의 브리고 금개 것ㅎ며 팃보기[3] 것ㅎ며 고기 대엿 마래시나 브리고 음식도 반치나 허亽로 브리니 그런 우亽온 일 업서이다 시난 동싱은 졍ㅎ여 가시는가 우연 흐운ㅎ옵시링짜 외오셔도 흐운ㅎ오미 フ업서이다 오라바님끠와 동싱남내게[4] 다 문안ㅎ옵쇼셔 이 사룸이 지나가며셔 급치매 유무 몯ㅎ노이다 이리셔 브라옵기는 아므리나 긔운 편ㅎ옵샴을 하ᄂ님끠[5] 비옵노이다 시졀이 요란ㅎ여 션븨 다 의영ㅎ여 셔울 가노라 ㅎ니 아므리 될 줄 모른고 주금 살믈[6] 세지 아니ㅎ라 ㅎ오니 민망ㅎ이다 게는 +

판독대비

번호	판독자료집	황문환 (2002 : 390)	백두현 (2003 : 655~656)
1	열	연	-
2	이놈 ㅎ여	-	이 놈ㅎ여
3	팃보기	팃보긔	-
4	동싱남내게	동싱남네게	동싱남내의
5	하ᄂ님끠	하ᄂ님쎄	-
6	주금 살믈	주금살믈	-

진주하씨묘 출토 언간 160 / 현풍 곽씨 언간 111

〈진주하씨묘-160 / 곽씨-111, 17세기 전기(1622년)*, 곽이창(손자) → 미상(할머니)〉

판독문

> 할마님 젼 샹술이
>
> 근봉

문안 구업시 알외옵고 뼈나온 후의 긔후 엇더ᄒᆞ옵시닝까 좀드온 숫도 닛줍디 몯ᄒᆞ와 시
긱을 일곳줍노이다 석 둘 ᄒᆞ디 뵈ᄋᆞ와 잇ᄉᆞ와도 져그나도 잇던가 시브지 아녀 아니 뵈ᄋᆞ옴
만 몯ᄒᆞ여 하 ᄒᆞ운ᄒᆞ여 셟ᄉᆞ오이다[1] 손ᄌᆞᄂᆞ[2] 덕분의 ᄌᆞ식둘ᄒᆞ오며[3] 무ᄉᆞ히 왓습노이다 아마
도 이리셔 ᄇᆞ라옵기는 츈한 긔후 평안ᄒᆞ옵샴과 시절 편ᄒᆞ여 수이 가 뵈ᄋᆞ옴을 쳔만 툭슈ᄒᆞ
옵노이다 구이업ᄉᆞ오더 망극ᄒᆞ와 이만 알외옵노이다 임슐 삼월 넘칠일일[4] 손ᄌᆞ 곽 술이 쇼
쇼ᄒᆞ오나 대구 보내옵노이다

판독대비

번호	판독자료집	황문환 (2002 : 390~391)	백두현 (2003 : 499~500)
1	셟ᄉᆞ오이다	셟ᄉᆞ와이다	-
2	손ᄌᆞᄂᆞ	손ᄌᆞ는	-
3	ᄌᆞ식둘ᄒᆞ오며	-	ᄌᆞ식둘 ᄒᆞ오며
4	넘칠일일	넘칠일	-

---

* 백두현(2003 : 18~22, 36~38)에 따름. 편지 끝의 '임슐'이라는 연기(年記)로부터 작성 시기를 '1622년'으로 추정할
  수 있다.

진주하씨묘 출토 언간 161 / 현풍 곽씨 언간 164

〈진주하씨묘-161 / 곽씨-164, 17세기 전기, 미상(언니) → 미상(여동생)〉

판독문

큰아기시끠 아ᄋᆞ님 젼 샹하장	근봉

요ᄉᆞ이 더위예 대되 뫼ᄋᆞ오셔 긔후 엇더ᄒᆞᄋᆞᆸ신고 심히 긔별 모ᄅᆞᄋᆞ와 일시롤 닛ᄌᆞ온 시 업ᄉᆞ와 듀야 분별이 그지업ᄉᆞ오며 역신 ᄒᆞ신다 긔별 듣고 하 놀랍ᄉᆞ와 밧ᄡᅳ로나 문안이나 아오려 사ᄅᆞᆷ 보내ᄋᆞᆸ고젼 ᄆᆞᄋᆞᆷ이 ᄀᆞ득ᄒᆞ여 보내여징다 ᄒᆞ니 역신의 통치 몯ᄒᆞᆯ 거시니 마ᄋᆞ리[1] 보내지 말라 ᄒᆞ시니 몯 보내여 일시롤 닛디 몯ᄒᆞ여 긔별 드롤 길히 업서 민망ᄒᆞ더니 션싱 영장의 가 겨시다가 박 싱원 아ᄌᆞ바님겨셔[2] 티도 업시 하 잘 ᄒᆞ시다 ᄒᆞ니 깃ᄉᆞ와 즉시 하례 사ᄅᆞᆷ 보내ᄋᆞᆸ고져 ᄒᆞ오ᄃᆡ 촌의 나가 녀름지이롤 ᄒᆞ니 내 ᄆᆞᄋᆞᆷ대로 몯ᄒᆞ여 지금 몯 보여 눈믈로 쇼일ᄒᆞ니 이저야 보내뇌 어ᄂᆡ 내 졍이런 줄 아ᄅᆞ실고 졍은 그지업ᄉᆞ오ᄃᆡ 궁ᄒᆞ여 아ᄆᆞ것도 몯 보내니 이런 ᄒᆞ니 업서 애ᄃᆞᆫ돌 쇽졀 이실가 나ᄂᆞᆫ 겨유 숨 니을 만[3] 이시되[4] 그리도록 몯[5] 닛ᄌᆞ오시던 졍을 어ᄃᆡ 가ᄋᆞᆸ시고 ᄉᆞ년이 도여 가오ᄃᆡ ᄒᆞᆫ ᄌᆞᆺ 글시롤 몯 보ᄋᆞᆸ거뇨 싱각ᄒᆞ오니 갈소록 그립ᄉᆞᆸ고 망극 셜워 ᄆᆞ일 눈믈 금치 몯ᄒᆞ여 셜워이다 이리셔 내 ᄇᆞ라ᄋᆞᆸ기롤 아ᄆᆞ려나 더위예 대되 뫼시고 긔후 편히 겨심과 수이 보ᄋᆞᆸ고져 원이로쇠 ᄀᆞ업ᄉᆞᄃᆡ 됴희[6] 져거 이만 ᄒᆞ뇌

판독대비

번호	판독자료집	황문환 (2002 : 391)	백두현 (2003 : 731~732)
1	마ᄋᆞ리	나ᄋᆞ리	-
2	아ᄌᆞ바님겨셔	아ᄌᆞ버님겨셔	-
3	니을 만	-	니을만
4	이시되	이시ᄃᆡ	-
5	몯	못	-
6	됴희	됴히	-

진주하씨묘 출토 언간 162 / 현풍 곽씨 언간 107

〈진주하씨묘-162 / 곽씨-107, 17세기 전기, 곽의창(아들) → 진주하씨(어머니)〉

판독문

어마님 젼 샹술이
진촌

밤스이 긔후 엇더ᄒᆞ옵시니잇가[1] 스모 ᄀᆞ업스와 ᄒᆞ옵노이다 ᄌᆞ식은 무스 왓숩노이다[2] 어제 동샹의게 듯ᄌᆞ오니 풍개 매 마즌 듸 ᄀᆞ장 듕ᄒᆞ가 시브옵고 밤의 꿈도 사오랍스오니 브듸 사ᄂᆞᄆᆞᄒᆞ손의[3] 약ᄒᆞ여 주라 ᄒᆞ쇼셔 완완이 ᄒᆞ여 못ᄒᆞ올 거시니 금월이ᄅᆞᆯ 말고 향월이ᄅᆞᆯ 보내옵 약 머길 줄이나 ᄌᆞ세 니ᄅᆞ라 ᄒᆞ옵쇼셔 개쏭믈과 모시 부리 믈[4] 졈 머기라 ᄒᆞ옵쇼셔 그릇치면 죽스올가 넘녀ᄒᆞ옵노이다 브듸 파샹풍 아니 될 약을[5] 미리 머기라 ᄒᆞ옵쇼셔 의 집의 잇던 거슨 봉ᄒᆞ여 보내오니 ᄌᆞ세 밧ᄌᆞ오쇼셔 심난ᄒᆞ와 이만 알외옵노이다 즉일 ᄌᆞ식 의챵[6] 술이

판독대비

번호	판독자료집	건들바우박물관 (1991 : 33)	황문환 (2002 : 391~392)	백두현 (2003 : 483~484)
1	엇더ᄒᆞ옵시니잇가	엇더ᄒᆞ옵시니잇가	–	엇더 ᄒᆞ옵시니잇가
2	ᄌᆞ식은 무스 왓숩노이다	[판독 안 됨]	–	–
3	사ᄂᆞᄆᆞᄒᆞ손의	사ᄂᆞᄆᆞᄎ 손의	사ᄂᆞᄆᆞᄒᆞ 손의	–
4	모시 부리 믈	모시부듸믈	모시부리 믈	모시 부리믈
5	될 약을	될약을	–	–
6	의챵	의챵	–	–

판독문

+희도 글 드듸여 길 몯 가오매 가져가던 것쏘[1] 몯 보내와 흐흐오며 우노이다 보내던 거시 조반ᄒ고 실과 두 그룻ᄒ고 약쥬 두 병 대구 다숫 싱쳥어 ᄒᆫ 갓 그리 보내ᄋᆞᆸ더니 그도 몯 가져가니 그런 고이ᄒᆞᆫ 일 업서이다 내ᄒᆡ 노홉고 애둘온 이리 이예셔 든 이리 업세라 시버이다 원디 이리[2] 이런 줄 모ᄅᆞ고 눕 어려우며 시난 둉둘 붓러워이다 내 원으로 새회 먼 디 마ᄋᆞᆸ고 며누리 먼 디 마ᄋᆞᆸ쇼셔 가족ᄒᆞ오면 이더록 이러ᄒᆞ랴 셰오니[3] 더옥 셜워이다 안덕 동성은 므서슬 나ᄒᆞ고 모미나 셩ᄒᆞ온간[4] 이 사ᄅᆞᆷ ᄒᆞ여[5] ᄌᆞ시 답장ᄒᆞᄋᆞᆸ쇼셔 금개 가던 김의 대되 유무 엿ᄌᆞᆸ더니 이 사ᄅᆞᆷ 가져가라 ᄒᆞ오니 그 유무 보ᄋᆞᆸ+

판독대비

번호	판독자료집	황문환 (2002 : 392)	백두현 (2003 : 635~636)
1	것쏘	것 쏘	–
2	이리	〔판독 안 됨〕	–
3	셰오니	시브니	–
4	셩ᄒᆞ온간	셩ᄒᆞ온가	–
5	사ᄅᆞᆷ ᄒᆞ여	–	사ᄅᆞᆷᄒᆞ여

진주하씨묘 출토 언간 164 / 현풍 곽씨 언간 143

〈진주하씨묘-164 / 곽씨-143, 17세기 전기, 현풍곽씨(딸) → 진주하씨(어머니)〉

판독문

+ 겨옵시디 당시 뼈나지 몯ᄒ매 셕 둘재 골안 가 겨시고 산뒤[1]만 ᄃ리고 촌의 피우 나셔 고모ᄒ기 셜워이다 피난 동싱ᄃ론 다 무ᄉᄒ오며 당시 아니 드러습ᄂ가 ᄌ시 긔별 ᄌ식은 숨 니을 만 잇ᄉ와 근심 그츤 저기 업서 졍월웃터 병으로 티보기 영미 넙싱이 나셔 넙싱이ᄂ 나가고 티보기ᄂ 오월의 들고 영미ᄂ 그믐ᄭ사 드러습ᄂ이다 이우제 이ᄂ 사름이 졍산 어버이 이셔 ᄂ일 가더라 듣고 ᄒ른길히니 갈 제 올 제 이틀 길히니 사홀 일 ᄒ려[2] ᄒ고 하비니 가오디 촌의ᄂ 어둘 디도 살 디도 업서 아ᄆ것도 업ᄉ와 뷘 유무만 ᄒ옵고 사름 보내오니 극히 흐운ᄒ이다 늅이니 음식 됴케 ᄒ여 머기시고 졈심 ᄒ여 주쇼셔 동싱님내게 바ᄂ질 만히 보내엿더니 몯ᄒ여실 거시니 연구 업거든 브디 수이 ᄒ엿다가 닉월의 티보기 니거든 보내쇼셔 그 품은 나옷 사라시면 갑프려 ᄒ다 +

판독대비

번호	판독자료집	황문환 (2002 : 392)	백두현 (2003 : 646~647)
1	산뒤	산쥐	–
2	일 ᄒ려	일ᄒ려	–

〈진주하씨묘-165 / 곽씨-109, 17세기 전기(1645년)*, 곽유창(아들) → 진주하씨(어머니)〉

판독문

어마님 젼 샹술이
진촌 우소   근봉

밤수이 긔후 엇더ᄒᆞ옵시닝잇까[1] 긔별 모ᄅᆞ와 스모ᄒᆞ옵노이다 ᄌᆞ식은 아직 무ᄉᆞ히 왓ᄉᆞ오ᄃᆡ 타작이 하 의지 업ᄉᆞ오ᄂᆞᆫ가 시브오니 민망이로소이다 단셩 박 싱원이 계예 쁜 남치라 ᄒᆞ고 황육 죠곰 주옵거ᄂᆞᆯ 보내옵노이다 뵈 ᄂᆞᆯ 거ᄉᆞᆫ[2] 어제 보내옵신가 두 근으로 비록 여든 자히나 아흔 자히나 되ᄂᆞᆫ 대로 새 수란[3] 제 항녈에 맛게 눌려[4] 수이 미 ᄧᅡ ᄒᆞᆫ ᄀᆞ옴[5]을 즈러 버혀[6] 계 미처 딕녕을 ᄒᆞ여 닙게 ᄒᆞ옵쇼셔 웃집 조스네[7] 형뎨와 티셩 어미와 용밈[8]집을 내 말ᄉᆞᆷ으로 비러 브ᄃᆡ 얼 업시 틱틱게 ᄲᅡ여 깃뵈로 오ᄉᆞᆯ ᄒᆞ게 ᄒᆞ옵쇼셔 ᄲᅵ 젹거든 미처 더 쟝만ᄒᆞ나마 브ᄃᆡ 아흔 자히나 실케 눌리옵쇼셔 웃옷 둘과 보 ᄒᆞ나흘 ᄒᆞ여야 쓰오리이다 비록 ᄂᆞᆯ 거술[9] 오ᄂᆞᆯ 보내여 겨옵셔도 ᄯᅩ 쳘봉이 다 부러 보내여[10] 아흔 자히 휜휜케 눌아 수이 미처 미 ᄲᅳ게[11] 긔걸ᄒᆞ옵쇼셔 아마도 브라옵기 긔후 ᄆᆡ일 평안ᄒᆞ옵심 츅슈ᄒᆞ옵노이다 을유 시월 초오일 ᄌᆞ식 유챵 술이

판독대비

번호	판독자료집	건들바우박물관 (1991 : 34)	황문환 (2002 : 393)	백두현 (2003 : 488~489)
1	엇더ᄒᆞ옵시닝잇까	엇더ᄒᆞ옵시닝잇가	-	-
2	눌 거순	눌거슨	-	-
3	새 수란	새수란	-	-
4	눌려	눌혀	-	-
5	미 짜 ᄒᆞᆫ ᄀᆞ옴	미짜ᄒᆞᆫᄆᆞ옴	미짜 ᄒᆞᆫ ᄀᆞ옴	-
6	즈러 버혀	드러버려	-	즈러버혀
7	조스네	조수내	-	-
8	용밈	용□	용심	-
9	눌 거술	눌거술	-	-
10	보내여	보내셔	-	-
11	미 ᄲᅳ게	미ᄲᅳ게	미ᄲᅳ게	-

진주하씨묘 출토 언간 166 / 현풍 곽씨 언간 38

〈진주하씨묘-166 / 곽씨-38, 17세기 전기, 곽주(남편) → 진주하씨(아내)〉

판독문

> 가셔
>
> 논공

요스이 아희돌 드리고 엇디 겨신고 긔별 몰라 분별ᄒ뇌 나는 당시 무스히 잇뇌 쟝모 긔우는 편ᄒ신가 밧바 술이 몯 알외ᅌᆞᆸ뇌 젼ᄎ로 이 ᄠᅳ돌 알외ᅌᆞᆸ소 교의예 돗 션홀 거슬 몯 어더 날 ᄒ여 어더 ᄒ라 ᄒ시니 명지예 즈지 든 거시나 야쳥 든 거시나 아므거시나 ᄒ 자 세 치만 보내소 명지 업거든 교직에 믈 든 거슬 보내소 오온 복이 업거든 비록 품 뛴 거시나마나 보내소 품 뛴 거시거든 다숫 자롤 보내고 품 아니 ᄲᅧ 오온 복이어든 ᄒ 자 세 치만 와도 ᄠᅳᆯ 거시니 짐쟉ᄒ여 보내소 돗 네 모해 션을 도로디 ᄒ 넉킈 ᄒ 자 세 치식 들 거시니 품 뛴 거시면 닷 재나[1] ᄒ여사 ᄠᅳᆯ 거시고 품 아니 ᄲᅧ 오온 복이면 ᄒ 자 세 치면 ᄲᅧ ᄡᅳ리로쇠 너븨는 ᄒ 치 닷 뿐이 들 거시고 기릐는 ᄒ 자 세 치 들 거시니 품 뛴 것옷 잇거든 품 뛴 거슬 닷 자만 보내고 업거든 오온 복 ᄒ 자 세 치롤 보내소 즈지 실이나 다홍 실이나 듕에 아므 실이나 반반 ᄭᅮ리만 조차 보내소 슉진의 병은 엇던고 즈셰 아라 긔별ᄒ소 큰 물 기춤 그저 깃는가 즈셰 보아 ᄒ가지로 깃거든 곽샹이 ᄒ여 거싀 사ᄅ자바 날마당 머기라 ᄒ소 곽샹이 날마당 드러와 물 살펴보라 ᄒ소 스므날 졔예 식켜졋 미리 듬기게 ᄒ소 여ᄃ래날 물 보낼 제 큰[2] ᄆ리 깃춤을 그저 깃거든 큰 암ᄆ롤 보내소 물 보낼 제 풍난이와 옥쉬롤 보내소 풍난이 연괴 잇거든 곽샹이와 □□롤 보내소 옥쉬 ᄨᅩᆼ ᄠᅥ거든 얼운 죵 둘흘 보내소 여ᄃ래날로 보내소 요란ᄒ여 이만 즈일

판독대비

번호	판독자료집	황문환 (2002 : 393~394)	백두현 (2003 : 239~240)
1	닷 재나	-	닷재나
2	큰	〔판독 안 됨〕	-

진주하씨묘 출토 언간 167 / 현풍 곽씨 언간 10

〈진주하씨묘-167 / 곽씨-10, 17세기 전기, 곽주(남편) → 진주하씨(아내)〉

판독문

```
가셔
현풍 논공
```

요스이 아기네 드리고 엇디 겨신고 긔별 몰라 분별호뇌 나는 오늘사 샹쥐룰 뼈나니 샹소 이리 셔울 가도 쉽디 아니호면 과거는 몯 볼 양으로 가뇌 양식이 브죡호여 유지 어든 뿔을 길 되로[1] 서 말 아홉 되룰 쑤워 가니 딕말로 너 말만 주고 옥금의 뿔도 혼 마룰 쑤워 가니 딕말로 한분이 뿔 혼 말만 주소 콩도 딕말로 유지 혼 말 한분이 혼 말만 주소 분둘 내 방 창밧긔 마뢰여 연저 서리 마치게[2] 마소 밧바 이만 구월 초나혼날

판독대비

번호	판독자료집	황문환 (2002 : 394)	백두현 (2003 : 101~102)
1	길되로	길 되로	–
2	마치게	마치지	–

진주하씨묘 출토 언간 168 / 현풍 곽씨 언간 43

〈진주하씨묘-168 / 곽씨-43, 17세기 전기, 곽주(남편) → 진주하씨(아내)〉

판독문

> 답셔

편호신 유무 보고 반기며 깃거호뇌 대임이는 그제브터 도로 심을 알호니 민망호여 호뇌 셕우황도 어든 거슬 니일이면[1] 다 먹게 되여시매 거챵틱의 잇단 말 듣고 친히 갓다가 몯 어더 오니 아므려 홀 줄 몰라 더옥 민망호여 호뇌 큰아긔 심도 미일 알론다[2] 호고 며느리도 알팟고 뎡냥[3]의 형뎨도 알팟다 호니 이런 슈샹코 민망훈 이리 어딕 이실고 나도 니일이나 침을 더 마텨 보아셔 스므이튼날 스이 드리고 가려 호뇌 어제도 하 두려 우니 갓가스로 마치니 니일 쏘 엇디호려뇨 호뇌 쓰면 됴타 홀식 니일 쓰려 호니 약뿍 쓴 딕 닙플 뜨더 호 줌만 빠 보내소 건치호고 마론 모과호고 쏘 보내소 하 심심호여 이만 즈일 심은 알호도 비옛 거슨 프러딘 둧호여 잇닉

판독대비

번호	판독자료집	황문환 (2002 : 394)	백두현 (2003 : 264~265)
1	니일이면	늬일이면	-
2	알론다	알혼다	알룬다
3	뎡냥	-	녕냥

■ 대상 언간

나주임씨(羅州林氏) 집안에 전하는 한글편지첩 2첩 가운데, 총암(叢巖) 임일유(林一儒, 1611~1684)와 관련하여 『叢巖公手墨內簡』에 수록된 한글편지 8건을 이른다.

■ 언간 명칭 : 나주임씨가 『총암공수묵내간』 언간

한국학중앙연구원 편(2005a)에서 처음 소개되면서 나주임씨(羅州林氏) 집안의 다른 편지첩 (『林滄溪先生墨寶國字內簡』)에 수록된 편지들과 더불어 '나주임씨 간찰'로 명명되었다. 이 판독자료집에서는 첩명(帖名)을 드러내어 '나주임씨가 『총암공수묵내간』 언간'으로 명칭을 조정하고, 출전 제시의 편의상 약칭이 필요할 경우에는 '총암공'을 사용하였다.

■ 언간 수량 : 8건

『叢巖公手墨內簡』에는 임일유가 쓴 한글편지 8건이 수록되어 있다. 한국학중앙연구원 편 (2005a)에서는 한글편지 6건과 피봉(皮封) 2건이라고 하였는데 이 판독자료집에서는 극히 부분적이지만 피봉에도 내용 일부가 적혀 있기 때문에 한글편지 8건으로 분류하고, 편지 번호는 첩에 수록된 순서에 따라 1~8의 번호를 새로 부여하였다.

■ 원문 판독

한국학중앙연구원 편(2005a)에서 처음 소개하면서 8건 모두에 대한 흑백 사진과 판독문을 함께 제시하였다. 이 판독자료집에서는 한국학중앙연구원 편(2005a)에서 제시한 기존의 판독문과 대비하여 판독 결과를 대조해 보는 데 도움이 될 수 있도록 하였다.

■ 발신자와 수신자

8건 가운데 1번, 2번, 3번, 5번, 8번은 발신자가 자신을 '총암'이라 적었고 4번은 '총암 큰 덕의서'라고 적고 있으므로 총암 임일유가 보낸 편지임을 알 수 있다. 6번과 7번은 발신자 표시가 드러나 있지 않으나 한국학중앙연구원 편(2005a : 44)에 따라 발신자를 임일유로 추정하였다. 수신자 표시는 '비오개' 혹은 '비오개집'으로 나오는데 임일유의 딸로 추정된다. 임일유에게는 심사휘(沈思揮)의 처, 최식(崔寔)의 처, 양대가(梁大家)의 처, 조형보(趙衡輔)의 처 이렇게 네 딸이 있었는데 이 가운데 누구인지는 정확히 알 수 없다.

■ 작성 시기

편지 속에 연기(年記)가 적혀 있지 않아 작성 시기를 명확히 알 수 있는 편지는 없다. 한국학중앙연구원 편(2005a)에서는 발신자 임일유의 생몰년(生沒年)을 감안하여 1611~1683년 사이의 것으로 추정하였다. 이 판독자료집에서는 한국학중앙연구원 편(2005a)의 추정을 따르되 편지 내용을 통해 5번의 작성 시기만은 1682~1683년으로 수정하였다(자세한 근거는 해당 편지의 각주 참조).

■ 자료 가치

편지의 건수는 적은 편이나 현존하는 언간으로는 이른 시기의 것이라 할 수 있는 17세기의 언어를 반영하고 있는 자료이다. 편지의 사연 속에 담긴 내용은 생활사, 문화사 등 다양한 분야의 연구 자료가 될 수 있다.

■ 자료 해제

자료의 서지 사항에 대해서는 한국학중앙연구원 편(2005a : 43~47)의 해제를 참조할 수 있다.

■ 원본 사항

- 소장처 : 개인 소장(임형택 교수)
- 마이크로필름 : 한국학중앙연구원(MF 35-10447)
- 크기 : 24×48.4cm(6번) 등

■ 판독 사항

한국학중앙연구원 편(2005a), 『조선 후기 한글 간찰(언간)의 역주 연구 3』, 태학사. ※ 8건 모두
　　　판독

■ 영인 사항

한국학중앙연구원 편(2005b), 『조선 후기 한글 간찰(언간) 영인본 1』, 태학사. ※ 8건 모두 영인

■ 참고 논저

한국학중앙연구원 편(2005a), 『조선 후기 한글 간찰(언간)의 역주 연구 3』, 태학사.

한국학중앙연구원 편(2005b), 『조선 후기 한글 간찰(언간) 영인본 1』, 태학사.

황문환(2010), 「조선시대 언간 자료의 현황과 특성」, 『국어사 연구』 10호, 국어사학회, 73~
　　　131쪽.

나주임씨가 『총암공수묵내간』 언간 1

〈총암공-1, 1611~1683년, 임일유(아버지) → 나주임씨(딸)〉

판독문

> 비오개 답셔
>
> 　　　　　　　　〔수결〕

견일 유무 보되 지금 디답 몯 ᄒ엿더니 쏘 유무 보고 든든ᄒ며 무ᄉ히 잇눈가 시브니 다힝
ᄒ다 우리도 무ᄉ히 디내노라 밧바 잠 유월 순뉵 총암 셔

판독대비

번호	판독자료집	한국학중앙연구원 편 (2005a : 311)

나주임씨가 『총암공수묵내간』 언간 2

⟨총암공-2, 1611~1683년, 임일유(아버지) → 나주임씨(딸)⟩

판독문

> 비오개집 답셔
>
> 〔수결〕

긔별 모루니 답답ᄒ더니 유무 보고 깃브되[1] 병이 지금 흐리 못ᄒ엿ᄂ가 시브니 엇디 그런고
에 이신 제 잠간 혼 ᄉ이 ᄎᄂ 디 안니다[2] 듕ᄒᆫ 증이 아니 날 거시로ᄃ 지금 흐리디 못혼가
시브니 분별ᄒ노라 우리ᄂ 반혼이 드러오니 새로이 참혹ᄒᄆᆯ 다 뎍으랴 보션 와시니 두거
니와 후의ᄂ 마라 안심티 아니타 ᄉ월 넘오일 총암

판독대비

번호	판독자료집	한국학중앙연구원 편 (2005a : 313~314)
1	깃브되	깃브디
2	안니다	안니 다

나주임씨가 『총암공수묵내간』 언간 3

〈총암공-3, 1611~1683년, 임일유(아버지) → 나주임씨(딸)〉

판독문

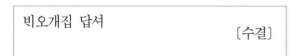

비오개집 답셔

　　　　　　　　　〔수결〕

전일 유무 보고 깃브되 병환이 채 흐리디 몯흐엿는가 시브니 위연 든[1] 병이 의약도 쇠골도 곤 나을 거시로디 지금 몯 됴핫는가 시브니 념녀흐노라 보션은 병듕의 므스 일 슈고이 기워 보낸고 흐며 즉시 신과다[2] 우리는 계요 디내거니와 심시야 됴흔 뼤 이시랴 볼셔 답장이나 홀 거슬 왕니 업서 이제야 뎌그며 병환이나 쉬 쾌차홈 브라노라 윤월 순삼일 총암 셔

판독대비

번호	판독자료집	한국학중앙연구원 편 (2005a : 316~317)
1	위연 든	위연든
2	신과다	신과라

나주임씨가 『총암공수묵내간』 언간 4

〈총암공-4, 1611~1683년, 임일유(아버지) → 나주임씨(딸)*〉

판독문

새히예 됴히 잇눈다 졍일 뎌그니 보고 본 둣 든든ᄒ디 왕너 이신 적도 몸의 병도 들고 슌마
다 총총ᄒ여 유무도 ᄌ연 모음대로 뎍디 못ᄒ며 서운ᄒ여 ᄒ노라 예셔도 과셰ᄂ 편히 ᄒ나
녕감 긔운도 모양 블평ᄒ시니 민망ᄒ여 디내노라 긔운도 곤ᄒ고 총총ᄒ여 잠 뎍노라 계 원
월 초삼 총암 큰딕의셔

판독대비

번호	판독자료집	한국학중앙연구원 편 (2005a : 319~320)

....

* 한국학중앙연구원 편(2005a : 320)에서는 수신자를 미상으로 처리하였으나 다른 편지와 마찬가지로 발신자가 '총
암'으로 되어 있고 ᄒ여라체가 쓰인 점을 감안하여 수신자를 딸(나주임씨)로 추정하였다.

나주임씨가 『총암공수묵내간』 언간 5

〈총암공-5, 1682~1683년*, 임일유(아버지) → 나주임씨(딸)〉

판독문

```
비오개집 답셔
                              봉
```

두 슌 연ᄒ여 뎌그니 보고 답장이나 볼셔 뎌글 거술 미일 쳔연ᄒ여 못 뎍으며 서온ᄒ여 ᄒ더니라 예셔는 녕감 긔운도 평안ᄒ시고 므슥히 디내노라 뫼임 아기 과거는 하 됴티 아니ᄒ니 그런 애돌온 일이 업서 ᄒ노라 졍낭은 녀환의 고롭기 가위가위[1] ᄀ이업ᄉ니 치위에 샹홀가 민망ᄒ여 ᄒ노라 길도 ᄎ리고 요요ᄒ여 잠 뎍노라 시월 십칠 총암 셔

판독대비

번호	판독자료집	한국학중앙연구원 편 (2005a : 322)
1	고롭기 가위가위	고롭기가 위위

* 편지의 사연 중에 '졍낭'의 안부를 전하는 내용이 있는데, 이 '졍낭'은 임일유의 아들 임영(林泳, 1649~1696)을 가리키는 것으로 추정된다. 실록(實錄)에 따르면 1682년 8월 4일 임영이 이조정랑(吏曹正郞)에 제수되었다는 내용이 나오므로 1682년부터 임일유의 몰년(沒年) 직전 1683년까지를 이 편지의 작성 시기로 추정해 볼 수 있다.

나주임씨가 『총암공수묵내간』 언간 6

〈총암공-6, 1611~1683년, 임일유(아버지) → 나주임씨(딸)[*]〉

판독문

> 비오개집 답셔

비오개 영결셔라 서ᄅ 알안 디 삼십십여[1] 년이로다 졍이 졍이 깁고 쓰디 서ᄅ[2] 마즈니 쇼쇼
ᄇᆞ여혼 일 이버시나[3] 봄눈 스듯 ᄒᆞᄂᆞᆫ도다 이제 아조[4] 영결ᄒᆞ니 비창티[5] 아니홀고마ᄂᆞᆫ[6] 졍혼
이 다 눌고[7] 마치 업□□소[8] 안차 ᄇᆞᆯ 길 알으나[9] 못 ᄒᆞ니[10] 됴히됴히 눌녀가[11] 빅연알 잘 디
내소[12] 이 홋니블은 내 ᄉᆞ랑ᄒᆞ던 거시니 고싱모[13] 아니 쥬고[14] 보내니[15] 날 본 듯 겹겻 ᄒᆞ여[16]
겨시소 ᄉᆞ창동[17] 마노라 슈지 내 관 속의 녀흐라

판독대비

번호	판독자료집	한국학중앙연구원 편 (2005a : 325)
1	삼십십여	삼십 십여
2	쓰디 서ᄅ	ᄊ 대시롤
3	일 이버시나	일이 이사나
4	이제 아조	이제야 군
5	영결ᄒ니 비창티	영결ᄒ미 창티
6	아니홀고마는	아니홀고 마소
7	눌고	ᄂ오
8	업□□소	□□□□
9	안차 블 길 알으나	안차붓일□오나
10	못 ᄒ니	요ᄉ이
11	됴히됴히 눌녀가	□힐 눌녀□
12	디내소	디내고
13	고싱모	고싱도
14	아니 쥬고	아니훈 쥴
15	보내니	보이니
16	겹겻 ᄒ여	겹겻ᄒ여
17	ᄉ창동	슘장동

나주임씨가 『총암공수묵내간』 언간 7

〈총암공-7, 1611~1683년, 임일유(아버지) → 나주임씨(딸)*〉

판독문

□오개집 답셔
봉

〔봉투 후면〕 녯 슈지니 내 관 속의 잘 녀흐라

판독대비

번호	판독자료집	한국학중앙연구원 편 (2005a : 327)

----

* 한국학중앙연구원 편(2005a : 44)에서는 수신자를 미상으로 처리하였으나 수신자가 '□오개집'으로 된 점을 감안하
여 성첩(成帖)된 다른 편지와 마찬가지로 수신자를 딸(나주임씨)로 추정하였다.

나주임씨가『총암공수묵내간』언간 8

〈총암공-8, 1611~1683년, 임일유(아버지) → 나주임씨(딸)*〉

판독문

> 비오개 뎐송
> 부예 총암 셔
>
> 〔봉투 후면〕 소월 넘소□

판독대비

번호	판독자료집	한국학중앙연구원 편 (2005a : 328~329)

---

* 한국학중앙연구원 편(2005a : 44)에서는 수신자를 미상으로 처리하였으나 수신처가 '비오개'로 된 점을 감안하여
  성첩(成帖)된 다른 편지와 마찬가지로 수신자를 딸(나주임씨)로 추정하였다.

■ 대상 언간

송준길(宋浚吉) 후손가(後孫家)에 전하는 한글편지 가운데 송준길의 큰며느리 배천조씨(白川趙氏, 1625~1683)로부터 5대손 송기연(宋起淵, 1727~1749)에 이르기까지 5대에 걸쳐 가려뽑은 편지 96건을 이른다. 송준길 후손가의 한글편지는 동춘당(同春堂) 송준길(宋浚吉, 1606~1672)의 후손이 은진송씨 가문의 유물들을 보관하기 위하여 건립한 선비박물관에 소장되어 있다가 현재는 대전 선사박물관에 기탁·보관되어 있다. 2003년 2월 한국정신문화연구원(현 한국학중앙연구원)에서 송준길 후손가의 한글편지 일체를 수집·정리한 바 있어 한국학중앙연구원에 당시의 마이크로필름이 보관되어 있다.

■ 언간 명칭 : 은진송씨 동춘당 송준길가 언간

대상 언간은 한국정신문화연구원(2004)에서 원본 사진과 판독문을 함께 수록하면서 처음 소개되었다. 한국정신문화연구원(2004)에서는 『先世諺牘』이라는 첩(帖)으로 만들어져 전하는 언간과 그렇지 않고 낱종이 그대로 전하는 언간을 구분하여 전자(前者)는 첩명(帖名)에 따라 '先世諺牘'으로, 후자(後者)는 단순히 '한글간찰'로 명명하고 전자와 후자에 별도의 일련번호를 부여하여 수록하였다. 이후 한국학중앙연구원 편(2009a)에서는 두 종류를 통합하여 '은진송씨 송준길 가문 한글 간찰'로 명명하고 한국정신문화연구원(2004)의 수록 순서에 따라 편지 번호를 새로 부여하였다. 이 판독자료집에서는 한국정신문화연구원(2004)의 명명 취지를 따라 『선세언독』에 실린 편지를 제외하고 낱종이 그대로 전하는 한글편지 96건만을 지칭하되 '은진송씨 동춘당 송준길가 언간'으로 명칭을 조정하였다. 출전 제시의 편의상 약칭이 필요할 경우에는 '송준길가'를 사용하였다.

■ 언간 수량 : 96건

한국정신문화연구원(2004)에 소개된 편지는 송준길 후손가에 전하는 한글편지 총 380건 가운데 송준길의 큰며느리 배천조씨가 쓴 편지부터 5대손 송기연이 쓴 편지까지 총 96건을 가려뽑은 것이다. 송준길가 한글편지 380건은 후손들이 18~19세기 사이에 3~4차례에 걸쳐 발신자 별로 분류하여 15개의 묶음으로 정리해 놓았다. 15개의 묶음 중에는 '正郎公配趙夫人手札'처럼 한 사람의 편지만 모은 것도 있지만 '屢世諺札'이라고 하여 여러 사람의 편지를 모은 것도 있다. 한국정신문화연구원(2004)에서는 어떤 묶음으로 분류되었느냐에 상관없이 발신자별로 연대가 빠른 편지부터 98건을 선별한 뒤 '한글간찰01', '한글간찰02'의 형식으로 일련번호를 붙여 소개하였다. 이 판독자료집에서는 기본적으로 한국정신문화연구원(2004)의 수록 순서를 따르되 한문편지 2건을 제외하고 총 96건을 수록하였다. 96건 중 발수신자에 따라 별건(別件)을 추가로 나누는 등 조정이 필요한 경우에는 한국정신문화연구원(2004)의 편지 번호에 '-1, -2' 등을 붙이고 각주에 번호 조정과 관련한 사정을 밝혔다.

■ 원문 판독

한국정신문화연구원(2004)에서 대상 언간을 처음 소개하면서 원본 사진(흑백사진)과 판독문을 함께 제시하였다. 이후 한국학중앙연구원 편(2009a)에서는 한국정신문화연구원(2004)을 바탕으로 판독문을 재검토하고 어휘 주석과 현대어역을 덧붙였다. 한국정신문화연구원(2004)의 98건 중 한문편지 2건을 제외한 96건을 수록하면서 각 언간의 발수신자와 작성 시기를 일일이 추정하여 밝히는 한편 원본의 흑백 사진을 별도의 책자로 영인하여 다시 실었다*. 이 판독자료집에서는 한국정신문화연구원(2004), 한국학중앙연구원 편(2009a)에서 이루어진 판독 사항을 대비하여 표로 제시하고 판독 결과를 대조해 보는 데 도움이 될 수 있도록 하였다.

■ 발신자와 수신자

발신자는 송준길의 큰며느리 배천조씨, 송준길의 큰손자 송병문(宋炳文), 둘째 손자 송병하(宋炳夏)와 그의 아내 안정나씨(安定羅氏), 송병하의 둘째 아들 송요화(宋堯和)와 그의 후처 밀양박씨(密陽朴氏), 송요화의 아들 송익흠(宋益欽)과 그의 아내 여흥민씨(驪興閔氏), 그리고 송익흠의 아들 송기연(宋起淵) 등이다. 송익흠의 아내 여흥민씨의 편지가 33건으로 가장 많고 송준길의 큰며느리 배천조씨가 쓴 편지는 23건이다. 남성의 편지 중에서는 송익흠의 편

---

* 한국학중앙연구원 편(2009a)에서는 『선세언독』에 수록된 언간에 이어 대상 언간의 편지 번호를 일련번호로 새로 붙였기 때문에 대상 언간의 편지 번호가 '041번'부터 시작한다. 이에 따라 편지 번호가 크게 달라지기는 하였으나 실제 수록된 한글편지의 건수와 순서는 한국정신문화연구원(2004)과 차이가 없다.

지가 13건으로 가장 많은데 모두 아내 여흥민씨에게 보낸 것이고, 송병하의 편지가 1건, 송요화와 송익흠의 편지가 각각 4건이다. 발신자와 마찬가지로 수신자 또한 배천조씨, 송병하와 안정나씨, 송요화와 밀양박씨, 송익흠과 여흥민씨, 송기연 등 모두 송준길 집안의 가족 구성원들이다.

한국정신문화연구원(2004)에서는 송준길의 후손이 정리하면서 적은 발신자 정보와 편지 각각에 적힌 발수신자 표시를 기초로 발수신자에 대한 대략의 사항을 표로 정리해 놓았다. 그러나 이는 극히 간략한 사항만 제시한 것이어서 발수신자를 명확히 밝히지 못하거나 잘못 파악한 경우도 없지 않았다. 이에 한국학중앙연구원 편(2009a)에서는 편지 각 건에 대해 발수신자를 면밀히 조사하여 그 관계를 새로 밝히거나 수정하여 보완하였다. 이 판독자료집에서는 발신자와 수신자에 대해 기본적으로 한국학중앙연구원 편(2009a)을 따르되 발수신자를 달리 추정하게 된 경우에는 그 수정 내지 보완 사항을 해당 편지에 각주로 제시하였다.

■ 작성 시기

총 96건 가운데 연대를 정확히 알 수 있는 편지는 55건 정도이다. 나머지 편지들은 발신일이 명확히 드러나지 않지만 발수신자의 생몰년(生沒年)과 편지의 내용을 고려하여 그 대략을 추정할 수 있다. 배천조씨의 편지 21건 중 연대를 알 수 있는 편지는 1번(1667년), 6번(1681년), 11번(1682년), 14번(1675년), 17번(1681년), 18번(1675년) 등 6건이지만 나머지는 생몰년을 고려할 때 '1640~1683년 사이'의 것으로 추정할 수 있다. 송병하의 편지 중 1687년에 보낸 것이 있는데 17세기의 편지는 배천조씨와 송병하의 편지인 이들 22건이 전부이고, 그 외의 편지는 대체로 '1700~1760년 사이'의 것에 속한다. 따라서 이 판독자료집에 수록된 대상 언간의 작성 시기는 전체적으로 대략 '17세기 후반~18세기 중반'에 해당하는 것으로 볼 수 있다.

편지의 작성 시기와 관련하여 한국정신문화연구원(2004)에서는 연기(年記)가 있는 경우에만 일부 발신 연도를 밝히고 나머지에 대해서는 작성 시기를 제시하지 못한 경우가 많았다. 이후 한국학중앙연구원 편(2009a)에서 편지 내용을 면밀히 검토하여 편지 각각에 대해 대략적으로 추정되는 작성 시기를 일일이 제시하였다. 이 판독자료집에서는 편지의 작성 시기에 대해 기본적으로 한국학중앙연구원 편(2009a)을 따르되 작성 시기를 달리 추정하게 된 경우에는 추정 근거를 해당 편지에 각주로 제시하였다.

■ 자료 가치

17세기 중반부터 18세기 중반까지의 언어를 반영하는 국어사 자료이다. 성첩된 것이 아닌 낱종이의 한글편지이지만 발신자별로 분류하여 각 묶음에 발신자가 누구인지를 밝혀 적었기 때문에 발수신자와 발수신 관계, 발신일 등이 비교적 분명히 드러나 간찰첩(簡札帖)에 못지 않은 가치를 지닌다. 또한 17세기 중반부터 한 가문사(家門史)를 넘어 시대사(時代史)를 담은 매우 방대하면서도 밀집도가 높은 자료이다. 가정에 필요한 각종 물품들을 마련하는 방법과 주고받은 물품들의 목록, 그리고 물품의 가격들에 대한 정보도 제시되어 있다. 또 경조사가 있을 때 이웃과 친척들이 해야 할 역할, 제사에 쓰는 제물의 목록, 제물을 준비하는 과정, 제사에 대한 공경의식, 자손에 관한 교육열, 부모자식 간의 도리 등 당시의 실상을 살필 수 있는 다양한 내용이 담겨 있다. 국어사를 비롯하여 생활사, 여성사, 문화사 등 다양한 분야의 연구 자료가 될 수 있다.

■ 자료 해제

자료의 서지 사항에 대한 상세한 해제는 박순임(2004), 박부자(2008a), 한국학중앙연구원 편(2009a : 25~48)을 참고할 수 있다. 박순임(2004)에서는 대상 언간의 작성 시기, 발신인, 수신인, 편지 내용 등을 표로 간략히 정리해 놓아 유용하게 참조할 수 있다.

■ 원본 사항

- 원본 소장 : 대전 선사박물관
- 마이크로필름 : 한국학중앙연구원 소장(MF 35-11350, 11683, 11638)
- 크기 : 27×42.3cm(01번) 등

■ 판독 사항

한국정신문화연구원(2004), 『懷德 恩津宋氏 同春堂 宋浚吉後孫家篇 Ⅰ』, 韓國簡札資料選集 Ⅵ, 한국정신문화연구원. ※ 98건 판독(한문편지 2건 포함)

한국학중앙연구원 편(2009a), 『조선 후기 한글 간찰(언간)의 역주 연구 4, 은진송씨 송준길 가문 한글 간찰』, 태학사. ※ 96건 판독(한문편지 제외)

■ 영인 사항

한국정신문화연구원(2004), 『懷德 恩津宋氏 同春堂 宋浚吉後孫家篇Ⅰ』, 韓國簡札資料選集Ⅵ,
　　　　한국정신문화연구원. ※ 98건 영인(한문편지 2건 포함)

한국학중앙연구원 편(2009b), 『조선 후기 한글 간찰(언간) 영인본 2, 은진송씨 송준길 가문
　　　　한글 간찰』, 태학사. ※ 96건 영인(한문편지 제외)

■ 참고 논저

문희순(2011), 「한글편지에 반영된 옛 대전의 생활문화 1 - 송준길·송규렴가 편지를 중심으
　　　　로」, 『어문연구』 제70권, 어문연구학회, 129~157쪽.

문희순(2012), 「동춘당 송준길가 소장 한글편지에 반영된 생활문화」, 『인문학연구』 통권 89
　　　　호, 33~62쪽.

박병천·정복동·황문환(2012), 『조선시대 한글편지 서체자전』, 다운샘.

박부자(2008a), 「은진송씨 송준길 후손가 언간의 서지 - 정리자 및 정리 시기에 대한 검증」,
　　　　『돈암어문학』 제20집, 돈암어문학회, 128~156쪽.

박부자(2008b), 「송준길(宋浚吉) 후손가의 언간첩 『선세언독(先世諺牘)』에 대한 고찰」, 『한국
　　　　고전여성문학연구』 17, 한국고전여성문학회, 157~200쪽.

박순임(2004), 「恩津宋氏 諺簡에 대하여」, 『懷德 恩津宋氏 同春堂 宋浚吉後孫家篇Ⅰ』, 韓國簡
　　　　札資料選集 Ⅵ, 한국정신문화연구원.

박정숙(2011), 「호연재 안동김씨의 생애와 글씨세계」, 『月刊 書藝』 통권 364호 70~73쪽.

박정숙(2013a), 「우복 정경세의 생애와 글씨세계」, 『月刊 書藝』 통권 380호, 106~110쪽.

박정숙(2013b), 「인현왕후의 외조부 동춘당 송준길의 생애와 글씨세계」, 『月刊 書藝』 통권
　　　　381호 128~132쪽.

한국정신문화연구원(2004), 『懷德 恩津宋氏 同春堂 宋浚吉後孫家篇 Ⅰ』, 韓國簡札資料選集
　　　　Ⅵ, 한국정신문화연구원.

한국학중앙연구원 편(2009a), 『조선 후기 한글 간찰(언간)의 역주 연구 4, 은진송씨 송준길
　　　　가문 한글 간찰』, 태학사.

한국학중앙연구원 편(2009b), 『조선 후기 한글 간찰(언간) 영인본 2, 은진송씨 송준길 가문

한글 간찰』, 태학사.

허경진(2003), 『사대부 소대헌·호연재 부부의 한평생』, 푸른역사.

홍학희(2010), 「17~18세기 한글편지에 나타난 송준길(宋浚吉) 가문 여성의 삶」, 『한국고전여
　　　　성문학연구』 20, 한국고전여성문학회, 67~103쪽.

황문환(2010), 「조선시대 언간 자료의 현황과 특성」, 『국어사 연구』 10호, 국어사학회, 73~
　　　　131쪽.

은진송씨 동춘당 송준길가 언간 01-1*

〈송준길가-01-1, 1667년, 미상(아들)** → 배천조씨(어머니)〉

판독문

> 샹셔
> 송 니산딕   근봉

문안 알외옵고 그리 가 겨옵셔 뫼오셔 긔운이나 평안ᄒᆞᆸ시니잇가 송촌셔 왕뇌ᄒᆞᆸᄂᆞᆫ 줄 아오나 외오셔 아옵디 못ᄒᆞ와 힝츠ᄒᆞ오신 후 뷔온 편지도 알외옵디 못ᄒᆞ와 섭섭ᄒᆞ옵더이다 송촌셔 새아기시 힝츠ᄒᆞ오시ᄂᆞᆫ 줄 아올시 대강 알외옵ᄂᆞ이다 아기시겨오셔ᄂᆞᆫ 그리 가오시니 죽히 든든ᄒᆞ오시거뇨 몬내 일ᄌᆞᆸᄂᆞ이다 말ᄉᆞᆷ 탐탐ᄒᆞ오디 보오시기 폐롭ᄉᆞ와 대강 알외옵 아마도 미양 평안ᄒᆞ오심 ᄇᆞ라옵ᄂᆞ이다 ᄌᆞ식은 대되 뫼옵고 든든이 디내옵다가 대되 가옵시니 큰집의 혼자 괴로이 머므옵게 되오니 더욱 념녀ᄒᆞᆸ고 쉬 힝츠ᄒᆞ옵심을 ᄇᆞ라옵 뎡미 삼월 회일 남

판독대비

번호	판독자료집	한국정신문화연구원 (2004 : 240~241)	한국학중앙연구원 편 (2009a : 258~262)

* 한국정신문화연구원(2004)의 편지 번호를 따르되 이 판독자료집에서는 앞면과 뒷면의 발수신자 관계가 다른 점을 감안하여 앞면과 뒷면을 각각 '01-1'과 '01-2'로 구분하여 제시하였다.
** 한국학중앙연구원 편(2009a)에 따름. 어머니 배천조씨가 어느 아들에게선가 편지를 받고 그 뒷장에 다시 둘째아들 송병하에게 '01-2'번 편지를 쓴 것으로 추측된다.

은진송씨 동춘당 송준길가 언간 01-2[*]

〈송준길가-01-2, 1667년[**], 배천조씨(어머니) → 송병하(아들)〉

판독문

경혜 아븨게

요스이 뫼옵고 어이 디내는다 닛디 못ᄒ며 예는 계유 디내노라 원 디평이 어제야 와시니 신
부례ᄅ 수이 ᄒ게 되면 어이 구러 디낼고 ᄒ노라 네 형은 원가의 집의 가시매 유무 못ᄒ다
구가의 집의셔도 스듀ᄅ 덕어 가시되 당시 회뵈 업스니 어이 ᄒ는디 몰라 ᄒ노라 김 감역
딕 사ᄅᆷ이 가는 길희 유무ᄅ 맛드니 다ᄅᆫ 디 못ᄒ고 대강 뎍노라 경혜 어미도 복 알턴 디
ᄒ려 잇다 ᄒ다 스월 십스일 모

판독대비

번호	판독자료집	한국정신문화연구원 (2004 : 241)	한국학중앙연구원 편 (2009a : 264~266)

---

  * 한국정신문화연구원(2004)의 편지 번호를 따르되 이 판독자료집에서는 앞면과 뒷면의 발수신자 관계가 다른 점을
    감안하여 앞면과 뒷면을 각각 '01-1'과 '01-2'로 구분하여 제시하였다.
** 한국학중앙연구원 편(2009a)에서는 앞의 편지 '01-1'번의 작성 연대인 1667년부터 배천조씨가 죽은 1682년 사이
    에 작성된 편지로 추정하였다. 그러나 편지 중에 '원 디평'이 나오는데, 이는 배천조씨의 사위 원몽익(元夢翼)의
    아버지 원만리(元萬里)를 가리키는 듯하다. 원만리는 1667년 8월 7일에 정언(正言)이 되는데 그 이전에는 지평(持
    平)이었다. 이 편지의 발신일이 4월 14일이므로 1667년 4월 14일에 보낸 편지로 추정할 수 있다.

은진송씨 동춘당 송준길가 언간 02

〈송준길가-02, 1669~1683년, 배천조씨(어머니) → 미상(아들)〉

판독문

아긔게 송 셔방손디	봉

어제 유무룰 ᄒᆞ엿거니와 뎌동□ 시러 사ᄅᆞᆷ이 간다 ᄒᆞ매 쏘 □노라 얼우신내 긔운□ □러 가
오신 후 엇더ᄒᆞ오신□ □라 올 사ᄅᆞᆷ이 업스니 긔별도 수이 모ᄅᆞ니 답답ᄒᆞ기 ᄀᆞ이업다 예는
대되 무ᄉᆞ하나 혼자 뗘뎌 하 고단코 섭섭ᄒᆞ니 도로□ 병 ᄀᆞ트여 ᄒᆞ며 아므려나 ᄀᆞ□□ 과거
룰 ᄒᆞ여 나도 가□□□ ᄇᆞ라노라 경샹 감영셔 □ □물은 졔ᄉᆞ의나 쓰오려 두고 뽄 □□ 둘
흔 보내고 술은 보내□ □□ 못 가져갈다 ᄒᆞ니 두니 □□□ 보내게 ᄒᆞ엿다 대경□ □□ 더
ᄒᆞ고[1] 됴히 이시되 반찬 업슨 밥을 먹이니 민망코 네 본 것 바다 죽히 싱각ᄒᆞ랴 일ᄌᆞ고 웃
노라 예셔는 슈원 가는 사ᄅᆞᆷ이 업고 셔울은 ᄌᆞ즐 □시나 유무ᄒᆞ여 보내니 브듸 뎐ᄒᆞ□□ 삼
월 초뉵일 모

판독대비

번호	판독자료집	한국정신문화연구원 (2004 : 241)	한국학중앙연구원 편 (2009a : 269~272)
1	더ᄒᆞ고	-	더고

은진송씨 동춘당 송준길가 언간 03

〈송준길가-03, 1650~1682년, 배천조씨(어머니) → 미상(아들)〉

판독문

```
아긔게
송 셔방손디                    봉
```

이리 온 후 긔별 모르니 극한의 어이 디내는다 분별ᄒ노라 나는 뫼와 아직 무ᄉ히 이시나 계신 님박ᄒ시니 외오셔 새로이 슬프오며 어이 구러 디내올고 넘녀ᄒ노라 진스는 이런 극한의 어이 갈고 넘녀ᄒ노라 너는 오려 터니 날이 하 치우니 와셔 여러 날 묵도 못ᄒ면 왕니예 샹홀 ᄲᆞᆫ이니 오디 말고 셰후의나 오면 됴홀가 ᄒ노라 긔별홀 말이 만터니 다 닛고 이만 계스 무ᄉ히 디내오믈 ᄇᆞ라노라 어마님ᄭᅴ 반찬도 ᄡᅩ히 업고 ᄌᆞ로 시댱ᄒ여 ᄒ시나 아므것도 뇨긔ᄒ실 거시 업스니 이제는 아므거시라도 샹티 아니홀 거시니 희건이 올 제 계 튀믈이라도 잡스왐 즉ᄒᆞᆫ 것 희건이 올 제 보내면 죡ᄒ랴 ᄎᆞᆸᄡᆞᆯ 쓸 ᄃᆡ 이시니 져그나 보내여라 지월 넘눅일 모

판독대비

번호	판독자료집	한국정신문화연구원 (2004 : 241~242)	한국학중앙연구원 편 (2009a : 275~278)

은진송씨 동춘당 송준길가 언간 04

〈송준길가-04, 1650~1683년, 배천조씨(어머니) → 미상(아들)〉

판독문

> 아긔게
> 송 셔방손디

요스이 됴히 잇는다 여러 번 유무ᄒ더니 다 본다 올 ᄠᅢ 다ᄃᄅ니 기드리노라 올 제 건넌방 으란 봉ᄒ고 오나라 쇼농 가져오라 혓더니 가져오고 계예셔 주는 것들 다 가져오고 쓸란 이번 졔예 쓰옵고 더러란 오는 압 졔스의 쓰올 거시니 브경이 간스ᄒ여 두라 ᄒ고 이번 쓴 수 나므니 다 티부ᄒ여라 쥬미 톤 거스란 가져오기 어렵거든 무명을 사 오고 누록 진ᄀᄅ란 글로 쓰랴 ᄒ니 브더 가져오고 게 두고 오신 누록 두 동도 가져오나라 물이 업서 지워 올디 라도 가져오나라 그 글월 즈시 어더 보고 오나라 져믄 죵놈들 다 블러 보와 머리 됴ᄒ니돌 이 ᄒ나식 버혀 오나라 스일 이윤샹이는 예 와신 제 버히려 타가 뎔러 아니 버혀더니 ᄒ마 길어실 거시니 버혀라 칙녁은 쟝녁 어더시되 올 거시니 아니 보니노라 요스이는 진봉도 그 치엇고[1] 혼인 제도 ᄡᅳᆯ 거시니 매ᄒᄂᆫ 사롬들의게 싱티 져그나 모화 오나라

판독대비

번호	판독자료집	한국정신문화연구원 (2004 : 242)	한국학중앙연구원 편 (2009a : 281~284)
1	그치엇고	그치엿고	그치엿고

은진송씨 동춘당 송준길가 언간 05

〈송준길가-05, 1650~1682년, 배천조씨(어머니) → 송병문(아들)〉

판독문

> 아긔게
> 법쳡쓸

넘외예 예 아히 긔별을 드르니 하 놀랍고 참혹ᄒ기를 어이 다 뎍으리 그런 어려온 디경을
다나 그만치나 실ᄒ여셔 므슴 병이런고 앗갑고 참혹ᄒ기 측냥이 업스니 네히 ᄆᆞᄋᆞᆷ이 올ᄒ
랴 더옥 닛디 못ᄒ노라 도여나 인마는 수이 오는가 시브니 가지가지 ᄆᆞᄋᆞᆷ이 심심ᄒ여 디니
□□ 뉴월 넘삼일 모

판독대비

번호	판독자료집	한국정신문화연구원 (2004 : 242~243)	한국학중앙연구원 편 (2009a : 287~289)

은진송씨 동춘당 송준길가 언간 06

〈송준길가-06, 1681년, 배천조씨 → 미상*〉

판독문

> 구범 어마님손디

대경의 병은 요스이 더 나은가 처엄 듕훈 긔별 듯고 ᄀ이업서 텬덕을 ᄇ라고 츄원ᄒ더니 싱
도 어든 긔별을 드러 쉼을 내쉬며 채 쇼복훈 긔별 몰라 답답히 다른 아히들도 시작ᄒ엿는
가 넘녀 아므라타 업시 아기는 길히 구티ᄒ여 가셔 병 구완의 드러 용심ᄒ고 올ᄒ여시랴 더
옥 분별ᄒ니 병판 딕의셔는 국혼을 ᄒ시는가 시브니 귀코 거륵ᄒ여 들리며 ᄌ라신 후는 못
보왓거니와 어려 겨신 제는 심샹훈 아기내로 아라더니 뎌런 귀인이신 줄 어이 알고 인간 일
을 모롤 거시로쇠 당신 ᄆ옴이 엇더ᄒ여 ᄒ는고 시븨 이리 이셔 거륵훈 긔별도 ᄌ시 모ᄅ니
굼거외 자내는 ᄌ시 드를 거시오 혹 가셔 구시나 보거든 ᄌ시 긔별ᄒ소 좋은 뉘 드는고 ᄒ
나 둘히 아니** 들려니와 착션이도 들가 ᄒ니 아기내는 다 올라가니 더외 길흘 어이 갈고
넘녀로외 편지 쓴 후 아히 긔별 드르니 하 놀랍□ 참혹 잔잉ᄒ고 앗갑씨 ᄀ이업스니 덕을[1]
말이 업서 ᄒ니 ᄒ나히 듕히 ᄒ여시니 미처 ᄒ는 아히들은 헐히 훌가 너겻더니 그럴 줄 어
이 알고 돈돈[2]+

판독대비

번호	판독자료집	한국정신문화연구원 (2004 : 243)	한국학중앙연구원 편 (2009a : 292~296)
1	덕을	〔판독 안 됨〕	덕을
2	돈돈	〔판독 안 됨〕	든든

....

* 한국학중앙연구원 편(2009a)에 따름. 다만, 한국학중앙연구원 편(2009a : 292)의 '구범 어마님손디'에 대한 주석에서 '구범'을 배천조씨의 손주 중 하나로 보아 수신자를 송병하의 부인 안정나씨로 추정하였는데, 며느리에게 '어마님'이라는 호칭을 쓴 것은 적절치 않은 것으로 판단된다. 그리고 아들 내외에게 보낸 다른 편지와 달리 편지 중에 수신자를 '자내'로 지칭하고 있는 점과 '-니' 또는 '-소'로 종결하고 있다는 점도 수신자를 며느리로 판단하기에는 무리가 있다. 수신자를 확실히 알 수는 없으나 서울에 거주하고 있어서 민유중 집안의 국혼 과정을 지켜볼 수 있었던 손아랫사람으로 판단된다.
** 다음에 나오는 '들려니와 ~ 돈돈' 부분은 한국정신문화연구원(2004)에서 판독되지 않았다.

은진송씨 동춘당 송준길가 언간 07

〈송준길가-07, 1650~1683년, 배천조씨(어머니) → 미상(아들)〉

판독문

> 송 셔방손디
> 아긔게

두 번 유무 보고 뫼와 무ᄉ히 디내니 깃거ᄒ노라 예는 계유 디내나 음식도 못 먹고 디내니 올ᄒ랴 보션은 기워 보내노라 안 업서 민망ᄒ니 버손 것 업시 말고 보내여라 그 명디 갑 무명 ᄒᆞᆫ 필 몽농의게 보내여시니 그 집의 ᄆᆞ자 갓다가 주라 ᄒᆞ여라 밧바 이만

판독대비

번호	판독자료집	한국정신문화연구원 (2004 : 243)	한국학중앙연구원 편 (2009a : 299)

은진송씨 동춘당 송준길가 언간 08

〈송준길가-08, 1668~1682년, 배천조씨(할머니) → 송요경(손자)〉

판독문

그리 왓다 ᄒ니 즉시 못 보나 든든ᄒ여 ᄒ노라 유무도 아니ᄒ눈다 섭섭ᄒ다 언제 올고 기드
리노라 희범의 병은 일양인가 시브니 그런 굽굽ᄒᆫ 일이 업다 감ᄌ 셋 셕뉴 보내노라 납월
초삼일 조모

판독대비

번호	판독자료집	한국정신문화연구원 (2004 : 243)	한국학중앙연구원 편 (2009a : 301~302)

은진송씨 동춘당 송준길가 언간 09

〈송준길가-09, 1641~1683년, 배천조씨 → 미상〉

판독문

상쥬의게

밤스이 뫼옵고 됴히 잇ᄂᆞᆫ다 덧업시 둔녀가니 서운ᄒᆞ여 ᄒᆞ노라 보션 고텨시되 ᄇᆞ롯 버혀시니 크게 못ᄒᆞᆯ다 쩍 죠곰 간다 뼈 ᄒᆞᆫ 말 보내노라

판독대비

번호	판독자료집	한국정신문화연구원 (2004 : 243)	한국학중앙연구원 편 (2009a : 304~305)

은진송씨 동춘당 송준길가 언간 10

〈송준길가-10, 1650~1683년, 배천조씨(어머니) → 미상(아들)〉

판독문

> 아긔게

유무롤 써 죵을 보니랴 홀 제 번지[1] 오나늘 유무 보고 됴히 이시니 깃거ᄒ노라 그 폰 거슨
몃 자히 열닷 필을 밧고 몃 자히나 밧는고 셔 셔방끠 폰 거슨 풀고 나마다 ᄒᆞᆫ 거슬 이를 바
다 보니엿는가 몬져 열닷 필 밧다 ᄒᆞᆫ 거시 인가[2] 명디가 열여듧 자히니 몃 필의 혀여 바든
고 ᄌᆞ시 아녀시니 몰라볼다 실과들도 슈영디ᄃ려 무러보와 밤 톄엿 거시나 더러 가져오고
게 쑬 바다 모과 어더 정과 더러 지어 오나라 이 보닌 것 더러 차례여도 쁘옵게 ᄒ여라 샹
쥐 공ᄒ고 근쳐 죵들의게 공들 바다 보니라 ᄒ엿더니 아니 바다ᄂ냐 샹쥐 공을 아니 바다
왓거든 즉시 사ᄅᆞᆷ을 브려 면화도 가져오고 공도 바다 가져오나라

판독대비

번호	판독자료집	한국정신문화연구원 (2004 : 244)	한국학중앙연구원 편 (2009a : 307~310)
1	번지	먼지	–
2	거시 인가	–	거시인가

은진송씨 동춘당 송준길가 언간 11

〈송준길가-11, 1682년*, 배천조씨(어머니) → 송병하(아들)**〉

판독문

```
┌─────────────────────────────┐
│ 아산 힝츠                      │
│                      봉       │
│ 아긔게                        │
└─────────────────────────────┘
```

여러 날 안부 모르니 아희[1] 병이 엇던고 몰라 답답 넘녀ㅎ며 예셔는 년ㅎ여 유무를 ㅎ여시
되 도라오느니 업스니 긔별 몰라 ㅎ노라 아들은 무스ㅎ니 넘녀 마라 네 아으도 간 후 긔별
을 모르니 ㅎ마 집으로 니건가 닛디 못ㅎ고 네 형의 안부도 모르니 두로 넘녀도 만코 심심
이 디내노라 니인은 하인이 만타 ㅎ니 사롬이나 브렴죽ㅎ되 오래 긔별을 모르니 답답ㅎ다
너는 언제나 도라올고 ㅎ노라 하인 간다 ㅎ시 잠 덕노라 진시 아라 집으로 가노라 ㅎ엿더니
엇던고 대단티나 아닌가 넘녀ㅎ노라 원집 편지 뎐ㅎ여라 삼월 슌칠일 모

판독대비

번호	판독자료집	한국정신문화연구원 (2004 : 244)	한국학중앙연구원 편 (2009a : 313~314)
1	아희	아히	아히

----

* 한국학중앙연구원 편(2009a)에서는 첫째 아들 송병문이 1640년 8월 28일에 태어났고 배천조씨가 1683년 3월 19
  일에 졸(卒)하였으므로 이 편지는 1641년에서 1683년에 보낸 것으로 추정하였다. 그러나 봉투에 '아산 힝츠'라고
  적혀 있고, '아들은 무스ㅎ니'라는 표현도 나오는 것으로 보아 누군가 아산에서 관직을 하고 있을 때와 관련이
  있음을 짐작할 수 있다. 송병하가 1682년(숙종8) 1월 8일에 아산현감에 제수되어 1683년(숙종9년) 1월 21일에 병
  으로 관직을 그만두었으므로 1682년에 작성된 편지로 추정하였다.
** 한국학중앙연구원 편(2009)에서 수신자를 '아들(미상)'으로 처리하였으나 편지 중에 '네 아으'나 '네 형'이라는 표
  현이 나오는 점과 아산현감을 한 적이 있다는 점에서 수신자를 송병하로 추정하였다.

은진송씨 동춘당 송준길가 언간 12

〈송준길가-12, 1640~1683년, 배천조씨(어머니) → 미상(아들)〉

판독문

아긔게

네 유무는 년ᄒᆞ여 보고 깃거ᄒᆞ노라 하현은 어제 가더니 비조차 오니 어이 간고 더 닛디 못
ᄒᆞᆯ다 예는 하ᄋᆞᆨ 어제브터 므슴 병인디 극히 알ᄒᆞ 블 혀 새아고 담이 무궁 셩ᄒᆞ고 ᄒᆞ니 굽
굽ᄒᆞ여 디내노라 네 주제롤 보는 듯 닛디 못ᄒᆞ나 홀 일이 업다 네 아바님 적삼 솝것 보니
니 닙어라 갓 견홈ᄒᆞ여 보내여라[1] 너는 와 ᄃᆞᆫ녀가기 못홀가 닛디 못ᄒᆞ노라 심심ᄒᆞ여 이만
즉일 모

판독대비

번호	판독자료집	한국정신문화연구원 (2004 : 244~245)	한국학중앙연구원 편 (2009a : 317~319)
1	보내여라	보ᄆᆡ여라	보ᄂᆡ여라

은진송씨 동춘당 송준길가 언간 13

⟨송준길가-13, 1640~1682년, 배천조씨(어머니) → 미상(아들)⟩

판독문

요스이 긔별 모릭니 아희 병은 수이 흐리던가 일야 념녀흐며 예도 어마님 병환이 지금 흐리
디 못흐여 누어 겨시니 민망민망흐여 디내노라 나가기는 어이흐려 흐느니 셔울흔 아직 피
란 소동은 급디 아니흐니 싀골흔 므슴 긔별이 잇는고 몰나 흐노라 계유 오니 동싱들도 예
잇느니 밧근 보디 못흐고 원집도 힉산 후 가셔 병환 겨신딕 조븐 딕 와 디내기 민망흐여 못
와 셰후나 드녀오고져 흐더니 겻집의 역질이 드러시니 왓다가 또 의외예 흐게 되면 쥬인도
민망흐여 홀 거시오 낸들 훈 방의 이셔 민망홀 거시니 드려오기도 스셰 민망코 아니키도 수
이 가게 되면 제곰 잇기도 절박흐니 아므리 홀 줄 몰나 심난흐다 명녜동은 갓가오니 즈로
년신흐고 어든 거시면 보내시고 하 극진히 흐시니 고맙숩고 일면 안심티 아니흐외 편지 맛
다 보내니 납월 념오일 모

판독대비

번호	판독자료집	한국정신문화연구원 (2004 : 245)	한국학중앙연구원 편 (2009a : 322~323)

은진송씨 동춘당 송준길가 언간 14

〈송준길가-14, 1675년, 배천조씨(어머니) → 미상(아들 부부)〉

판독문

```
┌─────────────────────────────────┐
│  아기내게 겸답                      │
│                          봉        │
│  송 셔방손ᄃᆡ                       │
└─────────────────────────────────┘
```

긔별 몰라 답답 넘녀 ᄀᆞ이업더니 유무 보고 무ᄉᆞ히 이시니 깃브나 튜탈ᄒᆞ신 일은 망극ᄒᆞ옵
씨 ᄀᆞ이업다 나는 계유 무ᄉᆞ히 디내나 어마님겨오셔 엇그제 넝비를[1] 알ᄒᆞ셔 ᄒᆞᄅᆞ밤은 극듕
ᄒᆞ시니 급급ᄒᆞ옵더니 져기 ᄒᆞ려 디내오시더니 수일재 ᄯᅩ 대단히 알ᄒᆞ시는 ᄃᆡ는 업ᄉᆞ나 진
지도 못 잡습고 신음ᄒᆞ여 디내오시니 민망ᄒᆞ옵고 ᄌᆞ로 편티 못ᄒᆞ오시니 ᄆᆞᄋᆞᆷ이 아므라타
업다 사획 일로 듀야 넘녀ᄒᆞ더니 그 말이 업ᄉᆞ니 거즛말이 낫는가 긔별이 못 미쳐 갓는가
몰라 답답다 ᄂᆞ려가기는 낸들 시절 일을 아디 못ᄒᆞ며 오래 이실 계교야 ᄒᆞᄒᆞ랴만은 오난티
골은[2] 계유 ᄒᆞᆫᄃᆡ 역질로 ᄒᆞ여 동셩들도 당시 못 보왓고 어마님겨셔도 병듕이 수이 가려 ᄒᆞ
ᄂᆞᆫ 긔별 드르시고 하 구쳐 ᄒᆞ시니 ᄎᆞ마 어이 ᄠᅥ나오며 날이 요ᄉᆞ이ᄂᆞᆫ 엄한이 도여시니 아므
린들 이제 어이 가리 소셜이 잇+

판독대비

번호	판독자료집	한국정신문화연구원 (2004 : 245~246)	한국학중앙연구원 편 (2009a : 327~329)
1	넝비를	-	넝븨를
2	오난티골은	오난 디골은	오난 디골은

은진송씨 동춘당 송준길가 언간 15

〈송준길가-15, 1625~1683년, 배천조씨 → 미상〉

판독문

죠용호 빼 업서 숣디 못ㅎ고 죵도 이러셔 가ᄂ니 업서 못 닐러 보닌니 네게로 덕노라 넘지
익의게 명디 갑시 넉 냥을 줄 거시 이시디 못ㅎ여 보닌니 셔울 공이나 바다든 엿ᄌ와 다 못
홀디라도 두 냥 갑시나 몬져 주어라 무명도 못 어더 주거든 지를 보와든 갑술 주라 ㅎ시디
못ㅎ니 미처 어더 주마 닐러라 샹인의 거슬 지금 못 주니 저ᄂ 니졋ᄂ가 너길가 안심티 아
니타

판독대비

번호	판독자료집	한국정신문화연구원 (2004 : 246)	한국학중앙연구원 편 (2009a : 332)

은진송씨 동춘당 송준길가 언간 16

〈송준길가-16, 1668~1683년, 배천조씨 → 미상〉

판독문

□ㅎ여 유무 보고 든든ㅎ며 회범은 차도ᄂᆞᆫ 의심 업시 어딋ᄂᆞᆫ가 시브니 다힝다힝ᄒᆞ되 이제
도 니러 안ᄶᅵ 못ᄒᆞᄂᆞᆫ가 시브니 언제야 쾌차ᄒᆞᆫ 긔별을 드를고 민망ᄒᆞ다 니인 긔별 몰라 ᄒᆞ
더니 병이 나앗다 ᄒᆞ니 깃브다 잇는 하인의 ᄒᆞᆫ 열희 ᄒᆞᆫ 번식이나 사롬을 브리면 ᄒᆞ련만은
긔별을 모ᄅᆞ니 답답ᄒᆞ다 네 아이 집으로 가며 유무 ᄒᆞᆫ디 반찬이 업서 ᄒᆞ니 게 업손 싱믈을
어더 하인을 브리라 ᄒᆞ엿더라만은 셔울 사롬이 날마다 가거든 내 어디 가 사롬 브리라 ᄒᆞ
리 졔믈 가져 하인 간다 ᄒᆞ매 □ 덕노라 네 동싱들의게 가는 유무 뎐ᄒᆞ고 답□ □다 가라
ᄒᆞ여라

판독대비

번호	판독자료집	한국정신문화연구원 (2004 : 246)	한국학중앙연구원 편 (2009a : 335~336)

은진송씨 동춘당 송준길가 언간 17

〈송준길가-17, 1681년, 배천조씨 → 미상〉

판독문

두 번 훈 유무 보고 됴히 이시니 깃거ᄒ노라 하익이는 ᄯ더난 디 날포 되니 언제 올고 기드리
더니 의외예 두고 오시니 섭섭ᄭᅵ ᄀ이업고 더옥 고단ᄒ여 디내노라 울기나 아니코 됴히 잇
ᄂ냐 못 니저 ᄒ노라 모리 실옥 힝치 이리 디나니 구시 거륵다 ᄒ니 너희 못 뵈니 애둛다
나도 겨을¹ 거술 시방 ᄒ니 아니 닙으랴 넘녀 마라 다만 심심훈 일이 하 만흐니 긔괴로와
ᄒ노라 밧바 이만 초뉵일 야 득셩이ᄃ려 겹내 면화 수이 바다 보내라 ᄒ고 제 명디 과그리
ᄒ여 줄 세 업스니 셜워 내 못 이긔게 ᄒ여시니 그 명디나 이놈 오는 디 보내라 ᄒ여라

판독대비

번호	판독자료집	한국정신문화연구원 (2004 : 246)	한국학중앙연구원 편 (2009a : 338~340)
1	겨을	겨울	겨울

은진송씨 동춘당 송준길가 언간 18

〈송준길가-18, 1675년, 배천조씨(어머니) → 미상(아들)〉

판독문

+다 ᄒᆞ나 셔울흔 아직 급흔 소동은 업ᄉᆞ니 설어 졍월 회간으로 가고져 ᄒᆞ니 그리 아라 인
마를 보내여라 홍동진 힝ᄎᆞᆯ의 유무 ᄒᆞ마 ᄒᆞ니 기드리노라 슈원 ᄉᆞ촌 네재 치 ᄯᅩ 염질로 구
티 못ᄒᆞ다 ᄒᆞ니 참혹ᄒᆞ다 송 별쟝 힝ᄎᆞᆯ의 유무ᄒᆞ엿고 총망여 이만 이놈은 닐웬 만의 오고
양식도 먹고 왓노라 ᄒᆞ다 ᄡᆯ 더 이셔 뿔은 서 말 ᄑᆞᆺ ᄒᆞᆫ 말을 ᄡᅮ어 뻐시니 셰후 브디 보내여
라 어마님ᄭᅴ 잡습께 쇼쥬 ᄒᆞᆫ 병만 ᄒᆞ여 보내면 죽ᄒᆞ랴 힝혀 사름 브리거든 명현이를 브듸
보내여라 어마님겨셔는 시방 편티 아녀 누어 겨시니 편지 못ᄒᆞ신다 납월 십ᄉᆞ일 모

판독대비

번호	판독자료집	한국정신문화연구원 (2004 : 246~247)	한국학중앙연구원 편 (2009a : 343~345)

은진송씨 동춘당 송준길가 언간 19

〈송준길가-19, 1625~1683년, 배천조씨 → 미상〉

판독문

안 양식은[1] 초ᄒᆞ른날 벼 셜흔 말 드리고 쏘 열닷 말 드리고 쏘 너 간 후 열 말 드리니 이샹
의 두 셤 열닷 말 드리디 쏘 모ᄌᆞ란다 ᄒᆞ니 하 헤프니 민망ᄒᆞ다 홍농 아기내 세히 ᄆᆞ양 잇
ᄃᆞᆺ ᄒᆞ니 그러커니와 쓰기도 너모 쉽고 날드려 혜아려 마련ᄒᆞ여 드리라 ᄒᆞᆫ들 내 어이 산계를
ᄒᆞ리 새들은 뇨를 어이 드릴디 본뇨 셜흔 말이오 샹쟈 칠 홉으로 열 말 드리면 두 셤이 되
나 ᄡᅵ로 혹 예셔 먹이기도 브졀업슨 식귀 만코 오락가락ᄒᆞ니 그 아히들란 그 벼를 내게 ᄡᅵ
허 두고 온 제란 먹이고 아니 온 제란 말면 엇덜고 아므리 드리는 냥으로 넉넉다 홀 셰 업
서 플뿔도 못ᄒᆞ니 젼의 어드라 보니노라 ᄒᆞ고 인마를 보니니 젼과도 다르고 그런 민망 +

판독대비

번호	판독자료집	한국정신문화연구원 (2004 : 247)	한국학중앙연구원 편 (2009a : 348~351)
1	안 양식은	안양 식은	-

은진송씨 동춘당 송준길가 언간 20

⟨송준길가-20, 1625~1683년, 배천조씨 → 미상⟩

판독문

제믈 광어 둘 문어 네 가래 전복 네 곳 졍과 항 게젓 열 건슈어 ᄒ나 은구어 네 밤다식 셜
흔 왜감즈 아홉 귤 여둛 블근 감즈 닐곱 블근 감즈 닐곱으란[1] 큰 ᄉ당의 쳔신ᄒᆞᆸ께 보니고
왜감즈 귤란 큰 졔예 쓰옵고 더러란 차례예 쓰옵고 밤다식도 차례예 쓰와라

판독대비

번호	판독자료집	한국정신문화연구원 (2004 : 247)	한국학중앙연구원 편 (2009a : 353~355)
1	닐곱으란	닐굽으란	닐굽으란

은진송씨 동춘당 송준길가 언간 21

〈송준길가-21, 1650~1682년, 배천조씨(어머니) → 미상(아들)〉

판독문

아긔게 답셔

봉

고올 하인 오나늘 유무 보고 범첩쑐[1] 아희는 어닉가 죽은고 슌인이는 아니 와시니[2] 즈시 몰라 더옥 답답고 힝혀 큰 아희가 참혹ᄒ기 ᄀ이업서 아므라타 못홀다 인마는 수이 보니려 ᄒ니 젼의는 보낼 계규 아니타가 급피 보내는가 시브니 네 병이 더 듕ᄒ니 그런는가 즈시 몰라 ᄆ옴이 아므라 업서 ᄒ노라 초젼쑐로 드르니 둘재 아희라 ᄒ니 그대도록 신고ᄒ여 그만치나 길러셔 그런 앗갑고 참혹ᄒᆫ 일이 어디 이시리 제 부모 졍ᄉᄅᆞᆯ 싱각거든 더옥 ᄀ이업다 슌인이는 지금 아니 오니 고이ᄒ다 이 과즐 됴티 아니나 보내노라 밧바 이만 눍월[3] 념삼일 모

판독대비

번호	판독자료집	한국정신문화연구원 (2004 : 247~248)	한국학중앙연구원 편 (2009a : 358~359)
1	범첩쑐	-	법첩쑐
2	와시니	왓시니	왓시니
3	눍월	-	뉴월

은진송씨 동춘당 송준길가 언간 22

〈송준길가-22, 1687년, 송병하 → 미상〉

판독문

그적긔 우죵이 가올 적 편지 알외옵더니 보옵신가 ㅎ오며 그ᄉ이 긔운이나 엇더ㅎ옵신잇가
장ᄉ날이 졈졈 다ᄃ라 오옵시니 죽히 새로이 망극ㅎ옵시랴 일시 닛이옵디 못ㅎ와 ㅎ옵ᄂ이
다 싱은 골려 입득을 ㅎ오니 일시 밧브오니 이젼의 알외옵던 말ᄉᆷ ᄌ셰 밧비 회보ㅎ옵쇼셔
맛ᄎᆷ 닛의예 뎐뎐 사롭이 오매 밧그로셔만 계요 덕ᄉ와[1] 문안이나 아옵고져 ㅎ옵 공쥐ᄂ 하
인을 브리왓ᄉᆸ더니 못 도라왓ᄉᆸᄂ이다 년ㅎ여 긔운이나 부디ㅎ옵심 ᄇ라옵ᄂ이다 뎡묘 팔
월 십팔일 싱 송병하 샹셔

판독대비

번호	판독자료집	한국정신문화연구원 (2004 : 248)	한국학중앙연구원 편 (2009a : 362~363)
1	덕ᄉ와	덕사와	-

〈송준길가-23, 1700년, 안정나씨(어머니) → 미상(아들)〉

판독문

홍경이게
봉

유무 보고 길히 뫼옵고 됴히 가시니 깃브고 반겨 ᄒ노라 예는 그ᄉ이는[1] 됴히 잇노라 선산
은 저는 이시냥으로 ᄒ되 글 지을 동뫼 업고 벗이 업스니 막[2] 공부를 ᄒ고져 ᄒ는 아히 다
허히 디낼 일이 민망ᄒ여 선산을 가셔 혼두 둘이나 가셔 공부를 ᄒ고 오라 ᄒ되 고집피 ᄉ
양ᄒ고 우리게는 든든ᄒ되 공부를 못ᄒ고 아히 거시 벗 업시 혼자 이실 일이 안심티 아니ᄒ
되[3] 이런 더위예[4] 혼시도 그치디 아니ᄒ고 죵일ᄒ여 글을 닑으니 긔특다 너는 글을 시작ᄒ
여 닑노라[5] 말 듯고 깃거 답장을 ᄒ니 브ᄃ 브즈런이 닑는다 말이 내 귀예 오게 ᄒ여 나를
쯤증 나게 말고 아직 먼 디 스승 구티 아닌 젼 일가의는 모안손 잇증이[6] 될 거시니 내 처음
니르던 대로 밤낫 모안손의게[7] 동쳐ᄒ여 일동 글 의논ᄒ기를 그 의논대로 ᄒ여라 몬졔 못
보낸 됴히 뎡이 지은 것 혼 고리 빡[8] 가니 혼디 쁘이게 ᄒ여라 몬졔 홍쥐 김딕 유무예 너를
글을 브즈런이 ᄒ여 취흑ᄒ기를 쳔만 ᄇ라노라 ᄒ여시니 오쵼 죡댱 ᄉ이예 그러ᄒ니 아니
고마오냐[9] 그런 일노 싱각ᄒ여도 브ᄃ 기과쳔션을 ᄒ여야 올ᄒ니라 이만[10] 뎍으며 브즈런
이 ᄒ믈 슌슌 왕내거라 ᄒ고 칙 젼슈 뭇는 일도 긔별ᄒ고 ᄆ음을 죠용히 ᄒ여야 모쳐 간 고
디 혼낫 삼촌을 걱정시기디 아닐 일도 싱각ᄒ여라 뫼옵고 됴히 잇거라 경진 오월 넘일 모

판독대비

번호	판독자료집	한국정신문화연구원 (2004 : 248~249)	한국학중앙연구원 편 (2009a : 368~371)
1	그스이는	그 스이도	-
2	막	먹	먹
3	아니ᄒ더	아니ᄒ되	아니ᄒ되
4	더위예	당시예	당시예
5	늙노라	늙는다	늙는다
6	젼 일가의는 모안손 잇증이	젼일가 의논 낫던 손 잇증이	젼일가 의논 낫던 손잇증이
7	밤낫 모안손의게	외니 닛고 인손의게	외니 닛고 인손의게
8	ᄲᅡᆨ	ᄲᅵᆨ	ᄲᅵᆨ
9	고마오냐	-	고마오랴
10	이만	이번	이번

은진송씨 동춘당 송준길가 언간 24

〈송준길가-24, 1708~1736년, 안정나씨(어머니) → 송요화(아들)〉

판독문

> 인손 부의게

간 후 긔별 모르니 엇디 득달ᄒᆞᆫ고 듀야 넘녀ᄒᆞ더니 의외예 이쳔이 오나눌 드르니 무스히 득달ᄒᆞᆫ 긔별을 듯고 깃브기 ᄀᆞ이업스나 어이 ᄒᆞᆫ 즈 편지도 아냐시니 나도[1] 너룰 ᄯᅥ나고 집안이 다 뷔ᄃᆞᆺ ᄒᆞ고 섭섭 그 덧도 그리워 굿버ᄒᆞ던디 편지도 아냐시니 실로 섭섭기 ᄀᆞ이업고 졍이 업손 ᄃᆞᆺ시브다 인손이 알코 파려ᄒᆞ엿다[2] ᄒᆞ니 넘녀 ᄀᆞ이업다 지위ᄒᆞ려 가니 어이 깃브디 어이 출혀 ᄒᆞ며 지위 아니시나 어이홀고 넘녀ᄒᆞ노라 네 어마님도 이제도 자리의 누어 채 셩티 못ᄒᆞ고 네 형도 더리 알슬고 음식을 진 못 먹으니 날은 차디 일 가지가지 절박ᄒᆞ다 홀 말 만ᄒᆞ디 형도 와 이만 뎍노라 아마도 됴히 이셔 브디 ᄒᆞᆫ 줄만뎡 편지ᄒᆞ여라 구월 넘칠일 한미

판독대비

번호	판독자료집	한국정신문화연구원 (2004 : 249)	한국학중앙연구원 편 (2009a : 374~375)
1	아냐시니 나도	아냐시니난고	아냐시니난고
2	파려ᄒᆞ엿다	파려 ᄒᆞ여다	파려 ᄒᆞ여다

은진송씨 동춘당 송준길가 언간 25

〈송준길가-25, 1668~1698년, 안정나씨(아내) → 송병하(남편)〉

판독문

```
답샹장                                근봉
```

요스이 댱마 더위 하 괴롭스오니 긔운이나 엇더ᄒ오시니잇가 넘녀 ᄇ리ᄋᆞᆸ디 못ᄒᆞ오며 예ᄂᆞᆫ 계요 대단ᄒᆞᆫ 일은 업시 디내오며 즈즐ᄒᆞᆫ 댱마ᄅᆞᆯ 만나 병듕의 가지가지 괴롭스오이다 거월 넘후 김안음 ᄃᆡᆨ 사ᄅᆞᆷ 가올 적 편지ᄒᆞ고 보낸 것들 가습던가 모ᄅᆞ와 ᄒᆞ옵더이다 뎌적ᄢᅵ 초ᄢᅵ 오올 적 뎍습시니 보옵고 대단ᄒᆞᆫ 연고ᄂᆞᆫ 업시 디내오시니 다ᄒᆡᆼᄒᆞ더이다 관ᄃᆡᄂᆞᆫ 아래 홀 계교 못ᄒᆞ엿ᄂᆞᆫ가 시브오니 어이홀고 민망ᄒᆞ와 ᄒᆞ오며 ᄀᆞ올¹ ᄉᆞ이나 엇디홀가 쳔쳔 됴토록 싱각ᄒᆞ여 보사이다 무명 관ᄃᆡᄂᆞᆫ 봉이 듕짐이오 댱마도 것디 못ᄒᆞ여시니 아직 법스 오실 ᄶᅢ도 아니니 쳔쳔 보내리이다 밋ᄂᆞᆫ 왕ᄂᆡ롤 대경과 아라 의논ᄒᆞ여 보리이다 이번 보내오신 계ᄌᆞ ᄢᅵ도 밧ᄌᆞ와 두 가지 다 그리 가오나 깃브와 ᄒᆞᆸ 나ᄂᆞᆫ 거월브터 왼편 녑피 올ᄒᆞᆫ편보다가ᄂᆞᆫ 더위 인셕이나 신 셩원이나 증을 잡디 못ᄒᆞ여 ᄒᆞ며 그려ᄂᆞᆫ 여러 의원의게 무ᄅᆞ면 혹 나을가 ᄒᆞ더라 ᄒᆞ오니 뎐 쥬븨 한가히 잇고 셔울 미양 잇ᄂᆞᆫ 사ᄅᆞᆷ이니 아ᄂᆞᆫ 사ᄅᆞᆷ이 만홀 ᄃᆞᆺᄒᆞ니 여러 의원의게 무러도 병녹을 뎌겨 보내오니 내일 삼촌 뎐 쥬부ᄢᅵ도² 뎐ᄒᆞᆸ쇼셔 이만 뎍스오며 하 밧브와 아ᄒᆡ게 편지 못ᄒᆞ오니 셥셥ᄒᆞ오이다 이만 뎍스오며 아마도 평안ᄒᆞ오쇼셔 칠월 초구일 나

판독대비

번호	판독자료집	한국정신문화연구원 (2004 : 249)	한국학중앙연구원 편 (2009a : 380~381)
1	ᄀᆞ올	-	ᄀᆞ올
2	뎐 쥬부ᄢᅵ도	ᄃᆡᆨ 됴부ᄢᅵ도	ᄃᆡᆨ 됴부ᄢᅵ도

은진송씨 동춘당 송준길가 언간 26

〈송준길가-26, 1708~1736년, 안정나씨(할머니) → 미상(손자)*〉

판독문

> 홍경의게

네 형 간 후 긔별도 심히 모른니 답답호다 네 형은 므스히 가시며 너히 대되 됴히들 잇노다
넘녀 브리디 못호여 호노라 네 형 가시니 든든이 디내다가 오게[1] 되니 혼자셔들 어이 디낼
고 쏘 넘녀로다 네 아자비 나라 병환으로 날마다 분조호다가 오늘[2] 낙샹을 둉히 호니 므이
샹연는가[3] 굅굅다 너는 언제 어이 볼고 그립기 ᄀ이업다 하 총망호여 이만 뎍노라 브딘브딘
조심호여 됴히 잇거라 오월 망일 한미

판독대비

번호	판독자료집	한국정신문화연구원 (2004 : 249~250)	한국학중앙연구원 편 (2009a : 384~385)
1	디내다가 오게	디내다 가오미	디내다가 오미
2	분조호다가 오늘	분조호다 가옹도	분조호다 가옹도
3	샹연는가	샹인ᄀ나	샹인ᄀ나

....

* 한국학중앙연구원 편(2009a)에 따름. 그러나 안정나씨의 다른 편지와는 필체가 확연히 다르다는 점과 안정나씨를
발신자로 보면, 수신자는 송익흠이나 김치공에게 시집간 손녀 중 하나인데, 편지 중에 '네 형'이라는 표현이 나온
다는 점 등이 의문이다.

은진송씨 동춘당 송준길가 언간 27

〈송준길가-27, 1753년, 송요화(시아버지) → 여흥민씨(며느리)〉

판독문

홍쳔실니 답셔 〔수결 : 堯〕 봉

관인 오는디 글시 보고 든든ᄒ며 그ᄉ이 히 밧ᄀ여시니 대되 무ᄉ히 지낸다 넘녀 브리지
못ᄒ며 나는 ᄒᆞ가지로 지내나 새희를 만나 두루 싱각ᄒ니 섭섭ᄒ다 잠 뎍노라 계유 원월
삼일 구

판독대비

번호	판독자료집	한국정신문화연구원 (2004 : 250)	한국학중앙연구원 편 (2009a : 387~388)

은진송씨 동춘당 송준길가 언간 28

〈송준길가-28, 1753년, 송요하(시아버지) → 여흥민씨(며느리)〉

판독문

```
홍쳔실너
                    〔수결 : 堯〕 봉
```

힝츠 오는 디 글시 보고 무스훈 일 알고 든든ᄒ며 힝츠도 무스히 와시니 다힝ᄒ다 예도 훈 가지로 지낸다 야현 신집 편지도 보아시며 신집 사당도 바다 먹노라 희슴슴ᄒ던 얼굴이 졈졈 나은 듯 시브다 답장 못ᄒ니 젼ᄒ여라 혼인은 졍훈 대로 지내는가 시브니 날 더워도 어렵거니와 범빅을 엇지 미처 쥬변ᄒ고 넘녀ᄒ노라 졔믈이 믹양 이리¹ 아니 오기로 먼 디 산소의 졀육 ᄀ튼 거시나 괴게 ᄒ여 보내노라 ᄒ면 믹이 군급ᄒ다 ᄒ니 장동드려 닐너 이번 졔믈을 브디 아희란 날 일즉 들게 보내라 ᄒ여라 보낸 건치 포육은 두고 먹노라 잠 덕노라 모시는 홍역으로 나치 못ᄒ여 극귀타 ᄒ고 삼월 망간으로 사 보내게 ᄒ여시니 늣지 아닐가 ᄒ노라 계유 이월 십구 구

판독대비

번호	판독자료집	한국정신문화연구원 (2004 : 250)	한국학중앙연구원 편 (2009a : 391~394)
1	이리	미리	미리

은진송씨 동춘당 송준길가 언간 29

〈송준길가-29, 1754년, 송요화(시아버지) → 여흥민씨(며느리)〉

판독문

> 홍쳔딕 답셔
> 〔수결 : 堯〕 봉

년호여 글시 보고 든든호며 준뫼 보은 셔방 아돌 됴 셔방 호가지로 셔울셔 쩌낫노라 호눈디
뎡동 편지는 못 맛다 왓다 호고 홍쳔은 낙샹 듕히 호엿다 호거늘 홍쳔은 편지 못혼들 안희
셔조차 아니호랴 호니 아니터라 호고 됴 셔방이나 맛다 온가 호거늘 됴 셔방 어디 가냐 호
니 오다가 다른 디로 가셔 오지 아녓다 호니 졀졀이 의심이나[1] 분명 듕히 샹호여 안희셔도
편지홀 스이 업셔 그런가 시버 내 무움 엇덜가 시브니 그리 훈 오랜 후에야 됴 셔방 편지
젼체로 젼호엿거늘 보니 낙샹 말 업스니 죠 셔방 편지 써 준 후의 낙샹호엿는가 시버 의려
호여 지내더니 어제 만호 본 후야 제 글시 보고 대강 아라시나 무이 샹호여 그때ᄭ지 알터
라 호니 념녀 아모라타 업다 제 싼을 모른고 죵시 조심 아니키로 그러호니 이후 또 그러키
괴이치 아닐 거시니 이왕 놀난 거슨 니른지 말고 념녀 측냥업다 그이는 체호고 니외 편지예
아니키로 더 놀낫다 그 후 날포 되여시니 다시 어이 지내는다 뎐동 아히 일은 차악호다 법
동 상ᄉ도 하 의외니 날포 될스록 참혹호기를 어이 다 뎍으리 나는 겨유 지내노라 승쳔의ᄃᆡ
다른 죵 보내려 호더니 흑관셔 네 긔별혼디 거먹이를 보내과져 혼다 호매 보내나 무어술 취
혼지 모르거니와 네 긔별혼디 씨샹을 보내니 몰골이 더 업다 호여시니 그 말은 올호나 거먹
가든[2] 무슨 몰골 이실고 호노라 무쥬딕 쳔안 젼답 내 젼답 근쳐라 호매 호부를 혜지 말고
사고져 호니 갑시 그때 긔별혼디 일빅 몃 냥이라 호여던고 져긔 다시 긔별호기는 지리히 녀
길 거시니 네 싱각호거든 긔별호고 그 후 ᄑᆞ지 아녓는가 아라 보아라 젼답 수는 언마 되는
고 그도 아라 승쳔 오는 디 긔별호여라 삼월 졔ᄉ의 쓰옵게 승쳔 오는 디 황대구 사 보내되
갑슨 죠희 ᄑᆞᆺ거든 그 돈의셔 써라 긔식 열 셤 다시 어드냐 삼월 찬가는 죠희 ᄑᆞᆫ 돈의셔
쓰라 호엿더니 죠희 못 ᄑᆞ라시면 엇질고 호노라 신집은 나앗다 호나 만호의 말 드르니 음식
을 슬호여 혼다 호니 그ᄉ이는 엇더호니 동복 딕의 죠희 ᄑᆞᆫ 돈으로 갑하라 지동이 신집 히

산 후는 이셔 블긴흐니 은뇌네 올 졔 몰 두 발이만 흐면 오련마는 과거 째라 몰 어들 길 업
스니 애둛다 등하의 잠 덕노라 갑 이월 념뉵 구

판독대비

번호	판독자료집	한국정신문화연구원 (2004 : 250~251)	한국학중앙연구원 편 (2009a : 398~404)
1	의심이나	의심이 나	의심이 나
2	가든	가둣	-

판독문

보은실니	〔수결 : 堯〕 봉

년호여 글시 보고 든든호되 편지 쓰기 어려워 답장 못호엿다 신집 히산 무스히 호엿다 호되
남녀 말 니외 편지와 소로개 혼 편지와 후의 오는 편지예도 다 아니호고 네 편지예 블힝 둥
다힝타만 호여시니 남녀 간 병인을 나하는가 답답 넘녀호노라 신 셔방끠[1] 거번 인숨 언마
보내여시되 디답 업다 여러 번 무르니 나는 분명 전호엿더니 갓더냐 나는 겨유 지내며 셔울
잇기로 상복을 다 호여시나 게셔는 엇지혼다 내 관디 서너 냥 쓴디 팔 냥 주고 사시되 잘
삿다 호고 스므 냥 주고 사니도 잇다 호고 열석 냥식은 다들 주엇더라 내 길흔 니월 초삼일
공졔 지내고 초스일 가려 호엿더니 그날 츌힝 죠치 아니호니 초칠 쩌날가 시브니 그 젼 지
낼 도리 쑥호다 힝찬 년호여 보낸 것 집의 이셔 죠히 먹엇다 무판 혹 호거든 약포 브삭브삭
호게 물뇌여 죠금호고 약산젹호고[2] 싱치나 둙이나 쓰게 쵸호여 보내되 ᄀᄅ[3] 되게 말고 줄
게 쓰저 쵸호여라 샹슐이 다식 어렵지 아니커든 죠금 호여 보내여라 밧긔 닐너 내 길 젼 문
안 사룸 혼 번 보내라 호고 그 편의 보내라 호여라 삼월 뇨젼도 보내면 힝냥호려거니와 다
만 츌쳐 업슨 돈을 엇지 츄이홀ᄀ[4] 호노라 쑬은 잇다 호고 쇠 기름 이시면 이 져지 보내면
쵸 지어 가려 혼다 호여라 실혼 스령을[5] 보내여 비힝호게 호라 호여라 원미도 호여 보내여
라 보선도 기워 보내여라 마쳘 두부 보내라 호여라 혹관 년호여 편지호되 써 주리 업서 답
쟝 못호고 괴알는다 호여라 잠 뎍노라 뎡튝 이월 념스 구

판독대비

번호	판독자료집	한국정신문화연구원 (2004 : 251~252)	한국학중앙연구원 편 (2009a : 408~411)
1	신 셔방끽	신 셔방셔	-
2	약산젹ㅎ고	약 산젹ㅎ고	-
3	ㄱ릭	ㄱ로	ㄱ로
4	츄이홀ㄱ	츄이홀고	츄이홀고
5	ᄉ령을	사령을	사령을

은진송씨 동춘당 송준길가 언간 31

〈송준길가-31, 1725년, 밀양박씨(아내) → 송요화(남편)〉

판독문

> 쟝샹

종들 도라오와놀 의외 뎍ᄉ오시니 밧ᄌ와 보ᄋᆸ고 문안을 듯ᄌ오니 슉환이 복발ᄒ여 신음 듕 디내오시고 어루신내겨오셔도 긔톄 ᄌ로 미령ᄒᄋᆸ신가 시브오니 외오셔 넘녀 브리ᄋᆸ디 못ᄒᄋ오며 힝ᄎᆞ롤 엇디 ᄒ오실고 다시 문안 모르와 답답 넘녀 ᄀᆞ이업ᄉᄂᆞ이다 문밧 손은 셔당의 가 잇ᄉ오ᄃᆡ 반찬 길히 어려워 음식지졀이 심히 서어ᄒ오니 민망ᄒ오이다 총총 잠 뎍ᄉ오며 뫼ᄋ오셔 힝ᄎᆞ나 평안이 ᄒ오실가 ᄇᆞ라ᄋᆸᄂᆞ이다 을ᄉ 지월 초구일 복인 박 삼ᄉ촌의 됴장 답장과 동싱의 편지 보내ᄋᆸᄂᆞ이다

판독대비

번호	판독자료집	한국정신문화연구원 (2004 : 252)	한국학중앙연구원 편 (2009a : 414~416)

은진송씨 동춘당 송준길가 언간 32

〈송준길가-32, 1726년, 밀양박씨(아내) → 송요화(남편)〉

판독문

```
┌─────────────────────────────────────┐
┆ 답샹장                                  ┆
┆                          근봉          ┆
└─────────────────────────────────────┘
```

져젹 글월 밧즈와 보옵고 그째 힝츠 평안이 ㅎ오시고 뫼ㅇㅇ오셔 긔운 평안ㅎ오신 문안 아옵
고 깃ㅅ와 ㅎ오며 그 후 날포 되왓ㅅ오니 년ㅎ여 긔운 평안ㅎ오시며 어마님 긔후나 엇더ㅎ
오시거뇨 다시 문안 모ㄹ와 답답 복모 브리옵디 못ㅎ와 ㅎ오며 함양덕 형님겨오셔는 수이
도라가오시는가 시브오니 외오셔나 허우록ㅎ와 ㅎ옵ᄂ이다 예는 아직 무ㅅㅎ오며 남포 편
지도 왕ㄴ예 뎐ㅎ오려 ㅎ옵ᄂ이다 ㅅ연 총총 긋ㅈ오며 내내 긔운 평안ㅎ오심 ㅂ라옵ᄂ이다
병오 구월 회일 야 박 의복은 곳쳐 보내오며 눌근 의복을 다 보내오시면 째예 곳쳐 보내올
가 ㅎ옵ᄂ이다 듕치막 져구리 바디 보션

판독대비

번호	판독자료집	한국정신문화연구원 (2004 : 252)	한국학중앙연구원 편 (2009a : 419~421)

은진송씨 동춘당 송준길가 언간 33

〈송준길가-33, 1727년, 밀양박씨(아내) → 송요화(남편)〉

판독문

샹장	
	근봉

일긔 이리 덥ᄉᆞ오니 길히 힝ᄎᆞᄅᆞᆯ 엇디 ᄒᆞ신고 념녀 브리ᄋᆞᆸ디 못ᄒᆞ오며 ᄒᆞ마 득달ᄒᆞ여 겨오신가 어루신내 긔후ᄂᆞᆫ 엇더ᄒᆞ오신고 다시 문안 모ᄅᆞ오니 복녀 ᄀᆞ이업ᄉᆞ와 ᄒᆞᄋᆞᆸᄂᆞ이다 예ᄂᆞᆫ 연고 업ᄉᆞ오ᄃᆡ 희괴 가디 아니ᄒᆞ오니 민망ᄒᆞ오며 임의 허락ᄒᆞ오신 길히오매 뉵월은 더 더울 ᄃᆞᆺ도 시브고 날도 구ᄌᆞᆯ ᄃᆞᆺ 시브와 이ᄃᆞᆯ 념ᄉᆞ일노 ᄯᅥ나랴 ᄒᆞ오니 엇디 넉이실고 ᄒᆞᄋᆞᆸᄂᆞ이다 념치도 상ᄒᆞᆫ 줄 아오ᄃᆡ 졔사ᄭᅴ[1] 보용ᄒᆞᆯ ᄡᆞᆯ 도리ᄅᆞᆯ 닛디 아니ᄒᆞ오실가 ᄒᆞᄋᆞᆸᄂᆞ이다 뎡미 오월 십팔일 박

판독대비

번호	판독자료집	한국정신문화연구원 (2004 : 252~253)	한국학중앙연구원 편 (2009a : 424~425)
1	졔사ᄭᅴ	졔사셔	–

은진송씨 동춘당 송준길가 언간 34

〈송준길가-34, 1735년, 밀양박씨(아내) → 송요화(남편)〉

판독문

기드리올 츠 위봉 오와눌 글월 밧즈와 보읍고 년ᄒ여 평안이 디내오시니 든든 다힝ᄒ오나
공슈 반찬이 으졋디 못ᄒ올디 오래 어이 견듸오실고 민망ᄒ오며 예는 어르신내 긔후 년ᄒ
여 안녕ᄒ오시고 버디 대되 연고 업시 디내오니 다힝ᄒ와 ᄒ읍ᄂ이다 셔울 긔별은 듯즈오
니 형님 긔온 더 못ᄒ오신 일은 업스오신가 시브오니 다힝ᄒ오며 문의 대소동 편지ᄂ 아니
왓스오니 게나 왓습ᄂ가 답답ᄒ오이다 보내오신 기름은 즉시 밧즈왓스오며 게셔 오기룰 기
드리고 예셔 반찬 사 드리ᄂ 일 업고 반찬으로 근근ᄒ여 속앗습ᄂ이다 훗 왕내예 청어 드롭
이나 보내오실가 ᄒ읍 위봉 도라가오매 잠 뎍스오며 내내 평안이 디내오심 ᄇ라옵ᄂ이다
남포딕의 무명 보내여 겨오시니 실노실노 다힝 깃브옵기 ᄀ이업습고 돈 훗 편월난[1] 브터 어
더 보내옵 하 즐리이니 실노 쪽ᄒ오이다 을묘 원월 념일일 박

판독대비

번호	판독자료집	한국정신문화연구원 (2004 : 253)	한국학중앙연구원 편 (2009a : 428~429)
1	편월난	편월란	편월란

은진송씨 동춘당 송준길가 언간 35

〈송준길가-35, 1734년*, 밀양박씨(아내) → 송요화(남편)〉

판독문

샹장	
	근봉

종들 오완 디 날포 되엿스오니 그스이 긔운이나 엇더ᄒ오시며 습창 더 ᄒ오시ᄂ 일이나 업
습ᄂ가 모ᄅ와 답답ᄒ오며 국쳥도[1] 파케 되엿다 ᄒ오니 싀훤ᄒ오나 그스이 츌스나 아니ᄒ
오신가 그도 모ᄅ오니 답답ᄒᄋ 예ᄂ 어루신내 긔운은 여샹ᄒ오셔 디내오시니 다ᄒᆡᆼᄒ오나
김집 덕임 곳븟노 날로 셩치 못ᄒ오니 민망 심난ᄒᄋ 곳블 도림들도 뉴다르고 일긔도 겨울
날 ᄀᆺ디 아니ᄒ오니 시졀이 엇디 되려 이러ᄒ온고 시브와 듀야 ᄆᆞᆷ이 속그라ᄒᄋ 수일 젼
션비[2] 남진 가올 적 뎍엇ᄉ오니 보오신가 ᄒ오며 샹현 드린 ᄭᅮᆯ 두 말 ᄒᆞᆫ 되 니예 문의딕 ᄒᆞᆫ
되[3] 김집 되 가옷 ᄭᅮ어 쓴 ᄭᅮᆯ ᄒᆞᆫ 되 갑고 거긔 형님긔셔 당신 ᄭᅮᆯ의셔 졍과 지어 보내라 ᄒ
여 겨오시매 서 되 가옷 드려 지어 보내ᄋ고 진말 넉 되 올너니 믁동집 ᄭᅮᆯ을 게셔 형님ᄭᅴ셔
써 겨오시다 ᄒ고 두 되 두 홉을 가져가오니 진말 두 되가 되ᄋᄂ 줄 아오시게 긔별ᄒᄋ 엿
되 보내라 ᄒ여 계셔도 믁동집 두 되 두 홉 가져가고 서 되 가옷 졍과 지은 ᄭᅮᆯ 져치니 서
홉이 남ᄉ오매 못 보내ᄋ 지리ᄒ와 긋줍 납월 초칠일 박

판독대비

번호	판독자료집	한국정신문화연구원 (2004 : 253)	한국학중앙연구원 편 (2009a : 433~435)
1	국쳥도	규쳥도	규쳥도
2	션비	션비	션비
3	니예 문의딕 ᄒᆞᆫ 되	내예 문의딕ᄒᆞᆫ더	내예 문의딕 ᄒᆞᆫ 되

* 한국학중앙연구원 편(2009a)에서는 작성 시기를 '1723~1736년'으로 추정하였다. 그러나 편지 내용 중 '국쳥'이 나
  오는 것으로 보아 송요화가 의금부도사에 임명된 1733년 이후에 작성된 것으로 보인다. 또 후손이 기록해 놓은
  '六大祖密陽朴氏手札, 無年甲'을 참고하면 이 편지의 발신 시기는 甲寅年 곧, 1734년으로 추정할 수 있다.

은진송씨 동춘당 송준길가 언간 36

〈송준길가-36, 1732년, 밀양박씨(어머니) → 송익흠(아들)〉

판독문

> 뎡응 부친끠

쳥쥐 힝츠 슈원으로 흐실 째 거긔 됴장흐고 편지흐엿더니 본가 흐며 힝츠 도라오시더 유무
도 못 어더 보니 섭섭 답답ᄒ며 대강 드르니 몸들은 무ᄉᄒ나 응미 도로 알코 티독으로 잔
샹이 알는다 ᄒ니 잔잉 넘녀 ᄀ이업ᄉ며 요ᄉ이나 나아 디내는가 게도 그리 블인타 ᄒ고 대
죵도 사돈이 시령쳐로 알ᄒ시다 ᄒ니 놀납고 두로두로 답답ᄒ 넘녀돌 어이 다 덕을고 여긔
는 힝츠도 평안이 드러오며 연고 업시 디내오시고 어루신내 긔후도 일양 안녕ᄒ오시니 다
힝다힝 츅슈츅슈ᄒ오더 니져 블안ᄒ기 년쇽년쇽ᄒ여 나니 듀야 속그라ᄒ 근심을 어이 다
덕을고 슈원도 힝츠나 샹힝이나 무ᄉ히 득달ᄒ오신 일 깃브더 허우록 툭툭 슬픈 심ᄉ돌이
됴릴ᄉ록 ᄀ이업고 형님 긔운이 엄엄ᄒ오시다 ᄒ니 더옥 곱곱 쪽ᄒ 넘녀 ᄀ이업니 게도 장
시나 어니 끠로 디내오시는고 탕패ᄒ신 형셰예 어이 셩양ᄒ여 디내오시는고 졍경들이[1] 하
참혹ᄒ니 돌이 됴릴ᄉ록[2] 애듧고 허우록 슬픈 심ᄉ 아므라타 업서 ᄒ니 자내는 올녀룸 게셔
날가 시브니 오래 못 보는 일은 섭섭ᄒ나 이리 블안ᄒ 고더 아니 보는 일 도로혀 깃브나 게
도 형셰 ᄀ이업는더 엇디 디내는고 넘녀 ᄀ이업니 김집은 엇다나 디니는고 졸연이 가셔 둘
포 시집사리 ᄒ는 일 닛디 못ᄒ고 빗시 졀박졀박ᄒ가 시브니 더옥 브리들 못ᄒ나 홀 일이
어이 이실고 져째 어드러션디 편지롤 어더 본 둣ᄒ더 셩지디 못ᄒ니 이런 정신이 어이 이실
고 샤동 손 가매 잠 덕으며 아마도 내내 평안이 디내고 아희 병 쾌히 나은 쇼식 듯기 브라
니 소션 어들 도리 잇거든 ᄒ나 어더 주고 동싱 주새[3] 윤오월 초오일

판독대비

번호	판독자료집	한국정신문화연구원 (2004 : 254)	한국학중앙연구원 편 (2009a : 439~442)
1	졍경들이	졍셩들이	졍셩들이
2	죠릴ㅅ록	죨일ㅅ록	죨일ㅅ록
3	주새	―	주게

은진송씨 동춘당 송준길가 언간 37

〈송준길가-37, 1727~1736년, 밀양박씨(어머니) → 송익흠(아들)〉

판독문

> 뎡웅 부친 답장

그리 훌쳐 간 후 아득히 긔별을 모릭니 듀야 답답 스럼 무궁ᄒ더니 의외 사룸 오나날 글시 보고 든든 반갑기 측냥업고 몸들이나 그만치나 무ᄉ히 이시니 가지가지 싀훤 깃브기룰 어이 다 뎍을고마는 어이 민양 몸이 그리 무거워[1] 디내눈고 실노 굽굽훈 일이로쇠 음식이나 잘 먹눈가 거쳐나 편코 게는 고단튼 아닌가 시브니 글이나 ᄒ고 지기룰 펴면 혹 나을넌가 외오 이시니 더옥 닛디 못홀쇠 겨울은 게셔 나량으로 가시니 어이 오기룰 일크룰고 브더 조심조심ᄒ여 됴히 잇기룰 브라니 예도 어루신내 긔후도 안녕ᄒ오시고 대단 연고 업스니 다 힝희 쳥쥐 힝츠는 엇그제야 ᄀᆺ 드러 겨오시고 교관딕은 몬져 오늘 드러오고 형님겨오셔는 내월 초열흘긔 오오신다 ᄒ니 미리 든든키 ᄀᆺ이업니 우리도 구일 시졔ᄉ 디내오려 ᄒ옵고 츄슈 못 미쳐쏘 온갓 거시 어룽태 ᄀᆺ투니 심난심난히 나는 치통도 날이 선선ᄒ니 심코 두통 겸ᄒ여 민양 알흐니 괴로와 못 견딜쇠[2] 잇는 병이야 져년도 견디여시니 올히라고 별양 더 못 견딜 것 무엇 이실고 하 넘녀 마소 웅이 말도 인영도 아녓니 그거시 더 그리워 못 견딜 쇠 냥녈도 됴히 잇니 등하□[3] □옥[4] 이만 내□[5] 됴히됴히 잇□[6] 브라니 □□□□여□□□□ 더□□□□니[7] 팔월 넘팔일 모

판독대비

번호	판독자료집	한국정신문화연구원 (2004 : 254)	한국학중앙연구원 편 (2009a : 446~449)
1	무거워	무서워	–
2	견딜쇠	견딜싀	견딜싀
3	등하□	등하의	등하의
4	□옥	더옥	더옥
5	내□	내내	내내
6	잇□	잇기	잇기
7	□□□□여□□□□더□□□□니	□□□□여기□□□더□□□□니	□□□□여기□□□더□□□□니

은진송씨 동춘당 송준길가 언간 38

〈송준길가-38, 1724~1736년, 밀양박씨(어머니) → 송익흠(아들)〉

판독문

답장	
문밧	봉

혼 번 간 후는 일졀 긔별도 모르니 답답 넘녀 무궁ᄒ더니 뎍으니 보고 듣든 반갑기 측냥업
고 겸ᄒ여 심훈 댱마 더위예 긱니의 몸이나 평안훈 안부 알고 더옥 든든 깃브기 ᄀ이ᄀ이업
서 ᄒ니 다만 날 덥기로 공부는 챡실치 못훈가 시브니 그리ᄒ여 어일고 시버 민망ᄒ여 ᄒ니
나쥐 문안도 일졀이 모르니 답답기 어이 다 다 뎍을고 어마님겨옵셔 셜샤 그저 그러ᄒ오신
가 시브니 실노 곱곱ᄒ여 ᄒ니 예는 대단 연고는 업스티[1] 지리훈 복통이 셜샤 겸ᄒ여 즉금
은 깅긔ᄒ기가 슬ᄒ니 고단ᄒ기야 ᄉ셰 응당 홀 ᄯ니 뎌롤 어일고마는 병 ᄯ여날 제 업스니
알니 업고 답답 괴롭기롤 다 못 뎍을식 겨유[2] 그리며 내내 평안히 디내기 쳔만 ᄇ라니 칠월
초칠일 모

판독대비

번호	판독자료집	한국정신문화연구원 (2004 : 255)	한국학중앙연구원 편 (2009a : 452~453)
1	업스티	업스되	업스되
2	겨유	겨우	겨우

은진송씨 동춘당 송준길가 언간 39

〈송준길가-39, 1723~1737년, 밀양박씨 → 미상〉

판독문

청쥐딕 형님 비쥬 거월 열잇틀ᄀ디 뽈 두 말이나 될 듯 시브오디 임의 녜여 써시니 글난 혜
디 말고 ᄇ리더니 먹은 냥식이나 드려보내옵 이둘 뇨눈 츠의 열닷 말 드려왓고 큰 슈만 열
말 가져오고 합 스믈닷 말 드럿습 폿 서 말 드럿더니 아홉 되 도로 내여 갓습 삼일 차례 편
뽈 혼 말 폿 넉 되 쑤어시니 글란 드려 보내옵

판독대비

번호	판독자료집	한국정신문화연구원 (2004 : 255)	한국학중앙연구원 편 (2009a : 456)

〈송준길가-40, 1723~1737년, 밀양박씨(아내) → 송요화(남편)*〉

판독문

> 샹장

덕스오시니 보옵고 긔운 평안ᄒᆞ오시니 든든ᄒᆞ오며 예는 년ᄒᆞ여 안녕ᄒᆞ오시옵 몬졔 뿔 여덟
말도 조시 밧줍고 어제 반찬도 밧ᄌᆞ왓습 남포야 혹 왕니 잇습ᄂᆞᆫ가 말슴이 니 어이 젼위ᄒᆞ여
가기롤 ᄇᆞ라옵 꿀은 말 엿 되롤 가디고 닐곱 번 큰 졔스와 여슷 번 차례와 이월 싱신 졔와
그 몃 번을 썻관디 조랄가 시브옵 게셔 오셔도 근심을 하 계위 ᄒᆞ오시며 호말이라도 근심을
더러 드리옵쟈 ᄒᆞ고 스스로이 돈 두 냥을 겨유유겨유[1] 꾸니여 꿀 ᄒᆞᆫ 냥 ᄭᅢ ᄒᆞᆫ 냥을 프랏습
더니마는 그도 다 쓰이고 기름도 졀박ᄒᆞ고 +

판독대비

번호	판독자료집	한국정신문화연구원 (2004 : 255~256)	한국학중앙연구원 편 (2009a : 459~460)
1	겨유유겨유	겨유 □우 겨유	겨유 □우 겨유

---

* 한국학중앙연구원 편(2009a)에서는 수신자를 미상으로 처리하였으나 '-옵' 종결형이 나타나고 있다는 점과 집안
  살림과 관련된 편지 내용으로 볼 때 남편인 송요화에게 보낸 것으로 추정하였다.

은진송씨 동춘당 송준길가 언간 41

〈송준길가-41, 1727~1737년, 밀양박씨(올케) → 은진송씨(시누이)〉

판독문

```
┌─────────────────────────────────────┐
  답샹장
                              근봉
└─────────────────────────────────────┘
```

ㄱ무던 굿티 비 하 옴죽ㅎ오니 길히 막히와 답답ㅎ옵셔 글월 밧즈와 긔운 평안ㅎ오신 문안
아옵고 든든ㅎ오며 예는 대단 연고 업고 어마님 긔운 안녕ㅎ오시니 다힝다힝ㅎ오나 뎡웅 부
어제 밤브터 셜샤 긔운 잇스오니 대단튼 아니ㅎ오나 싀오치면 어일고 민망ㅎ옵 길흔 가오시
눈가 시브오니 무양 극열 극한의 길흘 둔니오시니 실노 민망ㅎ옵 옷도 눌근 거스로 무양 우
리오니 사롬도 난 디 오라면 늙거든 오시 무양 새로 잇기 쉬울가 시브옵 챵옷 ㅎ나흔 다 믈
쇽[1] 쩌러져 브리고 이 쟈른 거시 죠곰 셩ㅎ여시매 겹바디 둘 단쇽ㅎ고 쌘라 보내오나 일노
어이 견디오실고 ㅎ옵 닙어 가신 적삼 밧긔는 예 잇손 거슨 다 쩌러져 못 닙게 ㅎ여시니 무
명 적삼 속것시나 보내오리잇가 옷 수들은 쓰로 볼긔 ㅎ엿습 찬합[2] 보 보내옵 도포도 하 ㄱ
이업손 거□ 닙고 가시게 ㅎ여시니 아므리 싱각ㅎ여도 됴변홀 도리 업고 주을도 하 드르시니
아즈븨 디긔여 가는 형셰과 다르고 져믄 사롬과도 다른디 실노 눔도 붓그럽습 온갓[3] 미시 내
능치 못ㅎ고 용녈ㅎ여 쳐즈 소임을 못ㅎ오니 내 죄옵거니와 눔이 다 홀아븨 형셰로 아오니
내 무움도 역시 사롬이니 참괴혼 무음이 어이 업술가 시브옵 우연이 준 말이 되엿스오니 미
안ㅎ옵 보션은 니일 보니오리이다 보내오신 것들은 다 즈시 밧줍고 스연도 즈시 보앗습 어마
님긔 잡스올 일 말숨은 경셰롤 닛줍디 아니ㅎ오려니와 몸이 무양 셩치 못ㅎ옵기 죵죵 졍셩과
ㄱ디 못ㅎ오니 죄탄ㅎ오나 몸이 셩혼 후야 어이 당부롤 기드리오리잇가 요스이 반찬이 쑥이
업서 노친니 진지도 ㄱ이업고 졍현 대병지여의 고기 긋출 못 어더먹여 소복홀 찔히 업거든
돈 두로[4] 쑤어셔 ㅎ옵더니 반찬도 싀훤코 □ 갑게 ㅎ여시니 싀훤 깃브옵 □일 차례예 유쳥을
쑤어 쓰오니 브디 일난 갑게 ㅎ옵

판독대비

번호	판독자료집	한국정신문화연구원 (2004 : 256)	한국학중앙연구원 편 (2009a : 465~468)
1	믈속	물 속	물 속
2	찬합	츤합	츤합
3	온갓	온갓	–
4	두로	도로	도로

은진송씨 동춘당 송준길가 언간 41-1

〈송준길가-41-1, 1727~1737년, 밀양박씨(올케) → 은진송씨(시누이)〉

판독문

옷 볼긔 가는 수 큰 챵옷 ᄒ나 모시 겹바디 둘 뵈 단속것 ᄒ나 게 간 거시 도포 ᄒ나 큰 챵옷
ᄒ나 석기 쇼겹옷 ᄒ나 쇼챵옷 ᄒ나 무명 겹바디 ᄒ나 무명 겹옷 둘 뵈 적삼 속것 각 ᄒ나
도포 ᄒ나 몬졔 옷 싸 간 보 문의딕 보히니 브듸 보내옵

판독대비

번호	판독자료집	한국정신문화연구원 (2004 : 256~257)	한국학중앙연구원 편 (2009a : 468~469)

은진송씨 동춘당 송준길가 언간 41-2

〈송준길가-41-2, 1723~1737년, 밀양박씨(올케) → 은진송씨(시누이)〉

판독문

아기시 전 답샹셔
근봉

열 번이나 젼주리옵다가 이리 긔별ᄒᆞ옵 냥반도 실노 졀박ᄒᆞ옵거니와 위션 죵이 더 참혹ᄒᆞ
오니 유명 ᄀᆞᄐᆞᆫ[1] 거슨 아조 아래롤 감디 못ᄒᆞ고 기여 두년 소션의 초마 눕도 붓그럽ᄉᆞ오니
겟 형셰도 졀박ᄒᆞ여 ᄒᆞ오시려니와 죵들 녀롭사리 ᄒᆞ여 닙히게 안음셔 오는 거스로 싱각ᄒᆞ
오시옵 오뉵 년을 가디고 내 오슬 다 버서 닙히고 이제는 궁진ᄒᆞ엿ᄉᆞ오니 민망ᄒᆞ옵 남포

판독대비

번호	판독자료집	한국정신문화연구원 (2004 : 257)	한국학중앙연구원 편 (2009a : 474~475)
1	ᄀᆞᄐᆞᆫ	ᄀᆞᄐᆞᆫ	ᄀᆞᄐᆞᆫ

은진송씨 동춘당 송준길가 언간 42

〈송준길가-42, 1726년, 밀양박씨(아내) → 송요화(남편)〉

판독문

답장샹	근봉

하인 오와눌 뎍스오시니 보옵고 긔운은 그만이나 평안ᄒᆞ오시니 깃브오디 어마님겨옵셔 셜
샤로 오래 긔후 블평ᄒᆞ여 디내옵시는가 시브오니 외오셔 놀랍스온 복녀 일시도 브리옵디
못ᄒᆞ오며 다시 문안도 아올 길 업스오니 더욱 답답 넘녀 측냥업스와 ᄒᆞ옵ᄂᆞ이다 졔믈은 ᄌᆞ
시 밧ᄌᆞ왓스오며 실과도 어더 쓰옵ᄂᆞ이다 이곳은 복통이 쟝 굿디 아니ᄒᆞ고 수일은 극듕ᄒᆞ
옵더니 즉금 져기 나아 디내옵ᄂᆞ이다 총총 잠 뎍스오며 아마도 어루신내 환휘 수이 쾌차ᄒᆞ
오신 문안 듯ᄌᆞ옵기ᄅᆞᆯ 쳔만 ᄇᆞ라옵ᄂᆞ이다 병오 오월 십삼일 긔복인 박

판독대비

번호	판독자료집	한국정신문화연구원 (2004 : 257)	한국학중앙연구원 편 (2009a : 477~478)

은진송씨 동춘당 송준길가 언간 43

〈송준길가-43, 1726년, 밀양박씨(아내) → 송요화(남편)〉

판독문

장샹

근봉

년ᄒᆞ여 일긔 사오납ᄉᆞ오납ᄉᆞ오니 뫼ᄋᆞ오셔 긔운 평안ᄒᆞ오신 문안 아옵고져 ᄇᆞ라오며 힝ᄎᆞ
ᄂᆞᆫ 어ᄂᆞ 긔 득달ᄒᆞ오신고 다시 문안도 모ᄅᆞ오니 답답ᄒᆞ와 ᄒᆞᆸᄂᆞ이다 준뫼셔 일 졔ᄉᆞᄅᆞᆯ 우
리 집의셔 디내올 ᄎᆞ례라 ᄒᆞ고 의논이 나오매 아오시게 사ᄅᆞᆷ을 어더 급주ᄒᆞ여 보내옵ᄂᆞ이
다 총총 긋치오며 내내 긔운 평안ᄒᆞ오심 ᄇᆞ라옵ᄂᆞ이다 병오 구월 십뉵일 박 홍줘 김 셔방덕
편 볼셔 왓ᄉᆞ던 거ᄉᆞᆯ 닛고 인제야 보내옵ᄂᆞ이다

판독대비

번호	판독자료집	한국정신문화연구원 (2004 : 257)	한국학중앙연구원 편 (2009a : 481)

은진송씨 동춘당 송준길가 언간 44

〈송준길가-44, 1723~1736년, 밀양박씨(아내) → 송요화(남편)〉

판독문

샹장	
	근봉

황달 긔운으로 편치 못ᄒᆞ오신 긔별 듯ᄌᆞ온 후 다시 긔별을 모ᄅᆞ와 듀야 답답 넘녀 일시도
브리옵디 못ᄒᆞ옵더니 하인 오와ᄂᆞᆯ 져기 우연ᄒᆞ오신 긔별을 듯ᄌᆞ오니 다ᄒᆡᆼ다ᄒᆡᆼᄒᆞ오나 채 낫
도 못ᄒᆞ오신디 치위 힝녁을 엇디 ᄒᆞ오실고 넘녀 ᄀᆞ이업ᄉᆞᆸ 여긔도 어루신닉 긔후 년ᄒᆞ여 일
양 디ᄂᆡ오시니[1] 다ᄒᆡᆼᄒᆞ와 ᄒᆞ옵ᄂᆞ이다 문의 대동도 무ᄉᆞᄒᆞ온가 시브오니 깃브오며 바디ᄂᆞ
ᄃᆞᆺ거이 ᄒᆞ노라 ᄒᆞ엿더니마ᄂᆞᆫ 좀이 자 그러ᄒᆞ온가 엷다 ᄒᆞ여 겨오시니 더 ᄃᆞᆺ거이 드올 거슬
애ᄃᆞᆲ기 ᄀᆞ이업ᄉᆞᆸ 하인 셔셔 지쵹ᄒᆞ옵기 겨유 잠 그리옵 지월 념뉵일 박

판독대비

번호	판독자료집	한국정신문화연구원 (2004 : 258)	한국학중앙연구원 편 (2009a : 484~485)
1	디ᄂᆡ오시니	디내오시니	디내오시니

은진송씨 동춘당 송준길가 언간 45

〈송준길가-45, 1727년, 밀양박씨(아내) → 송요화(남편)〉

판독문

신셰예 시하 긔운 평안ᄒ오신 문안 아옵고져 ᄇ라오며 죵긔로 신고ᄒ오시ᄂᆞᆫ 증졍은 새히예
나 쾌히 낫ᄌᆞ오신가 ᄒ옵ᄂᆞ이다 예ᄂᆞᆫ 산소 졔ᄉᆞ를 평안이 디내오니 다ᄒᆡᆼᄒ와 ᄒ옵ᄂᆞ이다
ᄉ연 총총ᄒ와 긋ᄌᆞ오며 아마도 신원의 내내 긔운 평안ᄒ오심 ᄇ라옵ᄂᆞ이다 졍미 원월 초
이일 박

판독대비

번호	판독자료집	한국정신문화연구원 (2004 : 258)	한국학중앙연구원 편 (2009a : 487~488)

은진송씨 동춘당 송준길가 언간 46

〈송준길가-46, 1725년, 밀양박씨(아내) → 송요화(남편)〉

판독문

종들 도라오와눌 뫼읍고 힝츠 평안이 득달ᄒ오신 문안 아읍고 든든ᄒ오ᄃ 다시 문안 모ᄅ
오니 답답 넘녀 브리읍디 못ᄒ오며 아즈바님겨오셔ᄂ 나쥐로 올마 겨오시다 ᄒ오니 각별
깃브오ᄃ ᄯ 엇디 힝ᄎ들을 ᄒ오실고 넘녀 브리읍디 못ᄒ와 ᄒ옵ᄂ이다 총총 긋치오며 뫼
읍고 다시 힝ᄎ들 평안이 ᄒ오심 ᄇ라읍ᄂ이다 을ᄉ 십월 넘오일 박

판독대비

번호	판독자료집	한국정신문화연구원 (2004 : 258)	한국학중앙연구원 편 (2009a : 490~491)

은진송씨 동춘당 송준길가 언간 47

〈송준길가-47, 1723~1737년, 밀양박씨(아내) → 송요화(남편)〉

판독문

```
답상장
```

의외 덕스오시니 밧즈와 긔운 평안ᄒ오신 문안 아옵고 깃브오며 비 년ᄒ여 이리 오오니[1] 길 흘 엇디 가오실고 넘녀 브리옵디 못ᄒ옵 여긔 아희 병은 민망 졀박ᄉ옵더니 어제브터 죠곰 나 아 오늘은 퍽이 낫ᄉ오니 깃브기 フ이업ᄉ옵 보내오신 것들은 다 즈시 밧즈왓ᄉ옵 총총 잠 덕ᄉ옵 즉일 박

판독대비

번호	판독자료집	한국정신문화연구원 (2004 : 258)	한국학중앙연구원 편 (2009a : 493)
1	오오니	오니	오니

은진송씨 동춘당 송준길가 언간 48

〈송준길가-48, 1727~1736년, 밀양박씨(아내) → 송요화(남편)〉

판독문

근봉	년산 읍니 송 싱원 힝츠	입납 본가 평셔

답샹장		근봉

날이 츠온디 의복이 엷ᄉ오니 넘녀 깁ᄉ더니 평안이 도라오오시니 든든ᄒ오며 덕ᄉ오시니
도 밧ᄌ와 보왓ᄉ 예ᄂ 어마님겨오셔 셜샤 긔운 겨오시니 민망ᄒ옵더니 어제브터 낫ᄌ오시
니 다힝ᄒ와 ᄒ옵ᄂ이다 년어ᄂ 잡ᄉ오려 ᄒ옵 졍현이ᄂ 유모 병들기로 졋 주려 잔잉ᄒ옵
더니 수일재 니러 먹이오니 깃브옵 며느리 싱일이 이 열여드래날이라 ᄒ니 ᄒ 며ᄂ리롤 그
저 두려 ᄒ옵 총총 잠 뎍습ᄂ이다 즉일 박

판독대비

번호	판독자료집	한국정신문화연구원 (2004 : 258~259)	한국학중앙연구원 편 (2009a : 496~497)

은진송씨 동춘당 송준길가 언간 49

〈송준길가-49, 1723~1737년, 밀양박씨(아내) → 송요화(남편)〉

판독문

장샹	근봉

샹장	근봉

어제 풍일이 심히 사오납ᄉ오니 쎄치오신 긔운 엇더ᄒ오시니잇가 육혈은 다시 내오신 일이
나 업습ᄂ가 날로 긔별 모르오니 답답 념녀 ᄀ이업ᄉ와 ᄒ옵ᄂ이다 예는 어마님 긔운 일양
ᄒ가디오시니 다힝ᄒ오며 셔울 긔별도 문 밧 손 무ᄉ히 드러가고 게도 대되 무ᄉᄒ더라 ᄒ
오니 깃브오디 쳥풍딕 형님 희소로 고극히 디내오신다 ᄒ오니 민망ᄒ옵 인마 간다 ᄒ오매
잠 뎍습ᄂ이다 즉일 박

판독대비

번호	판독자료집	한국정신문화연구원 (2004 : 259)	한국학중앙연구원 편 (2009a : 500)

은진송씨 동춘당 송준길가 언간 50

〈송준길가-50, 1756년*, 송익흠(남편) → 여흥민씨(아내)〉

판독문

| [봉인] | 보아 즉뎐
송촌 츌 | | [수결 : 益] 근봉 |

아들 편지 몬져 드러갈까 ᄒ며 그ᄉ이 어이 디내읍는고 예는 일양으로 디내고 오늘 날 죠하
상녜롤 므스히 디내고 ᄉ우 봉안홀ᄱ지 므스히[1] 디내오니 다힝키 ᄀ이업습ᄂ 아바님끠셔는
동지ᄒ여 계시ᄂ 은뇌도 벼슬ᄒ이라 ᄒ여 계시ᄂ 나는 망일 쩌나가랴 ᄒ읍ᄂ 잠 뎍습ᄂ 십
삼일 익흠 신집 길 초팔일 진위ᄱ지 므스히 간 편지 보앗습ᄂ

판독대비

번호	판독자료집	한국정신문화연구원 (2004 : 259)	한국학중앙연구원 편 (2009a : 503~505)
1	므스히	무스히	무스히

* 한국학중앙연구원 편(2009a)에서는 송익흠과 여흥민씨가 혼인한 1725년에서 송익흠이 죽은 1757년 사이에 작성된
  편지로 추정하였다. 그러나 편지 중에 '아바님끠셔는 동지ᄒ여 계시ᄂ'라는 표현이 나오는데, 송요화가 동지(同知)
  가 된 것이 1756년(영조32) 2월 6일이므로 1756년에 작성된 편지로 판단된다.

은진송씨 동춘당 송준길가 언간 51

〈송준길가-51, 1756년*, 송익흠(남편) → 여흥민씨(아내)〉

판독문

그스이 어이 디내옵눈고 사름이 올러니 오고 이시니 아니 답답 넘녀 ᄀ이업고 셔울 길 힝챤
도 낭패 되여 ᄀ이업습니 나는 신집 보내고 감영 와시나 슌ᄉ가 파직 칡리ᄒ니 섭섭기 ᄀ이
업습니 새 감ᄉ 난 쇼식은 미쳐 못 왓습니 신집은 아희 다복 써나지 아니랴 가니 쓴 가마의
게셔 날 젹쳐로 보내엿습니 두 어르신니 문묘 죵향 +

판독대비

번호	판독자료집	한국정신문화연구원 (2004 : 259~260)	한국학중앙연구원 편 (2009a : 508)

---

* 한국학중앙연구원 편(2009a)에서는 1725~1757년 사이에 작성된 편지로 보았다. 그러나 편지 끝 부분에 '두 어르
  신니 문묘 죵향'이라는 표현이 나오는데, 이는 송준길과 송시열의 문묘 죵향을 가리킨다. 조선왕조실록에 의하면,
  송준길과 송시열의 문묘 죵향을 영조가 허락한 것은 1756년 2월 1일이고, 실제 문묘에 종향한 것은 2월 14일이
  다. 그러므로 이 편지는 1756년에 작성된 편지로 추정할 수 있다.

은진송씨 동춘당 송준길가 언간 51-1

〈송준길가-51-1, 1756년*, 송익흠(남편) → 여흥민씨(아내)〉

판독문

+ 쳥을[1] 나라히 듯ᄌ와 계시외 나는 니일노 급히 ᄯ나 회덕을 모리 가셔 열홀날이야 환관
홀짜[2] 시브외 잠 뎍습ᄂᆡ 초뉵 야 익흠

판독대비

번호	판독자료집	한국정신문화연구원 (2004 : 260)	한국학중앙연구원 편 (2009a : 508)
1	쳥을	챵믈	챵믈
2	환관홀짜	-	환관혼짜

. . . .

* 앞의 '51'번 편지에 이어지는 편지이므로 1756년에 작성된 편지로 추정하였다.

은진송씨 동춘당 송준길가 언간 52

〈송준길가-52, 1755~1757년*, 송익흠(남편) → 여흥민씨(아내)〉

판독문

| 〔봉인〕 | 보아 즉뎐
송촌 츌 | 〔수결 : 益〕 근봉 |

년ㅎ여 뎍으시니 므스ㅎ시고 덧난 니각ㅎ 일 만ㅎㅎ외 나는 비 맛고 졔스 디내고 인ㅎ여 맛
고 이리 와셔 발인이 모리시니 모리야 쩌나가긔[1] ㅎ엿습니 잠 뎍습니 십뉵일 익흠

판독대비

번호	판독자료집	한국정신문화연구원 (2004 : 260)	한국학중앙연구원 편 (2009a : 511)
1	쩌나가긔	–	쩌나가고

---

* 한국학중앙연구원 편(2009a)에서는 1725~1757년 사이에 작성된 편지로 보았다. 그러나 봉투에 '보아 즉뎐'이라고
  적혀 있는데, 이때 '보아'는 '보은 아중(衙中)'의 줄임말로 볼 수 있다. 따라서 이 편지는 송익흠이 보은현감을 할
  당시에 쓴 편지로 판단하여 1755년에서 1757년 사이에 쓴 편지로 추정하였다.

은진송씨 동춘당 송준길가 언간 53

〈송준길가-53, 1756년*, 송익흠(남편) → 여흥민씨(아내)〉

판독문

〔봉인〕	보아 즉뎐 송촌 츌	〔수결 : 益〕 근봉

두 슌 뎍으시니 보고 만실 우환인가 시시브니 넘녀 구이업습니 덧쓴 덧난은 낫다 ᄒ거니와
그밧 우환은 그스이는 엇더ᄒ온고 나는 그 풍셜의 겨유 오늘이야 겨유 와시나 ᄂᆞ치 다 어이
샹ᄒ엿습니 십 ᄉ이 죵향을 ᄒᆞ옵ᄂᆞᆫᄃᆡ 그 젼 녜관이 ᄂᆞ려와 치졔ᄒᆞ오리라 ᄒ니 그 젼 도라가
지 못ᄒ니 거긔 그 일이 민망ᄒᆞ외 신집 길노 더욱 넘녀 측냥이 업습니 ᄌᆞ부 김집 편지 미처
디답 못ᄒᆞ옵니 겨유 이만 뎍습니 초구일 익흠 슈의복 내 갈 제 그리 ᄒᆞ오리

판독대비

번호	판독자료집	한국정신문화연구원 (2004 : 260)	한국학중앙연구원 편 (2009a : 514~515)

---

* 한국학중앙연구원 편(2009a)에서는 1725~1757년 사이에 작성된 편지로 보았다. 그러나 편지 중에 '십 ᄉ이 죵향을 ᄒᆞ옵ᄂᆞᆫᄃᆡ'라는 표현이 나오는데, 이는 송준길과 송시열의 문묘 종향과 관련된다. 조선왕조실록에 의하면 두 사람이 문묘에 종향된 것은 1756년 2월 14일이므로 이 편지는 1756년에 쓴 편지로 추정할 수 있다.

은진송씨 동춘당 송준길가 언간 54

〈송준길가-54, 1755~1757년*, 송익흠(남편) → 여흥민씨(아내)〉

판독문

〔봉인〕	보아 즉뎐 힝듕 츌	〔봉인〕

그스이 일양으로 디내옵눈가 우리눈 예ᄭ지눈 므스히 와시나 풍셜은 이러ᄒ고 신집 미이
치워ᄒ니 병날까 민망ᄒ외 셩일이 나지 아모 거시나 먹이고 브터 졍되이 디졉ᄒ옵고 잠 뎍
습ᄂᆡ 초삼일 익흠

판독대비

번호	판독자료집	한국정신문화연구원 (2004 : 261)	한국학중앙연구원 편 (2009a : 518)

---

* 한국학중앙연구원 편(2009a)에서는 1725~1757년 사이에 작성된 편지로 보았다. 그러나 봉투에 '보아 즉뎐'이라고
  적혀 있고, 이때 '보아'는 '보은 아즁(衙中)'의 줄임말로 볼 수 있다. 따라서 이 편지는 송익흠이 보은현감을 할 당
  시에 쓴 편지로 판단하여 1755년에서 1757년 사이에 쓴 편지로 추정하였다.

은진송씨 동춘당 송준길가 언간 55

〈송준길가-55, 1726~1757년, 송익흠(남편) → 여흥민씨(아내)〉

판독문

뫼쏙 가는디 아춤 편지ᄒᆞᆫ엿더니 ᄯᅩ 덕습ᄂᆡ 갑동 아자비 병이 현마 위티ᄒᆞ랴 ᄒᆞ엿더니 오ᄂᆞᆯ
죵시 구치 못ᄒᆞ니 뎌런 졍셩이 어딘 잇스올쏘 만이 업습ᄂᆡ 슉긔 ᄆᆞ음인들 외오셔 오죽ᄒᆞ올
ᄶᅡ 쟝슈 출혀 보내기의도 경업긔 ᄒᆞ여시니 그도 블힝ᄒᆞ외 옷들 내히 내게ᄂᆞᆫ[1] 아모것도 업서
댜근 져구리 내엿습ᄂᆡ 곡뒤을 혀니 알프니 곡뒤만 덥긔 조식으로 풍챠 밍그라 보내ᄋᆞᆸ소 잠
덕습ᄂᆡ ᄉᆞ월 초이일 익흠

판독대비

번호	판독자료집	한국정신문화연구원 (2004 : 261)	한국학중앙연구원 편 (2009a : 520~521)
1	내게ᄂᆞᆫ	내게도	내게도

은진송씨 동춘당 송준길가 언간 56

〈송준길가-56, 1726~1757년, 송익흠(남편) → 여흥민씨(아내)〉

판독문

그스이 뫼시고 어이 디내읍논고 아바님 긔운은 그스이는 쾌히 낫즈오시온가 념녀 브리읍
디 못ㅎ올시 나는 어제 아춤 므스히 드러왓습니 예는 평안ㅎ오시더 문의의 병이 지금 미
류ㅎ여 디낸다 ㅎ니 민망ㅎ외 새 산소 뿔 디는 십팔이 역스ㅎ여 보랴 ㅎ더 비 이리 오니
민망ㅎ외 의복 브디 수이 ㅎ읍고 슝듀 오는 인편의 브티고 사 보내읍소 잠 뎍습니 삼월 십
오일 익흠

판독대비

번호	판독자료집	한국정신문화연구원 (2004 : 261)	한국학중앙연구원 편 (2009a : 524)

은진송씨 동춘당 송준길가 언간 57

⟨송준길가-57, 1739년, 송익흠(남편) → 여흥민씨(아내)⟩

판독문

답장샹

스듕이 오나놀 덕으시니 보고 뫼읍고 대단 연고 업시 디내시니 깃브기 ᄀ이업ᄉ디 편지마
다 겟 병 말 어이 ᄌ시 아니 긔별ᄒ옵ᄂᆞᆫ고 아ᄌ바님 병환은 그러구러 덤덤 더ᄒ오신가 시브
니 넘녀 측냥이 업ᄉ니 예는 뎡웅 회초간[1] 알하 디내더니 초성 이후는 아딕 므스ᄒ외 든 거
술 오래 아니 먹으니 그런디 모ᄅ올시 건동 아ᄌ마님 긔운이 힝츠ᄒ오실 가망이 업ᄉ신 거
술 아모죠로나 니월 초싱의 가랴[2] ᄒ시니 그제 뫼읍고 가랴[3] ᄒ거니와 그때 아ᄌ마님 긔운
이나 뎡웅 병 일이나 다 모ᄅ올시 창동 사룸 도라갈 제 편지ᄒ엿더니 보시온가 그리 일긋
ᄒ엿더니[4] 두로막이가 두로 다 브쭉ᄒ여 안즈면 넘의들[5] 못ᄒ고 보션목지이 괴이ᄒ니 아마
겟 텬셩이오[6] 내 팔즈니 홀 일 업ᄉ니 ᄒᄂ니 언마 더 드려 녜스로이 밍그올쏘 최 셔방의게
ᄂᆞᆫ 덕은 것 보내여시되 시힝 못ᄒ오니 감영 편지ᄂᆞᆫ 불셔 내 그리 초 잡아 노코 도로 아니
보내노라 ᄒᆞᆫ 거시 갓던가 시브외 내 편지 답장이 그 말 불셔 ᄒ니 디답 업ᄉ니 게셔 ᄒ여
브뎔업ᄉ니 고쳐 뼈셔 후편의 보내고 두 분 진봉 답장 밧ᄌ와 보내옵소 대쵸 실나[7] 조만 인
마 쏘 가려니와 아딕 디속 모ᄅ올시 약계 댜로 보내니 뎐ᄒ옵소 년ᄎᆞ부 올 제 대쵸 녀흔[8]
댜로ᄂᆞᆫ 인마 갈 제 보내오니 뎌동 댜로ᄂᆞᆫ 몰내라 ᄒ고 보신 지 파 버슷[9] 되 가옵니 밧바 계
유 이만 뎍ᄉ니 긔미 이월 십일일 익흠

판독대비

번호	판독자료집	한국정신문화연구원 (2004 : 261~262)	한국학중앙연구원 편 (2009a : 527~529)
1	회초간	회포 간	-
2	가랴	-	가마
3	가랴	가마	가마
4	일굿 ᄒᆞ엿더니	일 못ᄒᆞ엿더니	일 못ᄒᆞ엿더니
5	넘의들	렴의들	렴의들
6	텬셩이오	텸셩이오	-
7	대쵸 실나	대쵸실 나	-
8	녀흔	열흔	열흔
9	버슷	비슷	비슷

은진송씨 동춘당 송준길가 언간 58

⟨송준길가-58, 1748년, 송익흠(남편) → 여흥민씨(아내)⟩

판독문

츈복이 갈 적의 편지 보시온가 그ᄉ이는 어이 디내옵는고 아히들은 그ᄉ이는 엇더ᄒ온고
넘녀 브리디 못ᄒ올시 의복들은 엇디ᄒ엿ᄉᆞᆸ는고 예는 일양으로 디내되 봉화 형님 대샹이
디나시니[1] 심시 더옥 ᄀᆞ이업ᄉᆞ외 치뎐은 초략히 ᄒᆞ여시나 돈 냥 남죽이 드럿ᄉᆞ니 결관 니블
의 둘 소옴[2] 닛지 마옵소 졔ᄉᆞ롤[3] ᄯᅩ 못 참예ᄒᆞ니 ᄀᆞ이업ᄉᆞ외 반찬이 간초ᄒᆞ여 과연 어렵ᄉᆞ
외 손 두어흔 써나디 아니ᄒᆞ옵ᄂᆡ 뫼ᄯᅩᆨ 가니 잠 뎍ᄉᆞᆸᄂᆡ 사직은 엇더ᄒᆞ옵는고 무진 ᄉ월 초일
익흠

판독대비

번호	판독자료집	한국정신문화연구원 (2004 : 262)	한국학중앙연구원 편 (2009a : 532~533)
1	대샹이 디나시니	대샹 이리 나시니	대샹 이리 나시니
2	소옴	소음	소음
3	졔ᄉᆞ롤	–	졔ᄉᆞ들

은진송씨 동춘당 송준길가 언간 59

〈송준길가-59, 1755~1757년*, 송익흠(남편) → 여흥민씨(아내)〉

판독문

[봉인]	보아 즉뎐 송촌 츌	〔수결 : 益〕 근봉

보아 즉뎐
형둥 츌

덕으시니 일양 디내시ᄂᆞᆫ 줄 알고 깃브외 나ᄂᆞᆫ 오ᄂᆞᆯ 년가 자ᄂᆡ 모라야 환관ᄒᆞ긔 ᄒᆞ엿ᄉᆞᆸᄂᆡ 보
령 아자비 왓거든 션증 글 ᄀᆞᄅ치라 ᄒᆞᆸ소 잠 뎍ᄉᆞᆸᄂᆡ 넘뉵일 익흠

판독대비

번호	판독자료집	한국정신문화연구원 (2004 : 262)	한국학중앙연구원 편 (2009a : 535~536)

---

* 한국학중앙연구원 편(2009a)에서는 1725~1757년으로 추정하였으나 '환관ᄒᆞ긔'라는 표현으로 보아 송익흠이 현감
을 하고 있을 때로 생각할 수 있다. 송익흠이 보은현감에 제수된 것이 1754년 12월 28일이므로 1755년 이후부터
송익흠이 죽은 1757년 사이에 작성된 편지로 추정된다.

은진송씨 동춘당 송준길가 언간 60

〈송준길가-60, 1726~1757년, 송익흠(남편) → 여흥민씨(아내)〉

판독문

```
선산 아니 즉뎐
국실 평셔                [수결 : 益] 근봉
```

밧 편지 뼈 맛졋더니 하인 오나눌 덕으시니 보고 아바님 늣치 거손 어이ᄒ여 그러ᄒ오시며
아히들 병이 아마 어린거손[1] 위티훈가 시브니 이런 굽굽훈 일 어디 잇스올쬬 니 싱원이나
아모죠로나 오디 못ᄒ올런가 실노 굽굽ᄒ외 예는 일양으로 디내며 니일 송촌으로 가셔 ᄌ
연 즉시 못 쩌나 보롬 졔ᄉ 미처 드러갈까 시브외 슉긔ᄂ 불셔 갓습ᄂ 몬져 편지ᄒ엿고 슈
고ᄒ여 이만 덕습ᄂ 오월 초오일 익흠 예는 장일 비 아니 오고 어제 필역ᄒ며 오놀 비가 예
만 퍽 와시니 다힝ᄒ외

판독대비

번호	판독자료집	한국정신문화연구원 (2004 : 262)	한국학중앙연구원 편 (2009a : 539~540)
1	어린거손	어린손	–

은진송씨 동춘당 송준길가 언간 61

〈송준길가-61, 1755~1757년*, 송익흠(남편) → 여흥민씨(아내)〉

판독문

보아 즉뎐 송촌 츌	〔수결 : 益〕 근봉

덕으시니 든든ᄒ나 일양 그리 낫지 못혼 일 념녀 ᄀᆞ이업습ᄂᆡ 예는 뫼시고 일양으로 디내옵
ᄂᆡ 모리 ᄶᅥ나가랴 ᄒ나 드러가든 못홀짜 시브외 벼로[1] 여긔 업서 답답ᄒ외 그 벼로[2] 보낼짜
시브거든 이번의 보내옵소 아ᄌᆞ마님ᄭᅴ 이번 샹샤 못 알외오니 섭섭ᄒ외 잠 뎍습ᄂᆡ 넘이일
익흠

판독대비

번호	판독자료집	한국정신문화연구원 (2004 : 263)	한국학중앙연구원 편 (2009a : 543)
1	벼로	배로	배로
2	벼로	배로	배로

* 한국학중앙연구원 편(2009a)에서는 1725~1757년 사이에 작성된 편지로 보았다. 그러나 봉투에 '보아 즉뎐'이라는
  표현으로 보아 송익흠이 보은현감을 할 당시에 쓴 편지로 판단되므로 1755년에서 1757년 사이에 쓴 편지로 추정
  하였다.

은진송씨 동춘당 송준길가 언간 62

⟨송준길가-62, 1725~1757년, 송익흠(남편) → 여흥민씨(아내)⟩

판독문

사롬[1] 오나눌 덕으시니 보고 든든ᄒ나 병환이 엇더ᄒ신고 몰라 답답홀까 ᄒ 길[2] 넘녀 ᄀ이
업습니 초오일 온 손은 편지만 예 두고 청쥐로 갓다 ᄒᄂ 거시 어드로 간 줄 모ᄅ올시 셔울
편지는 니동 편지 밧긔 본 일 업스니 슝현 편지 아니 와습던가[3] 별노 밧븐 말 업손ᄃ 어이
밧브닷 말인고 괴이ᄒ외 잠 덕습니 십일일 익흠

판독대비

번호	판독자료집	한국정신문화연구원 (2004 : 263)	한국학중앙연구원 편 (2009a : 546)
1	사롬	사람	사람
2	답답홀까 ᄒ 길	답답ᄒ□(힝)〔까〕올가	답답홀까 올 길
3	와습던가	-	잇습던가

은진송씨 동춘당 송준길가 언간 65

〈송준길가-65, 1750년, 여흥민씨(며느리) → 송요화(시아버지)〉

판독문

| 아바님 젼 샹술이 | 근봉 |

문안 알외옵고 밤스이 긔후 엇디 힝츠ᄒᆞ오신고 복념 브리옵디 못ᄒᆞ오며 오ᄂᆞᆯ은 바람이 사
오납ᄉᆞ오니 더옥 넘녀 아ᄆᆞ라타 업ᄉᆞ와 ᄒᆞ옵ᄂᆞ이다 문안 하인 가오니 잠 알외오며 내내 긔
후 안녕ᄒᆞ오심 브라옵ᄂᆞ이다 경오 삼월 초ᄉᆞ일 ᄌᆞ부 술이

판독대비

번호	판독자료집	한국정신문화연구원 (2004 : 264)	한국학중앙연구원 편 (2009a : 585)

은진송씨 동춘당 송준길가 언간 66

〈송준길가-66, 1756년, 여흥민씨(며느리) → 송요화(시아버지)〉

판독문

아바님 젼 샹답숣이	
	근봉

문안 알외옵고 년호여 힝츠 엇디호오며 긔운 엇더호오신고 일긔는 공교로이 년호여 볏도
되 아니호옵고 바람긔 서눌호오니 츅슈롤 호오디 졈졈 문안 아완 디 날포 되오니 복념 측냥
업ᄉ오며 회덕 겨오실 적은 써나 디내옵ᄂᆞᆫ 보람이 업ᄉ던가 ᄆᆞ음이 심히 혜혜[1] 결연호옴이
아므라타 업ᄉ와 호옵ᄂᆞ이다 예는 대되 일양 디내옵고 션증도 셜샤 더 호옵든 아니호오디
날포 되여ᄉ더니 어제브터는 낫ᄉ오니 깃브와 호오며 셔울은 대되 므ᄉ들 호오며 쥬인은
어디나 호온가 삼남 듕의 죠오믈 ᄇᆞ라오디 우리 ᄇᆞ라오미 맛기가 쉽디 아니호와 힝혀 먼니
호오면 피츠 결연호올 일 도로혀 넘녀되옵ᄂᆞ이다 회덕도 무ᄉ호온가 시브오이다 경쥬인 가
오니 잠 알외오며 내내 긔후 안녕호오시믈 츅슈호옵ᄂᆞ이다 병ᄌ 칠월 초삼일 ᄌᆞ부 숣이

판독대비

번호	판독자료집	한국정신문화연구원 (2004 : 264)	한국학중앙연구원 편 (2009a : 587~589)
1	혜혜	헤헤	헤헤

은진송씨 동춘당 송준길가 언간 67[*]

〈송준길가-67, 1757년, 여흥민씨(며느리) → 송요화(시아버지)〉

판독문

아바님 젼 샹술이
근봉

문안 알외옵고 하인 도라오와눌 하셔 밧즈와 보옵고 든든 못내 알외오며 그 후 날포 되여스오니 그스이 긔후 엇더ᄒ오신 문안 모르와 복념 브리옵디 못ᄒ와 ᄒ옵ᄂ이다 예는 대되 일양 디내오며 힝츠는 뎡ᄒ 날노 ᄯ여나오실가 든든ᄒ와 ᄒ오며 신집은 소복ᄒ옵고 ᄯᆯ을 낫ᄉ오니 더옥 무식ᄒ와 ᄒ오디 아히도 잘 삼습ᄂ디 넘녀ᄒ오시게 ᄒ온 일 ᄀ이업ᄉ와 ᄒ옵ᄂ이다 관디과 도포는 ᄒ여 닙ᄉ오신가 시브오니 깃브오며 예셔는 처음 긔별ᄒ여 겨오시기 샹쥐과 청쥐롤 브려습더니 석 냥 자리예 닷 냥을 주고 사 와습기 가슬 ᄲ옵고 관디과 도포 ᄀ옴은 사 두어습던 거스로 ᄒ여습기 돈이 덜 드러스오나 그 디예 여러 사람의 갓 씌로 ᄒ여 덜 든 보람이[1] 업스오니 웃즈오며 힝찬은 하교ᄒ오신 대로 ᄒ여 알외오디 요스이 날포 되면 ᄶᅡ도 마시 변ᄒ오니 고쳐 너흐라 ᄒ오실가 ᄒ오며 국흌[2] 후는 무판 아니ᄒ옵더니 겸디겸디ᄒ여 ᄡ오니 고기롤 먹으며 다 됴화ᄒ오니 웃줍ᄂ이다[3] 져째 회덕셔 도적마즌 거슬 향이가 ᄒ다 ᄒ고 ᄲᅵ샹[4]이가 여긔 이셔 져거시 젹실ᄒ면 어늬 눗ᄎ로 ᄃ니리 ᄒ다 ᄒ옵더니 한식의 회덕을 가옵더니 합개 도주ᄒ다 ᄒ오니 향이는 죄 이리ᄒ기 고이치 아니ᄒ오디 ᄲᅵ샹[5] ᄯᅡ라 가옵ᄂ[6] 일 고이고이ᄒ오며 아자비가 셔울 가셔 그 말ᄉᆷ을 엿즈오니 아바님ᄭᅥ셔 그거시 향이 일이 아니라 ᄲᅵ샹[7]이 일이니 가마니 두면 가셔 쳐치ᄒ마 ᄒ오시다 ᄒ고 흑빅간의 그리 아오시니 죽고 시브다 ᄒ다 ᄒ옵더라 ᄒ오니 긔민이 ᄌᆞ봉이니 뉴가[8] 뎐ᄒ온 말ᄉᆷ이온가 시브오니 통분ᄒ오며[9] 그 손사 업스오니 죵지 셩편ᄒ리가 업습ᄂ 일 통분ᄒ오이다 하인 가오니 잠 알외오며 내내 긔후 안녕ᄒ오심 ᄇ라옵ᄂ이다 숑현셔 인습 오온 답장은 ᄒ여스오련마ᄂ 하인이 가올시 아니 보오리잇가 어디 갓다가 가고 시븐 대로 가오니 통분ᄒ오며 됴히 가치이고 맛고 ᄒ오디[10] 관계이 아니 넉이오니 고이ᄒ오이다 태모 시급피 ᄡ오올

---

[*] 한국정신문화연구원(2004)에서는 한 편지가 별지(別紙)로 나뉜 점을 감안하여 각각에 '067', '067-1', '067-2'의 번호를 부여하였으나 이 판독자료집에서는 발수신자가 동일한 점을 고려하여 '67' 하나로 통합하여 제시하였다.

더가 잇스오더 어들 길히 업스와 히챵이 바다 오온 거슬 더러 쓰오나 엿줍디 못ᄒᆞᆸ고 쓰오니 넘녀ᄒᆞᆸᄂᆞ이다 뎡튝 삼월 초일일 ᄌᆞ부 술이 궤 ᄒᆞ나 약포 동봉 지령 산젹 병 싱치 조린 탕 보션 봉

판독대비

번호	판독자료집	한국정신문화연구원 (2004 : 264~265)	한국학중앙연구원 편 (2009a : 551~554)
1	보람이	–	ᄇ람이
2	국횰	–	규횰
3	웃줍ᄂᆞ이다	–	웃줍ᄂᆞ이다
4	ᄱᅵ샹	뷔샹	–
5	ᄱᅵ샹	뷔샹	–
6	ᄠᅡ라 가옵ᄂᆞᆫ	쓰라 가옵ᄂᆞᆫ	ᄽᅡ라 가옵ᄂᆞᆫ
7	ᄱᅵ샹	뷔샹	–
8	ᄌᆞ봉이니 뉴가	–	ᄌᆞ봉이 니뉴가
9	통분ᄒᆞ오며	–	〔판독 안 됨〕
10	ᄒᆞ오더	ᄒᆞᄋ되	ᄒᆞ오되

은진송씨 동춘당 송준길가 언간 68

〈송준길가—68, 1757년, 여흥민씨(며느리) → 송요화(시아버지)〉

판독문

송촌	
대딕 입납 보은아니 즈부 술이	근봉

아바님 젼 샹술이

문안 알외읍고 밤스이 긔후 엇더ᄒ오신 문안 아읍고져 ᄇ라오며 예는 대되[1] 일양 디내오디[2] 뎡열 복학 여러 직 알스오니 길도 뎡ᄒᆞᆫ 대로 못 가올가 민망ᄒ오이다 어제 쇠돌 가올 적 술이 알외와ᄉᆞ더니 감ᄒ오신가 ᄒ읍ᄂ이다 눈은 허믈 업시 그러ᄒ오니야 죡히 흔ᄒᆞ오리잇가마는 거죡[3]으로 허믈 된 거슨 소견의 보기 슬읍디 스마스마ᄒ온 넘녀는 업스오련마는 ᄒᆞᆫ 눈이 안질만 엇ᄌᆞ온들 노 못 보읍ᄂ 사람이 되오니 일시라도 굽굽ᄒ기 아니 듕난ᄒ오니잇가 길 니읍ᄂ 넘녀되읍ᄂ이다 보령 아자비 가오니 잠 알외오며 내내 긔후 안녕ᄒ오심 ᄇ라읍ᄂ이다[4] 폐빅 모시 못 기드려 답답ᄒ와 ᄒ읍ᄂ이다 뎡튝 칠월 넘일일 즈부 술이

판독대비

번호	판독자료집	한국정신문화연구원 (2004 : 265~266)	한국학중앙연구원 편 (2009a : 558~560)
1	대되	–	딕되
2	디내오디	디내오되	디내오되
3	거죡	거죽	–
4	ᄇ라읍ᄂ이다	바라읍ᄂ이다	바라읍ᄂ이다

은진송씨 동춘당 송준길가 언간 69

〈송준길가—69, 1756년, 여흥민씨(며느리) → 송요화(시아버지)〉

판독문

아바님 젼 샹술이

　　　　　　　　　근봉

문안 알외웁고 극한의 긔후 안녕ᄒ오신 문안 아웁고져 ᄇ라오며 하인 도라오와눌 하셔 밧
ᄌ와 보웁고 든든 못내 알외오디 힝ᄎ 믈니오신가 시브오니 섭섭 결연ᄒ온 하졍이 아므라
타 업ᄉ와 ᄒ웁ᄂ이다 예는 대되 일양 디내오디 한아비 지금 미류ᄒ여[1] 누어 디내오니 넘녀
롭ᄉ오이다 하송ᄒ오신 줌어니 밧ᄌ와 션증 주웁고[2] 귀ᄉ와 ᄒ웁ᄂ이다 대동 몬져 더러 간
다 ᄒ오매 잠 알외오며 내내 긔후 안녕ᄒ오심 ᄇ라웁ᄂ이다 병ᄌ 납월 념이일 ᄌ부 술이

판독대비

번호	판독자료집	한국정신문화연구원 (2004 : 266)	한국학중앙연구원 편 (2009a : 562~563)
1	미류ᄒ여	미혹ᄒ여	미혹ᄒ여
2	주웁고	드웁고	드웁고

은진송씨 동춘당 송준길가 언간 70

〈송준길가-70, 1725~1757년, 여흥민씨(아내) → 송익흠(남편)〉

판독문

오늘은 믈이 얼고 날이 칩스오니 년ᄒ여 평안ᄒ오신가 ᄒ오며 바지가 못 미처 가셔 날이 이
리 칩스오니 더옥 념녀ᄒ옵 예ᄂ 일양 디내옵 하인 가오니 잠 덕스오며 내내 평안ᄒ오심 ᄇ
라옵ᄂ이다 새배 바지 보내노라 하인 브려ᄉ더니 어니 ᄭ 갓ᄉ던고 ᄒ옵 초구일 민

판독대비

번호	판독자료집	한국정신문화연구원 (2004 : 266)	한국학중앙연구원 편 (2009a : 565~566)

은진송씨 동춘당 송준길가 언간 71

〈송준길가-71, 1767년*, 여흥민씨(시어머니) → 함양여씨(며느리)〉

판독문

> 션모

수일 뎐 쳥쥐로 덕엇더니 어니 날이나 간가 ᄒ며 죵도 올 둣ᄒ되 긔쳑 업고 큰 비 오고 과
히 츄긔 이시니 어이들 디내는고 넘녀롤 어이 다 덕으리 새딕 두둑ᄒ 옷도 아니ᄒ여[1] 닙어
탈난가[2] 넘녀 더ᄒ고 션즁은 어니 날이나 떠나는고 초칠팔일 간 올가 방 고치고 기드리더
네 방ᄀᆞ티 방 추오면[3] 기드리던 보람[4] 업서 다시 귀경은 못홀가 서운홀가 시브다 나는 혼가
지로 이시디 김집 ᄒ 므셔이 패ᄒ엿기 드리고 잇쟈 ᄒ 역츌 가오니 든다며 모리 형님 쇼식
이 길로 시방 간다 셔울은 싀골 뉘 아니 죠치[5] 저 되니 션즁 두둑ᄒ[6] 오소 그저[7] 보내여라
죵을 못ᄒ고 누고 가나 내 시방 와 하 직쵹ᄒ기 겨유겨유 호령ᄒ여 안치고 덕기 아모 디도
못ᄒ니 팔월 넘스 ᄒ 쇼식 ᄇᆞ란다 윤월 넘오일 싀모 민이가 제 어믜 편의 돈을 어더 보내랴
ᄒ되[8] 뎔어서 보내디 못ᄒ여 하 ᄒ니 내가 쓰니 한아비긔 엿줍고 브더 어더 주쇼셔[9] ᄒ여라
ᄌᆞ셩이롤[10] 주어 달나 ᄒ니 챡실이 너도 닐너라마는 ᄌᆞ셩 쓰고 아니 주면 굼을가 블샹ᄒ다
팔월 넘 사츈 안이니 미리 즉시 뎐ᄒ라 ᄒ다

---

* 한국학중앙연구원 편(2009a : 572~573)에서는 함양여씨가 시집 온 1743년에서 여흥민씨가 죽은 1770년 사이에 보
낸 편지로 추정하였다. 그러나 뒷부분 편지가 8월에 썼다는 것으로 보아 윤월은 7월로 추정할 수 있으므로 1748
년과 1767년, 둘 중 하나이다. 편지 중 '김집'은 '김치묵의 처'를 가리키는데, 김치묵이 1741년생임을 고려한다면
1767년일 가능성이 높다.

판독대비

번호	판독자료집	한국정신문화연구원 (2004 : 266~267)	한국학중앙연구원 편 (2009a : 569~571)
1	아니흐여	어이 흐여	어이흐여
2	탈난가	팔난가	팔난가
3	추오면	-	추으면
4	보람	-	브람
5	죠치	됴치	됴치
6	두둑훈	-	두득훈
7	그저	못내	못내
8	흐되	흐더	흐더
9	주쇼셔	쥬쇼셔	쥬쇼셔
10	조성이룔	조션이룔	조션이룔

은진송씨 동춘당 송준길가 언간 72

〈송준길가-72, 1756년, 여흥민씨(며느리) → 송요화(시아버지)〉

판독문

> 아바님 젼 샹술이
>
> 근봉

문안 알외옵고 하인 도라오와놀 하셔 밧즈와 보옵고 든든 못내 알외오며 그 후 극한이 긔후 엇더ᄒ오신 문안 아옵고져 ᄇ라오며 힝츠는 믈니오시니 섭섭ᄒ오ᄃ 거번 그 치위는 녜 업스온ᄃ 아니 쩌나오신 일 도로혀 다힝ᄒ오이다 동궁 역질 ᄒ오신다 ᄒ오니 그ᄉ이 엇디ᄒ오시는고 넘녀 ᄇ리옵디 못ᄒ오며 증이 슌ᄒ오시다 ᄒ오니 다힝ᄒ오이다 칙녁은 밧즈와 다힝 못내 알오며 젼약도[1] 차례예 쓰오려 ᄒ옵ᄂ이다 강졍은 셔울은 엇디ᄒ옵는고 여러 고디 긔별ᄒ오ᄃ 디답 업숩더니 이 법으로 ᄒ여 보려 ᄒ옵ᄂ이다 대동 편과 어제 문안 하인 가올 적 술이 알외와숩더니 감ᄒ오신가 ᄒ옵ᄂ이다 신셰 편지롤 보오니 여러 슌 ᄒ엿노라 ᄒ여스오ᄃ 보옵디 못ᄒ옵고 예셔도 여러 슌 ᄒ여숩더니 ᄒ 번 보온 말숨이 업ᄉ오니 답답ᄒ오이다 경쥬인[2] 가오니 잠 알외오며 내내 긔후 안녕ᄒ오심 ᄇ라옵ᄂ이다 병즈 지월 념뉵일 즈부 술이

판독대비

번호	판독자료집	한국정신문화연구원 (2004 : 267)	한국학중앙연구원 편 (2009a : 575~576)
1	젼약도	–	경약도
2	경쥬인	경죠인	경죠인

은진송씨 동춘당 송준길가 언간 73

〈송준길가-73, 1757년, 여흥민씨(며느리) → 송요화(시아버지)〉

판독문

> 아바님 젼 샹술이
>
> 근봉

문안 알외옵고 하인 도라오와눌 긔후 안녕ᄒ오신 문안 아옵고져 든든 못내 알외오며 예는 대되 일양 디내오디 신으가 팃독이 이졍티 아니ᄒ오니 민망ᄒ오이다 거번 사 보내오신 갑 돈 반 닛줍고 아니 보내여습더니 보내오며 손들이 예 쓰옵게 죠혼 감 여라믄만 사고 시브오 디 그도 업ᄉ올잇가 ᄒ옵ᄂ이다 거먹 가오니 잠 알외오며 내내 긔후 안녕ᄒ오신 문안 아옵 기 ᄇ라옵ᄂ이다 이 산과는 오늘 왓ᄉ오디 서리 마자ᄉ오니 더 낫ᄉ와도 보내옵ᄂ이다 뎡 튝 구월 초이일 ᄌ부 술이

판독대비

번호	판독자료집	한국정신문화연구원 (2004 : 267~268)	한국학중앙연구원 편 (2009a : 579)

은진송씨 동춘당 송준길가 언간 74

〈송준길가-74, 1757년, 여흥민씨(며느리) → 송요화(시아버지)〉

판독문

> 아바님 젼 샹술이
>
> 근봉

문안 알외옵고 하인 오와눌 듯ᄌᆞ오니 긔운이 쾌복디 못ᄒᆞ오신가 시브오니 외오셔 복념 브리옵디 못ᄒᆞ오며 그ᄉᆞ이는 엇더ᄒᆞ오신고 여긔셔 가온 하인 도라오옵기롤 기드리옵고 답답ᄒᆞ와 ᄒᆞ옵ᄂᆞ이다 힝ᄎᆞ롤 초싱으로 뎡ᄒᆞ오시다 ᄒᆞ오나 그ᄉᆞ이 날포 잇ᄉᆞ오니 쇠휜이 낫ᄌᆞ오셔 오오시믈 축슈ᄒᆞ오며 김집이 아ᄆᆞ려도[1] 오올 거시니 ᄒᆞᆫ가지로 뫼옵고 오오면 다힝ᄒᆞ올가 시브오디 그ᄉᆞ이 미처 왕복을 못ᄒᆞ올 일 답답ᄒᆞ와 ᄒᆞ옵ᄂᆞ이다 예는 대되 일양 디내옵ᄂᆞ이다 하인 가오디 총총 잠 알외오며 내내 긔후 안녕ᄒᆞ오심 ᄇᆞ라옵ᄂᆞ이다 뎡튝 원월 넘이일 ᄌᆞ부 술이

판독대비

번호	판독자료집	한국정신문화연구원 (2004 : 268)	한국학중앙연구원 편 (2009a : 582~583)
1	아ᄆᆞ려도	아ᄆᆞ려도	아ᄆᆞ려도

은진송씨 동춘당 송준길가 언간 75

〈송준길가-75, 1730년, 여흥민씨(며느리) → 송요화(시아버지)〉

판독문

> 아바님 젼 샹솔이
>
> 　　　　　　　　　　　　근봉

문안 알외옵고 집죵 도라오온 후는 다시 긔운 엇더ᄒ오신 문안 모르와 하념 일시도 브리옵
디 못ᄒ오며 한마님 긔후는 엇더ᄒ오시고 동니 블안ᄒ옵기는 엇더ᄒ온고 가지가지 념녀 측
냥 업ᄉ와 ᄒ옵ᄂ이다 거월의 하답셔 밧ᄌ와 보옵고 든든 못내 알외옴 지금 브리옵디 못ᄒ
오며 쳔만 의외예 어대비 국휼이 나오시니 신민의 ᄆ옴의 ᄀ이업ᄉ오며 ᄌ부는 어린 것 ᄃ
리옵고 무ᄉᄒ오며 게도 학질이 흔ᄒ온가 시브오니 가지가지 념녀 측냥업ᄉ와 ᄒ옵ᄂ이다
ᄉ령딕 아ᄌ마님 병환은 요ᄉ이는 쾌히 낫ᄌ오신가 ᄒ오며 국휼노 ᄉ가 졀ᄉ들을 못 디내
올 법 잇ᄉ오디 예는 공관이옵기 ᄌ셔ᄒ온 됴령이 업ᄉ오니 게셔는 엇더ᄒ오시ᄂ고 모르와
ᄒ옵ᄂ이다 알외옴 감ᄒ오심 젓ᄉ와 잠 알외오며 츄긔 퍽 잇ᄉ오니 내내 긔후 안녕ᄒ오심
ᄇ라옵ᄂ이다 쇼쥬 다솟 복ᄌ 알외옵ᄂ이다 경슐 칠월 십칠일 ᄌ부 솔이

판독대비

번호	판독자료집	한국정신문화연구원 (2004 : 268)	한국학중앙연구원 편 (2009a : 592~593)

은진송씨 동춘당 송준길가 언간 76

〈송준길가-76, 1735년, 여흥민씨(며느리) → 송요화(시아버지)〉

판독문

아바님 젼 샹술이

근봉

문안 알외옵고 일긔 고ᄅᆞ옵디 못ᄒᆞ오니 긔후 엇더ᄒᆞ오신 문안 아옵고져 ᄇᆞ라오며 두루 힝
ᄎᆞ는 어니 ᄯᅴ로 ᄒᆞ오시ᄂᆞᆫ고 날포 쎄치오실 일 하졍의 복념 브리옵디 못ᄒᆞ와 ᄒᆞ옵ᄂᆞ이다 회
덕셔는 대되 안녕ᄒᆞ오신가 문안 모ᄅᆞ오니 넘녀 ᄀᆞ이업ᄉᆞ ᄒᆞ오며 ᄌᆞ부는 아히들ᄒᆞ고 무ᄉᆞᄒᆞ
오며 삼촌은 그믐날 하딕ᄒᆞ옵고 가ᄉᆞᆸᄂᆞ이다 하인 급피 간다 ᄒᆞ오니 잠 알외외오며 내내 긔
후 안녕ᄒᆞ오시ᄆᆞᆯ ᄇᆞ라옵ᄂᆞ이다 을묘 삼월 초ᄉᆞ일 ᄌᆞ부 술이

판독대비

번호	판독자료집	한국정신문화연구원 (2004 : 268~269)	한국학중앙연구원 편 (2009a : 596)

〈송준길가-77, 1735년, 여흥민씨(며느리) → 송요화(시아버지)〉

판독문

아바님 젼 샹술이	
	근봉

문안 알외옵고 일긔 퍽 덥ㅅ오니 긔후 안녕ㅎ오신 문안 아옵고져 ㅂ라오며 회덕셔도 년ㅎ
여 문안 아오니 안녕ㅎ오신가 시브오니 다힝ㅎ와 ㅎ옵ᄂ이다 ᄌ부는 아희들ㅎ고 무ᄉ히 잇
ᄉ오며 년ㅎ여 술이 알외와ᄉ더니 감ㅎ오신가 모ᄅ와 ㅎ옵ᄂ이다 회덕으로 잠 알외오며 내
내 긔후 안녕ㅎ오신 문안 아옵기롤 ㅂ라옵ᄂ이다 을묘 삼월 넘삼일 ᄌ부 술이

판독대비

번호	판독자료집	한국정신문화연구원 (2004 : 269)	한국학중앙연구원 편 (2009a : 599)

은진송씨 동춘당 송준길가 언간 78

〈송준길가-78, 1736년, 여흥민씨(며느리) → 송요화(시아버지)〉

판독문

아바님 젼 샹술이	
	근봉

문안 알외옵고 비 지리히 오옵고 일긔 아니 곱亽오니 년ᄒ여 긔후 엇더ᄒ오신 문안 아옵고
져 ᄇ라오며 그제 죵들 오와놀 듯亽오니 긔후 일양 가감이 아니 겨오신가 시브오니 졀박 굽
굽ᄒ온 복념 일시도 ᄇ리옵디 못ᄒ와 ᄒ옵ᄂ이다 한마님 긔후도 일양이오시고 건동 아즈마
님겨오셔도 위연ᄒ여 디내오시ᄂ가 시브오니 깃브와 ᄒ오며 여긔ᄂ 덕임 요亽이ᄂ 알ᄉ기
ᄂ 그쳐亽오디 하 패ᄒ여亽오니 민망ᄒ오이다 올도 거긔 슈가지롤 아니 어더 드리옵ᄂ가
여긔도 아즈바님끠 밧긔 열닌 디 업습기 닐곱 나츨 어더 보내오며 구졋도 죠고마치 잇亽오
매 보내옵ᄂ이다 흥셕 가오니 잠 알외오며 내내 긔후 낫亽오시믈 츅슈ᄒ옵ᄂ이다 병진 뉵
월 념팔일 ᄌ부 술이

판독대비

번호	판독자료집	한국정신문화연구원 (2004 : 269)	한국학중앙연구원 편 (2009a : 602~603)

은진송씨 동춘당 송준길가 언간 79

〈송준길가-79, 1736년, 여흥민씨(며느리) → 송요화(시아버지)〉

판독문

회덕
대딕 입납 보은아니 술이

아바님 젼 샹술이
　　　　　　　　　근봉

문안 알외옵고 수일 〻이 긔후 엇더ᄒᆞ오신 문안 아옵고져 ᄇᆞ라오며 여긔ᄂᆞᆫ 어마님겨오셔
온뎡의 평안이 왕반ᄒᆞ오시니 다힝ᄒᆞ오이다 손이 쉬이 ᄃᆞ옵ᄂᆞᆫ가 시브오니 엇디 디졉ᄒᆞ오실
고 ᄇᆞ리옵디 못ᄒᆞ오며 숑이ᄂᆞᆫ 죵시 나디 아니ᄂᆞᆫ다 ᄒᆞ옵고 대여손 사옵고 못 사ᄉᆞ오니 샹현
이셔 이일 쟝 보아 보내괴 분부 듯ᄌᆞ왓노라 ᄒᆞ오니 혹 이후 쟝의나 나올가 ᄒᆞ오며 게젓 감
ᄀᆞᆺ튼 거슨 이번 보내옵고 시브오디 힝ᄎᆞ의 옷보 가지고 사ᄅᆞᆷ 밧비 가옵고 게셔 사ᄅᆞᆷ ᄇᆞ리랴
노라 ᄒᆞ오시더라 ᄒᆞ오니 기ᄃᆞ리옵고 아니 보내옵ᄂᆞ이다 감ᄉᆞᄂᆞᆫ 여긔 쉬이 든다 ᄒᆞ오니 년
ᄒᆞ여 큰 손을 엇디 격ᄉᆞ오실고 ᄇᆞ리옵디 못ᄒᆞ올소이다 하인 가오니 잠 알외오며 긔후 낫ᄌᆞ
오신 문안 ᄇᆞ라옵ᄂᆞ이다 병진 구월 십일 ᄌᆞ부 술이

판독대비

번호	판독자료집	한국정신문화연구원 (2004 : 269~270)	한국학중앙연구원 편 (2009a : 606~607)

은진송씨 동춘당 송준길가 언간 80*

〈송준길가-80, 1740년, 여흥민씨(며느리) → 송요화(시아버지)〉

판독문

아바님 젼 답샹술이	
	근봉

문안 알외읍고 만억 오와놀 하셔 밧즈와 보읍고 일긔 년하여 느습하온디 긔후 일양이오신
가 시브오니 다힝 못내 알외오며 년하여 듯즈오니 창환이 가감이 아니 겨오시다 하오니 듀
야 외오셔 넘녀 측냥업숩더니 구투여 못하오심이 아니 겨오신가 시브오니 오히려 깃브와
하읍ᄂᆞ이다 ᄌᆞ부는 아희들 드리읍고 됴히 잇ᄉᆞ오며 뎡응은 쓸질도 그치읍고 혼가지로 잇습
ᄂᆞ이다 녀안 아즈바님겨오셔 젼쥐롤 하오시니 깃브오며 요ᄉᆞ이는 시졀도 그만하와 졍ᄉᆞ도
년하여 하오디 의셩을 근다 하읍기 삼촌도 뉴의롤 하읍더니 감시 아니 ᄀᆞ라 주기 돌연 굴
의시 업다 하오니 니군도 쟝 잇ᄉᆞ올 줄 모르오며 쳐연하읍다가 엇더하올 줄 모르오니 브라
읍ᄂᆞᆫ 뜻과 다르와 의지 업ᄉᆞᆫ 고줄 하오실가 넘녀되오며 ᄌᆞ부도 노젹은 고젼하셔셔 대ᄉᆞ 여
러 고줄 경영하오시는 형셰온 줄을 여러 슌 하읍고 당신도 아모 디나 동복도 흔디 나 하랴
하오면 이리 쳐연하여ᄉᆞ오리잇가마는 맛당하온 고지 아니하읍ᄂᆞᆫ 일 답답하오이다 ᄊᆞ는 여ᄃᆞᆲ
말 오올너니 서 말 쏘 왓다 하오니 이제 닷 말 샹현의게 쳣즈오며 보내오실가 하오며 소금도
혼 냥만 초자 풀나 분부하엿노라 하여 겨오신디 석[1] 냥 반을 ᄊᆡ 갑시셔 프라 주어숩노라 하
읍고 슌홰는 혼 셤을 오히려 못 드마노라 하여ᄉᆞ오니 고이하오이다 알외올 말ᄉᆞᆷ 감하오심 젓
ᄉᆞ와 이만 알외오며 내내 긔후 안녕하오심 브라읍ᄂᆞ이다 경신 뉵월 초일일 ᄌᆞ부 술이

판독대비

번호	판독자료집	한국정신문화연구원 (2004 : 270)	한국학중앙연구원 편 (2009a : 611~613)
1	석	섯	섯

····················

* 한국정신문화연구원(2004)에서는 한 편지가 별지(別紙)로 나뉜 점을 감안하여 각각에 '080', '080-1'의 번호를 부여
하였으나 이 판독자료집에서는 발수신자가 동일한 점을 고려하여 '80' 하나로 통합하여 제시하였다.

은진송씨 동춘당 송준길가 언간 81

〈송준길가-81, 1740년, 여흥민씨(며느리) → 송요화(시아버지)〉

판독문

아바님 젼 샹슬이	
	근봉

문안 알외옵고 하셔 밧즈와 보옵고 댱마 지리ᄒ온디 긔후 ᄒᆞᆫ가지오신 문안 아옵고 든든 못
내 알외오며 그 후 비 더 오오니 일긔도 아니 곱습고 아ᄎᆞᆷ뎌녁 하 칩스오니 긔운이 엇더ᄒᆞ
오신고 더욱 브리옵디 못ᄒᆞ와 ᄒᆞ옵ᄂᆞ이다 예는 일긔가 이러ᄒᆞ옵기 명응도 다리롤 거북ᄒᆞ여[1]
ᄒᆞ오니 민망ᄒᆞ와 ᄒᆞ옵ᄂᆞ이다 셔호셔는 아직 이 두어 둘 니는 못 드오신다 ᄒᆞ오니 가지가지
형셰 민망ᄒᆞ와 들니오니 념녀 브리옵디 못ᄒᆞ오며 김딕도 쉬이 숑도로 가랴 ᄒᆞ오니 섭섭도
ᄒᆞ옵고 극열의 어린것들 드리옵고 엇디 가올고 념녀 브리옵디 못ᄒᆞ올소이다 쌔는 샹현이ᄃᆞ
려 건동 쌔 수대로 ᄑᆞ옵고 ᄯᅩ 다른 돈을 슌해 닷 말만 ᄑᆞ라 주라 ᄒᆞ여숩더니 건동 쌔 무이
예셔 슌해롤 주엇노라 이번이야 ᄒᆞ여스오니 그런 고이ᄒᆞ온 일이 어이 잇스오리잇가 소금
일이오나 아므리 ᄒᆞ온 줄을 모르오니 통분ᄒᆞ오며 돈이 제게 잇스올 거시오니 ᄑᆞ라 드리라
ᄒᆞ오실가 ᄒᆞ옵ᄂᆞ이다 알외옴 감ᄒᆞ오심 젓스와 이만 알외오며 내내 긔후 안녕ᄒᆞ오심 브라옵
ᄂᆞ이다 경신 뉵월 십칠일 ᄌᆞ부 슬이

판독대비

번호	판독자료집	한국정신문화연구원 (2004 : 270~271)	한국학중앙연구원 편 (2009a : 617~621)
1	거북ᄒᆞ여	거복ᄒᆞ여	거복ᄒᆞ여

은진송씨 동춘당 송준길가 언간 82

〈송준길가-82, 1740년, 여흥민씨(며느리) → 송요화(시아버지)〉

판독문

문안 알외옵고 회마 오와눌 하셔 밧즈와 보옵고 든든 못니 알외오디 긔운 그만치나 낫즈오
시다가 발 알스오시는 증이 어이 그러ᄒ오신고 외오 잇스와 졀박 넘녀 일시도 브리옵디 못
ᄒ오며 아자비 오온 후는 문안 모르오니 그스이는 엇더ᄒ오신고 다시 긔별 아올 도리 업스
오니 더옥 답답ᄒ오이다 즈부는 무스히 잇스오며 뎡응은 얼굴은 요스이는 육긔는 더 잇습
고 범벅 긔운 낫스오디 다리롤 오뉵일 뎐 약간 알습고 드디기롤 더 거북ᄒ여 ᄒ오니 더옥
민망ᄒ오니이다 하셔 스연은 보옵고 즈부 등도 이리 되올 줄은 모르옵고 너모 피잔[1]ᄒ온 디
롤 넘녀ᄒ옵다가 이리 되여스오니 므슨 말솜을 알외오리잇가 이 도목[2]의는 삼촌도 즈부의
ᄆ음이나 다르디 아니키 아와 극진이 총ᄒ여습더니 ᄯ 뜻과 다르오니 애둛습기 측냥을 못
ᄒ올소이다 과줄 밧즈와 아히들 됴화ᄒ옵ᄂ이다 시딕딕의셔 사룸 가옵ᄂ다 ᄒ옵고 셔셔 지
촉ᄒ오니 잠 알외오며 건동 문안도 어제 오눌은 모르오나 그제는 안녕ᄒ오신 문안 아라스
오며 슝도 긔별도 오뉵일 뎐 듯즈오니 김딕이 풀을 브어 거북ᄒ여라 ᄒ여스오디 딕단 연고
는 업서라 ᄒ여습더이다 동북딕 힝ᄎ 넘일 가실 거시오니 다시 알외올가 ᄒ오며 내내 긔운
안녕ᄒ오시고 발 알스오신던 종환[3] 낫즈오심 츅슈츅슈ᄒ옵ᄂ이다 경신 칠월 십이일 즈부
술이

판독대비

번호	판독자료집	한국정신문화연구원 (2004 : 271)	한국학중앙연구원 편 (2009a : 625~629)
1	피잔	괴잔	-
2	도목	도묵	-
3	종환	증환	증환

은진송씨 동춘당 송준길가 언간 83

〈송준길가-83, 1740년, 여흥민씨(며느리) → 송요화(시아버지)〉

판독문

아바님 젼 샹술이

근봉

문안 알외옵고 날포 문안 모락오니 답답 복념 ᄀ이업스올 ᄎ 하셔 밧ᄌ와 보옵고 든든 못내 알외디 괴운 여러 가지로 블평ᄒ오심 외오셔 넘녀 일시도 브리옵디 못ᄒ와 ᄒ오며 일긔 션션ᄒ옵기 긴ᄒ오니 그ᄉ이ᄂ 엇더ᄒ옵신고 더옥[1] 브리옵디 못ᄒ올소이다 ᄌ부ᄂ 아희들 ᄃ리옵고 므스ᄒ오며 뎡웅의 각통도 요ᄉ이ᄂ 잠간 낫ᄉ오디 일긔 ᄎ기로 ᄌ연 그러ᄒ온가 시브오니 속그라ᄒ오며 도림곳치 곳블이 긴혈이 잇ᄉᄂ디 동ᄉ의 아들이 십여 일이 되오디 병이 가비얍디 아니ᄒ오니 민망 졀박ᄒ오며 아니 알ᄉᄂ 아희들노 더욱 민망ᄒ오이다 동북딕 힝ᄎ이 술이 알외와ᄉ더니 비 년ᄒ여 오와 오ᄂᆯ이나 ᄯ나신다 ᄒ오니 어ᄂ 날이나 드러가실고 ᄒ옵ᄂ이다 과졸은 구타여 져희를 만히 먹어온 거시 아니오나 온 줄을 됴화ᄒ온 말ᄉᆷ이올소이다 알외옴 총망ᄒ와 잠 알외오며 긔후 안녕ᄒ오신 문안 듯ᄌ옵기를 츅슈츅슈ᄒ옵ᄂ이다 경신 칠월 넘ᄉ일 ᄌ부 술이

판독대비

번호	판독자료집	한국정신문화연구원 (2004 : 271~272)	한국학중앙연구원 편 (2009a : 632~634)
1	더옥	더욱	˙ 더욱

은진송씨 동춘당 송준길가 언간 84

〈송준길가-84, 1740년, 여흥민씨(며느리) → 송요화(시아버지)〉

판독문

아바님 젼 샹술이	
	근봉

문안 알외읍고 힝츠들 오와눌 하셔 밧즈와 보읍고 든든 반갑수온 하졍이 フ이업수오디 여
러 가지로 괴운 블평호오시기 일양이오심 외요 잇수와 더욱 넘녀 일시도 브리읍디 못호오
며 일긔 션션호오니 그수이는 엇더호오신고 호읍느이다 주부는 대단 우환 업시 디내오며
뎡응의 다리도 요수이는 잠간 더 낫수온 듯호오디 덕셤 머리가 허오니 아히 녜수 병이오디
주을드러 민망호오이다 주부는 닉월 넘오뉵일 간 길흘 떠나 가랴 호오며 인마 네훈 잇수오
니 게셔 물은 어렵수올 거시오니 사룸 대엿만 보내오시면 됴수올가 호오며 셔울은 거번 바
람의 경긔 곡식 다 브리읍기 흉년 소동도 심호읍고 시가 수일 니 니도이 느리오니 그다히도
그러호온가 넘녀호오며 송인명이 독주를 무자 육독을 죽이오니 그런 참혹호 일이 업습고
니츈졔 집 관녜예 가 고기 먹고 하인 두어혼 게셔 죽습고 명수 션비 아홉이 그 독을 먹어
죽으니 반이 남다 호오니 쇠고기도 먹기 무셔온 째올소이다 알외옴 감호오심 젓수와 이만
알외오며 일긔 졈졈 션션호오니 내내 긔후 안녕호오신 문안 브라읍느이다 츄셕 졔믈은 엇
디 츠리읍는고 뷘 넘녀만 브리읍디 못호올소이다 경신 팔월 십일 주부 술이

판독대비

번호	판독자료집	한국정신문화연구원 (2004 : 272)	한국학중앙연구원 편 (2009a : 637~639)

은진송씨 동춘당 송준길가 언간 85

〈송준길가-85, 1741년, 여흥민씨(며느리) → 송요화(시아버지)〉

판독문

```
아바님 젼 샹술이
                              근봉
```

문안 알외옵고 힝ᄎ 쩌나오신 후는 문안을 모ᄅ오니 일긔 사오납ᄉ온디 년ᄒ여 긔후 엇더
ᄒ오신 문안 아옵고져 ᄇ라오며 졔시 날노 ᄀ려 겨ᄋ시니 새로이 망극ᄒ오심 뵈옵는 둧 아
둑히 잇ᄉ와 더옥 든든ᄒ온 하졍이 측냥업ᄉ와 ᄒ옵ᄂᆞ이다 ᄌ부는 병은 그ᄉ이는 일양이옵
고 희산도 아니ᄒ오니 가지가지 민망ᄒ오며 그 집 쥬인이 온다 ᄒ오디 그 누의셔 역질이 핍
근이 드온 줄 계셔 알면 아니 오리라 ᄒ오매 미더 잇ᄉ더니 십삼일 뎌녁 때 시방 드러온다
ᄒ오니 혼자 가오심 잇ᄉ다가 다른 디 미쳐 쥬변ᄒ올 도리는 업ᄉ고 시딕 딕의도 미역들 두
옵고 시방 딕령 둉이온디 삼월 구긔도 잇ᄉ올 둧시ᄇ옵고 셕용의 집의는 잠간이라 못 가올
연괴 잇ᄉ오매 마디못ᄒ와 궁동으로 오오나 말과자 ᄒ오시더라 ᄒ옵던 거시오니 하교롤 거
스리온가 블안 젓ᄉ오디 ᄌ부의 쓰쥰 다 감감 집안 쉬옵고 방이 다ᄅ오니 아이브터 샤외롭
ᄉ오미[1] 업ᄉ던 거시오라 집이 하 됴ᄉ오니 쇠훤ᄒ와 디내옵ᄂᆞ이다 뎡응도 일양 무ᄉ히 잇
ᄉ옵고 김딕도 평안ᄒ오니 깃ᄇ오며 최 셔방은 무ᄉ히 왓ᄉ오디 온젼이 못ᄒ여 왓습는가 시
ᄇ오니 애둛ᄉ오이다 누고[2] 간다 ᄒ오매[3] 잠 알외오며 내내 긔후 안녕ᄒ오신 문안 아옵기
츅슈ᄒ옵ᄂᆞ이다 신유 삼월 십뉵일 ᄌ부 술이[4]

판독대비

번호	판독자료집	한국정신문화연구원 (2004 : 272~273)	한국학중앙연구원 편 (2009a : 643~644)
1	샤외롭ᄉ오미	–	샤의롭ᄉ오미
2	왓습는가 시ᄇ오니 애둛ᄉ오이다 누고	〔판독 안 됨〕	〔판독 안 됨〕
3	ᄒ오매	–	하오매
4	술이	살이	–

은진송씨 동춘당 송준길가 언간 86

〈송준길가-86, 1752년, 여흥민씨(며느리) → 송요화(시아버지)〉

판독문

> 아바님 젼 샹술이
>
> 근봉

문안 알외옵고 긔후 엇더ᄒ오신 문안 날포 모ᄅ오니 하졍의 답답 복념 브리옵디 못ᄒ오며
셔울은 대되 일양 디내오며 년ᄒ여 술이 알외와ᅌᆞᆸ더니 감ᄒ오신가 ᄒᆞ옵ᄂᆡ이다 누고 간다
ᄒ오니 잠 알외오며 내내 긔후 안녕ᄒ오신 문안 브라옵ᄂᆡ이다 임신 삼월 넘구일 ᄌ부 술이

판독대비

번호	판독자료집	한국정신문화연구원 (2004 : 273)	한국학중앙연구원 편 (2009a : 647)

은진송씨 동춘당 송준길가 언간 87

〈송준길가-87, 1755년, 여흥민씨(며느리) → 송요화(시아버지)〉

판독문

> 아바님 젼 샹술이
>
>   근봉

문안 알외˜고 슌지 오와놀 하셔 밧я와 보˜고 든든 못내 알외오며 밤M이 긔후 엇더Ǖ오
신 문안 아˜고져 Ǖ˜Ӝ이다 감Mㅣ 어제 그리 왓ఫ던가 Ǖ오며 예Ӝ 모릭 오˜Ӝ가 시브
오니 그 일과 샹치Ǖ오니 답답Ǖ오이다 게Ӝ 저M 마ಷ 신집이 가져왓스오나 셩션 업스온
고ǥ 게도 못 어더 쓰오니 음식이나 밥이나 실은 홀 거시 업셔 졔육 밧 업스오니 소견의 블
MǕ올가 답답Ǖ오이다 지동이 와 둔녀가고져 Ǖ여스오니 든든Ǖ오나 게 가 그 사람 긔요
면 일시라도 혜혜Ǖ기 더Ǖ온 둣Ǖ올 일 미리 브리˜디 못Ǖ오며 я부도 측냥Ǖ온¹ 후 즉시
가셔 뵈오려 Ǖ˜더니 지금 쳔연Ǖ오니 답답Ǖ오며 형님이 쉬이 가랴 Ǖ오시니 혼가지로
가쟈 Ǖ여ఫ더니 인마 혼 쇠 어렵스오니 가신 후나 가올가 Ǖ˜Ӝ이다 내내 긔후 안녕Ǖ오
심 브라˜Ӝ이다 촉 셋 알외˜Ӝ이다 을히 구월 초팔일 я부 술이

판독대비

번호	판독자료집	한국정신문화연구원 (2004 : 273)	한국학중앙연구원 편 (2009a : 650~651)
1	측냥Ǖ온	측량Ǖ온	측량Ǖ온

은진송씨 동춘당 송준길가 언간 88

〈송준길가-88, 1755년, 여흥민씨(며느리) → 송요화(시아버지)〉

판독문

아바님 젼 샹술이	
	근봉

문안 알외옵고 일긔 아니 곱스오니 긔후 안녕ㅎ오신 문안 아옵고져 ㅂ라오며 어제 하인 가
올 적 술이 알외와습더니 감ㅎ오신가 ㅎ옵ㄴ이다 예눈 일양 디내오며 밧긔셔눈 쳥쥐 검시
ㅎ라 어제 갓스오니 오놀 오긔 ㅎ엿다 ㅎ오나 도쳐의 어즈럽다 ㅎ오니 더옥 힝역이 민망ㅎ
오이다 셰복이 왓다가 가오니 잠 알외오며 긔후 안녕ㅎ오신 문안 ㅂ라옵ㄴ이다 을히 십월
십오일 ㅈ부 술이 슬믄 고기 죠곰 알외옵ㄴ이다

판독대비

번호	판독자료집	한국정신문화연구원 (2004 : 273)	한국학중앙연구원 편 (2009a : 653~654)

은진송씨 동춘당 송준길가 언간 89

⟨송준길가-89, 1756년, 여흥민씨(며느리) → 송요화(시아버지)⟩

판독문

아바님 전 답샹술이
　　　　　　　　　　근봉

문안 알외옵고 빅이 오와눌 하셔 밧ᄌ와 든든 못내 알외오며 밤ᄉ이 긔후 안녕ᄒ오신 문안
아옵고 더옥 다힝ᄒ와 ᄒ옵ᄂᆡ다 거먹 오올 적 하셔도 밧ᄌ와 든든 못내 알외와 ᄒ옵ᄂᆡ
다 예는 일양 디내옵고 감ᄉᄂᆞᆫ 어제 디나갓ᄉ오디 보장 졔ᄉᄅᆞᆯ 졔셔ᄒ고 왓습ᄂᆞᆫ 거술 하인
이 아니 가져왓습ᄂᆞᆫ디 감ᄉᄂᆞᆫ 보고 거힝을 아니ᄒᄂᆞᆫ가 ᄒ여 호방을 곤댱 십 두 ᄒ옵고 쵸긔
감당은[1] 긔민 일품 섯트린다 ᄒ고 쳐ᄉ오며 즉시 드러와 ᄉ장ᄒ오니 도로 보내고 초인 드려
보내여 시방 가라 ᄒ니 나와 보라 ᄒ고 졋갈 여러 말 ᄒ여 ᄒ시나 가 보아ᄉ오디 엇더ᄒ올
런고 ᄒ옵ᄂᆡ다 차담 약간 ᄒ여습더니 샹풍년ᄀᆞ의 원 아니 밧더라 ᄒ고 비쟝ᄀᆞ디 아니 밧
아ᄉ오니 원 아모것도 대단이 아니ᄒ옵고 미음을 먹ᄂᆞᆫ가 ᄒ옵기 미음과 너덧 가지 거술 ᄒ
여습더니이다 씨샹은 가오니 길흔 어니 날노 뎡ᄒ온고 새암되이 심난심난ᄒ고 내내 측냥치
못ᄒ올소이다 잠 알외오며 긔후 안녕ᄒ오심 ᄇ라옵ᄂᆡ다 감시 그젓긔 온다 ᄒ고 차담과
뎌녁밥 다 ᄒ여습다가[2] ᄇ리옵고 어제도 차담이나 것[3] 여ᄉᆞᆺ 상 ᄒ여습더니 ᄇ리오니 부비
가 무수ᄒ오이다 진ᄌ의도 역시 그러ᄒᆞᆫ가 ᄒ옵ᄂᆡ다 ᄂᆞ물 죠곰 건치 보내옵ᄂᆡ다 무명은
ᄌ시 밧ᄌ와 하교대로 ᄒ오리이다 뎐후 구그리 밧ᄌ와 몬져 거ᄉᆞᆫ 감ᄉ 격기예 쓰옵고 못내
알외와 ᄒ옵ᄂᆡ다 병ᄌ ᄉ월 십삼일 ᄌ부 술이

판독대비

번호	판독자료집	한국정신문화연구원 (2004 : 273~274)	한국학중앙연구원 편 (2009a : 658~660)
1	감당은	감광은	-
2	ᄒ여습다가	ᄒ엿습다가	ᄒ엿습다가
3	차담이나 것	차담이 내 것	-

은진송씨 동춘당 송준길가 언간 90

〈송준길가-90, 1756년, 여흥민씨(며느리) → 송요화(시아버지)〉

판독문

아바님 젼 샹술이   근봉

문안 알외읍고 두어 날 스이 긔후 엇더ᄒ오신 문안 아읍고져 ᄒ오며 어제 던지ᄂᆞᆫ 잘 잣ᄉᆞᆸ던 가 ᄒ옵ᄂᆞ이다 예ᄂᆞᆫ 대되 일양 디내오며 밧긔셔ᄂᆞᆫ 오ᄂᆞᆯ 오리라 ᄒ오나 아직 긔별을 모르올 소이다 셰만 도라가오니 잠 알외오며 내내 긔후 안녕ᄒ오심 ᄇ라옵ᄂᆞ이다 고기 두 근 양 서 근 보내옵ᄂᆞ이다 병ᄌᆞ 오월 십일일 ᄌᆞ부 술이

판독대비

번호	판독자료집	한국정신문화연구원 (2004 : 274)	한국학중앙연구원 편 (2009a : 663)

은진송씨 동춘당 송준길가 언간 91

〈송준길가-91, 1757년, 여흥민씨(며느리) → 송요화(시아버지)〉

판독문

아바님 젼 샹술이	
	근봉

문안 알외옵고 빅이 오와눌 긔운 안녕ᄒ오신 문안 아옵고 든든 못내 알외오며 예는 대되 일
양 디내옵고 ᄌ부의 병도 못ᄒ옵ᄂ 일 업ᄉ오이다 빅이 도라가오니 잠 알외오며 내내 긔후
안녕ᄒ오심 ᄇ라옵ᄂ이다 뎡튝 뉵월 넘오일 ᄌ부 술이

판독대비

번호	판독자료집	한국정신문화연구원 (2004 : 274)	한국학중앙연구원 편 (2009a : 665)

은진송씨 동춘당 송준길가 언간 92

〈송준길가-92, 1757년, 여흥민씨(며느리) → 송요화(시아버지)〉

판독문

	송촌
[봉인]	본딕 입납 보은아니 주부 술이 ^{근봉}

문안 알외읍고 외간 오와놀 하셔 밧주와 보읍고 덥습기 심호온디 긔후 안녕호오신 문안 아
읍고 든든 못내 알외오며 예는 일양 디내읍고 주부도 혼가지로 나아 디내읍느이다 어스는
어제 나지 오와 낫것 대엿 가지는 호여 먹이읍고 오놀 조반 아젹밥 먹고 가련다 호오며 아
모 반찬도 업습더니 게 밧주와 쓰읍고 어란 전복 다¹ 겟 거스로 다힝이 쓰읍느이다 죵은 사
오면 죽히 됴스오리잇가마는 요스이는 밧괴셔는 더 가난호여 호읍고 주부는 뎌년 글헛긔는
혹 뿔말식이나 모히는 둘이 오면 돈 냥이나 믄드라 쓰읍더니 시방은 돈 혼 냥 모히올 의시
업스오니 몬져 취일 샹납의 블이나 돈 혼 냥 취이호올 도리 업스오니 보아 무던호오면 더욱
답답호오니 츌히 아니 오옵기롤 잘 호여숩느이다 돌즁이² 말숨은 주부도 하교곳치 호읍고
애둛다 여러 번 호오니 아니 준 거시 아냐 주고 그만혼 긴장호옴이 막 농스호온 째 제 사람
곳트면 번번 놀며 길낭 보내고 번번 놀고 이시니 제 주시 뭡다 호읍거놀³ 져는 뮈온들 샹젼
은 야속히 호는 거시 브졀업다 지금굿디⁴ 믹양 호읍는 말숨이오며 쇠돌은 듕문간방이 바로
힝낭 압피읍기 아히들이 드러숩끠 브리는 죵과 겟 죵도 힝낭 죵만 드러스읍는디 쇠돌 드러
와 잔다 호고 거먹을 쑤지젓스오나 구투여 그 죄로 치온 거시 아니오라 믈 깃는 무자히 차
모롤 노샹 샹통호기 쳐숩느니이다 총총 잠 알외오며 내내 긔후 안녕호오심 브라옵느이다
뎡튝 칠월 넘일 주부 술이

판독대비

번호	판독자료집	한국정신문화연구원 (2004 : 274~275)	한국학중앙연구원 편 (2009a : 669~671)
1	전복 다	전복과	전복과
2	돌즁이	돌눙이	돌눙이
3	ᄒᆞᆸ거눌	-	ᄒᆞᆸ기눈
4	지금ㄱ디	지금 그리	지금 그리

은진송씨 동춘당 송준길가 언간 93

〈송준길가-93, 1725~1764년, 여흥민씨(며느리) → 송요화(시아버지)〉

판독문

[봉인]	송촌 본딕 입납 즈부 힝듕 슬이	근봉

아바님 젼 샹슬이	근봉

문안 알외옵고 긔후 안녕ᄒ오신 문안 아옵고져 ᄒ오며 즈부는 어제 쩌나와 온쳔 와 자옵고
시방 쩌나 가랴 ᄒ오니 든든ᄒ옵ᄂ이다 하인 몬져 드러가오니 잠 알외옵ᄂ이다 즈부 슬이

판독대비

번호	판독자료집	한국정신문화연구원 (2004 : 275)	한국학중앙연구원 편 (2009a : 674)

은진송씨 동춘당 송준길가 언간 94

⟨송준길가-94, 1727~1748년, 여흥민씨(어머니) → 송기연(아들)⟩

판독문

년ᄒ여 글시 보고 무스ᄒ니 깃브나 우리ᄂ 계요 무스히 와시되 강의 안질과 덕난[1] 곳블노
심난타 어린 거슨 내내 보채되 무스히 닷가 갓옷 휘항 보내며 갓옷 도포 밋히ᄂ 못 니블 거
시오 도포 벗기도 고이ᄒ니 누의ᄃ려 옷 ᄒ나 ᄒ여시니 옷 닙고 난이치면 설워 도포롤 벗고
닙긔 ᄒ엿다 내내 무스히 오너라 넘일 모

판독대비

번호	판독자료집	한국정신문화연구원 (2004 : 275)	한국학중앙연구원 편 (2009a : 676~677)
1	덕난	덧난	덧난

은진송씨 동춘당 송준길가 언간 94-1

〈송준길가-94-1, 1727~1748년, 여흥민씨(어머니) → 송기연(아들)〉

판독문

> 뎡응

글시 보고 반기디 네 딕 쏘 알는다 ㅎ니 놀납고 넘녀 ㄱ이업ᄉ며 예도 뎌째 오후 셩훈 째식[1] 알는 도림 잇던 거시니 그 도림인가 다시 긔별 몰나 더옥 답답다 유득은 무엇 어더 가냐 널노 ㅎ여 더옥 넘녀 근근[2] 측냥치 못홀다 음식 춘 것 먹디 말고 조심ㅎ여라 지월 초삼일 모

판독대비

번호	판독자료집	한국정신문화연구원 (2004 : 275~276)	한국학중앙연구원 편 (2009a : 680)
1	째식	째시니	째시니
2	근근	ㄱ이	ㄱ이

은진송씨 동춘당 송준길가 언간 95

〈송준길가-95, 1747년, 송기연(외조카) → 미상(이모)〉

판독문

```
아즈마님 젼 샹셔
                          근봉
건너
```

겨을 일긔 아니 곱기 갈스록 이샹ᄒ오니 긔운 엇더ᄒ오신 문안 아옵고져 ᄇ라오며 문안도
총총[1] 모르오니 답답 넘녀 아모라타[2] 업스와 ᄒ오며 누의님은 엇디 브디ᄒ여 디내시ᄂ고 ᄉᆡᆼ
각ᄒ올스록 가슴 압프옵고 만나보올 길도 업스오니 더욱 ᄆᆞᆷ 굿부오이다 경챵은 병이나
업시 디내오며 글은 엇디 되엿ᄉᆞᆸᄂ고 편디도[3] 못 보오니 답답ᄒ오이다 긔령셔ᄂ 의외예 영
문의 욕을 보오시니 그런 통분통분ᄒ온 일 어듸 잇스오리잇가 녕의예 샹의ᄒ여 디내옵다가
뎌리 급히 쩌나오시니 더욱[4] 셥셥 결연ᄒ오이다 하인 가오듸 총총ᄒ와 잠 알외오며 이 ᄒᆡ
다 가스오니 신셰예 긔후 만복ᄒ오심 츅슈ᄒ옵ᄂ□□[5] 뎡묘 납월 이십일 이딜 송긔연 샹셔

판독대비

번호	판독자료집	한국정신문화연구원 (2004 : 276)	한국학중앙연구원 편 (2009a : 684~685)
1	총총	-	죵죵
2	아모라타	아므라타	아므라타
3	편디도	-	편디ᄂ
4	더욱	더옥	더옥
5	츅슈ᄒ옵ᄂ□□	츅슈ᄒ옵ᄂ이다	츅슈ᄒ옵ᄂ이다

은진송씨 동춘당 송준길가 언간 96

〈송준길가-96, 1747년, 송기연(조카) → 은진송씨(고모)〉

판독문

> 아주마님 젼 샹셔
> 호산   근봉

겨울[1] 일긔 아니 곱기 하 이샹ᄒ오니 긔운 엇더ᄒ오신 문안 아옵고져 ᄇ라오며 문안도 하
종종 모로오니[2] 답답 복모 브리옵지 못ᄒ와 ᄒ옵ᄂ이다 딜은 겨유 디내오나 요ᄉ이 여긔 관
ᄉ 만하 한아바님겨오셔 집의 드오실 째 젹ᄉ오시니 치위예 ᄢᅵ치오시ᄂᆞᆫ 일 민망ᄒ오이다
긔령셔ᄂᆞᆫ 의외예 욕을 보오시니 그러 통분통분ᄒᆞᆫ온 일 어듸 잇ᄉ오리잇가 녕의예 샹의ᄒ여
디내옵다가 져리 급히 써나오시니 더욱 셥셥 애둛ᄉ오이다 하인 셔울노 가오매 잠 알외오
며 이힝 다 가ᄉ오니 신셰예 긔운 만복ᄒ오심 ᄇ라옵ᄂ이다 뎡묘 납월 이십일 싱딜 송긔연
샹셔

판독대비

번호	판독자료집	한국정신문화연구원 (2004 : 276)	한국학중앙연구원 편 (2009a : 693~695)
1	겨울	-	겨을
2	모로오니	모ᄅ오니	모ᄅ오니

은진송씨 동춘당 송준길가 언간 97

〈송준길가-97, 1727~1748년*, 송기연(조카) → 미상(아주머니)〉

판독문

```
아즈미 젼 답샹장
                    〔수결 : 起〕 근봉
```

거번 젹스오시니 다시 뵈온 듯 탐□□갑스오며[1] 그쩨 평안히 디내오시니 든든□□[2] 보옴 못
내 젹스오며 큰한아바님 병환 그리 대되 흐오시는 일 민망 념녀 아므라타 업스오이다 예도
한아바님 긔운 즉금 못흐여 디내시고 대쇼 우환 써날 쌔 업스오니 민망흐옵오리

판독대비

번호	판독자료집	한국정신문화연구원 (2004 : 276~277)	한국학중앙연구원 편 (2009a : 687)
1	탐□□갑스오며	탐갑스오며	탐□□갑스오며
2	든든□□	든든	–

---

* 한국학중앙연구원 편(2009a)에서는 송기연의 생몰년을 고려해 1727~1749년으로 추정하였다. 그러나 편지 중에
‘큰한아바님 병환 그리 대되 흐오시는 일’이라는 표현으로 보아 큰할아버지인 송요경이 살아 있을 때 작성된 편지
임을 짐작할 수 있다. 따라서 송요경이 죽은 1748년 11월 이전에 작성된 편지로 추정하였다.

은진송씨 동춘당 송준길가 언간 98

⟨송준길가-98, 1748년, 송기연(아들) → 여흥민씨(어머니)⟩

판독문

> 아주마님 젼 답샹셔
>
> 〔수결 : 起〕 근봉

큰한아바님 상수는 통곡호온 밧 무슨 말숨을 알외오리잇가 쉬이 가옵게 되여스오니 다시 뵈올가 신긔히 너겨숩더니 그스이 져리 되오실 줄 어이 싱각호여스오리잇가 먼 길 힝역호 오신 끗희[1] 또 쎄치오시니 오죽히 샹호오시랴 뵈옵눈 둣 굿브온 넘녀 아모라타[2] 업스오며 예는 한아바님겨오셔 마춤 힝츠하여 겨오시다가 듕노의셔 문부호오시니 졍경 더욱 가슴 알 프오이다 어제 하셔 밧즛 보옵고 든든 못내 알외오며 갓옷 와스오니 보아 닙습스이다 총망 호와 다 못 알외오며 내내 긔후 안녕호오심 브리옵누이다 무진 지월 넘삼일 즈 긔연 샹셔

판독대비

번호	판독자료집	한국정신문화연구원 (2004 : 277)	한국학중앙연구원 편 (2009a : 690~691)
1	끗희	끗히	끗히
2	아모라타	아므라타	아므라타

• 은진송씨 송준길가 『선세언독』 언간 •
40건

■ 대상 언간

　은진송씨(恩津宋氏) 송준길(宋浚吉) 후손가(後孫家)에 전해 내려온 한글편지 가운데『先世諺牘』이라는 첩(帖)에 실려 전하는 40건의 한글편지를 이른다. 이 편지들은 송준길 후손이 은진송씨 가문의 유물들을 보관하기 위해 건립한 선비박물관에 소장되어 있다가 현재는 대전 선사박물관에 기탁·보관되어 있다. 2003년 2월 한국정신문화연구원(현 한국학중앙연구원)에서 송준길 후손가의 한글편지 일체를 수집·정리한 바 있어 한국학중앙연구원에 당시의 마이크로필름이 보관되어 있다.

■ 언간 명칭 : 은진송씨 송준길가『선세언독』언간

　『先世諺牘』에 수록된 한글편지는 송준길 후손가에 전하는 다른 한글편지들과 함께 한국정신문화연구원(2004)에서 처음 소개되었다. 여기서는 원본 사진과 판독문을 함께 수록하면서 대상 언간을 첩의 제목과 같이 '先世諺牘'으로 명명하고 첩에 수록된 순서에 따라 편지 번호를 부여하였다. 이후 한국학중앙연구원 편(2009a)에서는 대상 언간에 대한 재판독과 함께 역주(譯註)가 이루어졌다. 편지 번호를 한국정신문화연구원(2004)에 따랐으나 언간 명칭은 (『선세언독』에 수록된 한글편지를 따로 구분하지 않고) 송준길 가문에 전하는 다른 한글편지들과 합쳐 '은진송씨 송준길 가문 한글 간찰'로 명명하고 그 중의 일부로 다루었다.

　이 판독자료집에서는 한국정신문화연구원(2004)에서와 마찬가지로 편지첩『선세언독』에 수록된 한글편지를 송준길가의 다른 한글편지들과 구분하기 위해 첩명(帖名)이 드러나도록 '은진송씨 송준길가『선세언독』언간'으로 명칭을 조정하였다. 출전 제시의 편의상 약칭이 필요할 경우에는 '선세언독'을 사용하였다.

■ 언간 수량 : 40건

　첩으로 된『선세언독』에는 송준길 가문의 관련 인물 16명이 보낸 한글편지가 발신자별로 총 40건이 수록되어 있다. 이 판독자료집에서는 한국정신문화연구원(2004)의 편지 번호에 따라 40건을 모두 수록하였다.

■ 원문 판독

한국정신문화연구원(2004)에서 대상 언간을 처음 소개하면서 40건 전체의 컬러 사진과 판독문을 함께 제시하였다*. 이후 예술의전당 서울서예박물관(2007)에서는 송준길 선생 탄생 400주년을 기념하면서 40건 중 송준길의 한글편지 3건에 대하여 컬러 사진과 함께 판독문 및 간단한 해설을 실은 바 있다. 한국학중앙연구원 편(2009a)에서는 한국정신문화연구원 (2004)을 바탕으로 판독문을 재검토하고 어휘 주석과 현대어역을 덧붙였다. 40건 전체를 수록하면서 각 언간의 발수신자와 작성 시기를 일일이 추정하여 밝히는 한편 원본의 흑백 사진을 별도의 책자로 영인하여 다시 실었다. 이 판독자료집에서는 한국정신문화연구원(2004)과 한국학중앙연구원 편(2009a)에서 이루어진 판독 사항을 대비하여 표로 제시하고 판독 결과를 대조해 보는 데 도움이 될 수 있도록 하였다.

■ 발신자와 수신자

『선세언독』에 실린 각 편지의 오른쪽 난상(欄上)에 성첩자(成帖者)가 '고조고 동츈당 부군, 조비 나부인, 존구 쇼대헌 부군, 존고 김 부인' 등과 같이 발신자를 따로 밝혀 두어서 대부분 편지의 발신자를 추정할 수 있다. 이에 따르면 발신자는 송준길(宋浚吉, 1606~1672)을 시작으로 그의 처 진주정씨(晉州鄭氏), 장인 정경세(鄭經世, 1563~1633) 부부, 큰며느리 배천조씨(白川趙氏), 손자 송병하(宋炳夏, 1647~1737) 부부, 증손 송요화(宋堯和, 1682~1764) 부부, 현손 송익흠(宋益欽, 1708~1757) 부부 등에 이르기까지 5대에 걸친 송준길 집안 사람들이다. 수록된 편지 모두가 가족 간에 오간 것이기 때문에 수신자 또한 송준길 집안의 가족 구성원이다. 『선세언독』 맨 마지막에 덧붙인 송요화의 아내 안동김씨(安東金氏)의 편지는 시아주버니인 송요경(宋堯卿, 1668~1748)에게 보낸 것이다.

한국정신문화연구원(2004)에서 발수신자에 대한 대략의 사항을 표로 정리해 놓았으나 수신자 표시가 적혀 있지 않은 편지의 경우에는 발수신자를 명확히 밝히지 못하였다. 이후 박부자(2008)에서 박순임(2004)의 것을 일부 수정하였고, 한국학중앙연구원 편(2009a)에서는 박부자(2008)의 견해를 수용하면서 각 편지에 대해 발수신자와 관련된 사항을 면밀히 조사하

---

* 한국정신문화연구원(2004)에서는 사진을 제시한 부분과 판독문을 제시한 부분에 나타나는 번호가 서로 다르다. 사진과 함께 제시된 번호는 첩을 펼쳤을 때 펼친 면 전체의 순서를 가리키는 것이기 때문에 실제의 편지 번호와 일치하지 않아 유의할 필요가 있다. 이 판독자료집의 편지 번호는 한국정신문화연구원(2004)의 판독문에 제시된 번호를 따른 것이다.

여 보완하였다. 이 판독자료집에서는 발신자와 수신자에 대해 기본적으로 한국학중앙연구원 편(2009a)을 따르되 발수신자를 달리 추정하게 된 경우에는 그 수정 내지 보완 사항을 해당 편지에 각주로 제시하였다.

■ 성첩 경위

40건 가운데 39건은 송익흠(宋益欽, 1708~1757)의 처 여흥민씨(驪興閔氏)가 1764년에서 1770년 사이에 성첩한 것으로 추정된다(박부자, 2008 : 25~48). 나머지 1건은 첩의 마지막 장 뒷면과 표지 안쪽 면에 풀로 덧붙여져 있는데, 송요화(宋堯和)의 처 안동김씨(安東金氏)의 편지이다. 이 편지는 여흥민씨가 성첩할 당시에는 없었던 것인데, 현손(玄孫) 송문희(宋文熙, 1773~1839)가 1802년에 정리한 것을 이후 송종오(宋鍾五, 1823~1904)가 다시 정리한 것이다.

■ 작성 시기

40건의 편지 중 8건 정도가 작성 시기가 분명하고, 나머지는 발수신자의 관직(官職)이나 생몰년(生沒年)을 통해 추정할 수 있는데, 대체로 17세기 전반에서 18세기 전반 사이에 쓰인 편지로 추정된다. 시기가 가장 앞서는 것은 정경세가 딸(송준길의 처)에게 보낸 편지(03번)로 1630년에 쓴 것으로 추정된다. 가장 후대의 것은 송요화가 딸(김치공의 처)에게 보낸 편지(33번)로 1760~1764년경에 쓴 것이다.

편지의 작성 시기와 관련하여 한국정신문화연구원(2004)에서는 연기(年記)가 있는 경우만 일부 발신 연도를 밝히고 나머지에 대해서는 작성 시기를 제시하지 못한 경우가 많았다. 이후 한국학중앙연구원 편(2009a)에서 편지 내용을 면밀히 검토하여 편지 각각에 대해 대략적으로 추정되는 작성 시기를 일일이 제시하였다. 이 판독자료집에서는 편지의 작성 시기에 대해 기본적으로 한국학중앙연구원 편(2009a)을 따르되 작성 시기를 달리 추정하게 된 경우에는 추정 근거를 해당 편지에 각주로 제시하였다.

■ 자료 가치

5대에 걸쳐 다양한 가족 구성원들 사이에 수수되어 밀집도가 높은 자료라 할 수 있다. 일상적인 문안 외에도 장례 혹은 제사와 관련된 내용부터 일상생활의 생활고에 이르기까지 다양한 내용이 담겨 있다. 17~18세기 사대부가의 언어와 일상이 잘 드러나 국어사를 비롯하여 생활사, 여성사, 문화사 등 다양한 분야의 연구 자료가 될 수 있다.

■ 자료 해제

자료의 서지 사항에 대한 상세한 해제는 박순임(2004 : 282~300)과 심영환(2004 : 301~318), 박부자(2008), 한국학중앙연구원 편(2009 : 25~48)을 참고할 수 있다.

🔲 원본 사항

- 원본 소장 : 대전 선사박물관
- 마이크로필름 : 한국학중앙연구원 소장(MF 35-11353)
- 크기 : 35.0×25.3cm(첩의 크기)

🔲 판독 사항

허경진(2003), 『사대부 소대헌·호연재 부부의 한평생』, 푸른역사. ※ 3건만 판독(01번, 28번, 29번)

한국정신문화연구원(2004), 『懷德 恩津宋氏 同春堂 宋浚吉後孫家篇 Ⅰ』, 韓國簡札資料選集 Ⅵ, 한국정신문화연구원. ※ 40건 모두 판독

예술의전당 서울서예박물관(2007), 『宋浚吉·宋時烈－2006~2007 同春堂·尤庵 선생 탄생 400주년 기념』. ※ 송준길 편지 3건만 판독

한국학중앙연구원 편(2009a), 『조선 후기 한글 간찰(언간)의 역주 연구 4, 은진송씨 송준길 가문 한글 간찰』, 태학사. ※ 40건 모두 판독

🔲 영인 사항

한국정신문화연구원 장서각(2003), 『고문서에 담긴 옛 사람들의 생활과 문화－한국정신문화 연구원 개원 5주년 기념 고문서특별전』, 한국정신문화연구원. ※ 5건만 컬러 사진으로 실려 있음(01번, 02번, 05번, 06번, 40번).

허경진(2003), 『사대부 소대헌·호연재 부부의 한평생』, 푸른역사. ※ 7건만 작은 사진으로 실려 있음(01번, 21번, 22번, 28번, 29번, 33번, 40번).

한국정신문화연구원(2004), 『懷德 恩津宋氏 同春堂 宋浚吉後孫家篇 Ⅰ』, 韓國簡札資料選集 Ⅵ, 한국정신문화연구원. ※ 40건 전체가 컬러 사진으로 실려 있음.

예술의전당 서울서예박물관(2007), 『宋浚吉·宋時烈－2006~2007 同春堂·尤庵 선생 탄생 400주년 기념』. ※ 송준길 편지 3건만 컬러 사진으로 실려 있음.

한국학중앙연구원 편(2009b), 『조선 후기 한글 간찰(언간) 영인본 2, 은진송씨 송준길 가문 한글 간찰』, 태학사. ※ 40건 전체가 흑백 사진으로 실려 있음.

■ 참고 논저

문희순(2011), 「한글편지에 반영된 옛 대전의 생활문화 1－송준길·송규렴가 편지를 중심으로」, 『어문연구』 제70권, 어문연구학회, 129~157쪽.

문희순(2012), 「동춘당 송준길가 소장 한글편지에 반영된 생활문화」, 『인문학연구』 통권 89호, 33~62쪽.

박병천·정복동·황문환(2012), 『조선시대 한글편지 서체자전』, 다운샘.

박부자(2007), 「은진송씨 송준길 후손가 언간의 서지－정리자 및 정리 시기에 대한 검증」, 『돈암어문학』 제20집, 돈암어문학회, 128~156쪽.

박부자(2008), 「송준길(宋浚吉) 후손가의 언간첩 『선세언독(先世諺牘)』에 대한 고찰」, 『한국고전여성문학연구』 17, 한국고전여성문학회, 157~200쪽.

박순임(2004), 「恩津 宋氏 諺簡에 대하여」, 『懷德 恩津宋氏 同春堂 宋浚吉後孫家篇 Ⅰ』, 韓國簡札資料選集 Ⅵ, 한국정신문화연구원, 282~300쪽.

심영환(2004), 「同春堂 宋浚吉 筆帖의 性格」, 『懷德 恩津宋氏 同春堂 宋浚吉後孫家篇 Ⅰ』, 韓國簡札資料選集 Ⅵ, 한국정신문화연구원, 301~318쪽.

예술의전당 서울서예박물관(2007), 『宋浚吉·宋時烈－2006~2007 同春堂·尤庵 선생 탄생 400주년 기념』.

한국정신문화연구원 장서각(2003), 『고문서에 담긴 옛 사람들의 생활과 문화－한국정신문화연구원 개원 5주년 기념 고문서특별전』, 한국정신문화연구원.

한국정신문화연구원(2004), 『懷德 恩津宋氏 同春堂 宋浚吉後孫家篇 Ⅰ』, 韓國簡札資料選集 Ⅵ, 한국정신문화연구원.

한국학중앙연구원 편(2009a), 『조선 후기 한글 간찰(언간)의 역주 연구 4, 은진송씨 송준길 가문 한글 간찰』, 태학사.

한국학중앙연구원 편(2009b), 『조선 후기 한글 간찰(언간) 영인본 2, 은진송씨 송준길 가문 한글 간찰』, 태학사.

허경진(2003), 『사대부 소대헌·호연재 부부의 한평생』, 푸른역사.

홍학희(2010), 「17~18세기 한글편지에 나타난 송준길(宋浚吉) 가문 여성의 삶」, 『한국고전여성문학연구』 20, 한국고전여성문학회, 67~103쪽.

황문환(2010), 「조선시대 언간 자료의 현황과 특성」, 『국어사 연구』 10호, 국어사학회, 73~131쪽.

은진송씨 송준길가 『선세언독』 언간 01

〈선세언독-01, 1668~1672년, 송준길(시할아버지) → 안정나씨(손자며느리)〉

판독문

아기네 오나늘[1] 유무 보고 아히 드리고 무스히 인는가 시브니 깃거ᄒ니 예는 미일 병환 둥
의 디내니 심심히 아므려나 됴히 잇소 이만 칠월 스므이튼날 조구

판독대비

번호	판독자료집	한국정신문화연구원 (2004 : 226)	한국학중앙연구원 편 (2009a : 51~52)
1	오나늘	–	오나늘

은진송씨 송준길가 『선세언독』 언간 02

〈선세언독-02, 1630년, 정경세(아버지) → 진주정씨(딸)〉

판독문

아긔게 긔셔
송 셰마집   〔수결〕

내여 보내고 그려ᄒᆞᄂᆞᆫ 얼굴을 싱각고 안잔노라 커와 쑬ᄌᆞᅌᆞᆨ은 부모를 멀리 잇게 삼겨시니
엇디ᄒᆞ료 네 어마님은 편히 와 이시니 깃브고 나는 졈졈 흐려 가니 분별 마라 졍일이는[1] 할
마님 ᄠᅥ나기를 셜워ᄒᆞ더라 ᄒᆞ니 더 어엿브다 원대란 ᄀᆞᆯ왜디 마오 글 비호라 닐러라 요요ᄒᆞ
야[2] 대강만 뎍노라 오월 망일 부

판독대비

번호	판독자료집	한국정신문화연구원 (2004 : 226)	한국학중앙연구원 편 (2009a : 55~56)
1	졍일이는	졍일이도	졍일이도
2	요요ᄒᆞ야	요ᄒᆞ야	요ᄒᆞ야

은진송씨 송준길가 『선세언독』 언간 03

〈선세언독-03, 1633년, 진성이씨(장모) → 송준길(사위)〉

판독문

> 답장샹
>
> 송 교관긔

요소이[1] 더위예 긔운 엇디 겨신고 분별 ᄀ이업더니 ᄯᅩ 사롬 오나눌 유무 보옵고 년ᄒᆞ여 긔
운 그만ᄒᆞ여 겨시니 그지업시 깃거ᄒᆞ며 보온 ᄃᆞᆺ 반기니 송 셩원딕 병환은 ᄒᆞᆫ가지로 둥ᄒᆞ시
다 ᄒᆞ니 위연 민망ᄒᆞ실가[2] 우리도 뫼옵고 ᄒᆞᆫ가지로 무ᄉᆞ히 디내니 만호의 병은 머즌 후에
년ᄒᆞ여 다시 ᄒᆞ디 아냐 니러 ᄃᆞᆫ니고 음식은 원시 그치디 아냐 먹ᄂᆞ다 ᄒᆞ니 죽든 과글리 아
닐가[3] 시프니 블힝 듕의도 다힝히 너기니 그런 도슬ᄒᆞᆫ 병이[4] 어디 이실고 약지 의원의 업서
몯 사 간다 ᄒᆞ니 민망ᄒᆞ실쇠[5] ᄂᆞ미 병 근심도 ᄒᆞ시려니와 셰맛 병 근원을[6] 업게 약을 힘뼈
ᄒᆞ쇼셔 미양 근심ᄒᆞ니이다 □□ 판관은 뉴월[7] 열닐웬날 상ᄉᆞ 나다 ᄒᆞ니 뎌런 이리 어디 이
실고 칠십 노친으로 더욱 블샹ᄒᆞ이다 아ᄆᆞ려나[8] 긔운 셔눌커든 오샤믈 ᄇᆞ라니 대강만 뉴월
넘ᄉᆞ일 댱모 니

판독대비

번호	판독자료집	한국정신문화연구원 (2004 : 226)	한국학중앙연구원 편 (2009a : 59~61)
1	요소이	요사이	-
2	민망ᄒᆞ실가	-	민망ᄒᆞ신가
3	죽든 과글리 아닐가	-	숙돈과 금티 아닌가
4	그런 도슬ᄒᆞᆫ 병이	그런 도 슬ᄒᆞᆫ 병이	-
5	민망ᄒᆞ실쇠	-	민망ᄒᆞ실시
6	근원을	근원은	근원은
7	뉴월	유월	유월
8	아ᄆᆞ려나	아ᄆᆞ려나	아ᄆᆞ려나

은진송씨 송준길가 『선세언독』 언간 04

〈선세언독-04, 1633년, 진성이씨(어머니) → 진주정씨(딸)〉

판독문

아기 답
송 교관집
봉

다시곰 므슴 말이 이시리 초상은 무스히[1] 츠리옵고 모딘 목숨둘은 나마 이셔 망극히 셜워훈 둘 쇽졀 이시랴 초엿쳇날 병 어드시며 뎡 진스 뉴 합쳔[2] 와셔 내죵내 상스 극진진히[3] 츠리시고 니 참의네나 근쳐의 얼우신네[4] 아니 오니[5] 업시 미리 와셔 보오시고 상스 나니 일롤[6] 츠리시니 아모 일도 미진훈 이리 업시 츠리오니 멀 잇던 사롬이[7] 다 와 겨시고 져믄이나 아니 오니 업스니 상스는[8] 극진히 츠리와다마는 상쥬 업고 이거시 어려시니 글로 망극망극훈 셜운 일을 어이 다 스리 아마 병을 하 셜워 글로 와롤 호셔[9] 비쳐 긔졀호시니[10] 더욱 투는 듯[11] 셜워호노라 날란 근심 마라 내 몸이 사라셔 이거시나 길러 댱개나 드리고 주그려 뎡호 여시니 음식이나 강잉둘[12] 먹고 인노라 뉴 합쳔[13] 집의 혼인을 뎡호여시며 이리 되니 패역 을 아니호실 거시니 믿고 잇다 쟝신 팔월 스믈닷쳇날이 되리라 혼다 졍신이 어득호니 잠간 갓가스로 스노라[14] 교관이 호마[15] 어니 쁴 느려오실고 몸이나 병 업시 오샤몰 브라노라 동 일 모

판독대비

번호	판독자료집	한국정신문화연구원 (2004 : 226~227)	한국학중앙연구원 편 (2009a : 64~68)
1	무스히	–	므스히
2	뉴 합천	뉴합쳔 □□〔쎄〕	뉴합쳔 쎄
3	극진진히	–	극진 극진히
4	얼우신네	얼우신네□(며)〔나〕	얼우신네나
5	오니	오리	
6	일롤	일□(둘)□(을)롤	일둘롤
7	사룸이	–	사람이
8	샹스눈	샹스도	–
9	호셔	호셔□	–
10	긔졀ᄒ시니	긔뎐ᄒ시니	긔뎐ᄒ시니
11	틱눈 듯	틱는 듯	
12	강잉돌	강잉들	강잉든
13	뉴 합쳔	□ 뉴합쳔	
14	스노라	오노라	오노라
15	ᄒ마	□(ᄒ)□(마)	–

은진송씨 송준길가 『선세언독』 언간 05

〈선세언독-05, 1633년, 진성이씨(어머니) → 진주정씨(딸)〉

판독문

> 아기 답셔
> 회덕

오늘 삭계를¹ 디내옵고 더옥 망극고 셜워ᄒᆞ노라 마치 ᄒᆞᆫ 보롬이 디나되 달른 거슬 몯 보니 쇽졀이 업서² 이미히³ 망극ᄒᆞ여 ᄒᆞ노라. 셰마도 오신다 ᄒᆞ고 유무를 보니 더옥 셜워 오노라 긔운이 하 약ᄒᆞ시니 엇디 오시ᄂᆞᆫ고 근심ᄒᆞ노라 초상이 디나시니 긔운이 돈돈ᄒᆞ여 오시게 ᄒᆞ여라 동궁뎐의겨오셔 약지ᄒᆞ고 반찬을 ᄂᆞ리오셔 와시니 겨신 적의 이룰 받ᄌᆞ오신 적이⁴ 미양 우르시던 일을 ᄎᆞ마 ᄉᆡᆼ각 몯 ᄒᆞ여 받ᄌᆞ와 우리ᄲᅮᆫ ᄐᆞᆫ 듯 망극망극ᄒᆞ여라 장ᄉᆞ일돌도 감ᄉᆞ 드르셔 다 뎡ᄒᆞ여 출인다⁵ ᄒᆞᆫ다 나는 너희 산 ᄌᆞ식돌을 보와 다하 살려 ᄒᆞ니 아니 사라 나랴마는 시병 젹브터 하 샹ᄒᆞ여 몸의 술히 업서시니 이리코 오래 어이 견디리 시프거니와 긔운이⁶ 돈돈ᄒᆞ니 아니 사라나랴 희산이나 무ᄉᆞ히 ᄒᆞ고 오게 되면 죽ᄒᆞ랴 망극 아득ᄒᆞ여 슬 말도 몯 ᄉᆞ노라 초일일 어미

판독대비

번호	판독자료집	한국정신문화연구원 (2004 : 227)	한국학중앙연구원 편 (2009a : 71~74)
1	삭계를	–	삭계를
2	쇽졀이 업서	–	쇽졀 업서
3	이미히	ᄒᆞᆫ이 미히	–
4	적이	적의	적의
5	출인다	□(인)출인다	–
6	긔운이	□(약) 긔운이	–

은진송씨 송준길가 『선세언독』 언간 06

〈선세언독-06, 1633년, 송준길(남편) → 진주정씨(아내)〉

판독문

답샹	
송 교관집 힝츠	〔수결〕

느즈니 든녀오나늘 유무 보고 깃거ᄒᆞ디[1] 셕대 병이 ᄯᅩ 란는가 시프니 갓던 롬더려 무르니
하 금즈기 니르니 어내 롤라와 ᄒᆞ니 요ᄉᆞ이는 엇던고 ᄒᆞᆫ 양으로 그러ᄒᆞ면 더우나 마나 내
가 볼 거시니 사ᄅᆞᆷ ᄯᅩ 보내니 음식도 일졀 몯 먹는가 ᄌᆞ세 긔별ᄒᆞ소 겨집죵은 원실 보내랴
ᄒᆞ엿더니 쟈근개는 보내고져 ᄒᆞ디[2] 희보기 브듸 두어지라 홀ᄉᆡ 란금이를[3] 보내뇌[4] 아ᄒᆡ 드
려올 제 ᄒᆞ나ᄒᆞ랑 도로 보내소 나는 됴히 디내니 렴려 마소 아므려도 자내 하 패ᄒᆞ엿던 거
시니 그리 편히 디내디 몯ᄒᆞ면[5] ᄀᆞ장 샹홀 거시니 ᄆᆞ음을 둔둔이 먹고 뎡ᄒᆞ여 병나디 아니
케 ᄒᆞ소 일개 각각 이시니 민망커니와 이 두어 둘이 언머 디나며 볼셔 그리되연는 거슬 어
이홀고 분별 말고 디내소 온 거슨 ᄌᆞ세 밧니 가는 것도 츠려 밧소 하 총망ᄒᆞ여 아므 ᄃᆡ도
편지 아니 ᄒᆞ니 이만 칠월 초팔 명보

판독대비

번호	판독자료집	한국정신문화연구원 (2004 : 227~228)	한국학중앙연구원 편 (2009a : 78~81)
1	깃거ᄒᆞ디	-	깃거 ᄒᆞ디
2	ᄒᆞ디	-	ᄒᆞ디
3	란금이를	-	란금이롤
4	보내뇌	-	보내니
5	몯ᄒᆞ면	못ᄒᆞ면	-

은진송씨 송준길가 『선세언독』 언간 07

〈선세언독—07, 1641~1671년, 송준길(시할아버지) → 안정나씨(손자며느리)〉

판독문

손부손디 송 셔방집 젼의	〔수결〕

그리 병을 싯고 먼 길홀[1] 가더니 간 후는 엇던 쟉인고 일시도 몯 니저 ᄒᆞ뇌 아므려나 잘 됴
리ᄒᆞ야 수이 ᄒᆞ리소 디펭게는 하 밧바 유무 몯 미처 ᄒᆞᆸ뇌 숣소 이만 랍월 초ᄉᆞ 조구

판독대비

번호	판독자료집	한국정신문화연구원 (2004 : 228)	한국학중앙연구원 편 (2009a : 83~84)
1	길홀	–	길을

은진송씨 송준길가 『선세언독』 언간 08

〈선세언독-08, 1642~1672년, 송준길(시할아버지) → 미상(손자며느리)〉

판독문

간 후 긔별 일졀 몯 드르니 분별 ㄱ이업시[1] ᄒ니 예는 하현이 그적긔브터 쏘 알ᄒ니 아ᄆ란
줄 몰라 민망ᄒ여 디내뇌 나ᄂ 됴히 인뇌 디나가ᄂ 살룸에 잠깐 뎍뇌 유월 십이일 읍호뎡셔[2]

판독대비

번호	판독자료집	한국정신문화연구원 (2004 : 228)	한국학중앙연구원 편 (2009a : 86~87)
1	ㄱ이업시	ㄱ이 업시	ㄱ이업서
2	읍호뎡셔	읍호뎡 셔	읍호뎡 셔

은진송씨 송준길가 『선세언독』 언간 09

〈선세언독-09, 1648~1652년*, 초계정씨(시할머니) → 은진송씨(손자며느리)**〉

판독문

> □셩집 답

요수이 엇디 이시며 안동 집 박 셔방 집 떠나 와 쏘 네 삼촌 집의 갓다가 막금이 집□[1] 왓다 흐니 어디 노동이조차 혼가지로 뎡기는냐 므스 일 그리[2] 뎡기게 흐리 셜마 그 즈셕조차 삼기디 아니랴 혼 고대 둘 거시오 어미 김을 뾔예야 둗느니라 져즐 메오디 말고 드려거라 너희로[3] 더옥 수이 가고져 흐되 므옴으로 못흐고 흘리 밧바라 도눙이[4] 와 뎡□ 가고[5] 스븡이 와시니 저는 어듸 가고 아니 오며 아무 오다 내 므옴의 날 샹흐여 지극흐던 일이야 저 거투니를 다시 어듸 볼 셩 업고 어느 수이 병 어든 둘을 만난고 챵즈지이 근는 둧[6] 셜워라 모딘 목숨이 사라셔 쏘 이날 만나 더옥 간댱이 뻐러디는 둧흐여라 네나 병 업서 즈셕들이나 길우면[7] 죡흐랴 그만 ㅂ되 젼일 뉘오치□는[8] 즈셕들 혼 닙셩도 보비 죡흐노라 흐니 명디 긋도[9] 붕이는[10] □브라[11]

---

* 한국학중앙연구원 편(2009a)에서는 발신자를 송준길의 처 진주정씨로 보고, 수신자를 며느리로 보았기 때문에 며느리 배천조씨가 첫 아이를 낳은 1640년부터 발신자인 진주정씨가 죽은 1655년 사이에 작성된 편지로 추정하였다. 그러나 이 판독자료집에서는 나만갑의 처 초계정씨가 손자며느리인 은진송씨에게 보낸 것으로 추정했기 때문에 초계정씨의 손자인 나명좌가 송준길의 딸인 은진송씨와 혼인한 1648년 1월부터 초계정씨가 죽은 것이 1652년 사이에 작성된 편지로 추정하였다.

** 한국학중앙연구원 편(2009a)에서는 송준길의 처 진주정씨가 며느리에게 보낸 편지로 추정하였다. 그러나 이 판독자료집에서는 편지 상단에 부기된 '구포 빈 뎡부인'이라는 성첩자의 부기를 고려하여 이 편지의 발신자는 구포 나만갑(羅萬甲, 1592~1642)의 부인인 초계정씨(1590~1652)이고, 수신자는 나명좌(羅明佐, 1634~1651)의 부인인 은진송씨로 추정하였다.

판독대비

번호	판독자료집	한국정신문화연구원 (2004 : 228~229)	한국학중앙연구원 편 (2009a : 90~92)
1	막금이 집□	막금이 집□(의)	막금이 집의
2	그리	그 디	-
3	너희로	너희로	너희로
4	밧바라 도눙이	밧바 가도 눙이	-
5	딩□ 가고	딩□(겨) 가고	딩겨 가고
6	둣	-	듯
7	길우면	길으면	길으면
8	뉘오치□는	뉘오치□(인)는	뉘오치는
9	굿도	금도	금도
10	붕이는	붕이는	붕이는
11	□브라	□□브나	□□브나

은진송씨 송준길가 『선세언독』 언간 10

〈선세언독-10, 1662~1664년*, 배천조씨(어머니) → 미상(아들)〉

판독문

유무 보고 깃거ᄒ노라 예도 계유 디내노라[1] 싱일은 게 가 디내랴[2] ᄒ시니 너는 오기 쉽댜닐가[3] 섭섭ᄒ다 득싱의 명디는 자도 마은 자도 못ᄒ고 열워 공ᄒ니로 주어도 쁠 ᄃᆡ 업스니 도로 보내니 니르고 주어라 하현이[4] 몽뇽의게 가는 비ᄌᆞᄒ고 항의 것ᄒ고[5] 준가 면화는 밧는가 무러 보와라 네 칙 힝담은[6] ᄒ여 와시니 보내랴[7] 밧바 이만 밤은 바다 쓰려 깃거ᄒ노라 즉일 니산셔[8]

판독대비

번호	판독자료집	한국정신문화연구원 (2004 : 228~229)	한국학중앙연구원 편 (2009a : 95~96)
1	디내노라	디니노라	-
2	디내랴	디니랴	-
3	쉽댜닐가	-	쉽댜 닐가
4	하현이	-	하편이
5	항의 것ᄒ고	-	항의것ᄒ고
6	칙 힝담은	칙힝담은	-
7	보내랴	-	보니랴
8	니산셔	니산 셔	니산 셔

---

* 한국학중앙연구원 편(2009a)에서는 1640년에서 1683년 사이에 작성된 편지로 추정하였다. 그러나 이 판독자료집에 서는 '니산셔'라는 발신자 표시에 주목하여 송광식이 이산현감을 하고 있을 때인 1662년에서 1664년 사이에 작성된 편지로 추정하였다.

은진송씨 송준길가『선세언독』언간 11

〈선세언독-11, 1640~1682년*, 배천조씨(어머니) ➡ 미상(아들)〉

판독문

돌여갓던 하인 오나늘[1] 유무 보고 깃거ᄒᆞ노라 장ᄉᆞ는 무ᄉᆞ히 디낸가 념녀ᄒᆞ며 새로이 망극
ᄒᆞ여 디내노라[2] 예는 계유 디내노라 내 귀먹은 거시 하 민망ᄒᆞ니 셩 ᄉᆞ과를[3] 브듸[4] 보와 명
약 ᄒᆞ여 보내여라 귀예셔 듀야를[5] 온갓 잡솔의를 ᄒᆞ니 말도 못 듯고 민망타 브듸 ᄌᆞ시 무러
보와라 유승이ᄂᆞᆫ 엿ᄌᆞ와 보내마[6] 밧바 이만 먹덕쫄 종묘쫄 브듸 둘히[7] 가 뵈와라 구월 초뉵
일 모

판독대비

번호	판독자료집	한국정신문화연구원 (2004 : 229)	한국학중앙연구원 편 (2009a : 99)
1	오나늘	–	오나눌
2	디내노라	디닌노라	–
3	셩 ᄉᆞ과를	–	셩ᄉᆞ과를
4	브듸	브듸	–
5	듀야를	–	주야를
6	보내마	–	보닌마
7	둘히	두ᄅᆞ히	두ᄅᆞ히

....
* 한국학중앙연구원 편(2009a)에 따름. 그러나 이 편지 중에 나오는 '장ᄉᆞ'를 송병문(1640.8.28~1682.8.2)의 장사(葬事)
로 볼 경우 1682년 9월 6일에 어머니 배천조씨가 아들 송요화에게 보낸 편지로 추정할 수도 있다.

은진송씨 송준길가 『선세언독』 언간 12

〈선세언독-12, 1662~1664년*, 배천조씨(어머니) → 미상(아들)〉

판독문

어제 어이 간고 넘녀ᄒ며 덧업시 ᄃ녀가니 섭섭ᄒ여 닛디 못ᄒ노라 하익은 전의 알턴 증이
면 오늘이 출예니 민망코 네 가니 섭섭ᄒ여 ᄒ다 옥쳔 유무 아니 보내엿거든 이 유무 ᄒ 번
의 보내여라 볼셔 뎐ᄒ엿거든 가는 사ᄅᆷ의 일티 말고 보내여라[1] 후쵸 엿ᄌ와 두오니[2] 보내
여라 즉일 니산셔[3]

판독대비

번호	판독자료집	한국정신문화연구원 (2004 : 229)	한국학중앙연구원 편 (2009a : 101~102)
1	보내여라	보ᄂᆡ여라	–
2	두오니	주오니	–
3	니산셔	–	니산 셔

* 한국학중앙연구원 편(2009a)에서는 1640년에서 1683년 사이에 작성된 편지로 추정하였다. 그러나 이 판독자료집에
서는 '니산셔'라는 발신자 표시에 주목하여 송광식이 이산현감을 하고 있을 때인 1662년에서 1664년 사이에 작성
된 편지로 추정하였다.

은진송씨 송준길가 『선세언독』 언간 13

〈선세언독-13, 1661~1697년, 안동권씨(장모) → 송병하(사위)〉

판독문

답샹 법쳔동	근봉

쏘 송션달 뎐ᄒ여ᄂᆞᆯ 글시 보옵고 반갑ᄉᆞ기 ᄀᆞ이 업ᄉᆞᆸ고 뫼옵셔 평안ᄒ시니 그지 업ᄉᆞ오며 든든ᄒ오이다 우리도 계유 디내오며 튱걸은 올ᄒᆡ 죵시히 못 ᄎᆞᆺ게 되니 통분ᄒ기ᄅᆞᆯ 다 못 뎍ᄋᆞ며 샹쥐 목싀[1] 민 판셔 ᄉᆞ촌이라 ᄒᆞ니 응당 ᄎᆞ줄가[2] ᄒᆞ더니 못ᄒ게 되니 그 ᄌᆞ 이신 적 못 ᄎᆞᄌᆞᆫ 줄이 더옥 애ᄃᆞᆯ와 ᄒᆞᆸ 통분은 ᄒᆞ거니와 셜워 ᄀᆞ을로 ᄎᆞ자[3] 보게 ᄒᆞ엿ᄉᆞᆸ ᄃᆞ릭니 회인 뎍 죵 츌닙이 긔남이과[4] ᄉᆞ촌이러니 그놈의 삼형뎨 다ᄃᆞ라 잇더니 튱걸이네 다 ᄒᆞ더 간다 말이 이시ᄃᆡ 아ᄆᆞ ᄯᅡ히 갓ᄂᆞᆫ 줄은 아직 몰랏ᄉᆞᄂᆡ 홀 말 만ᄉᆞ오ᄃᆡ 즉시 답장 맛ᄐᆞ니 어드워 계유 뎍ᄉᆞᆸ 원월 보롬날[5] 쳐모

판독대비

번호	판독자료집	한국정신문화연구원 (2004 : 229)	한국학중앙연구원 편 (2009a : 105~106)
1	목싀	문싀	문싀
2	ᄎᆞ줄가	ᄎᆞᄌᆞᆫ가	–
3	ᄎᆞ자	□(ᄒ)ᄎᆞ자	–
4	긔남이과	긔암이과	긔얌이과
5	보롬날	–	보름날

은진송씨 송준길가 『선세언독』 언간 14

〈선세언독-14, 1678~1697년*, 안동권씨(장모) → 송병하(사위)〉

판독문

> 나으리 젼 샹샹
>
> 근봉

관인 둔녀올 적 뎌그시니 보읍고 반갑습기 ᄀᆞ이업ᄉᆞ오나 병환은 날곳[1] 션션ᄒᆞ면 나을가 ᄇᆞ라더니 가감이 업다 ᄒᆞ니 곱곱 민망ᄒᆞ기 업다 덕소올고 제 편지예 노니롤 둥히 알키로 나앗던 거슬 긔운이 훌텬노라 ᄒᆞ여시되 밧 편지과 아기내 편지예 노니 알타 말을 아녀시니 아모란 줄 모ᄅᆞ고 이 사ᄅᆞᆷ이 오되 내게 니외예셔 편지 아녀시니 더욱 고이ᄒᆞ고 넘녀 아ᄆᆞ라타[2] 업ᄉᆞ오며 집은 쏘 올마가 겨시다 ᄒᆞ니 더욱 시의ᄒᆞ고 민망ᄒᆞ신 일이 만흐실 거시니[3] 온갖 넘녀만 홀 ᄲᅮᆫ이읍고 졀박ᄒᆞᆫ 고들 돕들 못ᄒᆞ니 홀 일 업ᄉᆞ외 대경 안해도 학질을 오래 알ᄒᆞ면 오죽ᄒᆞ오랴 우환도 하 만ᄒᆞ니 고이ᄒᆞ외 이 사ᄅᆞᆷ이 갈 길히 셔셔 지쵹ᄒᆞ니 홀 말 다 못 덕ᄉᆞᆸ 아ᄆᆞ러나 병환이 나은 긔별 듯기 ᄇᆞ라읍 피지나 쓰기 세 권 쓰고 네 권 나마시니 ᄎᆞ자 보내읍ᄂᆡ 무궁ᄒᆞ되 심난ᄒᆞ여 이만 덕ᄉᆞᆸᄂᆡ 춤빗 ᄒᆞ나 홍경이 주읍소 팔월 넘칠일 쳐모

판독대비

번호	판독자료집	한국정신문화연구원 (2004 : 229~230)	한국학중앙연구원 편 (2009a : 109~111)
1	날곳	일곳	일곳
2	아ᄆᆞ라타*	아모라타	아므라타
3	일이 만흐실 거시니	일이만 ᄒᆞ실 거시니	–

---

* 한국학중앙연구원 편(2009a)에서는 송병하와 안정나씨가 혼인한 시기, 송병하의 생몰년, 발신일을 고려하여 1660~1696년 사이에 쓴 편지로 추정하였다. 그러나 '대경 안해'라는 표현으로 보아 송요경이 풍산홍씨와 이미 혼인을 한 이후에 작성된 편지임을 짐작할 수 있다. 송요경과 풍산홍씨의 정확한 혼인 날짜는 알 수 없으나 두 사람이 각각 1668년과 1666년에 태어났음을 감안할 때 적어도 1678년 이후에 작성된 편지임을 알 수 있다.

은진송씨 송준길가 『선세언독』 언간 15

〈선세언독-15, 1660~1696년, 송병하(사위) → 안동권씨(장모)〉

판독문

> 외고님 전 샹셔

하셔 밧즈와 보옵고 여러 수연 슈고로이 덕어 겨옵시니 감격ᄒᆞ오며 싀훤ᄒᆞ옵기 측냥업ᄉᆞᆸ고 이후는 큰 ᄆᆞᄃᆡ를[1] 다 디내엿ᄉᆞᆸ고 도로혀 과도히 ᄉᆞ랑들을 ᄒᆞᄂᆞᆫ가 시브오니 좀이 편ᄒᆞ와 병이 업ᄉᆞ온 ᄃᆞᆺᄒᆞ오며[2] 저를 경계ᄒᆞ와 브듸 조심ᄒᆞ여 극진이 시봉ᄒᆞ여 디내오라 ᄒᆞ올 밧근 다른 도리 업ᄉᆞ오니 쟝모겨오셔도 미양 제 언ᄉᆞ[3] 쥬변 잘 ᄒᆞ□[4] 일노 괴걸ᄒᆞ옵쇼셔 이 ᄌᆞ식으로 ᄒᆞ와 두로 감격ᄒᆞ온 일이 ᄀᆞ득ᄒᆞ엿ᄉᆞ오나 아직 졍표도 못ᄒᆞ오니 미육ᄒᆞᆫ 사름 ᄀᆞᆺᄌᆞ와 답답ᄒᆞ오이다 머리 언즈온 모양을 ᄒᆞ마 보와 겨옵실 거시오니 엇더ᄒᆞ니잇가 모로와 답답ᄒᆞ오며 안질과 열ᄒᆞᆫ 거시 ᄒᆞᆫ 증이오니 월경을 먹으라 ᄒᆞ옵쇼셔[5] 약간 소옴을 졔싱동 죵 가올시[6] 몬져 보내오며 츄후ᄒᆞ여 죵을 ᄯᅩ 보내옵고져 ᄒᆞ오되 시방 막 다ᄉᆞᄒᆞ오니[7] 글노 민망ᄒᆞ오이다 맛춤 대단치 아니ᄒᆞ오나 감한톄로 압프와 계요 초초히 뎍ᄉᆞᆸ 졔동셔ᄂᆞᆫ[8] 너모 담박ᄒᆞ여들니로ᄇᆞᆫ 품이오니[9] 허믈도[10] 아니ᄒᆞ옵ᄂᆞ이다 시월 십삼일 ᄉᆡᆼ 송병하

판독대비

번호	판독자료집	한국정신문화연구원 (2004 : 230)	한국학중앙연구원 편 (2009a : 115~117)
1	ᄆ듸를	ᄆ듸롤	–
2	둧ᄒ오며	–	둧ᄒ오며
3	언ᄉ	인ᄉ	–
4	ᄒ□	ᄒ□(실)	ᄒ는
5	ᄒ옵쇼셔	ᄒ옵쇼셔	–
6	가올시	가올 시	–
7	다ᄉᄒ오니	다ᄉ하오니	–
8	졔동셔는	졔 동셔는	–
9	담박ᄒ여들 니로븐 품이오니	담박ᄒ여 들니□(리) 본품이오니	담박하여 들니□ 본품이오니
10	허믈도	–	허믈도

은진송씨 송준길가『선세언독』언간 16

〈선세언독-16, 1669~1697년*, 송병하(남편) → 안정나씨(아내)〉

판독문

> 니셔

년호여 편지호더니 보시온가 치거는 호마 드러갓는가 몰나[1] 호옵니 우리는 계요 디내나 장일은 점점 다드라 오시고 온갓 거시 다 서어호니 민망호외 집일은[2] 어이호연고 몰나 극히 답답호외 법쳔동은 몬졔 왓던 디관들히 극히 기리며 박 싱원셔는 뎌런 됴흔 디를[3] 두고 다른가 싱각호니 어이 그리 복을 되쟉이옵는고 부영은 답답이 부홀 싸히니 왕니를[4] 호고 응당이 발복홀 싸희[5] 이시라 호고 열 번이라 니르옵니[6] 이러나뎌러나 느려오랴 호니 언졔 모들고 호옵니 요스이는 어이 먹고 디내는고 막닙은 브듸 누록을[7] 호여 오라 호더라 호고 가져가니 드러가던 날이라도 못 먹을가 괴탄호옵니 밧바 대경의게 편지 못 호옵니 삼월 이십삼일

판독대비

번호	판독자료집	한국정신문화연구원 (2004 : 230~231)	한국학중앙연구원 편 (2009a : 120~122)
1	몰나	-	몰라
2	집일은	잡일은	잡일은
3	디를	-	디롤
4	왕니를	왕니롤	-
5	싸희	싸히	쓰히
6	니르옵니	-	니룹옵니
7	누록을	누□(록)을	누룩을

....

* 한국학중앙연구원 편(2009a)에서는 송병하와 안정나씨가 혼인한 1660년에서 송병하가 죽은 1697년 사이에 작성된 편지로 추정하였다. 그런데 편지 중에 송요경의 아명으로 추정되는 '대경'이 나오는 것으로 보아 송요경이 태어난 1668년 5월 이후에 작성된 편지로 볼 수 있다. 이 편지의 발신일이 3월 23일이므로 1669년부터 1697년 사이에 작성된 편지로 추정하였다.

은진송씨 송준길가 『선세언독』 언간 17

〈선세언독-17, 1668~1696년*, 송병하(남편) → 안정나씨(아내)〉

판독문

寄內
〔수결〕

그 이 아희들 드리고 평안 시온가 닛디 못 올쇠 날은 점점 치워 오니 길흘 어이 올고 념
녀 미리 아므라타 업 외 인마 엇기 하 어려이 되여시니 아므리 홀 줄 모르니¹ 형셰 대되
흠쓰 는 못 올가 시브니 엇 대로 다시 샹통 여 옵새 미리 죵이나 올녀 보내고져 거거
와 언제로 게셔 떠나게 인마를 보낼고 이번 귀영이 오 듸 즈셰 닛디 말고 회보 옵소 목
화 십오 근을 어더 아조 티이여 보내니 즈부 더러 주옵소 올 목화 이업 외 구월 십구
일 비짐은 라 사름을² 보내여시나 볼셔 비가 다 가고 업다 니 긔필치 못 올쇠 올흔 온
갓 실과가 다 귀 여 이리 온 후 침시 흔 번을 어더먹디 못 니 도로혀 게 이실 적³ 싱각
옵 빅미 십뉵 두 목화 서근 반 콩 두 말 풋 두 말 귀영을 이 믈 고 느리와 보내되 아므
거시나 션짐 여 보내옵소

판독대비

번호	판독자료집	한국정신문화연구원 (2004 : 231)	한국학중앙연구원 편 (2009a : 125~127)
1	모르니	모로니	–
2	사름을	–	스롬을
3	게 이실 적	게 이실 적 □	–

---

* 한국학중앙연구원 편(2009a)에서는 송병하와 안정나씨가 혼인한 시기, 송병하의 생몰년, 발신일을 고려하여 1660~
1696년 사이에 쓴 편지로 추정하였다. 그러나 '그 이 아희들 드리고'라는 표현을 통해 적어도 아이가 둘은 있었
음을 짐작할 수 있으므로 맏딸과 송요경은 태어난 이후에 작성된 편지로 볼 수 있다. 그러므로 송요경이 태어난
1668년부터 송병하가 죽기 전 해인 1696년 사이에 작성된 편지로 추정하였다.

⟨선세언독-18, 1687~1696년*, 송병하(남편) ➔ 안정나씨(아내)⟩

판독문

브듸 벼례예 긔별홀 일 밧긔 네스 셔찰과 반찬 붓치나 보내기는 출아리 쏠의게로 덕고 아므
거시나 보내면 지시예 드려 보고 눈화나 쓰게 ᄒᄂ 일이디 므슴 호의예 일과 노호온 일이
이실 거라 수연 보니 천만 싱각 밧기올쇠 밥낫 셔찰 슈작과 친구 걸태로 실노 못 견듸매 블
과[1] 반찬 굿치나 보내ᄂᄂ듸 즉시 보도 못ᄒ고 막 보와야 답장을 즉시 못ᄒ노라 하인 머믈고
브져럽다 ᄒ고 아희들의게로 쉬 올 대로[2] ᄒ노라 ᄒ 일이디 므슴 뜻이 이시며 원간 그 답장
은 처엄 수연 올홀 뿐이 아녀 혼이란 거시 하 듕난ᄒ고 이번이나 굴희야 ᄒ쟈 ᄒ여 긔별ᄒ
말이 믄득 올ᄒ매 니가의 결단ᄒ엿고 셔울 긔별ᄒ기는 맛춤 창동 슈모님 죵이 물 가지고 와
시매 그 도라가는 극진이게 수연대로 ᄒ엿거니와 셜스 그 집의 블쾌ᄒ여[3] ᄒᄂ들 엇디ᄒ올고
아므것도 아녀 됴집이 뎌리 즈로 알하 왼듸 넘녀를 이대도록 ᄒ게 ᄒ니 글노 침식이 편치
아니ᄒ외 그스이 가감이 엇더ᄒ고 더옥 닛디 못ᄒ며 민망민망ᄒ되 환자로 ᄒ여 결단ᄒ여
가기를 쉬 못ᄒ니 아므됴로나 이둘노 가라 ᄒ되 아희 어룬이 다 의복이 서어ᄒ니 이 극한에
갈 길히 업스니 아므리 홀 줄 모로고 슈토가[4] 녀산 갓갑기로 됴치 아니혼가 시브니 글노 더
옥 오래 잇기 어렵고 혼자 태향의 와셔 밤이면 새도록 어두온 듸 혼자 안자 새오며 새면 슬
흔 말과 친구 슈응으로 이리 졀박ᄒ여 ᄒ며 집의 잇는 ᄌ식들 그리고 실노 ᄌ미업스외 나는
익것 졍신 써 엇뎨 졍ᄒ고[5] 편지 미리 써 보내면 아희들 아므 적도 밧아 수대로 먹노라 수
연도 ᄌ셰 아니ᄒ니 답답ᄒ더니 이번은 얼운이 쓰고 먹고 깃거라 ᄒ여시니 내 ᄆᄋᆞᆷ이 도로
혀 깃브외 수연 덜고 무슐쥬는 내 예 이신 제ᄂ 결단ᄒ여 못 밋츨 형셰로디[6] 그스이 밋처
ᄀᄃ 못혼 젼의ᄂ 혹 하인라도 조심홀 ᄃᆺᄒ매 오늘[7] 빗치이더니 맛춤 홍농 죵 왓다가 갈시
간을 술마 댱즙의 녀허 보내니 곳쳐 쪄[8] 먹으려니와 어듸 가 미양 방문에 업손 샹인의 말이

---

* 한국학중앙연구원 편(2009a)에서는 송병하와 안정나씨가 혼인한 시기, 송병하의 생몰년, 발신일을 고려하여 1660~
1696년 사이에 쓴 편지로 추정하였다. 그런데 편지 중에 '됴집'이 등장하는 것으로 보아 송병하와 안정나씨의 딸
이 조준명(趙駿命, 1677~1732.4.28)에게 시집간 이후에 작성된 편지로 볼 수 있다. 조준명과 송병하의 딸이 혼인
한 해는 확실히 알 수 없으나 두 사람 모두 1677년에 태어났으므로 적어도 1687년 이후라고 볼 수 있다. 그러므
로 이 편지는 1687년부터 송병하가 죽기 전인 1696년 사이에 작성된 편지로 추정하였다.

라 ᄒᆞ면 곳이듯고 이리 ᄒᆞᆸᄂᆞᆫ고 맛춤 사ᄅᆞ미 갈시 보내거니와 개 간 위ᄒᆞ여 잇틀 길에 사
ᄅᆞᆷ 브리기 쉽ᄉᆞ온가 밧바 이만 뎍습ᄂᆞ니 지월 십구일 ᄌᆞ화

판독대비

번호	판독자료집	한국정신문화연구원 (2004 : 231~232)	한국학중앙연구원 편 (2009a : 132~137)
1	블과	-	불과
2	쉬 올 대로	-	쉬올 대로
3	블쾌ᄒᆞ여	-	불쾌ᄒᆞ여
4	슈토가	-	슈토
5	졍ᄒᆞ고	-	졍하고
6	형셰로디	형셰로듸	-
7	오ᄂᆞᆯ	-	오늘
8	ᄡᅧ	-	ᄶᅧ

은진송씨 송준길가『선세언독』언간 19

〈선세언독-19, 1668~1697년*, 송병하(남편) → 안정나씨(아내)〉

판독문

집안의 반찬이 일정 졀박홀 거시매 이거슬 어더 보내니 일ㅎ는 죵과 쥬의[1] 더러 주게 ㅎㅇ
소 게 안부를 몰나 하 답답ㅎ여 이놈을 보내니 ㅎㄹ만 묵여 즉시 보내ㅇ소 니비는 와시니
오라디 아녀 어른죵 갈 제 보내옴새 드르니 우죵이 후댱이[2] 다 녕ㅎ여 알터라 ㅎ니 힝혀 아
니 의심되던가 몰나 더욱 념녀롭고 일이 이셔도 홀이 열흘 마자 디내ㅇ니 어린놈은 졈졈 냑
아 가ㅇ는가 ㅈ셰 회보ㅎ고 병ㅇ는 ㅈ로 막히는 일이 업습는가 몰나 ㅎㅇ니 옷스로 ㅎ여 안
질이 더ㅎ는 둣[3] 시브니 힝혀 내엿거던 총감토 젹삼 속것ㅎ고 닛디 말고 보내ㅇ소 이놈 ㅎ
여 여러 것 보내기는 위퇴ㅎ오리 후쟝 봉의[4] 봄옷 ㅎ여 보내니 주라 ㅎㅇ소 염쳥어[5] 열 드
름 ㅁㄹ 쳥어 이십오 드름 근이 잘못 드럿다 ㅎㅇ니

판독대비

번호	판독자료집	한국정신문화연구원 (2004 : 232~233)	한국학중앙연구원 편 (2009a : 141~143)
1	죵과 쥬의	–	죵 과쥬의
2	우죵이 후댱이	우죵 이후 댱이	–
3	둣	–	둣
4	후쟝 봉의	후쟝봉의	후쟝봉의
5	염쳥어	염쳥어	–

* 한국학중앙연구원 편(2009a)에서는 송병하와 안정나씨가 혼인한 1660년에서 송병하가 죽은 1697년 사이에 작성된
편지로 추정하였다. 그런데 편지 중에 '어린놈은 졈졈 냑아 가ㅇ는가 ㅈ셰 회보ㅎ고 병ㅇ는 ㅈ로 막히는 일이 업
습는가 몰나 ㅎㅇ니'라는 표현을 참고하면, 당시 송병하와 안정나씨 사이에는 '어린놈'과 '병ㅇ', 두 명의 자식이
있었던 것 같다. '어린놈'은 송요경을 가리키고, '병ㅇ'는 송요경이 태어나기 전에 죽은 딸(송준길가-002번 편지에
송병하를 '경혜아븨'로 지칭했는데, 이때 '경혜'가 바로 맏딸의 이름으로 추정됨)을 가리키는 것으로 볼 수 있으므
로 송요경이 태어난 1668년에서 송병하가 죽은 1697년 사이에 작성된 편지로 추정하였다.

은진송씨 송준길가 『선세언독』 언간 20

〈선세언독-20, 1668~1736년, 안정나씨(어머니) → 송요경(아들)〉

판독문

> 홍쥐 손의게

회덕ㄱ장은 므스히 간 줄[1] 이리 댱둥 힝츠 쇼식 모르니 답답ᄒ여 ᄒ노라 어이 나ᄃ니ᄂ다 이곳도 그스이 튱쥐 병이 듕되다 느긋ᄒ리 미양 이러ᄒ니 어이 ᄆᆞ음이 편ᄒ리 홍쥐뎍 병도 유가무감훈가[2] 시브니 미양 드를 적마다 놀납고 굡굡다 몬졔 셔울다히[3] 쇼 둘히 이리만 아니 시졀의 사룸이 만히 의대ᄒᄂᆞᆫ가 시브다[4] 흉년도 녜스 흉년 아니나 미이 근심을[5] ᄒᄂᆞᆫ가 시브니 요기 일의[6] 브티 아라 ᄒ여라[7] 뫼쏙이ᄂᆞᆫ 회덕을 제 ᄆᆞ음대로 ᄂᆞ려가고져[8] ᄒ니 니[9] 닐오리 이 흉년의 츄슈나 그리 거ᄃ라 ᄒ니[10] 이만 졍 ᄃᆞ니ᄃᆞ[11] 아니코셔ᄂᆞᆫ 놀고 먹을 ᄠᅢ로[12] 말라 ᄒ고 닐넛건마ᄂᆞᆫ 어이ᄒᄂᆞᆫ디 몰나 ᄒ노라 김 셔방은 관의[13] 상ᄉᆞ롤 만난가[14] 시브니 경참ᄒ다[15] 이만 덕노라 팔월 념삼일 모

판독대비

번호	판독자료집	한국정신문화연구원 (2004 : 233)	한국학중앙연구원 편 (2009a : 146~147)
1	간 줄	가도	-
2	유가무감혼가	유다무감혼가	-
3	셔울다히	셔울다히	셔울다히
4	시브다	시브고	시브고
5	근심을	조심을	-
6	요기 일의	요기일의	요기일의
7	흐여라	흐□□	흐리라
8	느려가고져	잇게 가고져	오게 가고져
9	니	내	-
10	흐니	흐나	흐나
11	졍 디니디	평 거디디	평 걷디
12	쌔로	째로	째로
13	관이	관의	관의
14	만난가	만는가	만는가
15	경참흐다	경첨흐다	경첨흐다

은진송씨 송준길가 『선세언독』 언간 21

〈선세언독-21, 1708~1736년, 안정나씨(할머니) → 송익흠(손자)〉

판독문

> 인손이게 답

사롬 오나눌 유무 보고 뫼시고 됴히 잇고 네 어믜 병도 죠곰 낫다 ᄒ니 깃브다 예는 돌병환 근심이 녇텹ᄒ니[1] 미양 절박ᄒ 듕 경향이[2] 녁질이 피여[3] 셔울다히 므셔온 긔별을 하 드르니 듀야 도근도근ᄒ여[4] 녀녁 피우ᄂ[5] 미고 굿드시[6] 엄금ᄒ여 피ᄒᄂ 거시 올ᄒ리 녁질 이러ᄒ니 브디 어렴프시 말고[7] 어른만[8] 밋디 말고 너도 회일 양을 도와 잘 어더[9] 피ᄒ여 면녁을[10] ᄒ면 죽ᄒ랴 밋ᄒ 과거들도 보며 ᄒᄂ니 이제 네 나히 젹으냐 너롤 글 슬ᄒ여 ᄒ다 일이 유망ᄒ니 셜스 노폐 되는 줄[11] 므슴 ᄒᄂ 쟉시니 너ᄂ[12] 이리 싱각ᄒ나 뎌리 싱각ᄒ나 글을 눕이예셔 아니[13] 더 힘뻐 ᄒ염죽ᄒ랴[14] 보게 ᄒ니 니지 아들[15] 글이 어른이 되여시나 긔특싱 보내라[16] ᄒ다 언문[17] 글시도[18] 보니 이리 샹되이[19] 녀기되 알노라 네 ᄆ음을 져그나 닷가[20] 정히[21] ᄒ면 이러ᄒ랴 ᄒ 일노 빅스롤[22] 안다 ᄒ니 언문[23] 글실만졍 임젼ᄒ면[24] 네 훅문 힝실을 슈렴ᄒᄂ[25] 줄 알노라 네 부모의[26] 병이 다 심희라[27] ᄒ니 네 힘이 의약을 사[28] 고틸 도리가 업스면 네 글과 인믈을 눕이예셔[29] 디나니 갓거니[30] 죽ᄒ니 둥겨 열 산즈 열[31] 편육 조각 곳감 곳 보내니 하 도웅ᄒ고[32] 눈화 먹어라 납월 십뉵일 조모

판독대비

번호	판독자료집	한국정신문화연구원 (2004 : 233)	한국학중앙연구원 편 (2009a : 151~154)
1	년텹ᄒ니	년탐탐ᄒ니	년텹 ᄒ니
2	경향이	뎡향 이	뎡향이
3	피여	가셔	가셔
4	듀야 도근도근ᄒ여	듀야도 근근ᄒ여	듀야도 근근ᄒ여
5	피우는	-	피우는
6	굿ᄃ시	갓ᄃ시	겄ᄃ시
7	말고	멀고	-
8	어른만	어든 맛	어든 맛
9	어뎌	이리	이리
10	면녁을	만녁을	-
11	노폐 되는 줄	노폐 되이고	노폐되이고 □
12	너는	너는	너는
13	아니	어이	이리
14	ᄒ염족ᄒ랴	ᄒ리니 죡ᄒ랴	ᄒ면 죡ᄒ랴
15	아들	어드이나	어드이나
16	보내라	보너라	보너라
17	언문	익은	엇은
18	글시도	글실	글실
19	샹되이	샹되니	-
20	닷가	깃다	깃다
21	졍히	평히	평히
22	빅ᄉ롤	-	빅ᄉ돌
23	언문	노온	노온
24	글실만경 임젼ᄒ면	글실 만평임편ᄒ면	글실 만평 임편ᄒ면
25	슈렴ᄒ는	슈람홀	슈렴홀
26	부모의	보모의	-
27	다 심히라	다 심회라	다심히라
28	사	나	나
29	놈이예셔	놈이 내게	놈이 내게
30	갓거니	갓가이	갓가이
31	듕겨 열 산주 열	듕셔열 산주열	듕셔 열 산주 열
32	하 도응ᄒ고	하도응ᄒ고	하도 응ᄒ고

은진송씨 송준길가 『선세언독』 언간 22

〈선세언독-22, 1685년, 김성달(상전) → 順伊(노비)〉

판독문

奴 順伊

무태라 네 쫄 시향이를 아산 셔방님 브리쇼셔 ㅎ야시니 그리 알아 드려다가 드리게 ㅎ라 上
典 鎭安 乙丑 七月 六日

판독대비

번호	판독자료집	한국정신문화연구원 (2004 : 234)	한국학중앙연구원 편 (2009a : 157~158)

은진송씨 송준길가 『선세언독』 언간 23

〈선세언독-23, 1681~1689년, 연안이씨(어머니) → 안동김씨(딸)〉

판독문

아즈바님 힝츠 어제 드르셔눌[1] 네 글시 보고 반가와 밤의 블 혀 노코 다들 자라 가신 후의
혼자 다시다시 보며 하 반가오니 눈믈이 나고 새로이 섭섭 그리워 그이업다 우리도 므스히
눈 이셔 아즈바님 오시니 반갑기롤 그올ᄒ랴마ᄂ[2] 니집을 고죽고죽이 기두리다가 아니 오
니 섭섭 굿브믈 어이 측냥ᄒ리 새드록 울고 뎡티 못ᄒ야 ᄒ며 그 병환 하 듕타 ᄒ니 넘녜
더 그이업다 관쏠 사롬 가거눌 니집으로[3] ᄒ더 잠 뎌그더 졍신을 뎡티 못ᄒ야 겨유겨유 그
리며 아기내도 이십스일의 뎔의셔 ᄂ려왓다 가지가지 보낸 거슨 다 주시 밧고 아마도 하 졍
셩되고 곡진ᄒ니 에엿브기도[4] 심ᄒ더 네 슈고ᄒ고 이런 일 ᄒ기예 글로ᄒᄂ가 잔잉 못 니즈
니 브더 글로 마라 토시ᄂ[5] 너도[6] 기워 ᄭ고 이리 기워 보낸다 싀집의 졍셩이 어이 그리 곡
진ᄒ다 긔특ᄒ고 어엿브더 아마도 네 슈고ᄒ고 글로ᄒᄂ 일 민망ᄒ니[7] 브더 마라 바놀 본도
밧고 뵈 뉵 향[8] 다 바다 깃거ᄒ노라 됴히됴히 잇거라 다시 ᄒ마 지월 넘뉵일 모

판독대비

번호	판독자료집	한국정신문화연구원 (2004 : 234)	한국학중앙연구원 편 (2009a : 161~163)
1	어제 드르셔눌	어제로 ᄃ녀눌	어제로 ᄃ녀눌
2	그올ᄒ랴마ᄂ	그을ᄒ랴마ᄂ	그을ᄒ랴마ᄂ
3	니집으로	-	니지브로
4	에엿브기도	-	여엿브기도
5	토시ᄂ	토□[시]ᄂ	토슈ᄂ
6	너도	-	너ᄂ
7	민망ᄒ니	-	맛당ᄒ니
8	향	-	량

은진송씨 송준길가 『선세언독』 언간 24

〈선세언독-24, 1668~1736년, 송요경(아들) → 안정나씨(어머니)〉

판독문

이번 아자비 오읍는디 비록 하셔 밧ᄌ와 보읍디 못ᄒ오나 긔후 년ᄒ여 평안ᄒ오시니 깃ᄉ
와 ᄒ오며 낭쳥의 형뎨 왓습는가 시브오니 죽히 든든ᄒ오시랴 ᄒ오며 응당이 디뎝 못ᄒ여
심녀눌 쓰오실 거시니 어이 뎍ᄉ와 보내시려니 ᄒ읍ᄂ이다 ᄌ는 년ᄒ여 손은 와 싸히읍고
냥뎐 째오라 고을이 살난ᄒ여[1] 디내오 어디로 피ᄒ여 모돈고 시브오이다 심난ᄒ여 대강 알
외읍ᄂ이다 디월 넘칠일 ᄌ 요경 술이

판독대비

번호	판독자료집	한국정신문화연구원 (2004 : 234)	한국학중앙연구원 편 (2009a : 166~167)
1	살난ᄒ여	산언ᄒ여	산만하여

은진송씨 송준길가『선세언독』언간 25

〈선세언독-25, 1734~1741년, 은진송씨(누나) → 송요화(남동생)〉

판독문

| 청산 힝ᄎ 즉뎐
건동셔 | 근봉 |

길 간 후 날이 일양 ᄎ니 어이 가ᄂᆫ고 ᄆᆞᆷ이 알프더니[1] 편지 보고 그ᄉᆞ이ᄂᆞᆫ 무ᄉᆞ히 가ᄂᆫ 일 다힝다힝ᄒᆞ나 홀연 ᄶᅥ나보내고 내 심시 녜과 달나 ᄀᆞ이업ᄉᆞᆫ 듕 이삼 년 동거ᄒᆞ다가 ᄶᅥ난 일 일신이 혜혜ᄒᆞ고[2] 됴셕을 당ᄒᆞ나 밤을 당ᄒᆞ나 날이 가고 오도록 이 심ᄉᆞ를 지금 뎡티 못ᄒᆞ고 ᄆᆞ양 눕모ᄅᆞ게 눈믈이 흐르니 모드며 ᄶᅥ나기 녜ᄉᆞ오 됴히 ᄶᅥ나시니 도로혀 경ᄉᆞ로온 길희[3] 오히려 이러ᄒᆞ니 아조 유명을 격ᄒᆞᆫ 그ᄋᆞᆷ이 업ᄉᆞᆫ 니별의 어이 이만치나 견듸여 사ᄂᆞᆫ고 사ᄅᆞᆷ이 어히업시[4] 사ᄂᆞᆫ도다 시버 스스로 블샹히[5] 회덕 편지도 못 보니 답답ᄒᆞ고 고을 하인 버릇도 이샹히 휘향 아므리 두루 어더도 업ᄉᆞ니 일허시니 ᄀᆞ이ᄀᆞ이업ᄂᆡ 칙녁 두 ᄆᆞ이ᄽᆫ[6] 와시니 보내니 ᄶᅳ라[7] ᄒᆞᆫ 돈은 디복셔 이지져지ᄒᆞ고 아니ᄒᆞ여 준다 ᄒᆞ니 내 ᄆᆞᆷ이 자닌 져리 잇고 인심이 고이ᄒᆞ니 잘못ᄒᆞ여ᄂᆞᆫ 못 바들가 시븨 하 지쵹ᄒᆞ니[8] 계유계유[9] 뎍ᄂᆡ 지월 십이 일 져녁 동성

판독대비

번호	판독자료집	한국정신문화연구원 (2004 : 235)	한국학중앙연구원 편 (2009a : 170~173)
1	알프더니	알프더니	알프더니
2	혜혜ᄒᆞ고	-	해해ᄒᆞ고
3	길희	길히	길희
4	어히업시	어□(희)〔이〕 업시	어이 업시
5	블샹히	-	불샹히
6	ᄆᆞ이ᄽᆫ	ᄆᆞ이ᄽᆫ	ᄆᆞ이 ᄽᆫ
7	ᄶᅳ라	-	ᄽᅳ라
8	지쵹ᄒᆞ니	-	지쵹하니
9	계유계유	계유	계유

판독문

이 말 긔별ᄒ여 브졀업스나 하 쪽ᄒ니 ᄯ 하니 낸들 소ᄅᆞᆯ 내차 ᄒ고져 아니홀가마ᄂᆞᆫ[1] 한번 디낸 후 병이 이러나져러나 나니 글노 죽든 못ᄒ고 집사ᄅᆞᆷ들의 넘녀 안심티 아녀 내 ᄆᆞᆷ을 펴지[2] 못ᄒ여 ᄌᆞ식의 도리ᄅᆞᆯ 한 일 못ᄒ니 셟데마ᄂᆞᆫ 온갓 일을 싱각ᄒ노라 ᄒ니 어일가 시븐고 독ᄌᆞ독손을 두어 져리 위위ᄒ니 자ᄂᆡ 병이 드러 졈졈 더ᄒᄂᆞᆫ 지경 갈 제 내 몸이 지친 후 ᄌᆞ식 넘녀 도라 싱각홀가 시븐가 셩ᄒ여실 적 인손의 졍니ᄅᆞᆯ 도라 싱각ᄒ여 아니 올흔가 ᄌᆞ식이 효셩 업다 ᄒ고 어버이 그 지경 제 독신으로 ᄆᆞᆷ 쓰이기 엇더ᄒ며 김집 남득 심녀ᄅᆞᆯ 자ᄂᆡ 소ᄒ기로 더 쓰노라 ᄒ고 밤이 ᄌᆞᆷ을 못 자고 휘휘증도 나으래더니 아히 죠고마ᄒ다 ᄒ니 두 낫 ᄌᆞ식의[3] 애ᄅᆞᆯ 져리 쓰일 일이 무스 일이며 버거로 ᄂᆡᆯ넌들[4] 날인들 임의로 홀[5] 일조차 이리 넘녀ᄅᆞᆯ ᄒ일 일이 무스 일인고 샹인 노ᄅᆞᆺ 못ᄒ고 지통이 잇다 ᄒ고 내 부러[6] 그러훈 일이 아니오 샹시 ᄠᅳᆺ으로 싱각ᄒ온들 편ᄒ여 ᄒ오실가[7] 시븐가 삼더예 오딕 자ᄂᆡ ᄒ나ᄲᆞᆫ[8] 밋ᄂᆞᆫ디[9] 져리 슬드리 샹ᄒᆡ와 병이[10] 볼셔 나시니 인간의 가슴 알는 병ᄀᆞ티[11] 셜운 병이 어듸 이실고 인인로 홀 일조차 인손의 애ᄅᆞᆯ 져리 쓰이니 져런 일이 어듸 이시며 집안이 각식 가지로 어이 져러ᄒ고 싱각ᄒ니 내 죽지 못ᄒᄂᆞᆫ 줄만 슬드리슬드리 셜워ᄒ니 졍을 소 못 ᄒ고 펴지 못ᄒᄂᆞᆫ 줄 아ᄆᆞ만[12] 셜울ᄯᆫ들 집 형셰 싱각고[13] 자ᄂᆡ ᄌᆞ춰ᄒ여 병드러 계소도 못ᄒ면 그 셟기ᄂᆞᆫ 경둥 대쇠 엇덜넌고[14] ᄒ니 내 말인들 지셩의[15] 말을 그리 아니 드ᄅᆞ니 동ᄉᆡᆼ인 톄ᄒ여 무엇홀고 나ᄅᆞᆯ 붓그럽게[16] 더옥 져리ᄒᄂᆞᆫ가 시븨 동ᄉᆡᆼ인 톄ᄒ기 붓그러오니 이번 후ᄂᆞᆫ 다시 편지ᄅᆞᆯ[17] 아니ᄒ고 ᄆᆞᆽ막 ᄒ니 자ᄂᆡ도[18] 지ᄂᆞᆫ[19] 마소 뎡슈 팔월 십일 동ᄉᆡᆼ

판독대비

번호	판독자료집	한국정신문화연구원 (2004 : 235)	한국학중앙연구원 편 (2009a : 177~181)
1	아니홀가마는	홀가마는	-
2	펴지	펴□(티)〔치〕	-
3	조식의	조식이	조식이
4	버거로 닐년들	버거로이 넌들	버거로이 넌 들
5	홀	-	혼
6	부러	-	브러
7	호오실가	-	호오신가
8	호나쌘	호나쑌	호나 쑌
9	밋는디	밋는디	-
10	샹히와 병이	-	샹히 와 병이
11	병マ티	병 그리	병 그리
12	아ᄆ만	아모만	아모만
13	싱각고	-	싱ᄀ고
14	엇덜년고	-	엇덜런고
15	지셩의	지셩익	지셩익
16	붓그럽게	-	붓그럽게
17	편지롤	-	편지
18	자니도	-	조니도
19	지는	□지는	-

은진송씨 송준길가 『선세언독』 언간 27

〈선세언독-27, 1730년, 은진송씨(고모)* → 송익흠과 여흥민씨(조카 부부)〉

판독문

정현 부모의게 겸답	
	봉

겟 긔별 몰나 듀야 답답ᄒ여 ᄒ다가 둘히 글시 보고 탐탐 반기나 네 토혈 만히 ᄒ다 ᄒ니
반가온 ᄆᆞ음이 업서 편지롤 내여 더졋노라 졈졈 셩ᄒᄂ 일은 업고 ᄉ나희 토혈이 아니 듕ᄒ
냐 졀박ᄒ다 글도 말고 몸을 조심ᄒ여 부모의 근심을 씨치디 마라 듀야 넘녀 자나 ᄭᅵ나 닛
지 못ᄒ여 디내노라 막기셔도[1] 평안ᄒ시니 다ᄒᆡᆼᄒ오나 여긔 밧긔셔 이젼 잇던 증이 더ᄒ여
쇼갈이 듕ᄒ셔 공ᄉᆞ도 폐코 디내시니 졀박 듕 디내노라 ᄒᆡᆼ혀 뭇기 어렵지 아니커든 곽 션산
ᄃᆞ려[2] 쇼갈의 무어시 당약인고 무러보와라 오좀을[3] 밤의 대엿 슌 나지 대엿 슌 보고 쇼변이
둘고 음식 슬코 무궁이 번열ᄒ여 ᄒ시니 졀박ᄒ다 딕도 일양 보소 게 어루신내 병환이 위연
ᄒ오셔 편지ᄒ여 겨오시니 각별 반갑습고 깃거깃거ᄒᄂ 줄 어이 알고 답장 이번 즉시 ᄒ려
ᄒ오디 밧 병환으로 어득 심난 듕 디내오니 답장 미처 못ᄒ오니 아오시게 ᄒᄉᆞ 졍현 부 병
곱곱히 내내 무ᄉᆞᄒᄉᆞ 양 서 근 황육 두 근 보내니 경 원월 초십일 삼촌

판독대비

번호	판독자료집	한국정신문화연구원 (2004 : 236)	한국학중앙연구원 편 (2009a : 185~188)
1	막기셔도	만기셔도	만기셔도
2	션산ᄃᆞ려	션생ᄃᆞ려	션생ᄃᆞ려
3	오좀을	–	오좀

---

* 한국학중앙연구원 편(2009a)에서는 발신자를 '고모(조준명의 처)'라고 표현했는데, 이 판독자료집에서의 발수신자
표시 방법에 따라 '은진송씨(고모)'로 표시하였다.

은진송씨 송준길가『선세언독』언간 28

〈선세언독-28, 1730년, 송요화(아들) → 안정나씨(어머니)〉

판독문

써나온 후 긔별 모른오니 그스이 긔운 다시 엇더ᄒᆞ옵시니잇가 하념 브리옵지 못ᄒᆞ오며 즈
는 황쥐 형님 됴상ᄒᆞ기를 위ᄒᆞ여 녀쥐로 작노ᄒᆞ엿습더니 황쥐 딕의셔 다 셔울 오고 참군딕
만 잇다 ᄒᆞ오디 미처 못 보고 왓스오며 신집도 보옵고 민 판셔 뎡승 딕의 다 돈니옵고 진안
딕의 드오니 뎡흥의 모ᄌᆞ도 무스ᄒᆞ옵고 김 승지 쫄도 흔디 잇습더이다 민 졍승 아ᄌᆞ바님끠
셔는 상감끠셔 부부인 싀골 계시기 음식 의약 어려오실 거시니 셔울 뫼옵고 오라 ᄒᆞ시고 졍
졍[1] 아ᄌᆞ바님끠 편지로 ᄒᆞ여 겨오시매 이월 스이 광쥐 오신다 ᄒᆞ옵 즈는 넘칠 셔울 드와 어
제 당샹의게 투ᄌᆞᄒᆞ엿스오니 망간으로 슈유ᄒᆞ여 가려 ᄒᆞ오나 모든 의논이 힝공도 여러 날
못ᄒᆞ고 즉시 가는 거시 올치 아니타 ᄒᆞ오디 브더 망간으로 가고져 ᄒᆞ옵ᄂᆞ이다 셔울 일가도
아직 무스ᄒᆞ오며 역질이 그저 대치ᄒᆞ엿습 즈는 건동 와 잇스오디 온갓 거슬 다 사오니 민망
ᄒᆞ옵 의이 쇼쥬가 노친님끠 보긔ᄒᆞ고 됴타 ᄒᆞ고 누고 주오매 마술 보오니 듁녁고예셔 나은
듯ᄒᆞ오매 쳥쥐로 보내오니 잡스와 보옵 샹현 몬져 가오매 잘 알외옵 새히 밤이 격ᄒᆞ엿스오
니[2] 과셰[3] 평안이 ᄒᆞ오심 브라옵 경 납월 회일 즈 요화 샹셔

판독대비

번호	판독자료집	한국정신문화연구원 (2004 : 236)	한국학중앙연구원 편 (2009a : 193~197)
1	졍졍	–	졍쟁
2	격ᄒᆞ엿스오니	격ᄒᆞ엿사오니	–
3	과셰	–	과셰

은진송씨 송준길가 『선세언독』 언간 29

〈선세언독-29, 1734~1736년*, 송요화(남편) → 밀양박씨(아내)**〉

판독문

> 닉셔

치위예 알는 디 가감이 엇더ᄒ온고 나는 원ᄒ다 ᄒ고 하 잔박ᄒᄃ 니ᄒ 보람 업ᄉᄂᆞ 니ᄒᆡᆼ은
니월 회초간으로 갈 거시니 그리 아옵소 어마님끠셔 닙고 가실 의복이 엇더ᄒ온고 금침이
다 눌가실 거시니 그듕 마지못ᄒ여 고칠 것 잇거든 긔별ᄒ옵소 ᄏᄂᆞ와는 갑시 졸연이 어려
올가 시브외 잠 뎍ᄉᄂᆞ 십월 념칠일 츈유

판독대비

번호	판독자료집	한국정신문화연구원 (2004 : 236~237)	한국학중앙연구원 편 (2009a : 200)

---

* 한국학중앙연구원 편(2009a)에서는 1700년부터 1736년 사이에 보낸 편지로 추정하였다. 그런데 편지 중에 '나는
원ᄒ다 ᄒ고'라는 구절이 나오는 것으로 보아 송요화가 원(員)을 하고 있을 때 작성된 편지이고, 어머니의 의복을
걱정하는 내용이 나오므로 어머니 안정나씨가 죽기 전에 작성된 편지로 볼 수 있다. 송요화가 처음 고을 원을 한
것은 1734년 청산현감이 되었을 때이고, 안정나씨는 1737년 3월에 죽었는데, 이 편지의 발신일은 10월 27일이므
로 1734년부터 1736년 사이에 작성된 편지로 추정하였다.

** 한국학중앙연구원 편(2009a)에서는 수신자가 송요화의 두 아내 중에 누구인지 정확히 알 수 없으므로 미상으로
처리하였다. 그러나 첫 번째 부인인 안동김씨는 1722년 5월에 이미 세상을 떠났고, 1723년 8월 두 번째 부인인
밀양박씨와 혼인을 했으므로 밀양박씨를 수신자로 파악하였다.

은진송씨 송준길가『선세언독』언간 30

〈선세언독-30, 1755년, 송요화(시아버지) → 여흥민씨(며느리)〉

판독문

보은실너
〔수결 : 堯〕 봉

년ᄒ여 글시 보고 무ᄉᄒ 일 알고 든든ᄒ며 대빈도[1] 무ᄉ히 지내다 ᄒ나 관가는 부쇠여실 거시오 너도 슈고ᄒ여시리라 거먹은 아직 두어라 그 디신의 고노를 드럿다 보낸 두 가지는 먹으려 ᄒ나 슌슌마다 포육인들 어이 니우리 그리 마라 잠 덕노라 을ᄉ 넘일일 구

판독대비

번호	판독자료집	한국정신문화연구원 (2004 : 237)	한국학중앙연구원 편 (2009a : 203~204)
1	대빈도	대□(ᄉ)빈도	─

은진송씨 송준길가 『선세언독』 언간 31

〈선세언독-31, 1756년, 송요화(시아버지) → 여흥민씨(며느리)〉

판독문

```
보은실니
                    〔수결 : 堯〕 봉
```

거번 하인 도라갈 제 편지 본다 물을 즉시 보내라 호고 혹관의게 긔별호엿더니 과훈호되 긔
척 업소니 무슨 연고 잇노가 답답호다 그소이 엇지 지내눈이 나는 겨유 지내며 신계는 과거
보라 수일 젼 와시니 과거 후 니힝 드리고 초소일 가려 호다 나는 훈쟝이 브듸 남집의 잇다
가 가과져 호매 게 잇다가 십월 넘이일노 쩌나가려 호다 김집은 나 혼가지로 쳥호여 가게
호엿더니 그 집의셔 브듸 과동호이과져 홀 뿐 아녀 제 눈츼를 보니 과동을 그리 어려이 아
니 녀기고 겸호여 저도 어려온 고븨를 지내여 보게 호고 인마 왕니 폐도 덜게 과동을 호게
호려 호니 엇더호니 다른 곡졀도 이시니 브듸 그리코져 호노라 나는 이리나져리나 넘이일
가려 호다 힝찬 호게 약포나 호고 지령 산젹 호여 보내고 대쵸 두 말의 치만[1] 작말호여 보
내여라 잠 덕노라 온 궤 호나 보낸다 회덕 주션의게 가는 비즈 혹관드려 닐너 즉시 보내게
호여라 병즈 윤월 넘이 구

판독대비

번호	판독자료집	한국정신문화연구원 (2004 : 237)	한국학중앙연구원 편 (2009a : 207~210)
1	두 말의 치만	-	두 말 의치만

은진송씨 송준길가『선세언독』언간 32

〈선세언독-32, 1759년, 송요화(아버지) → 은진송씨(딸)〉

판독문

지령딕 [수결 : 堯] 봉

슈복 간 후 년ᄒ여 네 글시 보고 무ᄉ호 일 알고 든든ᄒ며 그ᄉ이 일양 지내ᄂ다 지령은 종
시 못 오ᄂ냐 혼인은 믈닉ᄂ가 시브니 도ᄅ혀[1] 다힝ᄒ다 역질은 그만ᄒ여 지식ᄒᄂ냐 가지
가지 념녀 브리지 못ᄒ며 나ᄂ 겨유 지낸다 슈복은 엇지 드러가시며 쇠게 실본을 만히 호가
ᄒ노라 대쵸ᄂ 쏘 두 말 보낸다 호셥니[2] 열닐곱 말 가고 서 말 남앗다 건시ᄂ 샹년 보낸 거
시 네 갑 주고 산 밧희셔 난 거시러니 올혼 그릇되여 원 못ᄒ엿다 ᄒ니 닉년은 보내리라 훈
쟝은 아조 ᄀ니 우리게ᄂ 큰 농쟝을 일흔 ᄃ시ᄒ여 허우룩ᄒ기 ᄀ이업다 쳔쟝은 이월노 지내
려 혼다 물이 업서 민망ᄒ여 신 셔방의 눈먼 물을 가져가라 ᄒ매 가질나 사룸 보내니 콩 호
말 두 되만 주어라 노비ᄂ 예셔 주어 보낸다 조감의게 편지 미처 못혼다 잠 덕으며 과셰 평
안이 ᄒ여라 긔묘 납월 념이일 父 졔믈은 수대로 밧고 너 보낸 쳥어 방어 밧앗다 납약 다힝
ᄒ다 예ᄂ 눈이 그저끠 밤의 근년의 처음으로 장히 와시니 셔울도 왓ᄂ냐

판독대비

번호	판독자료집	한국정신문화연구원 (2004 : 237~238)	한국학중앙연구원 편 (2009a : 213~216)
1	도ᄅ혀	도로혀	도로혀
2	호셥니	호 셥 니	호 셥 니

은진송씨 송준길가 『선세언독』 언간 33

〈선세언독-33, 1760~1764년, 송요화(아버지) → 은진송씨(딸)〉

판독문

션산실니   〔수결 : 堯〕 봉

고공 갈 적 답장호엿더니 어느 날 드러갓던고 호며 그스이 무스히 지내는다 예는 문밧딕 음
식 못 먹언 지 오래다 호더니 요스이는 무슨 병인지 눗과 슈족이 닷 븟고 위독호여 지내는
디 음식을 견혀 못 먹고 지내니 젹패훈 굿희 이러호니 아마 지팅 못홀가 시버 민망호기 아
모라타 업다 셩쥬는 하등 졔목으로 등호여 계시더니 앗가 드르니 니조의셔 하호다 호니 그
저 골으셔도 셥셥홀디 죠치 아닌 졔목으로 골으시니 애듧다 감스 포폄의 등방 작폐혼다 호
고 훈 즈도 길인 거슨 업다 게도 일노 징계호여 혹관드려도 닐너 니외를 술피라 호여라 복
샹 무슨 쟝스로 그리 가노라 호매 잠 뎍노라 원월 십팔 父

판독대비

번호	판독자료집	한국정신문화연구원 (2004 : 238)	한국학중앙연구원 편 (2009a : 219~221)

은진송씨 송준길가 『선세언독』 언간 34

〈선세언독-34, 1700~1714년, 안동김씨(아내) → 송요화(남편)〉

판독문

의외예 뎍스오시니 보옵고 뫼오셔 평안ᄒ오시니 깃브오며 나는 제육을 년ᄒ야 브치오니 오늘은 죠곰 낫스오니 점점 아니 낫스오리잇가 어제 예셔 하인 가ᄂ디 삼연[1] 아ᄌ바님 편지롤 보내엿다 ᄒ옵더니 미처 못 보와 겨오신가 시브오니 답답ᄒ오며 화샹ᄒᄂ 츌믈 말고 ᄯ 집 지으실 ᄃ 보태라 ᄒ야 겨오시다 ᄒ오니 언마나 보낼고 답장이나 써 보내오셔야 아니 보내옵 돈 열 냥을 어더 두엇스오디 두 가지로 눈호기ᄂ 너모 적은 듯ᄒ오니 싱각ᄒ오셔 답장의 보내시ᄂ 수롤 쓰고 보내옵쇼셔 ᄏ니와 어이 보낼고[2] 민망ᄒ오이다 화샹ᄒᄂ 츌믈이야 보내ᄂ 줄 □신끠 아니실 거시니 예셔 보내ᄂ디 흔디 보내오려 □□ 눈호기 졀□□여 ᄒ옵 먹은 즈시 밧ᄌ왓스오나 이리 약을 브치고 잇ᄉ기예 술이도[3] 못 알외오니 죄 만스오이다[4] 이 월 십구일[5] 복인[6] 김

판독대비

번호	판독자료집	한국정신문화연구원 (2004 : 238)	한국학중앙연구원 편 (2009a : 224~226)
1	삼연	삼년	-
2	보낼고	-	보내ᄂ고
3	술이도	-	술일
4	죄 만스오이다	-	□갓스오이다
5	십구일	십오일	십오일
6	복인	-	본인

은진송씨 송준길가 『선세언독』 언간 35

〈선세언독-35, 1708~1722년, 안동김씨(어머니) → 송익흠(아들)*〉

판독문

> 겸힝 답셔

요ᄉ이는 뫼옵고 됴히 잇ᄂᆫ다 뎌젹 글시 보고 됴히 잇ᄂᆫ 줄 알고 든든 깃브나 언문 서너 줄 쓰기 므어시 슬흐여 ᄀᆞ초야 진셔로 ᄒᆞ야시니 뮙고 가증ᄒᆞ다 진힝 병은 요ᄉ이 엇더ᄒᆞ니 ᄉᆞ옹이[1] 가셔 모다 든든이 디내ᄂᆞᆫ 일 보ᄂᆞᆫ 둣ᄒᆞ고[2] 긔특ᄒᆞ다 졈디 아닌 것들이 모다셔 ᄀᆞ래옴ᄒᆞ디 말고 글이나 보와라 파뎌 긔별은 다시[3] 못 드러실 거시니 죡히 넘녀를 ᄒᆞ랴 보ᄂᆞᆫ 둣ᄒᆞ다 은집 굿긴[4] 일은 하 참혹ᄒᆞ니 므슨 말 ᄒᆞ리 명힝이[5] 일은 졍니[6] 하 잔잉 블샹블샹ᄒᆞ오니 ᄎᆞ마 닛디 못ᄒᆞ다 나는 겨유 디내나[7] 녀긔 침식홀 긔약이 업ᄉ니 졀박ᄒᆞ노라 ᄒᆞ기 ᄀᆞ이업ᄉ며 지쳑이라도 사랏다가 만나 볼가 시브디 아냐 ᄆᆞ옴이 굿브기 ᄀᆞ이업다 총망□야[8] 다 못 뎍노라 내내 므ᄉ히 잇거라 오월 초오일 □□

판독대비

번호	판독자료집	한국정신문화연구원 (2004 : 238~239)	한국학중앙연구원 편 (2009a : 229~231)
1	ᄉᆞ옹이	ᄉᆞ옹이	ᄉᆞ은이
2	보ᄂᆞᆫ 둣ᄒᆞ고	보ᄂᆞᆫ 둣□고	보ᄂᆞᆫ 둣□고
3	긔별은 다시	-	긔별 온가디
4	굿긴	-	굿근
5	명힝이	-	면힝이
6	졍니	-	평니
7	디내나	-	디내니
8	총망□야	총망□(ᄒᆞ)야	총망□(ᄒᆞ)야

....

* 한국학중앙연구원 편(2009a)에서는 "어머니(안동김씨) → 아들(송요화)"로 제시되었으나 송요화는 안동김씨의 남편이므로 한국학중앙연구원 편(2009a)의 것이 오류이다. 여기서는 안동김씨의 아들인 '송익흠'으로 수신자를 수정하였다.

은진송씨 송준길가 『선세언독』 언간 36

〈선세언독-36, 1726년, 밀양박씨(아내) → 송요화(남편)〉

판독문

답샹장	
	근봉

몬졔 죵들 오옵눈디 글월 밧ㅈ와 보옵고 노염의 뫼ㅇ오셔 긔운 평안ㅎ오신 문안 아옵고 든
든ㅎ오디 어마님겨옵셔 긔운이 ㅁ일 여샹치 못ㅎ옵신가 시브오니 외오셔 굽굽 복념 ㄱ이업
스와 ㅎ옵ᄂ이다 셔울 긔별도 오늘 듯스오니 무스타 ㅎ오니 다힝ㅎ오며 예는 아직 계유 디
내오디 남포 쇼샹이 머디 아니ㅎ오시니 새로이 망극ㅎ오며 이을[1] 뜻의 가옵기롤 브라옵더
니 도라오오시매 압희 날이 업스오니 졔스 디내옵고 응당 못 가올 둣시브오니 더옥 툭툭ㅎ
오며 팔월 십팔일이오니이다 뉵월의 남포 편지 보내엿습더니 보오시니잇가 스연이 ㅈ연 지
리ㅎ오니 미안ㅎ오며 긔운 내내 평안ㅎ오심 브라옵ᄂ이다 병오 칠월 넘스일 박

판독대비

번호	판독자료집	한국정신문화연구원 (2004 : 239)	한국학중앙연구원 편 (2009a : 234~236)
1	이을	이운	이은

은진송씨 송준길가 『선세언독』 언간 37

〈선세언독-37, 1723~1736년, 밀양박씨(아내) → 송요화(남편)〉

판독문

샹장	
	근봉

기도리올 츳[1] 하인 오와눌 년호여 긔운 혼가디오신 일 아읍고 든든호오며 예는 어루신내 긔후 일양 안녕호오시고 대되 무스호오니[2] 다힝호읍 보내오신 두 슌 졔믈과[3] 졍과 츳 다 수대로 즈시 밧즙고 졍과 긔별호오신 대로 호오리이다 술은 졔쥬는 몬져 두 말 비저[4] 드리웟습고 그 비즈라 호오시던 술은 귀봉 아니 오기 쑤어셔 너 말 비졋습ᄂ이다 황육 싱치는 밧즈왓습 편은 다엿 말이나 호읍 은곡 졔긔를 쳥쥐셔 그리 죠케 호여 보내여 겨오시던 거슬 흉년의 도적이 드러 다 쓰럿다 호고 금산 딕 졔긔를 ᄆ양 비러 쓰읍더니 그 길도 이제는 업고 이제는 급호여 미쳐 댱만토 못호고 어일쪼 민망호읍 하인 도라가오매 잠 그리읍 납월 넘눅일[5] 박

은진송씨 송준길가 『선세언독』 언간 38

〈선세언독-38, 1725~1757년, 송익흠(남편) → 여흥민씨(아내)〉

판독문

장샹	
	〔수결 : 益〕 근봉

그스이 어이어이 디내읍는고. 고단호 일 민망호니 아현 아즈미나 쳥호거나[1] 긔졍일찌라도
그스이 와 잇긔 호면 둇스올쇠 나는 어제 오다가 묘각이라[2] 호 뎔이 자고 한듬으로 와시니
예셔 두어 암즈의[3] 올마가며 쉬고 노다가 십팔일 써나가랴 호니 십칠일 일죽이 인마 시겨
보내읍소 인마 올 적의 물콩 엿 되 쥭[4] 여듧 되[5] 냥식 호 말만 주어 보내읍소 감호고 반찬
죠곰도 보내읍소 잠 뎍습니 십삼일 익흠

판독대비

번호	판독자료집	한국정신문화연구원 (2004 : 239)	한국학중앙연구원 편 (2009a : 243~245)
1	쳥호거나	쳥호기나	쳥호기나
2	묘각이라	쵸각이라	쵸각이라
3	암즈의	암자의	암자의
4	쥭	듁	되듁
5	여듧 되	열네 되	열네 되

은진송씨 송준길가 『선세언독』 언간 39

〈선세언독-39, 1755~1757년, 송익흠(남편) → 여흥민씨(아내)〉

판독문

| 보아 즉뎐 | | |
| 송존 츌 | 〔수결 : 益〕 근봉 |

아춤[1] 편지 브첫더니 사룸 오나눌 덕으시니 보고 그리 알하 디내시눈가 시브니 넘녀 ᄀᆞ이 업손 듕 내가 이리 못 가고 이시니 공ᄉᆞ의 넘녀로온 일 무수ᄒᆞ여 넘녀 ᄀᆞ이업습니 예는 뫼시고 일양으로 디내나 십삼 치졔가[2] 되고 연시와 ᄀᆞᆺᄒᆞ야[3] 셔울셔도[4] 관원이 여러히 오고 싀골 슈령도 여러히 못고 큰 거조가 되니 디내여실까 시브지 아냐 넘녀롭ᄉᆞ외 셔올[5] 길희눈[6] 이 편지를[7] 이제 엇지 미처 보내올꼬. 망간 도라갈까 ᄒᆞ나 마치 아모날 갈 줄을 모르니 브디 죠리나 잘ᄒᆞ고 조심ᄒᆞ여 디내웁소 십일 익흠

판독대비

번호	판독자료집	한국정신문화연구원 (2004 : 240)	한국학중앙연구원 편 (2009a : 248~250)
1	아춤	–	아들
2	치졔가	차졔가	차졔가
3	연시와 ᄀᆞᆺᄒᆞ야	넌서 와도 ᄒᆞ야	넌서 와도 ᄒᆞ마
4	셔울셔도	셔울□셔도	–
5	셔올	셔올	셔올
6	길희눈	길희눈	길희눈
7	편지를	편지롤	편지롤

은진송씨 송준길가『선세언독』언간 40

〈선세언독-40, 1705년, 안동김씨(제수) → 송요경(시아주버니)〉

판독문

> 아주바님 젼 답샹셔
>
> 근봉

문안 알외옵고 송담 딕 죵 오와눌 하셔 밧주와 보옵고 든든 반갑스오며 그째 긔운 평안호오
신 문안 아옵고 더옥 못내 알외오며 인매 그리 만히 싸히옵고 어득 심난호야 디내오시는가
시브오니 하졍이 넘녀 구이업스와 호옵는이다 보내오신 샹어는 밧주와 반찬이 쓰옵고 못내
알외오며 알외옵기 극히 어렵스오나 쟝이 쩌러디와 졀박호오니 콩 서너 말만 엇주와 조쟝
이나 드마 먹스오랴 호오디 알외옵기룰 젓스와 호옵는이다 감호오심 젓스와 이만 알외오며
아마도 내내 긔후 안평호오심 ㅂ라옵는이다 을유 납월 십스일 츳싱데 쳐 김 샹셔

판독대비

번호	판독자료집	한국정신문화연구원 (2004 : 240)	한국학중앙연구원 편 (2009a : 253~255)

• 해주오씨 오태주가『어필』소재 명안공주 관련 언간 •

12건

■ 대상 언간

현종(顯宗)의 셋째 딸 명안공주(明安公主, 1665~1687)와 관련된 유물 중『御筆』이라는 제목의 첩(帖) 속에 들어 있는 12건의 편지를 말한다. 이 편지들과 함께 보물 제1220호로 지정된 '명안공주 관련 유물' 일체는 현재 강릉(江陵) 오죽헌·박물관에 소장되어 있다.

■ 언간 명칭 : 해주오씨 오태주가『어필』소재 명안공주 관련 언간

대상 언간은 서화(書畫), 고문서, 생활용품 등 다른 '명안공주 관련 유물'과 함께 강릉시립박물관(1996)의 도록(圖錄)에 처음 소개되었다. '명안공주 관련 유물' 중 첩으로 된『御筆』에는 명안공주와 관련된 왕·왕비들의 한문 글씨와 한글편지가 함께 성첩(成帖)되어 있는데, 성첩자는 '顯宗大王御筆', '明聖王后御筆', '肅宗大王御筆'과 같이 필사자를 기준으로 한 편명(篇名)을 적었을 뿐 한글편지만을 따로 가리키는 명칭을 붙이지 않았다. 그 때문에 대상 언간을 처음 소개한 강릉시립박물관(1996)에서도 '명안공주 관련 유물'의 하나로만 다루고 언간에 특별한 명칭을 부여하여 소개하지는 않았다. 이후 김용경(2001 : 53)에서는 대상 언간이 "사가(私家)로 시집간 명안 공주에게 보내진 것들"이고 첩(帖)으로 만들어져 수록된 특징을 들어 '명안어서첩(明安御書帖) 소재 언간'으로 처음 명명하였다. 그러나 첩의 표제(表題)로 쓰인 정확한 제목은『御筆』이고 첩이 만들어져 전해 온 곳은 명안공주의 남편인 해창위(海昌尉) 오태주(吳泰周, 1668~1716)의 후손가이므로 이 판독자료집에서는 첩명(帖名)을 구체적으로 드러내어 '해주오씨 오태주가『御筆』소재 명안공주 관련 언간'으로 명칭을 조정하였다. 출전 제시의 편의상 약칭이 필요할 경우에는 '명안어필'을 사용하였다.

■ 언간 수량 : 12건

'명안공주 관련 유물' 중『어필』에는 현종(顯宗)·명성왕후(明聖王后)·숙종(肅宗)의 한글편지와 현종의 한문 글씨가 수록되어 있는데, 한글편지는 모두 12건이다. 이 판독자료집에서는 12건 모두를 수록하되 기존에 한글편지만을 대상으로 한 편지 번호가 부여된 적이 없기 때문에『御筆』에 수록된 순서에 따라 01~12의 편지 번호를 새로 부여하였다. '명안공주 관련 유물(보물 제1220호)' 중에는 명안공주의 친필(親筆)로 소개된 언간도 1건 들어 있으나(강릉시립박물관, 1996 : 27) 이 언간은 『어필』이 아닌 다른 첩(『首楊傳世遺墨』)에 수록되었고 사용된 언어와 표기법으로 미루어 19세기에 쓴 고목(告目)의 일종으로 판단되므로(김용경, 2001 : 71~73; 백두현, 2004) 대상 언간에서는 제외하였다.

▨ 원문 판독

강릉시립박물관(1996)에서 대상 언간 12건 중 현종과 명성황후의 언간 10건의 이미지와 판독문을 처음 소개하였다. 김용경(2001)에서는 대상 언간 12건 중 강릉시립박물관(1996)과 동일한 10건의 판독문을 주석과 함께 제시하였다. 이 판독자료집에서는 김용경(2001)의 판독문과 대비하여 차이가 있는 부분을 표로 제시하고 판독 결과를 대조해 보는 데 도움이 될 수 있도록 하였다.

▨ 발신자와 수신자

『어필』 소재 언간 총 12건 중, 현종의 편지가 7건, 현종 비(妃)인 명성왕후의 편지가 4건, 숙종이 보낸 편지가 1건이다. 현종의 편지 중에는 대왕대비인 장렬왕후(莊烈王后)에게 보낸 것이 4건이고, 명안공주에게 보낸 것이 3건이다. 명성왕후의 편지 4건은 모두 명안공주에게 보낸 것이다. 그리고 숙종의 편지는 명안공주의 집에 잠시 가 있던 어머니 명성왕후(明聖王后)에게 보낸 것이다. 이 판독자료집에서는 발신자와 수신자에 대해 기본적으로 김용경(2001)을 참조하여 제시하였다.

▨ 작성 시기

강릉시립박물관(1996)이나 김용경(2001)에서는 작성 시기에 대한 언급이 거의 없어 구체적 작성 시기는 편지 내용에 비추어 새로 추정할 수밖에 없다. 현종이 장렬왕후에게 보낸 편지는 모두 온양 행궁에 가 있을 때 쓴 것인데 01번과 03번에 발신 월일이 적혀 있다. 01번은 발신일이 4월 26일이고 현종이 4월에 온양에 거둥한 해가 1665년, 1666년, 1667년이므로 편지 쓴 시기를 1665~1667년으로 추정할 수 있다. 03번은 발신일이 8월 26일인데, 현종이 1668년 8월에 온양에 거둥하였으므로 이때에 쓴 것이 확실하다. 날짜를 적지 않은 02번과 04번은 본문에 시기를 추정할 수 있는 내용이 없으므로, 현종이 온양에 거둥한 해를 고려하여 1665~1668년으로 추정하였다. 현종이 명안공주에게 보낸 편지(05번~07번)는 공주의 생년(生年)과 현종의 졸년(卒年)을 고려하여 1667~1674년으로 추정하였다. 명성왕후가 명안공주에게 보낸 편지 중 08번 편지는 명안공주의 생년과 명성왕후의 졸년을 고려하여 1667~1683년으로 추정하였다. 명안공주가 한글을 익혔을 나이를 고려하면 더 좁혀질 수 있으나, 객관적인 증거를 찾을 수가 없기 때문에 생년을 기점(起點)으로 하였다. 나머지는 명안공주가 궁에 들어왔다 나가는 일, 날을 보아 다녀가라는 당부 등으로 보아 명안공주가 혼인한 이후로 짐작되므로 명안공주의 혼인 시기와 명성왕후의 졸년을 고려하여, 작성 시기를 1680~1683년으로 추정하였다. 숙종이 명성왕후에게 보낸 편지도 명안공주의 남편인 해창위가 언급되었으므로 명안공주의 혼인 시기와 명성왕후의 졸년을 고려하여 작성 시기를 1680~1683년으로 추정하였다.

■ 자료 가치

17세기 후반의 국어를 반영하는 국어사 자료이자, 왕실의 당대 생활상을 알려 주는 생활사 자료로서 가치가 있고, 현종, 명성왕후, 숙종의 한글 서체를 살필 수 있어 서예사의 측면에서도 귀중한 자료가 된다.

■ 자료 해제

자료의 간략한 서지 사항에 대해서는 강릉시립박물관(1996)과 김용경(2001)을 참조할 수 있다.

■ 원본 사항

- 원본 소장 : 강릉시 오죽헌 · 시립박물관
- 크기 : 28.1×33.5cm(07번) 등

■ 판독 사항

강릉시립박물관(1996), 『寶物第1220號 明安公主關聯遺物圖錄』. ※ 12건 중 10건 판독
김용경(2001), 「명안어서첩(明安御書帖) 소재 언간에 대하여」, 『한말연구』 제9호, 한말연구학

회, 53~75쪽. ※ 12건 중 10건 판독(판독문을 주석과 함께 제시)

■ 영인 사항

강릉시립박물관(1996), 『寶物第1220號 明安公主關聯遺物圖錄』. ※ 12건 중 10건 영인

예술의전당 서울서예박물관(2002), 『朝鮮王朝御筆』, 한국서예사특별전 22. ※ 12건 중 6건 영인

■ 참고 논저

강릉시립박물관(1996), 『寶物第1220號 明安公主關聯遺物圖錄』.

강릉시오죽헌・시립박물관(2003), 『조선왕실의 그림과 글씨』.

국립중앙박물관(2000), 『겨레의 한글』.

김용경(2001), 「명안어서첩(明安御書帖) 소재 언간에 대하여」, 『한말연구』 제9호, 한말연구학
　　　　회, 53~75쪽.

백두현(2004), 「보물 1220호로 지정된 "명안공주(明安公主) 친필 언간"의 언어 분석과 진위
　　　　(眞僞) 고찰」, 『어문론총』 제41호, 한국문학언어학회, 1~19쪽.

예술의전당 서울서예박물관(2002), 『朝鮮王朝御筆』, 한국서예사특별전 22.

황문환(2010), 「조선시대 언간 자료의 현황과 특성」, 『국어사 연구』 10호, 국어사학회, 73~
　　　　131쪽.

해주오씨 오태주가『어필』소재 명안공주 관련 언간 01

〈명안어필-01, 1665~1667년, 현종(손자) → 장렬왕후(할머니)〉

판독문

〔臣謹封〕大王大妃殿 進上

〔봉투 후면〕二十六日 酉時

념ᄉᆞ일 ᄂᆡ관 오와ᄂᆞᆯ 어셔 지슈ᄒᆞᄋᆞ와 비봉 흠완ᄒᆞᄋᆞᆸ고 경광을 쳠앙ᄒᆞᄋᆞᆸᄂᆞᆫ ᄃᆞᆺ 무궁+

ᄉᆞ월 이십뉵일

해주오씨 오태주가 『어필』 소재 명안공주 관련 언간 02

〈명안어필-02, 1665~1668년, 현종(손자) → 장렬왕후(할머니)〉

판독문

> 〔신근봉〕 大王大妃殿 進上

〔봉투 후면〕 溫陽溫泉

지츅쌘이옵 신은 멀리 니위ᄒᆞ완 디 날포 되오니 년모 하졍이 ᄀᆞ이업ᄉᆞᆸ 신의 믁츅ᄒᆞ옵기
ᄂᆞᆫ 즉후 강녕ᄒᆞ오시미옵 눈도 알프옵고 일긔 져므와 초초ᄒᆞ오니 황공ᄒᆞ와 ᄒᆞᆸ

판독대비

번호	판독자료집	김용경 (2001 : 58~59)

해주오씨 오태주가 『어필』 소재 명안공주 관련 언간 03

〈명안어필-03, 1668년, 현종(손자) → 장렬왕후(할머니)〉

판독문

문안 엿줍고 일긔 브뎍ᄒᆞᄋᆞ오니 셩후 안령ᄒᆞᄋᆞ오신 일 아옵고져 ᄇ라옵 신은 일리 와 안주
온 후 운쇠 아으라ᄒᆞ옵고 산쳔이 조격ᄒᆞᄋᆞ오니 머리 드와 븍녁흘 ᄇ라오니 년모 비감지회
을 이긔옵디 못ᄒᆞ와 ᄒᆞ옵 아므려나 안령ᄒᆞᄋᆞ심 ᄇ라옵 글시 황잡ᄒᆞ오니 황공ᄒᆞ와 ᄒᆞ옵 팔
월 이십뉵일 진시 □□

판독대비

번호	판독자료집	김용경 (2001 : 59~60)

해주오씨 오태주가 『어필』 소재 명안공주 관련 언간 04

〈명안어필-04, 1665~1668년, 현종(손자) → 장렬왕후(할머니)〉

판독문

문안 엿줍고 수일간 ᄌᆞ후 안녕ᄒᆞᄋᆞ오신 일 아옵고져 ᄇᆞ라오며 신은 이리 와 안ᄌᆞ오니 ᄉᆞ이
쳔 리 ᄀᆞᆺᄌᆞ와 강한 격ᄒᆞ온 ᄃᆞᆺᄒᆞᄋᆞ오니 하졍의 섭섭 무료ᄒᆞ옵고 구구ᄒᆞ온 복모 깁ᄉᆞ와 ᄒᆞᆸ

판독대비

번호	판독자료집	김용경 (2001 : 61)

해주오씨 오태주가『어필』소재 명안공주 관련 언간 05

⟨명안어필-05, 1667~1674년, 현종(아버지) → 명안공주(딸)⟩

판독문

明安公主　　　　　　　　　〔수결〕

됴히 잇는다 나는 오늘 가 보려 ᄒ얏더니 몸 거북ᄒ야 못 가 보니 섭섭기 ᄀ이업다 ᄒ리면
즉시 갈 거시니 약 하 쓰디 말고 됴히 잇거라

판독대비

번호	판독자료집	김용경 (2001 : 62~63)

해주오씨 오태주가『어필』소재 명안공주 관련 언간 06

〈명안어필-06, 1667~1674년, 현종(아버지) → 명안공주(딸)〉

판독문

寄明安	〔수결〕

신년의 빅병은 다 업고 슈복은 하원ᄒ다 ᄒ니 깃브기 ᄀ이업다 나간 디 날이 파 오니 언제
볼고 기ᄃ리노라

판독대비

번호	판독자료집	김용경 (2001 : 63~64)

〈명안어필-07, 1667~1674년, 현종(아버지) → 명안공주(딸)〉

판독문

〔수결〕寄明安公主

새 집의 가셔 밤의 줌이나 됴히 잔다 어제는 그리 덧업시 내여보내고 섭섭 무료ᄒᆞᄒᆞ기 ᄀᆞ이
업서 ᄒᆞ노라 너도 우리롤 성각ᄒᆞᆫ다 이 병풍은 오늘 보내마 ᄒᆞ여던 거시라 마초아 아조 민
든 거시 이시매 보내니 티고 노라라 날 칩기 심ᄒᆞ니 몸 잘 됴리ᄒᆞ야 긔운이 튱실ᄒᆞ면 쟝ᄂᆡ
즈로 드러올 거시니 밥의 ᄂᆞ물것 ᄒᆞ야 잘 먹어라

판독대비

번호	판독자료집	김용경 (2001 : 64~65)

해주오씨 오태주가 『어필』 소재 명안공주 관련 언간 08

〈명안어필-08, 1667~1683년, 명성왕후(어머니) → 명안공주(딸)〉

판독문

글시 보고 됴히 이시니 깃거ᄒ며 친히 보는 듯 든든 탐탐 반갑기 ᄀ이ᄀ이업서 빅 번이나 자바 보며 반기노라 아ᄆ 제도 이리 오래 못 본 적이 업더니 돌포 되야 가니 더옥 섭섭 그립기 무궁무궁ᄒ야[1] ᄒ노라 너는 쥬인집 극진이 ᄒᄋᆸ신 덕을 니버 역신을 무스히 ᄒ니 셰샹의 이런이런 깃븐 경시 어듸 이시리 네 효도 쏠이 되야 우리를 깃기게 ᄒ니 더옥 탐탐 에엿브기 금이업서 ᄒ노라 날도 칩고 ᄒ니 브듸 조심ᄒ고 음식도 어룬 니ᄅᄂᆞᆫ 대로 삼가 잘 먹고 됴히됴히 잇다가 드러오나라 타락믁과 젼 가니 먹어라

판독대비

번호	판독자료집	김용경 (2001 : 69~70)
1	무궁무궁ᄒ야	무즁무즁ᄒ야

해주오씨 오태주가 『어필』 소재 명안공주 관련 언간 09

〈명안어필-09, 1680~1683년, 명성왕후(어머니) → 명안공주(딸)〉

판독문

글시 보고 친히 보는 듯 그덧 스이나 든든 반갑기 て이 て이업서 호노라 어제는 그매나 보니 든든 반갑기 아므라타 업스나 미양 에엿븐 샹을 덧업시 보고 내여보내며 섭섭 굿브기 뎡티 못호야 호노라 또 날이나 보와 초싱으로 드러와 돈녀니거라

〈명안어필-10, 1680~1683년, 명성왕후(어머니) → 명안공주(딸)〉

판독문

신셰예 됴히 디내는 안부 알고져 ㅎ며 몬졔 덕은 글시 보고 든든 반가와ㅎ노라 신년브터는
무병댱슈ㅎ고 즈치옴 혼 번도 아니ㅎ고 프르던 것도 업고 숨도 무궁히[1] 평안ㅎ야 드롬질ㅎ
고[2] 놉뻐 됴히됴히 디낸다 ㅎ니 티하 만만 ㅎ노라

판독대비

번호	판독자료집	김용경 (2001 : 67~68)
1	무궁히	무즁히
2	드롬질ㅎ고	다롬질ㅎ고

해주오씨 오태주가『어필』소재 명안공주 관련 언간 11

〈명안어필-11, 1680~1683년, 명성왕후(어머니) → 명안공주(딸)〉

판독문

글시 보고 다시 보는 둧 든든 반가와ᄒᄂ노라 둘포 못 보와 ᄒᄃ다가 어제는 그만이나 보니 반
갑기 ᄀ이업ᄉ되 하 덧업시 ᄃ녀가니 ᄭ옴 ᄀᄐ여 밤새궂 섭섭ᄒ기 아ᄆ라타 업서 ᄒ노라

판독대비

번호	판독자료집	김용경 (2001 : 68~69)

해주오씨 오태주가 『어필』 소재 명안공주 관련 언간 12

〈명안어필-12, 1680~1683년, 숙종(아들) → 명성왕후(어머니)〉

판독문

> 〔수결〕 明安公主房

밤ᄉᆞ이 평안ᄒᆞ옵시니잇가 나가옵실 제 닉일 드러오옵쇼셔 ᄒᆞ엿ᅀᆞ옵더니 희챵위를 만나 못 써 나 ᄒᆞ옵시ᄂᆞ니잇가 아므리 섭섭ᄒᆞ옵셔도 닉일 브터 드러오옵쇼셔

판독대비

번호	판독자료집	김용경 (2001 : 71)

조선시대 한글편지 판독자료집 ❶

초판 인쇄 2013년 6월 20일
초판 발행 2013년 6월 28일

엮은이 황문환 임치균 전경목 조정아 황은영
엮은곳 한국학중앙연구원 어문생활사연구소
펴낸이 이대현
펴낸곳 도서출판 역락

주　소 서울시 서초구 반포4동 577-25 문창빌딩 2층
전　화 02-3409-2058, 2060
팩　스 02-3409-2059
등　록 1999년 4월 19일 제303-2002-000014호
이메일 youkrack@hanmail.net

값 50,000원(각권)

ISBN 978-89-5556-059-6 94710
　　　978-89-5556-058-9(전3권)